TEOLOGÍA EVANGÉLICA

TOMO 1 / TOMO 2

Pablo Hoff

Vida

DEDICADOS A LA EXCELENCIA

© 2005 EDITORIAL VIDA
Miami, Florida

Publicado previamente con el título:
Teología Evangélica: Introducción a la teología y la bibliología (Tomo 1)
© 1999 Editorial Vida
Teología Evangélica: Las doctrinas de Dios, la creación, la providencia, el problema del mal y los ángeles (Tomo 2)
© 2000 Editorial Vida

Diseño interior: *Words for the World, Inc.*

Diseño de cubierta: *Gustavo Camacho*

Categoría: Teología / Doctrina

ISBN 0-8297-4641-2

Impreso en los Estados Unidos de América
Printed in the United States of America

07 08 09 ✽ 8 7 6 5 4 3 2

CONTENIDO

PREFACIO

¿POR QUÉ OTRO ESTUDIO de teología? ¿No hay acaso buenos libros disponibles sobre el tema, obras escritas por grandes teólogos del pasado? ¿No bastan sus formulaciones?

La respuesta es que la teología evangélica ha sido escrita por pensadores a fin de confrontar las divergencias doctrinales y los problemas religiosos de su era particular. Vivían en una cultura diferente a la nuestra. Hoy existen doctrinas nuevas, problemas teológicos nuevos y una manera nueva de ver las cosas. Aunque la verdad de Dios no cambia, el contexto intelectual y cultural se modifica constantemente. El cuerpo de doctrina debe ser reinterpretado y reformulado en el lenguaje y pensamiento contemporáneos para ser aplicable a su generación y para lograr enfrentar los desafíos actuales.

El autor de *Teología Evangélica* no procura promover los distintivos doctrinales de ninguna denominación, sino que trata de presentar objetivamente los diferentes puntos de vista de la teología evangélica y conservadora. No procura eludir los agudos problemas de la crítica bíblica, sino considerarlos y, en lo posible, solucionarlos. Hace hincapié en los temas candentes sin descuidar las verdades permanentes de la teología. Destaca la verdad bíblica contrastándola con modernos conceptos erróneos. No rechaza ideas por ser contemporáneas; más bien intenta asemejarse a «un padre de familia que saca de su tesoro cosas nuevas y cosas viejas». Abarca las doctrinas de Dios, la creación, la providencia, el problema del mal y los ángeles.

Se nota en esta obra, el énfasis sobre los aspectos apologéticos y prácticos del evangelio. Los cristianos deben estar prepa-

rados siempre para presentar defensa a todo el que les pida
razón de la esperanza que hay en ellos (1 P. 3:15). También se
esfuerza para forjar una teología que servirá como armas de
milicia evangélica que sean poderosas para derribar fortalezas
intelectuales (vanas imaginaciones, sistemas de doctrina y argumentos que exaltan las especulaciones humanas por encima del conocimiento de Dios). El objetivo último de esta
guerra espiritual es «llevar cautivo todo pensamiento para
que se someta a Cristo» (2 Co. 10:3–5).

Creemos que la sana teología debe relacionarse con la
vida cristiana. Esta no solamente estimula y satisface el intelecto humano, sino profundiza la experiencia del creyente
con Dios y afecta su diario vivir. Al igual que el propósito de la
profecía, la buena doctrina existe en parte para que nos edifi-
que, anime y consuele. En varios capítulos de *Teología Evangélica*, se señalan las implicaciones prácticas y aplicaciones
de los conceptos doctrinales.

Se trata de poner teológicamente al día el lector pero sin
incluir todo detalle de enseñanza antigua y moderna. Selec-
ciono esmeradamente lo que me parece importante y omito
lo demás. Me ayudan las herramientas de filosofía, historia
de la iglesia, hermenéutica, crítica y lenguaje. Observe que
cito de varias versiones de la Biblia y adopto las abreviaturas
de las referencias bíblicas que se encuentran en la revisión de
la Reina Valera, 1995. Indico las versiones de la Biblia con las
siguientes abreviaciones: Reina Valera, RV; Reina Valera
Actualizada, RVA; Nueva Versión Internacional, NVI; Biblia
Dios Habla Hoy, DHH; Biblia de Jerusalén, BJ; y Sagrada Biblia Nacar-Colunga, NC. Muchas veces no menciono la versión cuando es Reina Valera pues es la Biblia más usada en
países de habla hispana.

El deseo sincero y oración ferviente del autor es que el lector de esta obra sea confirmado en la fe, enriquecido espiritualmente y motivado a divulgar el mensaje no adulterado del
Verbo encarnado.

AGRADECIMIENTOS

ESTOY MUY AGRADECIDO a los muchos teólogos que han formulado la teología evangélica a través de los siglos y a los pensadores contemporáneos tales como Carl F. H. Henry, J. I. Packer, Donald Bloesch, Bernard Ramm y, en especial, a Millard J. Erickson.

Doy gracias a los amigos que me ayudan en la producción y distribución de la obra: a Juan Vidal Sandoval por corregir el castellano y las formas de expresión, a Alejandra Díaz Díaz quien pacientemente pasa el manuscrito al computador, a mi colega David Miranda Salas por animarme a seguir escribiendo el estudio cuando estaba desanimado, y a David Swindoll, ex director editorial de Editorial Vida, quien aceptó gustosamente el manuscrito para publicarlo. Sobre todo, estoy agradecido a Dios por su ayuda indispensable en la tarea de escribir la obra.

Deseo y oro fervientemente que la doctrina que se encuentra en *Teología Evangélica* sea «pan al que come» y «semilla al que siembra» (Is. 55:10).

CAPÍTULO 1

LA TEOLOGÍA

A. Introducción

«¿POR QUÉ ESTUDIAR teología? Lo que me interesa es la vida práctica del cristiano. Basta con leer mi Biblia». Esta es la actitud de muchos creyentes y aun de líderes cristianos. El problema con este modo de pensar es su propensión a aceptar distorsiones de doctrina e inconscientemente sustituir las enseñanzas bíblicas con tradiciones eclesiásticas. En el corto lapso de su vida, el escritor de este libro ha observado en la iglesia los excesos del legalismo, un énfasis desproporcionado sobre la prosperidad material y un concepto del amor de Dios tan tergiversado que no deja lugar para su santidad, ira y juicio.

Conviene que teólogos ortodoxos y piadosos forjen teología basada en las Sagradas Escrituras y los obreros cristianos la estudien y la enseñen por las siguientes razones:

1. *El conocimiento de la doctrina bíblica y sistemática es fundamental para tener una fe auténtica y salvífica*. Los vocablos griegos *pistis* (verbo) y *pisteuo* (sustantivo) traducidos «fe» en el Nuevo Testamento a menudo se refieren a «una persuasión firme, una convicción de verdad, una constancia en la profesión de una verdad o la fidelidad a un sistema de verdades». La teología forjada de las enseñanzas bíblicas proporciona la única base para esta fe neotestamentaria.

2. *Es importante saber la teología para conocer bien a Dios, nuestra propia naturaleza, el propósito de existir y los aspectos de la salvación que el Señor nos ofrece*. To-

más de Aquino observa acertadamente: «La teología está enseñada por Dios, enseña acerca de Dios, y nos lleva a Dios». Al conocerla bien estamos preparados para prestarle culto correctamente.

Para conocer a Dios, uno tiene que identificarlo, saber quién es y cómo es. El teólogo contemporáneo, P. T. Forsyth dice: «El objeto de nuestra fe es un Dios teológico, o de otra manera no es amor santo». La idea de que Dios es amor es insuficiente a menos que se defina este amor a la luz de Juan 3:16. No se refiere al amor de un padre indulgente que pasa por alto la maldad de sus hijos, sino un amor que proporciona el antídoto de su maldad y hace aceptable al pecador ante un Dios Santo. El conocer bien sus atributos y sus caminos nos puede llevar a la adoración auténtica.

3. *El estudio de la teología sistemática edifica a los creyentes y es un factor indispensable para perfeccionar «a los santos para la obra del ministerio»*. El conocimiento de la doctrina cristiana tiene mucho que ver con el desarrollo moral y espiritual del creyente. Es obvio que nuestro carácter y manera de vivir se amoldan a lo que creemos. «No os conforméis a este siglo» (es decir, no permitan que el mundo les forme en su molde con sus valores materialistas y errados), exhortó el apóstol Pablo (Ro. 12:2). Es necesario renovar nuestra mente estudiando en forma sistemática la verdad divina. «Creced en la gracia y *conocimiento* de nuestro Señor» (2 P. 3:18, énfasis del autor).

Es preciso también para conservar los resultados del evangelismo. El Espíritu Santo inspiró al profeta Oseas a lamentar: «Mi pueblo fue destruido porque le faltó conocimiento» (4:6). Si no enseñamos doctrina a los nuevos convertidos, el evangelismo será, según Juan Wesley, engendrar niños para el diablo.

Además, la enseñanza desempeña un papel importante en la capacitación de obreros cristianos. En fin, coincidimos con la observación: «El conocimiento de Dios es necesario para la correcta adoración de Dios, el auténtico servicio a Dios y la verdadera vida en el mundo ante Dios».

4. **Toda predicación, enseñanza cristiana e interpretación de la Biblia debe basarse en la sana doctrina**. Es imprescindible saber las enseñanzas bíblicas a fin de comunicar el evangelio eficazmente a otros. De otro modo, las contradicciones e incertidumbres del predicador o maestro sembrarían confusión en la mente de los oyentes.

5. **La mejor defensa contra la falsa doctrina es el buen conocimiento de la sana doctrina**. El escritor inspirado nos advierte en cuanto a los «hombres que para engañar emplean con astucia las artimañas de error» (Ef. 4:14). Aquella persona que no conoce bien la teología bíblica es buen candidato para que otros espíritus le den «revelaciones» espurias. Proliferan los teólogos que forjan doctrinas basadas en especulaciones humanas. Se suscitan también sectas falsas que, al igual que los fariseos, recorren mar y tierra para hacer prosélitos y, una vez hechos, los hacen dos veces más hijos del infierno que sus maestros. El creyente debe estar preparado tanto para presentar defensa de la sana doctrina como para proclamarla en su pureza y con relevancia y poder.

Comenzamos el estudio de la teología considerando la naturaleza de la religión y la teología y las características de la doctrina evangélico-conservadora.

B. El concepto de la religión

Se dice que el hombre es incurablemente religioso. No importa dónde se encuentre, tiene alguna forma de culto. El *Cohelet* (predicador) de Eclesiastés observa que Dios «ha puesto eternidad en el corazón» (3:10,11). Quiere decir que las cosas que pertenecen al tiempo y espacio no pueden satisfacer plenamente al hombre. Fue creado para disfrutar de mucho más. Agustín ha dicho: «Oh Dios, tú nos has hecho para ti y nuestro corazón está desasosegado hasta que descanse en ti». Esta conciencia de que existe algo más allá de los sentidos, este anhelo por lo eterno es un don de Dios que capacita al hombre para recibir una revelación del cielo.

¿Qué es la religión? Parece que todo el mundo sabe lo que es, pero la halla difícil de definir, pues toma tantas formas diversas. Por regla general, es reconocer que existen poderes sobrenaturales invisibles pero activos en el mundo y adorarlos. Puede ser un dios personal, dioses, espíritus o simplemente una fuerza de la naturaleza. A veces, consiste en un conjunto de valores o prácticas de conducta, como en el caso de la religión de Confucio. Algunos pensadores incluyen en la definición de los que practican la religión, a personas que atribuyen supremo valor a un sistema secular como el marxismo y se consagran a desarrollarlo. Sin embargo, la religión se caracteriza generalmente por reverencia hacia un objeto sagrado, oración, consagración y adoración.

William P. Alston ha preparado una lista de las características de la religión:

1. Creencia en seres sobrenaturales (dioses).

2. Distinción entre objetos sagrados y profanos.

3. Actos rituales relacionados con objetos sagrados.

4. Un código moral que se cree que es promulgado por los dioses.

5. Sentimientos religiosos (reverencia, sentido de misterio, culpa, adoración) . . . los cuales tienen que ver con la idea de los dioses.

6. Oración y otras formas de comunicarse con los dioses.

7. Una cosmovisión que incluye el lugar del individuo en el mundo.

8. La organización más o menos total de la vida del creyente según su cosmovisión.

9. Un grupo social unido por la religión descrita en la lista. («Religión» en *Encyclopedia of Philosophy*, pp. 141,142).

Los que practican una religión forman grupos y casi siempre organizaciones sociales. Durante la edad medieval se consideraba al cristianismo como una institución con un conjunto de creencias, ceremonias y prácticas. Esta religión se distinguía principalmente de otras tales como el judaísmo y el islam, por sus doctrinas. De modo que se suele describir la religión como un conjunto de creencias, actitudes y prácticas expresadas institucionalmente.

Pero la religión evangélica abarca más que esto. Incluye una experiencia personal con Dios realizada por fe en Cristo: «Esta es la vida eterna: que te conozcan a ti, el único Dios verdadero, y a Jesucristo, a quien has enviado» (Jn. 17:3). Es una vivencia de compañerismo con Dios y una vida de fe, adoración, amor, santidad y servicio espiritual.

¿Cómo difiere la religión de la teología? La teología se trata solamente de la parte intelectual, o sea la formulación de las doctrinas; la religión abarca al hombre entero. La teología es la teoría mientras que la religión es la práctica.

C. La naturaleza de la teología

¿Qué significa el vocablo «teología»? Aunque no se encuentra esta palabra en la Biblia, el concepto está. El término «teología» proviene de dos palabras griegas *zeos* (Dios) y *logos* (palabra, discurso). Significa un discurso sobre Dios, pero en el uso no se limita a la doctrina de Dios, sino abarca todas las doctrinas cristianas. B. B. Warfield la define así: «La teología es la ciencia de Dios y su relación con el hombre y con el mundo». Es la formulación unificada y coherente de la verdad referente a Dios, la relación entre él y la humanidad y el universo. Está de acuerdo como se presenta la doctrina en la revelación divina, y se aplica a toda la vida humana.

D. La relación de la teología con otras disciplinas

Se considera que hay cuatro disciplinas que tienen una relación estrecha con la teología, o son parte de esta ciencia. Son la religión, la filosofía, la ética y la apologética. Ya hemos descrito la religión, la cual abarca la teología, pero también mucho más.

1. *La filosofía*. Puesto que tanto la filosofía como la teología se ocupan de analizar críticamente el significado de términos y las dos emplean un estricto proceso de observación y razonamiento para llegar a conclusiones, y procuran formular una

cosmovisión consecuente, se considera que están relacionadas. Difieren en que la teología comienza con la noción de que Dios existe y es el creador de todo excepto el mal, mientras que la filosofía se interesa más en otros temas. Se edifica la teología cristiana sobre el sólido cimiento de las Sagradas Escrituras, mientras que la filosofía se basa en la razón natural y las especulaciones del pensador. La filosofía carece de doctrinas satisfactorias de la providencia, pecado, redención y vida eterna.

Por otra parte, la filosofía puede servir bien al teólogo cristiano. La emplea para desarrollar sus doctrinas, añadir contenido a sus enseñanzas, escudriñar sus ideas y argumentos, y establecer o defender su teología. Los padres de la iglesia en los siglos tercero y cuarto d.C., empleaban la filosofía griega para forjar las doctrinas de la trinidad y definir la naturaleza de Jesucristo. En el quinto siglo, Agustín escribió *La ciudad de Dios*, el cual es una síntesis de la filosofía de Platón y la teología cristiana. Transcurridos ocho siglos, Tomás de Aquino, sintetizó la teología católica con la filosofía de Aristóteles (*Summa Teológica*). Un ejemplo moderno del uso casi exclusivo de la filosofía, es la «teología» de Paul Tillich. Su técnica es emplear la filosofía para formular preguntas, y la teología para dar las respuestas.

El pensador evangélico emplea la filosofía con cautela. Es un buen siervo de la revelación de Dios pero un amo malo sobre ella.[1] Ramm observa acertadamente: «El teólogo debe aprender a tomar en serio todas las filosofías porque no sabe cuál es la que Dios pueda usar en el adelanto del estudio de la teología; y debe aprender a no tomar en serio ninguna, de otro modo ha entregado la autonomía de la revelación especial».[2]

2. *La ética*. Esta disciplina se refiere a la ciencia de conducta, un estudio de lo bueno y lo malo en comportamiento. Se clasifica la ética en dos categorías: descriptiva y práctica. La primera estudia la conducta según alguna norma del bien y del mal; y la última, principalmente, según los motivos. En la teología cristiana se encuentran elevados principios morales, especialmente en las enseñanzas de Jesús. Generalmente la

ética no cristiana alcanza su motivo en el utilitarismo, conveniencia, perfeccionismo o humanismo, mientras que el motivo del cristiano es obedecer y agradar a su creador y amar a su prójimo.

3. *La apologética*. El término deviene del griego, *apología*. Se empleaba para referirse a la defensa de una persona como la que hizo Sócrates, cuando presentó ante los atenienses su punto de vista y justificó su conducta. El apóstol Pedro anima a los creyentes diciendo: «Estad preparados para presentar defensa» (*apología*, 1 P. 3:15). Entonces, la apologética se refiere a la actividad en que el cristiano se esfuerza para demostrar que su mensaje es verídico y creíble, y lo defiende contra críticas y distorsiones. La teología emplea la apologética desarrollando una defensa racional de sus doctrinas contra los ataques del materialismo, escepticismo y otros adversarios de la fe. Incluye tanto argumentos positivos para establecer su verdad cristiana, como refutaciones de las críticas en su contra.

E. La clasificación de la teología

El término «teología» abarca muchas materias incluso estudios bíblicos, la historia de la iglesia, homilética y orientación pastoral. Sin embargo, se refiere principalmente a las materias doctrinales. Se divide en varios ramos.

1. *Teología exegética*. El vocablo griego traducido «exégesis» quiere decir «extraer». En la teología se refiere a extraer el sentido del texto bíblico, en vez de meter un significado en un pasaje (eiségesis). La teología exegética es importante pues establece la verdad divina extrayéndola de la revelación escrita de Dios.

2. *Teología bíblica*. Se refiere generalmente a la enseñanza que se encuentra en la Biblia. Pero, ha tomado la forma de estudios específicos tales como la doctrina del Antiguo Testamento, la del Nuevo Testamento o la de ciertos escritores inspirados tales como San Juan, San Pedro o San Pablo. Por ejemplo, puede presentar la cristología paulina o la escatología juanina. Suele ser un intento de extraer la ense-

ñanza de cada uno y organizarla sistemáticamente sin eva-
luarla o interpretarla.

3. *Teología histórica*. Se presenta cronológicamente el desarrollo de la teología de la iglesia a través de los siglos. Cuenta
de las controversias doctrinales y los credos formulados por
los concilios. Por ejemplo, el Concilio de Nicea estableció la
deidad de Jesucristo, el de Constantinopla afirmó la personalidad del Espíritu Santo y la humanidad de Cristo, y el de Cal-
cedonia definió la relación entre las dos naturalezas de
Cristo.

El protestantismo ortodoxo considera cada uno de los credos resultantes de estos concilios como *norma normata*, es
decir, como una pauta determinada por la autoridad final de
la palabra de Dios. Son de gran valor porque proporcionan un
sumario de las creencias universales del cristianismo, refutan
enseñanzas ajenas a la palabra divina y sirven en la instrucción y adoración cristianas.

Otro método de forjar la teología histórica es estudiar la
doctrina de una época, un teólogo o escuela de teología referente a ciertas doctrinas claves. Así se examina en secuencia
la teología de cada siglo sucesivo o época importante.

Este método es de gran valor porque nos enseña cómo forjar la teología. Por ejemplo, los padres de la iglesia echaron
mano de la filosofía griega para refutar las herejías y desarrollar conceptos claros y contundentes de la verdad divina.
También nos proporciona criterio para evaluar las ideas doctrinales tales como la deidad de Jesucristo. Al estudiar la idea
de Sabelio, de que no había una trinidad sino que Dios se re-
velaba en tres modos, y la respuesta de la iglesia a esta herejía,
se nos enseña cómo evaluar la doctrina unitaria del movimiento popularmente llamado «Solo Jesús».

Dice Erickson:

> La historia es el laboratorio de la teología en el cual
> esta puede valorar las ideas a que se adhiere o considera
> adherir. Los que faltan, no aprendiendo de lo pasado,
> son, como dice Jorge Santayana, condenados a repetirlo.
> Si examinamos algunas de las «nuevas» ideas a la luz de

la historia de la iglesia, hallaremos que son realmente nuevas formas de viejos conceptos.[3]

4. *Teología filosófica*. Con este método de hacer doctrina, el teólogo emplea principalmente la filosofía para desarrollar sus doctrinas. Ya hemos mencionado cómo se usa. Tomás de Aquino vio en la filosofía de Aristóteles un medio de comprobar la existencia de Dios y la inmortalidad del alma.

Teólogos han encontrado una variedad grande de usos para resolver, clarificar y desarrollar temas de la teología cristiana, que incluyen: revelación, fe y razón, milagros, el problema del mal moral y natural (teodicia o sea la defensa de Dios. Por ejemplo: ¿Cómo puede un Dios bueno y todopoderoso permitir el mal en el universo?), la paradoja de la soberanía de Dios y el libre albedrío humano, la existencia ultratumba y la relación del cristianismo a las otras religiones.

5. *Teología sistemática cristiana*. El teólogo evangélico organiza lógica y sistemáticamente los temas de las Sagradas Escrituras. Emplea los resultados de otros ramos de teología. Depende del método exegético para extraer el significado del texto bíblico y así proveer los ladrillos básicos para construir la doctrina cristiana. La teología bíblica proporciona el mensaje doctrinal de ciertos libros y escritores inspirados de la Biblia, tomando en cuenta la situación histórica de ellos.

El teólogo utiliza la teología filosófica como herramienta para forjar conceptos abstractos, explicar, aclarar, resolver y defender temas trascendentes y difíciles. En la teología histórica, encuentra el desarrollo de la doctrina a través de la historia de la iglesia. Todos estos ramos son como afluentes que desembocan en el río de la teología sistemática, o sea, como expresa Orígenes: «Dios da la verdad en hilos individuales, los cuales debemos tejer en una tela determinada». Todos estos hilos están tejidos para confeccionar la tela de la teología sistemática.

Este estudio presenta la teología sistemática con un énfasis primordialmente bíblico. Abarca los siguientes temas:

Revelación   Cristo
Dios   Salvación

Creación	El Espíritu Santo
Los ángeles	La iglesia
El hombre	Los últimos acontecimientos
El pecado	

6. *La teología pastoral*. Consiste en el estudio de la obra del pastor, y la consejería pastoral.

7. Las teologías que no son usadas mucho son la *dogmática* (los asuntos fundamentales de la doctrina, según los anuncian los credos de la iglesia), *litúrgica* y *fundamental*.

F. Las características de la teología evangélica conservadora

Toda religión tiene su teología. Los musulmanes han desarrollado su doctrina extrayendo sus enseñanzas del libro *Corán*, los hindúes de sus escritos sagrados tales como las *Upanishades* y las *Vedas*. Asimismo los evangélicos conservadores tienen su teología particular. Esta difiere de la de otras divisiones del cristianismo en algunos aspectos tales como su fuente y manera de forjarla.

El teólogo contemporáneo, Millard J. Erickson, señala cinco características de la teología evangélica de la rama conservadora del cristianismo: es bíblica, sistemática, relacionada a las cuestiones de la cultura y conocimientos de la erudición, contemporánea y práctica.[5]

1. *Es bíblica* en el sentido de que todas las Escrituras canónicas son la fuente principal y determinante de sus enseñanzas. Se emplean, sin embargo, los principios de la hermenéutica (interpretación gramático-histórica) y otras herramientas de la investigación bíblica para extraer el significado exacto del texto. Por ejemplo, se interpreta un concepto bíblico considerando las palabras en su contexto y la situación histórica y cultural de la persona que habla.

Recalca la relación histórica y salvífica de Dios con su pueblo escogido, las enseñanzas de los profetas y apóstoles, y sobre todo la vida, muerte y resurrección del Dios-hombre que redimió la humanidad. Toma en serio también la revelación general en la creación (Sal. 19:1–6; Ro. 1:18–21), la providencia divina en la historia (Hch. 17:26) y los imperativos morales que se manifiestan en la conciencia humana (Ro. 2:14,15).

Por otra parte, el teólogo evangélico conservador no extrae doctrina de las tradiciones eclesiásticas como hacen los pensadores católicos. No se encuentran sus conceptos en la especulación, las ideas y la razón humana, aunque se emplea la razón para explicar, desarrollar y defender la verdad bíblica. El gran teólogo del siglo diecinueve, Charles Hodge, observa que sistemas enteros de teología se basan en intuiciones humanas. «Si cada hombre tuviera libertad de exaltar sus propias intuiciones, como suelen llamar sus convicciones fuertes, tendríamos tantas teologías en el mundo como hayan pensadores».[6]

Los conservadores siempre sostienen que las Sagradas Escrituras son la infalible norma de doctrina y práctica. La tarea del teólogo es, pues, descubrir piadosamente las enseñanzas bíblicas y exponerlas en una forma lógica y organizada. No tiene la libertad de añadir, restar, cambiar o criticarlas. Siempre debe someterse a la autoridad de las Escrituras buscando en oración la iluminación del Espíritu Santo (1 Jn. 2:20; 1 Co. 2:9–16).

2. *La teología evangélica es sistemática*. Puesto que la Biblia no presenta sus enseñanzas de una manera organizada y sistemática, la labor del teólogo conservador es extraerlas de las varias partes de la Biblia, analizarlas, describirlas y organizarlas en forma lógica y sistemática. No aísla un texto del otro para formular una doctrina sino procura relacionar las nociones bíblicas, la una con la otra a fin de presentar una enseñanza armoniosa y completa. Para el evangélico conservador, la teología consiste principalmente en un sumario ordenado de la doctrina cristiana; es un compendio de los temas de la Biblia.

3. *La teología se relaciona con las cuestiones de la cultura general y los conocimientos seculares*. Por ejemplo, intenta evaluar a la luz de la Biblia los descubrimientos y teorías de la ciencia referente al origen del universo y del hombre. (La una

arroja luz sobre la otra, y el teólogo busca la relación entre ellas.) También, la teología trata de relacionar el punto de vista del hombre con el de la sicología moderna, y la providencia con la historia secular.

4. *La teología evangélica debe incluir temas actuales y expresarse en términos contemporáneos, es decir, en el lenguaje y conceptos de su época*. Aunque las verdades de la palabra divina son inmutables y válidas para todas las edades, es necesario reformar la doctrina en cada generación. Primero porque el lenguaje y formas culturales cambian y es preciso revestir la verdad divina de ropa contemporánea para que sea inteligible. En segundo lugar, porque continuamente surgen nuevas cuestiones y problemas en la iglesia y estos requieren nuevas formulaciones. El teólogo debe hacer hincapié en los asuntos candentes de su época, sin pasar por alto las verdades permanentes de la teología. Por lo tanto, hace falta interpretar el texto bíblico y reaplicar la teología a la situación actual.

Esto no quiere decir que el teólogo tiene la libertad de acomodar las verdades eternas al clima de incredulidad moderna referente a lo sobrenatural, o cambiar las verdades bíblicas para que la teología sea aceptable a su generación. Se ve esto en la teología de Rodolfo Bultman, el cual «desmitologizó» el Nuevo Testamento y reinterpretó su mensaje en términos existenciales. En el proceso mutiló tan radicalmente el evangelio que la doctrina resultante queda sin poder para salvar la humanidad. Tampoco quiere decir que debe comprometerse tanto con los actuales problemas o cuestiones de hoy, que descuida de su mensaje permanente y significativo como es el caso de la teología de la liberación.

5. *La teología evangélica debe ser práctica, o sea aplicable a la vida y los problemas humanos*. En la edad media, la teología a menudo se degeneraba en discusiones estériles. A muchos de los escolásticos, les interesaba más el armonizar la teología con la filosofía de Platón o Aristóteles que elaborarla en forma práctica. En la época de Kierkegaard, la teología protestante llegó a ser «doctrina muerta», algo que no tenía nada que ver con la vida cristiana. Hoy en día, hay algunos teólogos

que se esfuerzan en forjar teología que es más intelectualmente estimulante que espiritualmente edificante.

La teología evangélica no debe ser mera teoría abstracta. Como la profecía fue dada «para edificación, exhortación y consolación» (1 Co. 14:3), así la teología debe proporcionar el fundamento para solucionar los grandes problemas de la humanidad, ennoblecer al hombre, estimularlo a buenas obras y fortalecerlo en los momentos difíciles y angustiosos. Debemos formular la verdad de Dios de tal manera que los creyentes sean instruidos en la fe y estimulados a poner en práctica la doctrina de Cristo.

La teología evangélica no solo nos muestra cómo comportarnos, sino también nos inspira a vivir rectamente; no solo proporciona la norma sana de conducta sino también nos motiva a cumplirla.[7] Erickson nos advierte, por otra parte, que la teología no debe preocuparse primordialmente de sus dimensiones prácticas. El efecto práctico o aplicación de una doctrina es el resultado de la veracidad de la enseñanza, y no al revés.[8]

G. Sistemas teológicos evangélicos

Hace más de cuatrocientos años existen dos sistemas principales de la teología ortodoxa: el calvinismo y el arminianismo. En la época actual, se pueden encontrar varias teologías más, pero muchas de ellas se desvían de la Biblia y cada una tiende a tomar varias expresiones. Consideraremos brevemente seis sistemas.

1. *El calvinismo*. Aunque este sistema fue ideado originalmente por Agustín de Hipona (354-430), debe su nombre y elaboración final al teólogo y reformador francés, Juan Calvino (1509–1564). El calvinismo recalca la soberanía de Dios y puede ser reducido a cinco principios centrales.[9]

a) *La depravación total del hombre*. Esto no significa que el hombre sea incapaz de hacer algo bueno y noble, sino que todo aspecto de su ser está afectado por el pecado (Ef. 2:1; Col. 2:13). Puesto que está muerto espiritualmente, no puede convertirse por sí mismo o aun prepararse para la conversión (Jn.

6:44, 65; 1 Co. 2:14). Desde la «a» hasta la «z» la obra salvífica es de Dios. «La elección no se funda en la fe o el arrepentimiento previstos, sino en la gracia soberana . . . Las Escrituras representan . . . a la fe y al arrepentimiento como acciones de las almas regeneradas . . . son el resultado y no la condición del propósito de Dios».[10]

b) *La elección incondicional*. Desde el principio del mundo Dios ha predestinado a algunos para la salvación, y eso aparte de mérito humano alguno (Ef. 1:5, 11; Jn. 15:16–19; Ro. 9:13–18). La elección de Dios se basa en «el beneplácito» de la voluntad de Dios. Dios controla y hace todas las cosas, hasta lo malo. Los calvinistas afirman que Dios ha elegido solamente cierto número de individuos para la vida eterna.

c) *La expiación limitada*. Cristo no murió por toda la humanidad sino solo por los elegidos. Cristo murió para que se cumpliera el decreto de elección. Su objeto al hacer la expiación fue específico: relacionarse con un número definido de personas, con los elegidos y con nadie más.

d) *La gracia irresistible*. Los que son elegidos, también serán salvos. A todos aquellos a quienes Dios ha predestinado para vida, y a esos solamente, a él le place en el tiempo señalado y aceptado, llamar eficazmente (Ro. 8:30; 11:7; Ef. 1:10) por su palabra y Espíritu (2 Tes. 2:13,14; 2 Co. 3:3,6). Otras personas no elegidas, aun cuando sean llamadas por el ministerio de la palabra (Mt. 22:14), y tengan algunas de las operaciones comunes del Espíritu (Mt. 13:20,21), nunca vienen verdaderamente a Cristo.

e) *La perseverancia de los santos*. Dios da a los creyentes el don de la perseverancia, de modo que aunque pequen, también se arrepentirán. Ningún elegido se perderá. De ahí salió la frase, «una vez salvo, siempre salvo». Aunque el sentido de la seguridad de la salvación de los elegidos sea debilitado o interrumpido por causas diversas como la negligencia en conservarlo o por caer en pecado, nunca quedan destituidos de la «simiente» de Dios. El creyente no puede caer totalmente de la gracia (Fil. 1:6; 2 Ti. 1:12; Jud. 14; Jn. 16:29).

Según este sistema, todo es predestinado por Dios. La Confesión de Fe de Westminster define la predestinación así: «Dios desde la eternidad . . . ordenó libre e inalterablemente todo lo que sucede . . . Sin embargo, lo hizo de tal manera, que Dios ni es autor del pecado . . . ni hace violencia al libre albedrío de sus criaturas . . .» (Confesión de Westminster, sección I).[11]

2. *El arminianismo*. La alternativa al calvinismo fue desarrollado por un teólogo holandés, Jacob Arminio (1560–1609). Él atacó la doctrina calvinista de que Dios había preordenado algunos a la salvación y otros a la condenación. Señaló que semejante concepto no presenta «las buenas noticias», es repugnante a la naturaleza sabia, justa y bondadosa de Dios y algo contrario al libre albedrío del hombre. Sobre todo, la predestinación incondicional haría que Dios sea «el autor del mal».

Según Arminio, la predestinación se basa en la presciencia de Dios: «Porque a los que antes conoció, también los predestinó», y son «elegidos según la presciencia de Dios» (Ro. 8:29; 1 P. 1:2). Es decir, sabiendo de antemano a quienes le recibirían libremente y perseverarían en la fe, Dios los predestinó a ser salvos. La elección se condiciona a la respuesta del hombre, algo previsto eternamente por Dios. (El problema para los calvinistas es que piensan que no se puede separar la presciencia de Dios de su predestinación. Dicen que la presciencia de Dios dependía de que él había predestinado todas las cosas.)

Este teólogo holandés, concuerda con Calvino en que el hombre es depravado e incapaz en sí mismo para agradar a Dios o aun arrepentirse. Pero Dios le provee gracia para tener fe, volver a Dios y obedecerle. Si no hubiera provisto tal gracia, las invitaciones universales carecerían de sentido (Is. 55:1; Mt. 11:28; Hch. 17:30; Mr. 1:14,15).

Los puntos principales del arminianismo, a diferencia del calvinismo, son:

a) El decreto o propósito de salvación de parte de Dios se aplica a todos los creyentes en Cristo que perseveran en la fe.

b) Cristo murió por todos los hombres, y Dios no quiere que ninguno perezca (2 Co. 5:14,15; Tit. 2:11; 1 Jn. 2:2; 2 P. 3:9).

c) El Espíritu Santo ayuda a los hombres a tener fe en Cristo para la salvación, pero no obliga a nadie en tal sentido.

d) La gracia salvadora de Dios no es irresistible.

e) Es posible que los cristianos caigan de la gracia y se pierdan eternamente (He. 6:4–8; 2 P. 2:20–22; Ap. 3:5).[12]

3. *Liberalismo o modernismo*. Consiste en un cambio radical de actitud hacia la fe cristiana tradicional, algo que ocurrió en la última parte del siglo diecinueve. Es difícil definir sus doctrinas porque estas tienen muchas formas de expresión y tienden a cambiarse a menudo. Sin embargo, su mayor distintivo es el deseo de adaptar las ideas religiosas a la cultura moderna y a la manera actual de pensar. Los liberales insisten en que el mundo ha cambiado desde el comienzo del cristianismo y que la terminología bíblica y los credos son incomprensibles al hombre moderno. La fe cristiana debe ser repensada y comunicada en términos entendibles de hoy.

El segundo elemento del liberalismo es el rechazo de la fe religiosa que se basa solamente en la autoridad de la Biblia. Todas las doctrinas tienen que estar de acuerdo con la razón y la experiencia humana. Se acomodan los conceptos bíblicos a las corrientes de pensamiento moderno, es decir, al racionalismo, al humanismo, a la crítica literaria de la Biblia y a las teorías de la ciencia. Un escritor observa que los liberales describen su actitud como «el espíritu de mentalidad amplia, de tolerancia, de humildad, de devoción a la verdad dondequiera que se halle». Están abiertos a corrientes de pensamiento antagónico a la ortodoxia y aun a las ideas de las religiones paganas. Sin embargo, su mentalidad no tiene la amplitud necesaria para aceptar lo sobrenatural del cristianismo bíblico.[13]

Para ellos, la Biblia es la obra de escritores que estaban limitados por su cultura. No es un registro sobrenatural e infalible de una revelación de Dios, sino un libro extraordinario que describe la búsqueda fructífera de Dios por parte de los hombres. Sin embargo, contiene mitos supersticiones y otros errores. El «espíritu del cristianismo» reemplaza la autoridad de las Escrituras, los credos y la iglesia. Se abandonan las doctrinas de la trinidad, la encarnación y nacimiento virginal de Cristo, los milagros, el pecado original y los conceptos bíblicos del cielo y el infierno. Todos los seres humanos comparten la divinidad porque son creados a la imagen de Dios. Pero en Jesús se encuentra un grado mayor de lo divino. Para hallar a Dios, el hombre debe mirar adentro de sí mismo y no buscarle solamente en la Biblia.

La idea central del liberalismo es la inmanencia de Dios, o sea, que él está dentro del mundo y es inseparable de este. No es un ser por encima del universo, sino forma el alma y la vida de la creación. Así que se encuentra Dios en la totalidad de la vida más bien que solamente en la Biblia y algunos eventos revelatorios. Puesto que Dios está presente y obra en todo lo que suceda, no hay distinción entre lo natural y lo sobrenatural. Para el liberal, no hay milagros pues todo es natural, o sea, la obra de Dios. La presencia divina se revela en tales cosas como verdad racional, belleza artística y bondad moral. Aunque algunos liberales procuran mantener la apariencia de tener un núcleo de doctrina cristiana, muchos tienden a ser panteístas.

El liberalismo afirma que el hombre es bueno y que la sociedad progresa inexorablemente a la perfección. Considera que el pecado no es un principio de maldad en el hombre y el universo, sino la consecuencia de la ignorancia, una mala adaptación e inmadurez de los hombres. Estos obstáculos al desarrollo de la naturaleza bondadosa de los hombres, pueden ser superados por la educación. La salvación consiste en quitar las imperfecciones humanas y mejorar moralmente al hombre. El ejemplo y la ética de Jesús, son factores decisivos para lograrla.

4. *Neoortodoxia*. Este nombre se aplica a un movimiento teológico del siglo veinte. Se llama «ortodoxia» porque recalca algunos temas de la teología reformada, y «neo» (nuevo), pues toma en serio los desarrollos culturales y teológicos contemporáneos. Se originó con los teólogos europeos Karl Barth,

Emil Brunner, Rodolph Bultmann y Friedrich Gogarten. No es un movimiento organizado y la doctrina de cada teólogo difiere a la de los otros.

La neoortodoxia surgió como una reacción en contra del protestantismo liberal. Se oponía en especial a su racionalismo, su énfasis en la inmanencia de Dios, su optimismo superficial sobre la bondad del hombre y su concepto del mejoramiento progresivo de la humanidad.

Barth y Brunner promulgaron ciertas doctrinas: volver a la Biblia y a los reformadores para forjar la teología, la trascendencia absoluta de Dios (para Barth Dios es «el totalmente otro»), su gracia, la centralidad de la revelación en Jesucristo, la pecaminosidad del hombre y la necesidad de un encuentro personal con Dios. Otros teólogos posteriores, llamados neoortodoxos, Tillich y Bultmann, fueron influidos por la filosofía contemporánea y discreparon doctrinalmente con los fundadores de la nueva teología. Por ejemplo, según Bultmann, el mensaje del Nuevo Testamento se expresa con mitos cuyas fuentes fueron la literatura apocalíptica de los judíos y los mitos gnósticos acerca de la redención. Él niega rotundamente la posibilidad de la inspiración de la Biblia, la encarnación y los milagros. Su teología es una caricatura del evangelio.

¿Cuáles son las doctrinas de Barth y Brunner contempladas en este estudio?

a) Barth señala que la palabra de Dios toma tres formas: Cristo la palabra viva, las Escrituras como el vehículo de la revelación, y la proclamación (predicación) del evangelio.

b) La Biblia llega a ser la revelación divina cuando Dios habla a través de ella. No es la palabra divina en sí misma, sino que es un medio por el cual Dios puede hablar al individuo en un encuentro personal. Los autores de la Biblia son testigos de la revelación de Dios, tal como los discípulos fueron testigos de Cristo. Así que, las Escrituras son simplemente una revelación indirecta, porque sirven como testigo o indicador de la revelación.

c) Aunque Barth pone gran énfasis en las doctrinas bíblicas y cree en lo sobrenatural, él acepta las conclusiones de los críticos modernos que procuran demostrar que la Escritura es un documento humano, falible y errable. Así socava la autoridad de la Biblia.

d) Según Barth y Brunner, las Escrituras emplean el lenguaje de tiempo y espacio, y Dios está por encima de ellos, de modo que el lenguaje de ellas es metafórico y analógico. Barth interpreta la creación de Adán y Eva y su caída como «sagas», o leyendas con un significado espiritual, y no como hechos históricos. No considera que la segunda venida de Cristo es un acontecimiento, sino que se refiere al día en que cada hombre comprenda que Cristo ganó la victoria sobre el pecado.

e) Los dos teólogos neoortodoxos niegan que la revelación de Dios sea proposicional (que consiste en afirmaciones de verdad, o sea, conceptos doctrinales). El intento de convertirla en proposiciones, según ellos, sería «materializarse y despersonalizar la revelación».

Puesto que la neoortodoxia no se basa en una revelación cerrada e infalible, su doctrina tiende a evolucionar. Barth empleó el existencialismo de Kierkegaard para forjar la teología. Rodolfo Bultmann lleva al extremo este existencialismo, rechazando todo elemento sobrenatural de los Evangelios. Lo tilda de «mito». También descalifica la historia en el Nuevo Testamento como algo «ambiguo».

Entonces la neoortodoxia comienza a degenerar en neoliberalismo. A Paul Tillich solo le resta construir un nuevo sistema de teología, interpretando simbólicamente y distorsionando verdades cristianas. La «caída» es alienación cósmica o predicamento ontológico más bien que un evento histórico; la «salvación» es reunión ontológica; «la cruz» es autonegación; la «parusía» es el cumplimiento de la existencia del ser creado en la eternidad; el «infierno» es solo un grado de la realización de los propios deseos por esfuerzo propio; y el «Padre, Hijo y Espíritu» es una descripción metafórica de la triple dialéctica de separación y reunión. Este sustituto filosófico de la teología cristiana es algo inentendible para el hombre común, una forma de gnosticismo o secta falsa.

5. **Fundamentalismo**. Este término se refiere a un movimiento teológicamente conservador que surgió en la segunda y tercera décadas del siglo veinte en los Estados Unidos. Líderes protestantes, que se preocupaban de la incursión hecha por los liberales en la ortodoxia, se unieron y contraatacaron. Reafirmaron las doctrinas ortodoxas y las defendieron contra el liberalismo, la alta crítica, el darwinismo y ciertos aspectos de la cultura secular del siglo veinte:

En 1910, la Asamblea General de la Iglesia Presbiteriana Norteña afirmó cinco doctrinas esenciales que fueron atacadas por los liberales: la inerrancia de la Escritura, el nacimiento virginal de Cristo, su expiación sustituta, su resurrección corporal y la historicidad de los milagros.

Transcurridos los años, los fundamentalistas recalcaban también la inspiración verbal de la Biblia, la interpretación literal tanto del relato de la creación como de las profecías bíblicas y la venida premilenial de Cristo. El dispensacionalismo (el dividir el tiempo en siete dispensaciones) llegó a ser la característica distintiva de la mayoría de ellos, y por poco las notas de la Biblia Anotada por C. I. Scofield fueron canonizadas.

El movimiento se caracterizó también por su lucha contra el modernismo, la evolución, el comunismo, las sectas falsas, la Iglesia Católica y el ecumenismo. Los fundamentalistas creen que deben separarse de las congregaciones y organizaciones que no sostienen sus doctrinas. Su lema es: «Salid de en medio de ellos, y apartaos, dice el Señor». Como resultado, hubo numerosas divisiones en las organizaciones evangélicas, y mucha amargura. Sus enemigos lograron darles la imagen de ser de mentalidad estrecha, belicosos y separatistas.

6. **El Neoevangelicalismo**. Alrededor del año 1948, se originó en Estados Unidos un nuevo movimiento ortodoxo bajo éste nombre. Entre sus fundadores había distinguidos líderes conservadores, tales como Carl. F. H. Henry, prominente teólogo y fundador del respetable periódico *Christianity Today*, Harold Okenga, presidente en aquel entonces del Seminario Fuller, y Billy Graham, famoso evangelista.

Según los que iniciaron el movimiento, querían perpetuar la ortodoxia, pero con una doctrina purificada de los elementos debilitadores que habían entrado poco a poco en el fundamentalismo clásico, tales como los siguientes:

a) un espíritu reaccionario negativo;

b) la negligencia ante la necesidad de erudición;

c) el antidenominacionalismo con referencia a organizaciones religiosas no conservadoras y pentecostales;

d) la identificación con el dispensacionalismo;

e) el rechazo absoluto de las teorías de la ciencia;

f) la inacción ante los grandes problemas sociales y políticos.

Los resultados de este movimiento no tardaron en aparecer.

El neoevangelicalismo ha estimulado la actividad literaria de parte de eruditos ortodoxos, lo cual ha tenido por consecuencia la producción de muchos artículos en revistas y un buen número de libros profundos sobre doctrina, apologética y la relación entre la fe cristiana y la cultura. Eso ha logrado disipar notablemente la imagen de oscurantismo e ignorancia que tenía la ortodoxia en los Estados Unidos en las dos décadas anteriores al surgimiento del neoevangelicalismo. Entre los escritores de este movimiento están F. F. Bruce, Leon Morris, Philip Edgcumbe Hughes, Bernard Ramm y Edward Carnell.[14]

Escritores neoevangélicos aplican principios cristianos a la economía, a la sociología y a las ciencias naturales. Algunos procuran armonizar el relato bíblico de la creación con los descubrimientos de la ciencia. Han desarrollado soluciones tales como la evolución teísta y la creación progresiva, teorías que reconocen que Dios es el creador de todo pero que él empleó la evolución como el proceso de la creación o creó el mundo por etapas progresivas. Son más tolerantes que los fundamentalistas referentes a las diversas teorías de la inspiración de la Biblia; algunos aceptan también las conclusiones de la crítica racionalista de las Escrituras. Sin embargo, todos permanecen unánimes en cuanto a creer las grandes doctrinas ortodoxas.

CITAS Y REFERENCIAS

1. James H. Railey, Jr. y Benny C. Aker, «Theological foundations» en *Systematic Theology*, Stanley M. Horton, ed., Logion Press, Springfield, MI, 1994, p. 45.
2. Citado en *Handbook of Evangelical Theologians*, Walter Elwell, ed., Baker Bookhouse, Grand Rapids, MI, 1993, p. 300.
3. Millard J. Erickson, *Christian Theology*, vol. I, Baker Bookhouse, Grand Rapids, MI, 1983, p. 27.
4. Citado por B. A. Demarest, «Systematic theology» en *Evangelical Dictionary of Theology*, Walter Elwell, ed., Baker Bookhouse, Grand Rapids, MI, 1984, p. 1066.
5. Erickson, *op. cit.*, pp. 21,22.
6. Charles Hodge, *Systematic Theology*, vol. 1, Wm. B. Eerdmans Publishing House, Grand Rapids, MI, 1982, p. 15.
7. Henry C. Thiessen, *Lectures in Systematic Theology*, Wm. B. Eerdmans Publishing House, Grand Rapids, MI, 1952, p. 29.
8. Erickson, *op. cit.*, p. 22.
9. Los principios centrales del calvinismo se encuentran en A.A. Hodges, *Comentario de la Confesión de Fe de Westminster*, Libros CLIE, Tarrasa, Barcelona, s.f.
10. *Íbid.*, p. 63.
11. *Íbid.*, p. 56.
12. Los conceptos son presentados por Samuel Vila y Darío A. Santa María, «Arminianismo» en *Enciclopedia ilustrada de historia de la Iglesia* (Terrassa, Barcelona: CLIE, 1979), p. 203.
13. Carlos Jiménez, *Crisis en la teología contemporánea*, edición revisada (Deerfield, FL: Editorial Vida, 1994), p. 33.
14. *Íbid.*, p. 86.

Capítulo 2

REVELACIÓN GENERAL Y TEOLOGÍA NATURAL

La PREGUNTA DE ZOFAR a Job, «¿Descubrirás tú los secretos de Dios?» (Job 11:7), presenta el problema perenne de la teología: ¿Cómo puede la criatura finita conocer a su creador invisible? ¿Puede el hombre descubrir a Dios y saber las verdades pertinentes a él, empleando sus facultades de observación, intuición y razón? O, ¿es necesario, como dice Lutero, que el *Deus absconditus* (el Dios escondido) tome la iniciativa para llegar a ser el *Deus revelatus* (el Dios revelado)? Sin una autorrevelación de él, la humanidad no puede descubrirle ni saber a ciencia cierta las verdades pertinentes a él.

Todos los intentos humanos de descubrir a Dios han sido infructuosos. El teólogo J. Gresham Machen observa:

> Un ser divino que yo pueda descubrir por mi propio esfuerzo, sin su bondadosa decisión de revelarse a sí mismo . . . sería, o bien un simple nombre para un cierto aspecto de la propia naturaleza humana, un Dios que podríamos hallar dentro de nosotros, o bien . . . una simple cosa pasiva que estaría sujeta a la investigación, como las sustancias que se analizan en un laboratorio . . . Creo que debemos estar bien seguros de que no podemos conocer a Dios, a menos que a Dios le haya placido revelársenos.[1]

Puesto que el hombre por sus propias fuerzas, no es capaz de conocer a Dios, es preciso que el creador tome la iniciativa en darse a conocer. Lo hace como una expresión de pura gracia, pues la deidad no tiene necesidad de tener comunión con los seres humanos; ya existe participación perfecta entre los miembros de la deidad desde la eternidad. Se revela para el beneficio de los hombres a fin de que le conozcan personalmente, sus pecados sean perdonados y la comunión con él sea restaurada. El privilegio más grande de la humanidad es conocer a Dios, glorificarle y disfrutar eternamente de él.

La revelación de Dios toma dos formas: la general y la especial. Se aprecia la revelación general a través de la creación, o sea, de la naturaleza, de la constitución del ser humano y de la historia. La especial se halla en las Sagradas Escrituras, en Cristo y en la experiencia cristiana. Consideraremos las dos categorías en este capítulo.

A. Las tres formas de la revelación general

1. *Dios se revela a través de la creación*. Por medio de la naturaleza, Dios se da a conocer a toda la humanidad en todos los lugares y en todas las épocas. El apóstol Pablo señala: «Lo invisible de él, su eterno poder y deidad, se hace claramente visible desde la creación del mundo y se puede discernir por medio de las cosas hechas» (Ro. 1:20; ver también Job 36:22–25; 38:1–39). El salmista es más explícito: «Los cielos cuentan la gloria de Dios, y el firmamento anuncia la obra de sus manos . . . No hay lenguaje, ni palabras, ni es oída su voz. Por toda la tierra salió su voz» (Sal. 19:1,3,4).

Al reflexionar sobre el orden, designio y belleza que se ven en el universo, es lógico creer que hay una mente infinitamente sabia y un poder sobrenatural tras todo ello. Como un reloj implica que haya un relojero, así la creación insinúa un creador. La naturaleza también manifiesta la providencia de Dios. Predicando a los paganos de Listra, el apóstol Pablo se aprovecha de la revelación general que tienen sus oyentes para presentar el evangelio. Afirma que Dios «no se dejó a sí mismo sin testimonio, haciendo bien, dándonos lluvias del cielo y tiempos fructíferos, llenando de sustento y de alegría nuestros corazones» (Hch. 14:27).

De la misma manera el apóstol apela a los filósofos atenienses, empleando su conocimiento de Dios mediante su revelación en la naturaleza como punto de contacto (Hch. 17:24–28):

> [24]El Dios que hizo el mundo y todas las cosas que en él hay, siendo Señor del cielo y de la tierra, no habita en templos hechos por manos humanas [25]ni es honrado por manos de hombres, como si necesitara de algo, pues él es quien da a todos vida, aliento y todas las cosas.
>
> [26]De una sangre ha hecho todo el linaje de los hombres para que habiten sobre toda la faz de la tierra; y les ha prefijado el orden de los tiempos y los límites de su habitación, [27]para que busquen a Dios, si en alguna manera, palpando, puedan hallarlo, aunque ciertamente no está lejos de cada uno de nosotros, [28]porque en él vivimos, nos movemos y somos; como algunos de vuestros propios poetas también han dicho: «Porque linaje suyo somos».

En este pasaje, B. A. Demarest nota seis verdades acerca de Dios que se manifiestan a través de la revelación general. a) Dios es creador y soberano del universo: Hch. 17:24; b) es todo suficiente: v. 25a; c) es fuente de vida y bien: v. 25b; d) es un ser inteligente, o sea aquel que formula planes: v. 26; e) es inmanente en el mundo: v. 27 y f) es la fuente y el fundamento de la existencia humana: v. 28.[2]

2. ***Dios se revela a través de la constitución del hombre***. La naturaleza humana también señala que hay un ser supremo e indica algunas de sus características. Puesto que Dios creó al hombre a su imagen, éste es el más noble de sus criaturas y parte de la revelación divina.

La constitución humana señala que Dios *es una persona*, es decir, que tiene atributos de personalidad tales como inteligencia, emociones, la capacidad de elegir y comunicarse con otros. Si no fuera así, el creador sería menos que la criatura. En Romanos 2:14–16, el apóstol Pablo menciona la «ley escrita» en el corazón del hombre (la moralidad natural y la conciencia) la cual indica que su creador es *un ser moral, un legislador cósmico*. Por último, el hombre posee instinto religioso, o sea, es un ser propenso a creer en lo sobrenatural. ¿Dónde recibió esta inclinación? De su creador. Esto parece *apuntar a la existencia de Dios*.

3. **Dios se revela a través de la historia**. Algunos pensadores ven la mano de Dios en los eventos de la historia. Si Dios es activo para llevar a cabo sus propósitos en el mundo, es probable que sea discernible su intervención en sucesos claves en la historia secular. Por ejemplo, en ciertos eventos de la Segunda Guerra Mundial, parece que Dios obró en la decisión de Hitler de invadir a Rusia, en la evacuación de Dunkerque y la batalla de Midway, pues todos fueron vitales para la derrota de Alemania y Japón. Además, se ve la providencia divina en la preservación del pueblo judío, una raza conquistada, esparcida y perseguida a través de los siglos.

B. La teología natural

Empleando la razón (el proceso de llegar a conclusiones lógicas por medio de hechos y afirmaciones que son obviamente verdaderas), los pensadores desarrollaron la teología natural. Se trata de la idea de que es posible llegar al conocimiento de Dios solo por medio de la razón, o sea la capacidad humana de entender, interpretar y evaluar la verdad que se observa en el universo. Por ejemplo, el gran teólogo Tomás de Aquino (1226–1274), motivado por el deseo de convencer a personas que rechazaban la revelación especial de las Escrituras, echó mano a la filosofía de Aristóteles, para formular cinco pruebas acerca de la existencia de Dios. Según ellas, la razón humana por sí sola debe inferir la existencia de Dios a partir de los efectos divinos en la naturaleza.

Santo Tomás arguye que hay una primera causa de todo lo que existe. Nada que vemos es su propia causa; todo es un efecto de una causa fuera de sí mismo y anterior a sí, pues de la nada, nada puede venir. Pero la serie de causas no puede ser infinita; tiene que haber una primera causa. Si no fuera por una primera causa, la cual es su propia causa y últimamente la causa de todo lo demás que existe, el entero proceso causal nunca habría comenzado. Así que se llama «Dios» a la primera causa, el cual es el creador del universo.

Los cuatro argumentos «cosmológicos» (basados en la realidad de un mundo ordenado) de Tomás son: 1) El movimiento presupone un movedor original. 2) Es imposible concebir una serie infinita de causas; por lo tanto, tiene que haber una causa primera. 3) Lo condicional demanda lo que es absoluto, y 4) lo que es imperfecto implica lo que es perfecto como su norma (este argumento implica lo siguiente: puesto que hay grados de perfección en el universo, tiene que haber suma perfección en alguna parte, la cual es Dios).

El quinto argumento se llama «teleológico» (el vocablo griego *telos* significa designio). La esencia es que el mundo es gobernado por un ser inteligente, pues cada organismo se esfuerza para mejorarse o perfeccionarse. ¿De dónde viene este impulso? Tiene que haber una inteligencia tras este fenómeno.

Puesto que en la introducción de este tema hemos explicado el significado de los primeros dos argumentos de Tomás, pasaremos a los últimos tres.

El tercer argumento observa que cualquier cosa que es capaz de dejar de existir (como el universo por ser contingente) no es autosuficiente y no tiene su origen en sí mismo. Como explicación de sí mismo la cosa contingente requiere algo que tiene una forma de existencia que nunca termina. Es decir, todo lo que no se explica por sí mismo exige, como explicación, lo que existe eternamente.

El cuarto argumento indica que no pueden surgir perfecciones en nada, salvo mediante una causa que tiene estas cualidades en medidas iguales o superiores. La causa final del universo, asimismo, tiene que poseer infinitamente todas las variedades de perfección y bondad.

El quinto argumento sostiene que el fenómeno de que hay una compleja adaptación hacia ciertos fines en los organismos de la naturaleza, no puede ser explicado como causado por un mecanismo ciego. Precisa una inteligencia que gobierna y una sabiduría providencial.

Carl F. H. Henry sintetiza los fines de los argumentos en su orden. 1) Establecerían una causa inacabable de todo cambio; 2) una causa primera de toda eficacia productiva en el universo; 3) una base originaria para todos los seres contingentes y eventos; 4) una causa infinitamente perfecta de todas las excelencias en un universo finito, y 5) un gobernador inteligente y providencial que dirige todo. Tomás insiste en que los argumentos demuestran la existencia de Dios, el cual es único, iniciador, inmutable e infinitamente de perfecta inteligencia.[3]

Otro argumento, ideado primero por Anselmo (1033–1109), se denomina «ontológico», pues este término se deriva de un verbo griego que significa «ser». Según este pensador, Dios se define como algo más grande que cualquier cosa concebible. Tal ser tiene que existir, porque si no existiera no podría ser el más grande que uno puede concebir. Otra versión de este argumento presenta la tesis de que el hombre puede concebir de Dios la idea de perfección. ¿De dónde consigue el hombre su concepto de Dios, sino de Dios mismo?

1. *Ataques contra la teología natural*. La teología basada en la revelación general nunca ha convencido a los ateos, ni ha sido un factor decisivo para llevar a los hombres al Dios verdadero. El apologista contemporáneo, Carl F. H. Henry, comenta: «La suposición de Tomás de Aquino de que Dios puede ser conocido por la razón natural sin una revelación de Jesucristo, puede ser considerada, en realidad, como una involuntaria preparación para la rebelión de la filosofía moderna contra la revelación especial y su énfasis contrario solamente en la revelación general».[4]

En el siglo dieciocho, el filósofo alemán, Emanuel Kant, llamado «el padre del racionalismo alemán», principió el moderno movimiento dentro del protestantismo, el cual construye sistemas de teología sin reconocer que Dios se reveló a sí mismo en la Biblia. En su libro *Crítica de la razón pura*,

Kant empleaba la razón para prohibir la especulación metafísica (la ciencia que se trata de la naturaleza de la existencia y del origen y estructura del universo). Negaba que todas las verdades pudieran ser demostrables con ideas claras y que la existencia de Dios pudiera ser probada objetivamente. Sostenía que no se podía conocer nada salvo objetos de tiempo y espacio y solo por medio de los sentidos; de otro modo, se enredaría en interminables contradicciones. Sostenía que cuando las personas hablan acerca del espacio y tiempo, causa y efecto, no se refieren a lo que realmente pasa o existe; hablan según las costumbres de su mente.

Rechazó cruelmente la mayoría de los argumentos desarrollados en la edad media para probar la existencia de Dios. Señaló que las pruebas teístas de Santo Tomás eran solo tres y eran ontológicos. No valía el argumento de que la mera definición de un ser necesario, implica su existencia tal como la definición de un triángulo implica que tenga tres ángulos. La prueba tiene validez, solo si suponemos anteriormente que tal ser exista. Es decir, Tomás arguye en un círculo, comenzando con la suposición de que hay un Ser Necesario (la Primera Causa) y luego empleando esta necesidad para desarrollar los argumentos del por qué existe. Según él, Dios es incognoscible, pues no es un objeto de tiempo y espacio y no puede ser percibido por los sentidos. Tampoco puede Dios comunicarse con los hombres, Kant le silenció.

Kant indicó que el argumento ontológico era el más débil de todos; la mera capacidad de concebir el ser más grande o más perfecto de todos, en ninguna manera prueba que realmente exista. Uno puede imaginar que tiene dinero en el banco pero esto no implica que lo tenga.

Partiendo de la duda en su libro *Crítica de la razón práctica*, Kant reconstituyó la certidumbre por medio de la razón práctica y de la ley moral. Aprobó el argumento teleológico (de designio). Dijo: «Dos cosas me llenan de asombro, los cielos tachonados de estrellas sobre mí, y la ley moral dentro de mí». Concluyó en favor de la existencia de Dios y de la inmortalidad del alma. Introdujo un «imperativo moral» en la vida, el cual exige que haya un Gobernador del universo. Retuvo el concepto deísta de Dios como el galardonador de la virtud y castigador del mal, pero su religión no tuvo lugar para la Biblia como revelación. Hizo de la razón del hombre el criterio final de la verdad. Con esto, pensó proporcionar la salida del hombre de su «auto-impuesta inmadurez», de su dependencia de cualquier autoridad exterior a sí mismo. Ahora tenía libertad para pensar sin «sanciones, sin directrices ajenas al hombre mismo». Ahora podía romper las ligaduras de la Biblia y echar de sí mismo sus cuerdas. Así el pensador alemán preparó el camino para el liberalismo y el modernismo.

Su filosofía constituyó el punto divisorio de la teología protestante. Pronto el padre del liberalismo, Federico Schleiermacher (1768–1834), desligado de toda autoridad externa, enseñó que la única base de la religión se encuentra en el interior del hombre, en el sentido de absoluta dependencia. Descartó las grandes doctrinas bíblicas y las reemplazó con la experiencia religiosa, donde el hombre es el centro de todo.

El escéptico inglés, David Hume, en su *Ensayo sobre el entendimiento humano* (1777), atacó los argumentos de Santo Tomás. Afirmó que la idea de la causalidad solo fue necesaria para acomodarse a razones sicológicas humanas, pero en realidad no tuvo ninguna relación objetiva en el mundo. Si tuviera significado objetivo, ¿cuál es la experiencia que tenemos del origen de los mundos, la cual nos capacitará para suponer confiadamente que el actual universo fuera causado en vez de ser el resultado de alguna otra manera? Además, si se pudiera atribuir el universo a un trascendente principio (Dios), los terrores del mal natural (terremotos, catástrofes naturales y enfermedades) indicarían que ése es un dios de poder finito, pues una deidad que es buena (como suponen los cristianos) prevendría tales sucesos destructivos.

La filosofía post-darwiniana de evolución llevó más adelante esta revolución contra el concepto de una primera causa. Según este pensamiento todos los efectos en el universo se relacionan a causas cada vez más sencillas en vez de más complejas. Las mismas categorías de la razón y la moralidad, consideradas desde hace largo tiempo como pruebas de la existencia de Dios, son nada más que desarrollos en el proceso evolucionario.[5] Según ello, el concepto de comienzos u orígenes es irrelevante; todo se explica por el proceso de evolución.

La Iglesia Católico Romana valora mucho la teología natural de Aquino, aunque la presenta en forma modificada y modernizada. Enseña que es posible conocer a Dios a través de la luz natural de la razón. Esta enseñanza fue declarada como una doctrina infalible por el Concilio Vaticano del año 1870. Se sostuvo que es posible tener un *verdadero*, aunque incompleto, conocimiento de Dios aparte de la revelación en Cristo. Por otra parte, hay voces en aquella iglesia que admiten que las pruebas teístas tienen poco significado para los que todavía no creen.[6]

El más influyente teólogo del siglo veinte, Karl Barth, rechaza terminantemente tanto la teología natural como la revelación general. Según él, la revelación es el medio divino para salvar al hombre. El conocer a Dios es ser salvo, algo realizado solo por la revelación en Cristo Jesús. No hay tal cosa como la revelación general. Además, la teología natural desvirtúa el carácter completo y único de Cristo como la revelación de Dios.[7]

Aunque el mundo no cristiano desestima casi totalmente la teología natural, los apologistas evangélicos incluyen con cautela los argumentos teístas en sus obras (ver los argumentos teístas en el capítulo sobre Dios en este libro). Los protestantes conservadores nunca han tomado en serio ni el pensamiento kantiano ni el darwiniano. Siguen creyendo en las Sagradas Escrituras como la revelación de Dios, pero ponen poco énfasis en la revelación general y la teología natural.

C. Evaluación de la revelación general

1. *¿Puede uno salvarse andando a la luz de la revelación general?* Durante la segunda mitad del siglo diecinueve, surgió lo que se llamaba la escuela de «historia de las religiones», la cual estaba renuente a creer que Dios se revelara solo en la fe judío-cristiana. Pensaba que había luz divina en todas las reli-

giones, aunque el cristianismo la tiene mucho más que las otras. Según ellos, se salva respondiendo positivamente a la luz que la persona tiene. Este concepto sigue en el movimiento liberal con el estudio de religiones comparativas, el cual procura sincretizar las diversas ideas religiosas.

¿Es posible que los paganos que no tienen la luz del evangelio, sean salvos obedeciendo la luz de su conciencia? El apóstol Pablo habla de «la ley escrita» en los corazones de los gentiles por la cual los que no tienen la ley de Dios, «hacen por naturaleza lo que es de la ley» (Ro. 2:14,15). Asevera también que Dios «pagará . . . vida eterna a los que, perseverando en bien hacer, buscan gloria y honra e inmortalidad . . . al judío primeramente y también al griego» (paganos) (Ro. 2:6,7,10). ¿Significa esto que se salva por las obras y no por la fe en el caso de los que nunca han oído el mensaje de Cristo?

Un examen esmerado del contexto de los versículos citados nos enseña que Pablo no contradice aquí su tesis, la cual sostiene que el hombre es salvo no por lo que hace sino por lo que Cristo ha hecho por él. Teóricamente puede salvarse viviendo según la luz que uno tiene, pero en la práctica nadie ha llevado perfectamente esta vida. Pablo termina su exposición de la culpabilidad del hombre (Ro. 1:18—3:20) con la conclusión: «No hay justo, ni aun uno» y añade después, «Por cuanto todos pecaron, y están destituidos de la gloria de Dios» (3:10, 3:23). Lo que Pablo trata en Romanos 2:1–16 son los principios del juicio de Dios y no el camino de la salvación. El Señor juzga a los hombres según la ley que tienen y según sus obras. Por la revelación general los paganos tienen suficiente luz para estar sin excusa de su ignorancia respecto a la existencia de Dios, pero insuficiente luz para ser salvos. Solo Cristo es el camino, la verdad y la vida; nadie puede llegar al Padre sino por él.

2. *¿Por qué sirve de poco la revelación general al hombre no regenerado?* El valor de la revelación general es muy limitado. Solo enseña que Dios existe, es poderoso, sabio y el autor de orden y belleza. No le identifica, ¿es Alá, Brahma o Jehová? Y nada revela acerca de su naturaleza, gracia y redención. No basta para señalarnos el camino de salvación. Al contrario, sirve para condenar al hombre, pues éste no vive según la luz que tiene. Las catástrofes de la naturaleza, tales como terremotos, tornados, inundaciones, enfermedades y plagas, aun pueden convencer al hombre de que Dios es o caprichoso, o incapaz de controlar la naturaleza. Aparte de una revelación especial, Dios todavía es de carácter escondido e incomprensible. Además, Romanos 1:18–23 indica que el hombre corrompido por el pecado no es capaz de interpretar correctamente la revelación divina en la naturaleza, ha perdido la habilidad de captar el testimonio de la creación en cuanto a su creador. Su mente entenebrecida tuerce y falsifica la verdad: él cree la mentira, pone en tela de juicio lo justo, detiene con injusticia la verdad y promueve lo malo. Cambia «la gloria de Dios incorruptible en semejanza de imagen de hombre corruptible, de aves, de cuadrúpedos y de reptiles».

Se ve bien en las religiones antiguas el efecto oscurecedor del pecado sobre la mente humana, referente a descubrir a Dios en la naturaleza. Los babilónicos, egipcios y romanos observaban la misma naturaleza que ven los musulmanes, los hindúes y los budistas. Pero difiere mucho el mensaje que cada religión percibía respectivamente. Es así también en la actualidad. Lo que ven los humanistas y positivistas modernos es muy diferente a lo que observa el evangélico conservador.

Lo que necesita el hombre caído es lo que Juan Calvino describe como los «anteojos de fe», para ver a Dios en la revelación general.[8] Cuando Dios se revela de manera especial al hombre pecaminoso, le restaura su habilidad perdida de reconocer lo que la Palabra realmente es, y de recibirla como tal. De la misma manera, al ser regenerado por el Espíritu Santo, el hombre puede reconocer en la naturaleza lo que ha visto más claramente en la Biblia.

3. *¿Cuál es el valor de la revelación general?*

a) La ley moral que se encuentra en el hombre proporciona a la sociedad la base para regular su conducta. Si la sociedad no observara en alguna medida los principios de la moralidad y la ética, dejaría de existir; degeneraría en caos.

Hasta las culturas más envueltas en tinieblas, tienen leyes morales que restringen el adulterio, el asesinato y el robo, por lo menos en la comunidad misma.

b) Puesto que por la revelación general toda la humanidad tiene algún conocimiento de que Dios existe, el pecador al escuchar el evangelio, tiene previamente algún concepto de Dios; es decir, la idea de Dios no le es sin significado. Así la revelación general puede abrir su mente para aceptar la revelación especial.

c) También se puede emplear la revelación general para demostrar a la persona sincera pero con problemas intelectuales, que el evangelio tiene una base racional. Henry observa: «Razón y fe no son antitéticas. Fe sin razón lleva al escepticismo, y razón sin fe conduce a lo mismo».[9] Empleando la teología natural, se puede demostrar que fe en Dios no es contrario a razón. Así la revelación general puede ser usada para confirmar la fe cristiana.

CITAS Y REFERENCIAS

1.   J. Gresham Machen, *The Christian Faith in the Modern World*, Wm. B. Eerdmans, Grand Rapids, MI, 1936, pp. 14,15. Citado en *Teología Sistemática*, Stanley M. Horton, ed., Logian Press, Springfield, MO, 1994, p. 63.

2.   B. A. Demarest, «Revelación general» en *Evangelical Dictionary of Theology*, Walter A. Elwell, ed., Baker Book House, Grand Rapids, MI, 1985, p. 945.

3.   Carl F. H. Henry, *God, Revelation and Authority*, vol. 2, *God Who Speaks and Shows*, Word Books, Waco, TX, 1983, p. 106.

4.   Carl F. H. Henry, «Revelación especial» en *Diccionario de Teología*, T.E.L.L., Everett F. Harrison, ed., Grand Rapids, MI, 1985, pp. 467-470.

5.   Henry, *God, Revelation and Authority*, vol. II, *op. cit.*, p. 118.

6.   G. C. Berkouwer, «General And Special Divine Revelation» en *Revelation and The Bible*, Baker Book House, Carl F. H. Henry, ed., Grand Rapids, MI, 1958, pp. 14,17.

7.   Millard J. Erickson, *Christian Theology*, vol. I, Baker Book House, Grand Rapids, MI, 1983, pp. 163,164.

8.   Juan Calvino, *Institución de la Religión Cristiana*, vol. I, capítulo 6, sección 1.

9.   Henry, *God, Revelation and Authority*, *op. cit.*, vol. I, p. 200.

CAPÍTULO 3

REVELACIÓN ESPECIAL

A. La idea de la revelación especial

1. *Cómo la revelación especial difiere de la general*. Este término, «especial», distingue la inmediata y única autorrevelación divina a individuos, de la revelación general que se observa en la creación, la historia y la naturaleza humana. Por medio de la revelación general, el hombre puede saber solo unas pocas cosas *acerca de Dios*, pero por medio de la revelación especial, *le puede conocer personalmente*. La revelación general es impersonal y dada a toda la humanidad durante todas las épocas. En contraste, la especial es específica, esporádica, concreta, histórica y *personal*. Dios habla a determinados hombres, en determinados lugares, en determinadas circunstancias y en determinados momentos, y esto para lograr propósitos específicos: redimir al hombre y revelar la gloria divina.

También es especial por sus maneras o canales de comunicarse. Dios se da a conocer en tres modos: a) a personas selectas, b) a través de los escritos de los profetas y apóstoles (la Biblia) y c) en la persona de su Hijo Jesucristo.

2. *El concepto bíblico de la revelación especial*. El vocabulario de la Biblia arroja luz sobre el significado del concepto divino de la revelación. El Nuevo Testamento emplea el vocablo griego *mysterion* («cerrado» o «escondido») para significar lo desconocido u oculto que Dios mismo ha hecho diá-

fano por medio de la comunicación divina. «Cosas que ojo no vio, ni oído oyó, ni han subido en corazón de hombre, son las que Dios ha preparado para los que le aman. Pero Dios nos las reveló a nosotros por el Espíritu» (1 Co. 2:9,10; Is. 64:4).

La palabra «revelar», y sus cognados, se encuentran muchísimas veces en el Antiguo Testamento y aun con mayor frecuencia en el Nuevo. El término hebreo más común es *galah*, el cual contiene la idea de desnudar o quitar las barreras a la percepción. Su equivalente en el Nuevo Testamento es el verbo griego *apokalypto*, el cual significa «descubrir», «quitar el velo». Se usa también el vocablo *faneroó* («manifestarse»). Todos «expresan igual idea —revelar algo que estuvo oculto—, de modo que Dios pueda ser visto y conocido por lo que él mismo dice ser».[1]

En la teología cristiana la revelación especial se refiere a la actividad divina por la cual Dios se da a conocer al hombre, así como las verdades pertinentes a sí mismo y a sus criaturas. Dios es tanto el objeto como el sujeto de tal revelación; es decir, es aquel que realiza la revelación y es, a la vez, aquel que es revelado.

Siempre debemos recordar y recalcar que Dios es el que toma la iniciativa en revelarse, es él que se hace cognoscible. No es el hombre que ha descubierto a Dios. El Señor se da a conocer por puro afecto a la humanidad y, en particular, a los sencillos que abren sus corazones. Jesús oró: «Te alabo, Padre . . . porque escondiste estas cosas de los sabios y entendidos, y las has revelado a los niños. Sí, Padre, porque así te agradó» (Lc. 10:22).

3. *La necesidad de una revelación especial*. En el capítulo anterior hemos observado las limitaciones de la revelación general. Aparte de una autorrevelación especial, Dios es de carácter escondido e incomprensible. Además lo poco que uno puede saber acerca de Dios por la revelación general, es corrompido por el pecado, el cual distorsiona la verdad. La conciencia puede señalar el gran problema de la culpa de la humanidad, pero la revelación general es incapaz de proporcionar la solución; no comunica verbalmente el remedio.

Como dice el teólogo Geerhardus Vos, «La naturaleza no puede abrir la puerta de la redención».[2] Barth comenta que el Dios de la Biblia es «el Dios a quien no habría camino o puente, acerca de quien no podrían decir o haber dicho una sola palabra si por su propia iniciativa no nos hubiera encontrado como *Deus revelatus*».[3]

4. *El propósito de la revelación especial*. ¿Por qué Dios se da a conocer personalmente a los hombres? Lo hace para nuestro beneficio. Quiere que lo conozcamos personalmente. Quiere redimirnos de nuestro pecado y reconciliarnos consigo mismo. Su autorrevelación en la Biblia y a través de su Hijo, tiene el gran propósito *remedial*: «Envió su palabra y les sanó, y los libró de su ruina» (Sal. 107:20). Quiere que aprovechemos su oferta de perdón y de nueva vida en comunión con él. No quiere «que ninguno perezca, sino que todos procedan al arrepentimiento» (2 P. 3:9). Quiere que seamos su posesión especial. «Yo seré vuestro Dios, y vosotros seréis mi pueblo» (Lv. 26:12).

El Antiguo Testamento atestigua que Dios llevó a cabo su plan de la salvación de la humanidad por medio de la revelación especial. La fundación de Israel, su historia y su religión son resultados del autodescubrimiento divino. Jehová se manifestó a Abraham, hizo pacto con él y su descendencia, y prometió que en él todos los linajes de la tierra serían benditos, siendo esta última una promesa mesiánica (Gn. 12:3). Había elegido al pueblo hebreo con tres fines: para que fuera depositario de su revelación, para constituirlo en testigo del único Dios verdadero a las naciones, y, para que por medio de Israel, viniera el Redentor.

Con compasión y gran poder, Jehová libró su pueblo de la cautividad egipcia. Hizo de ellos una nación, les otorgó la *tora* (ley o instrucción) y les enseñó cómo acercarse a él y adorarle. A lo largo de la historia hebrea, Dios levantó una orden de profetas para proclamar su palabra y hacer volver al pueblo, el cual siempre estaba propenso a descarriarse. Cada vez más, Dios demostró su dominio sobre las circunstancias, prediciendo mediante sus voceros los sucesos futuros (Is. 48:3–7).

La revelación divina en el Antiguo Testamento, sin embargo, era solamente la preparación para una revelación mucho más grande, la cual se encuentra en el Nuevo. Los profetas miraban hacia adelante, a la venida de un Mesías que reuniría a su pueblo esparcido, establecería su reino y haría un nuevo pacto con ellos. Todas las naciones reconocerían el señorío de Jehová y el conocimiento de él sería universal. Así que la revelación especial tiene un propósito remedial y redentor, para librar la humanidad de los efectos funestos del pecado y restaurarla a su original relación armoniosa con Dios.

También Dios se revela a fin de que sea soberano sobre sus hijos, y para que sepan su voluntad. No se comunica con los hombres solamente para proporcionarles información sin exigencias, sino para llamarlos a una vida de fe y obediencia. Solo por la Palabra inspirada los hombres pueden conocer la voluntad divina, «Las cosas secretas pertenecen a Jehová nuestro Dios; mas las reveladas son para nosotros y para nuestros hijos para siempre, para que *cumplamos* todas las palabras de esta ley» (Dt. 29:29, énfasis del autor). Bernard Ramm sintetiza acertadamente estos fines: «En las Escrituras, el conocimiento de Dios nunca es un fin en sí mismo, sino que es el instrumento necesario para la adoración de Dios, la comunión con Dios y el servicio de Dios».[4]

Sobre todo, Dios se revela para manifestar su gloria. «Los cielos cuentan la gloria de Dios» (Sal. 19:1), la primera venida de Cristo sirvió para el mismo fin (Jn. 1:14; 17:4; Lc. 23:47; Fil. 2:10,11, etc.) y los hechos portentosos de la misericordia divina manifiestan su esplendor y magnificencia (Mt. 20:15; Jn. 5:20–22; Ro. 3:19–21; 5:17; 9:23; Ef. 2:6). «El ministerio terrenal del pueblo de Dios (la iglesia militante y sufriente) con destino y esperanza, cumple en dar gloria a Dios».[5]

J. I. Packer señala el propósito específico de la revelación divina, es decir, la Biblia, para la iglesia cristiana:

Fue [dada] no meramente para proveer una base para la fe y guía personales para el vivir del individuo cristiano, sino también para capacitar a la iglesia de todo el mundo en toda época para entenderse a sí misma, para interpretar su historia, para reformar y purificar su vida continuamente, y para rechazar todos los asaltos hechos sobre ella, ora desde adentro, por pecado y herejía, o desde afuera, por persecución e ideologías rivales.[6]

5. *Los límites de la revelación especial de Dios*. Aunque la autorrevelación de Dios a los hombres es el remedio para la ignorancia que la caída les ha traído, el hombre redimido todavía no puede concebir cabalmente a Dios. Dios es trascendente, es decir, por encima de su creación, anterior a ella y tiene existencia aparte de ella. La diferencia entre el creador y la criatura es enorme; de modo que el hombre no lo puede comprender plenamente, ni investigar las profundidades de su ser. El hombre finito no puede conocer completamente al Dios infinito.

Las Escrituras enseñan la incomprensibilidad de Dios. Por ejemplo, el apóstol Pablo afirma que Dios es «el solo poderoso, Rey de reyes y Señor de señores, el único que tiene inmortalidad, que habita en luz inaccesible; a quien ninguno de los hombres ha visto ni puede ver». «Ahora vemos por espejo, oscuramente . . . conozco en parte . . . mas entonces cara a cara» (1 Ti. 6:15; 1 Co. 13:12). Eliú exclama: «He aquí, Dios es grande, y nosotros no le conocemos» (Job 36:26).

Esto no niega, sin embargo, que el hombre puede tener un conocimiento auténtico y adecuado de Dios, el cual hace posible que entre en relación con él. Indica solamente que dicho conocimiento es parcial e incompleto.

La expresión neoortodoxa «el Totalmente Otro» para describir la deidad, exagera enormemente la trascendencia de Dios. Según los primeros escritos de Barth, Dios es completamente diferente a los hombres. No podemos comprenderlo, ni explicarlo con nada en este mundo. D. Elton Trueblood replica, «Decir que Dios es completamente diferente de nosotros es tan absurdo como decir que él es completamente igual a nosotros».[7] Somos hechos a la imagen de Dios en lo espiritual, personal y moral. Cristo indica que podemos saber de cómo es Dios contemplando la encarnación y considerando que el mismo es como el Padre: «El que me ha visto a mí, ha visto al Padre» (Jn. 14:9). Pero debemos darnos cuenta de que es imposible llegar a tener una comprensión absoluta y completa de él; «Porque mis pensamientos no son vuestros pensamientos, ni vuestros caminos mis caminos» (Is. 55:8).

B. La forma de la revelación especial

1. *Es personal*. El concepto bíblico de Dios no se trata de una primera causa etérea e inmóvil que ha hecho caminar el mundo y lo ha abandonado a su suerte. Más bien se trata de un ser personal, a quien Jesús conoce como su Padre y el Padre de todos los creyentes.

Dios como una persona, se revela a personas. Por ejemplo, cuando se manifestó a Moisés, en la zarza que ardía, éste preguntó por su nombre. Dios respondió: «Yo soy el que soy» (Ex. 3:14). En otras ocasiones se revela como «Yahveh», su nombre personal. No hay nada más personal que el nombre de una persona. También, Dios conversaba con Abraham, Isaac y Jacob e hizo pacto con ellos. La Biblia está repleta de encuentros personales con Dios. Uno de los deseos más fuertes que tenía el apóstol Pablo era conocer más íntimamente a Cristo, el poder de su resurrección, y la participación de sus padecimientos (Fil. 3:10).

La revelación divina en la Biblia no presenta la formulación de un sistema de verdades universales como los axiomas de Euclides, ni argumentos lógicos semejantes a los que se hallan en libros de filosofía o teología. Ni tampoco se interesa mucho en acontecimientos históricos, que no tienen nada que ver con los propósitos divinos. Presenta más bien una serie de afirmaciones específicas acerca de sucesos concretos con significado religioso: «Lo que Dios revela es primordialmente a sí mismo como una persona, y especialmente las dimensiones de sí mismo que son particularmente significativas para la fe».[8]

2. **Es antrópica**. En su infinita gracia, Dios condesciende a revelarse acomodándose al hombre, su lenguaje, su cultura, sus capacidades y sus limitaciones. «Con esto queremos decir que la revelación divina *lleva las características de lo humano*. Habla del mundo que no se ve (2 Co. 4:18) en términos y analogías del mundo que se ve. El conocimiento de Dios se enmarca en el lenguaje, conceptos, metáforas y analogías de los hombres».[9] Si Dios no hubiera adaptado su revelación a los conceptos y lenguaje humanos, sería imposible que el hombre la comprendiera.

El carácter antrópico de la revelación se destaca en su uso de *antropomorfismos* (atribuir a Dios formas y rasgos humanos: ojos, oídos, manos o actividades y emociones humanas). Esto no quiere decir que Dios es corpóreo; más bien, el lenguaje se acomoda al entendimiento humano. También es necesario pensar en términos antropomórficos para considerarle como un ser personal. Dewey Beegle razona: «Considerar a Dios solamente como un Ser Absoluto o el Gran Desconocido es referirse a *él* o a *ello*, pero pensar en Dios como literalmente personal, aquel con quien podemos tener comunión, esto es decir *Tú*».[10]

Era común en las antiguas religiones paganas representar a sus dioses como si éstos fuesen hombres mortales con todas las debilidades humanas. El filósofo griego, Jenófanes, reaccionó contra el antropomorfismo de sus paisanos acusándoles de hacer dioses a su propia imagen. Lo peor es que las deidades paganas participaban de vicios humanos. A diferencia, en la Biblia las características humanas atribuidas a Jehová son siempre exaltadas. Según Albright, «eran proyectadas sobre una pantalla cósmica y servían para interpretar el proceso cósmico como expresión de la palabra de Dios y su voluntad eternamente activa».[11]

Por otra parte, ambos testamentos de la Biblia indican claramente que sus antropomorfismos no deben ser entendidos literalmente. Por ejemplo, aunque Moisés afirma que los hebreos en Sinaí «vieron al Dios de Israel» (Éx. 24:10), también explica en Deuteronomio 4:12 que cuando «habló

Jehová con vosotros en medio del fuego; oísteis la voz de sus palabras, mas a excepción de oír la voz, ninguna figura visteis». Es obvio que los hebreos vieron solamente la gloria de Dios en la teofanía de Sinaí. Además, la prohibición en el decálogo de hacer imágenes, es evidencia del concepto espiritual de Dios que se halla en el Antiguo Testamento (Éx. 20:4; Lv. 26:1; Dt. 4:15; 5:8; 27:15). Jesús dice claramente: «Dios es espíritu; y los que adoran, deben adorarle en espíritu y verdad» (Jn. 4:24, BJ).

3. **Es analógica**. La revelación de Dios se hace comprensible por su forma analógica, es decir, se expresa lo desconocido haciendo comparaciones con lo conocido. Por ejemplo, Jesús emplea a menudo la relación entre un padre terrenal y sus hijos para enseñar la relación entre Dios y los creyentes. Hace uso de metáforas, símiles, alegorías, parábolas, simbolismo y tipos (símbolos proféticos) para enseñar cosas celestiales. Aunque la analogía no es una forma que transmite perfectamente el conocimiento de lo eterno, es suficiente para que podamos comprender adecuadamente a Dios y las realidades pertinentes a él.

4. **Emplea modalidades**. Dios se comunica muchas veces a través de formas y medios. Las modalidades principales de la revelación divina son las siguientes.

a) *Dios se revela a través de modalidades fenomenales*. Usa a menudo vehículos visibles o espirituales tales como teofanías, visiones, sueños y ángeles. Estas tres primeras modalidades siempre están acompañadas con una obra del Espíritu Santo, el cual suele dar verbalmente el significado de las visiones y los sueños. Ramm observa, «En la experiencia del profeta la iluminación y la fe se dan paralelamente a las modalidades de la revelación. Cuando Moisés estaba frente a la zarza que ardía y vio este espectáculo poco corriente, había al mismo tiempo una acción del Espíritu Santo en su corazón».[12] En efecto, la tercera persona de la Trinidad participa en todos los aspectos de la revelación divina tanto en dar su contenido como en formar el registro permanente, o sea, el texto sagrado.

Además de las modalidades fenomenales, se ven en los tiempos del Antiguo Testamento, y, aun hasta el primer capítulo de Hechos, el uso de ciertos medios mecánicos para discernir la voluntad de Dios, que consisten principalmente de echar suertes. El sumo sacerdote empleaba los *urim y tumim* («luces y perfecciones») para consultar a Jehová. Según se cree, eran dos piedrecitas, la una indicando una respuesta negativa y la otra una respuesta positiva. No sabemos cómo se usaban, pero es probable que fueran sacadas del pectoral o echadas al azar. Como vemos en algunos casos, la consulta se hacía proponiendo una alternativa (1 S. 14:36–42; 2 S. 5:19).

Los hebreos también recurrieron simplemente a echar suertes, pero no como la costumbre de los paganos que dependían del mero azar, lo hacían con fe en que Dios revelaría su voluntad. «Se echan las suertes en el pecho, pero la decisión viene de Yahvéh» (Pr. 16:33, BJ). Los once apóstoles en el aposento alto oraron antes de echar suertes para determinar la voluntad de Dios referente a quién tomara el puesto de Judas (Hch. 1:21–26). Parece que desde el día de Pentecostés en adelante, la iglesia primitiva no empleó más esta modalidad para consultar a Dios, debido a que tenía la presencia activa del Espíritu Santo en su medio (Hch. 15:28).

b) *Dios se revela a través de la modalidad de acontecimientos históricos y palabras que los interpretan.* La revelación especial fue un acontecimiento fundamentalmente histórico y fue registrado en las Sagradas Escrituras. Se trata principalmente del relato referente a la actividad o acciones de Dios en relación con los hombres.

Bajo el poder del Espíritu, los ciento veinte discípulos en el día de Pentecostés hablaron de «las maravillas de Dios» («grandes obras» *ta megaleia*, Hch. 2:11). Otro término griego, el que más se acerca al significado de nuestro vocablo «acontecimiento», es *ergon*. Con este término «se asocia la acción de Dios que resulta en acontecimientos históricos. Por ejemplo, hay una frase muy notable en Apocalipsis 15:3, "Grandes y maravillosas son tus obras" (*megala kai thaumasta ta erga sou*) que resume adecuadamente la manera en que la Biblia entiende el acontecimiento en su relación con la revelación y la salvación».[13]

La Biblia está repleta de los eventos divinos por los cuales Dios se da a conocer. En la historia de Israel, el primer acto divino importante fue el llamamiento de Abraham. Luego Dios, en su providencia, usó a José para colocar a su pueblo en Egipto. El acontecimiento más notable para los hebreos fue su liberación de la opresión egipcia y el cruce del mar Rojo. Tan grande era el éxodo, que Jehová es conocido en todo el Antiguo Testamento como «el que sacó de Egipto al pueblo» (Jos. 24:17; Am. 2:10–3:1; Mi. 6:4; Sal. 81:10). La conquista de Canaán, la cautividad de Babilonia y la restauración de la nación —todas— son revelaciones de la naturaleza, propósitos y carácter salvíficos de Dios.

En el Nuevo Testamento, se narran los actos divinos en la vida de Jesús —su encarnación, crucifixión, resurrección y ascensión— como hechos cardinales en la historia de la salvación. En la formación de la iglesia y su expansión, se ve a Dios obrando para llevar a cabo su propósito sublime de tomar de la gentilidad «pueblo para su nombre» (Hch. 15:14).

¿Cuál es la relación entre la revelación divina y los hechos históricos descritos en el registro sagrado? Ya hemos considerado el concepto evangélico conservador, el cual enseña que Dios se revela por hechos acompañados de palabras que los interpretan. Las Escrituras mismas son la revelación de Dios. Sin embargo hay teólogos modernos que rechazan esta doctrina, pues ponen en tela de juicio que la Biblia es la palabra inspirada de Dios, y que es un registro infalible de la historia religiosa.

El teólogo contemporáneo, Millard Erickson, clasifica en tres grupos las principales teorías divergentes 1) La revelación en la historia, 2) la revelación a través de la historia y 3) la revelación como historia.[14]

1) G. Ernest Wright en su libro *God who acts* (Dios que obra) limitaría la autoridad divina al relato de los acontecimientos históricos reconocidos por el pueblo de Dios en el Antiguo Testamento y por la iglesia en el Nuevo. Según él, no

debemos considerar que la Biblia es una colección de doctrinas, sino que es la narración de historia; no es la palabra de Dios sino el registro de los actos de Dios y la reacción humana a estos, o sea las interpretaciones de los eventos por los escritores de la Biblia. Los escritores no se interesaban primordialmente en la esencia o atributos de Dios. Lo que les parecen atributos divinos no son necesariamente lo que corresponde a la realidad de Dios, sino consisten solamente en inferencias humanas tomadas de la manera en que Dios actuó. «Así que el concepto mismo de Dios no debe concebirse en términos de su ser y esencia, sino en sus hechos».[15]

Puesto que las descripciones bíblicas de eventos, no siempre deben ser interpretadas literalmente y las inferencias de los escritores pueden ser erróneas, la tarea del estudioso de la Biblia consiste en determinar lo que es historia auténtica. Al teólogo moderno le corresponde determinar cuáles son las características de Dios que pueden ser deducidas de esta historia.[16]

Respondemos a esta teoría preguntando, ¿Cómo puede el estudioso moderno reconstruir la historia bíblica, sin dejar que las presuposiciones del siglo veinte influyeran en sus conclusiones? ¿Cómo puede determinar lo que es auténtico y lo que es espurio en los relatos? ¿Son más correctas las inferencias de los intérpretes modernos que las de los escritores bíblicos?

El intento de limitar la revelación a solo los acontecimientos bíblicos y poner en tela de juicio las explicaciones o interpretaciones de tales sucesos por los escritores de la Biblia, produce un gran problema. ¿El espectador de un hecho de Dios es capaz de discernir el significado de ello? ¿No se necesita una revelación de Dios para poder comprender lo que Dios quisiera comunicar a través del acontecimiento? Paul Minear pregunta: «¿Cómo podía un espectador en Jerusalén, que contemplaba una de las muchas ejecuciones más allá de las murallas de la ciudad, ver en aquella escena (de la crucifixión de Jesucristo) algo decisivo para toda la historia humana?».[17] Para él, sería nada más que otra crucifixión. Los hechos de Dios podrían tener poco significado o un significado confuso, si no fueran interpretados por Dios mismo a través de los escritos inspirados.

2) El padre de la nueva ortodoxia, Karl Barth, enseña que Dios sí ha obrado en la historia dándose a conocer a los hombres. Sin embargo, los acontecimientos históricos en sí mismos no son la revelación divina, sino meros medios por los cuales Dios se manifiesta. Aunque acepta cierta autoridad de la Biblia y endosa su unicidad, encuentra primordialmente su inspiración en la acción del Espíritu dentro del creyente. Para él, no se puede identificar cabalmente la revelación con la Biblia, pues esta contiene muchos errores (la neoortodoxia acepta las conclusiones de la crítica bíblica moderna). Las Escrituras son un testigo de la revelación y no es la revelación misma.[18]

La neoortodoxia considera que la revelación no es una entrega de verdades acerca de Dios sino un encuentro con Dios que puede ocurrir cuando uno lee la Biblia o escucha la proclamación de la palabra. Es un perpendicular que viene de arriba, un suceso en el cual Dios toma la iniciativa. No se limita a la Biblia; puede ser que Dios se revele a través de cualquier persona u objeto. Las Escrituras pueden ser, sin embargo, *un* vehículo por el cual Dios se manifiesta personalmente. La Biblia tiene autoridad objetiva solamente cuando obra el Espíritu Santo, pues es aquel que *convierte* las palabras humanas en la palabra de Dios. Barth escribe: «La palabra de Dios es Dios mismo en su revelación».[19]

Así que para el neoortodoxo la realidad y verdad son dinámicas y no estáticas, personales y no proposicionales. La revelación es algo que sucede y no lo que existe. Un acontecimiento histórico o un relato de ello no es la revelación, es meramente el vehículo por el cual puede ocurrir la revelación.[20] El gran peligro de este concepto es que el hombre puede errar por causa de su propio subjetivismo.

Al darse cuenta de que las doctrinas del liberalismo no correspondían a la realidad, Barth rompió con esta teología y predicó doctrinas bíblicas. Sin embargo, no rompió completamente con los liberales. Parece que quisiera tener el oro y el moro, predicando la verdad bíblica pero reteniendo las conclusiones de la crítica bíblica, las cuales destruirían toda confianza en la inspiración de las Sagradas Escrituras. Para Barth, no obstante que la Biblia registra eventos en los cuales Dios se reveló a los hombres, todavía es un libro humano que contiene errores. Por lo tanto desarrolló una noción de la revelación que transa con el liberalismo. Pronto otros teólogos neoortodoxos abandonaron una doctrina bíblica tras otra hasta que Bultmann llegó a rechazar todo lo sobrenatural de las Escrituras denominándolo «mitos».

James I Packer señala la debilidad de la posición bartiana.

¿Cuál será el criterio por el cual conocemos la revelación? Si no hay verdad revelada y la Biblia es meramente el testigo humano a una revelación falible y con errores, ¿qué seguridad podemos tener que nuestras ideas de revelación corresponden a la realidad de la revelación misma? Somos hombres afectados por pecado, y por lo tanto nuestros pensamientos son falibles y erróneos. Entonces, ¿por cuál norma podemos comprobar y corregirlos?[21]

Los evangélicos conservadores contestan que el único criterio confiable para juzgar la autenticidad de revelaciones personales se encuentra en la Biblia misma.

Por otra parte, la forma de revelación que describe Barth sí existe. En el proceso de ser salvo, el hombre tiene un encuentro con Dios. El Espíritu Santo emplea las Escrituras para hablar a los hombres y convencerlos del pecado, justicia y juicio venidero; también ilumina la mente del creyente para que pueda entender el significado de la Palabra (1 Jn. 2:27). ¿Confunde Barth tal iluminación del Espíritu con la revelación divina?

Además, de vez en cuando, Dios habla al corazón del hombre aparte de su palabra comunicándole cosas personales relacionadas con su vida. Debemos darnos cuenta, sin embargo, que estos encuentros personales con Dios no son el sustituto de una revelación objetiva, permanente y adecuada, la cual puede servir como fuente de doctrina salvífica. Leon Morris observa: «Parece que normalmente Dios ha escogido unir la revelación de sí mismo con un libro. Él ha dado la Biblia como medio por el cual los hombres tienen acceso a él, y si pasamos por alto este hecho lo hacemos por nuestra cuenta y riesgo».[22]

3) El «Círculo Pannenberg» ha elaborado la tercera posición sobre la relación entre revelación e historia.[23] Wolfhart Pannenberg (1928–   ), teólogo alemán, desarrolló un nuevo concepto. Afirma que la historia es más que un medio en el cual Dios se revela, es la revelación misma. Es decir, ve que tanto la historia sagrada como la secular es la revelación de Dios.

No es necesario distinguir por inferencia los atributos de Dios en sus acciones, pues se ven claramente. Se consideran las «acciones de Dios» como algo literal y no figurativo o metafórico.[24] «Puesto que estas acciones son eventos históricos como cualquier otro evento, pueden ser comprobados por medio de la investigación histórica. La resurrección de Jesús, quizá el hecho supremo de Dios en la historia, puede ser comprobada por razón, tal como cualquier hecho de historia, dice Pannenberg».[25] Puesto que la resurrección de Cristo es la revelación que antecede a los últimos acontecimientos del mundo, este evento trascendente nos permite captar toda la historia. La idea de Pannenberg va más lejos que la fórmula de Barth —la Palabra se hizo carne— añadiendo que se hizo hombre y «carne histórica».

La posición de Pannenberg no distingue entre la revelación general y la especial; no limita la revelación a las acciones divinas registradas en la Biblia, sino incluye las de toda la historia. También sostiene que la revelación divina no le llega al hombre de forma inmediata, tal como una teofanía, sino siempre en forma mediata, a través de los acontecimientos históricos. Es objetivo en sucesos históricos pero no en los conceptos. Su posición, sin embargo, parece coincidir en algunos aspectos con la de escritores de la Biblia. En el cuarto Evangelio, el apóstol Juan denomina «señales» a los milagros de Jesús, y en Apocalipsis «obras de Dios» a sus acciones en la historia. Jesús señala a sus discípulos que aquel que le ha visto a él, ha visto al Padre. No cabe duda alguna de que los actos de Dios en la historia son una revelación en sí mismos.

c) *Dios se revela a través de la modalidad del habla divina*. Aparte de la encarnación, la más eficaz modalidad de la revelación especial es el habla divina. El escritor de la carta a los Hebreos dice: «Dios, habiendo hablado muchas veces y de muchas maneras en otro tiempo a los padres por los profetas . . .» (He. 1:1). Se encuentra muchísimas veces en la Biblia, especialmente en los libros proféticos, la expresión, «Vino a mí palabra de Jehová diciendo . . .» (ver Jer. 49:34; Ez. 12:1,8; Jl. 1:1; Lc. 3:2). Todo profeta tiene viva conciencia de ser un instrumento del Espíritu, de que ha recibido una palabra de Dios, que debe transmitirla, de que las palabras que profiere son a la vez suyas y no suyas.

Mediante palabras, las personas pueden comunicar sus pensamientos, ideas y emociones más profundos. Dios se acomoda a nuestra naturaleza expresándose en forma verbal y objetiva. No se manifiesta como es meramente por acciones, sino también habla contándonos acerca de sí mismo, sus planes y su voluntad.[26]

Pero, ¿es esta habla una verdadera modalidad? ¿No es Dios una persona, y el habla es una expresión de personalidad? Sí, pero Dios también es espíritu, no corporal y no tiene órganos de habla. Además se comunica en el idioma del profeta o apóstol, sea arameo, hebreo o griego. Es poco probable que Dios tenga un idioma particular. Por lo tanto emplea la modalidad del habla para revelarse a los hombres.

Ya hemos mencionado que el mensaje divino puede llegar al profeta de muchas maneras. Llega en visión como la de Isaías en el templo (Is. 6), en sueños, por audición, pero las más por una inspiración interior, una voz oída solo en la mente.

El habla divina suele formar parte de las otras modalidades. Por ejemplo, el profeta ve una visión y oye la palabra de Jehová. Si no fuera así en muchos casos, el receptor de la visión o sueño no entendería exactamente lo que Dios quisiera revelar. Una visión o evento divino que no revela nada a nadie sería sin sentido.

Ramm comenta: «El habla divina, el "así dice el Señor", produce la palabra del Señor. El habla es la modalidad; el profeta es el instrumento; la palabra de Dios es el producto».[27] Se ve bien esta secuencia en las palabras de David, «El Espíritu de Jehová ha hablado por mí y su palabra ha estado en mi boca» (2 S. 23:2). La expresión «la palabra de Dios» es uno de los conceptos clave para entender la revelación especial.

d) *Dios se revela a través de la modalidad de la encarnación*. El medio supremo de la revelación especial se encuentra en el *logos* hecho carne. «De una manera fragmentaria y de muchos modos habló Dios en el pasado a nuestros Padres por medio de los profetas; en estos últimos tiempos nos ha hablado por medio del Hijo . . . el cual, siendo resplandor de su gloria e impronta de su esencia» (He. 1:1–3, BJ). Juan dice: «A Dios nadie le vio jamás; el unigénito Hijo, que está en el seno del Padre, él le ha dado a conocer . . . (y vimos su gloria, gloria como del unigénito del Padre) lleno de gracia y de verdad» (Jn. 1:18,14). «El testimonio de Jesús es el espíritu de la profecía» (Ap. 19:10).

Otra vez preguntamos: ¿No es esta forma de la autorrevelación de Dios algo directo y no una modalidad? Puesto que Dios no tiene cuerpo, debemos considerar que la humanidad de Jesucristo le hizo posible ser el mediador de la revelación más especial: «Dios fue manifestado en carne» (1 Ti. 3:16). Dios hizo su contacto más directo y personal con nosotros en la humanidad de Jesús. Siendo plenamente humano y plenamente divino al mismo tiempo, Jesús podía ejercer su función mediadora tanto en la redención como en la revelación especial.

Jesucristo es la perfecta revelación especial en sus enseñanzas, las cuales sobrepasan las de los profetas y apóstoles. En los labios de Jesús, las palabras, «pero yo os digo» toman el lugar de la forma profética, «vino a mí palabra de Jehová». Ramm observa: «Él es la Luz que alumbra este mundo . . . el *Profeta* que pronuncia con claridad perfecta la palabra de

Dios . . . el *Maestro* que domina perfectamente el tema . . . el *Hijo* que se encuentra en una posición ideal para revelar la mente de su Padre».[28]

El carácter de Jesús —sus actitudes, la calidad de su vida, su manera de actuar y hablar— todo reflejaba la imagen de su Padre. En las conversaciones y encuentros con otros, brillaban las grandes virtudes de bondad, pureza, humildad, amor y compasión. A los más allegados suyos, les era obvio que Dios andaba en su medio. Uno de ellos afirmó: «Lo que era desde el principio, lo . . . hemos oído . . . visto . . . y palparon nuestras manos tocante al Verbo de vida» (1 Jn. 1:1). Jesús mismo podía decir, sin temor de ser contradicho: «El que me ha visto a mí, ha visto al Padre».

En Jesucristo la revelación como acontecimiento llega a su más elevada expresión. La encarnación, crucifixión y resurrección son hechos que revelan y redimen. La cruz constituye tanto el medio de la reconciliación del mundo como la manifestación suprema del amor divino. Cristo fue resucitado para garantizar que el hombre que cree en él sea justificado (Ro. 4:25). Así que Jesucristo es la perfección de la revelación especial en su persona, palabras, carácter y obras. Debemos dar gracias a Dios, el cual «ha hecho brillar la luz en nuestros corazones, para irradiar el conocimiento de la gloria de Dios que está en la faz de Cristo» (2 Co. 4:6, BJ).

5. *Es progresiva*. Dios no reveló toda la verdad acerca de sí mismo y de sus caminos en un solo momento, sino a lo largo del período en que los libros de la Biblia fueron escritos. Comenzando en Génesis, el Señor se daba a conocer progresivamente: «De una manera fragmentaria y de muchos modos habló Dios en el pasado a nuestros Padres por medio de los profetas» (He. 1:1, BJ).

La revelación no se compara a una catedral construida según un plano arquitectónico, sino a un planta que crece. En las palabras de Jesús: «primero yerba, luego espiga, después grano lleno en la espiga» (Mr. 4:28). Su doctrina se revela poco a poco. La revelación en los Salmos es más amplia que la

del Génesis, y la doctrina de los Profetas es más profunda que
la de los Salmos.

Se encuentra el cumplimiento del Antiguo Testamento
en el Nuevo. Berkhof comenta:

> El Antiguo Testamento contiene la promesa; el
> Nuevo Testamento el cumplimiento. El primero señala
> la venida de Cristo y nos conduce a él; el segundo parte
> de él, indicando su completo sacrificio como la expiación
> por el pecado del mundo. El Antiguo Testamento es el
> capullo; el Nuevo Testamento, la flor; o como expresó
> San Agustín: «El Nuevo Testamento está oculto en el
> Antiguo y el Antiguo nos es abierto en el Nuevo».[29]

Ejemplos de la naturaleza progresiva de la revelación se
observan en la diferencia entre la moralidad del Antiguo Testamento y la del Sermón del Monte; entre el concepto de la
unidad de la deidad en el primero y la doctrina de la trinidad
en el segundo. En el Veterotestamento no existe idea clara de
vida de ultratumba, el juicio final y las recompensas y los castigos eternos, el cielo y el infierno. Quedó para el Cristo del
Nuevo Testamento sacar «a luz la vida y la inmortalidad».

No debemos pensar, sin embargo, que la revelación en el
Antiguo Testamento es incorrecta o errónea; más bien es incompleta. «La revelación posterior sirvió para complementar
o suplementar lo que Dios había revelado antes, pero nunca
para corregirlo o contradecirlo. Su revelación debía, como un
todo, enseñar a la humanidad quién es él, cómo es posible reconciliarse con él y cómo vivir de una manera aceptable a
él».[30] La revelación del Antiguo Testamento es el fundamento sobre el cual se edifica la plena verdad del Nuevo.

Chafer explica más ampliamente:

> Cada libro de la Biblia se beneficia de la verdad acu-
> mulada anteriormente, y el último es como una gran es-
> tación donde convergen y terminan todos los grandes
> caminos de la revelación y la predicción. Ningún enten-
> dimiento adecuado de la verdad revelada puede ser obte-
> nido sin la consumación de ese libro, y ese libro a su vez,

no puede ser entendido sin la comprensión de todo lo que ha sido dado anteriormente.[31]

6. *Describe objetos desde el punto de vista fenomenal*.
¿Cómo se pueden armonizar ciertas expresiones no científicas en la Biblia (tales como «la puesta del sol» o «los cuatro ángulos de la tierra») con los descubrimientos de la ciencia? Los modernos saben bien que Dios no detuvo el sol a la palabra de Josué; pues es la tierra que gira sobre su eje y no el sol que se mueve. La respuesta es que los autores inspirados a menudo describen los fenómenos como son percibidos por los sentidos, y no según la realidad científica. Así comunicaban las verdades en una manera entendible a su generación.

C. ¿Es la revelación proposicional o encuentro personal?

Los teólogos ortodoxos siempre han sostenido que la Biblia es la palabra escrita de Dios. Así que la revelación toma la forma conceptual. Esto no quiere decir que la Biblia es una serie de proposiciones o doctrinas reunidas como se encuentran en un catecismo, sino que las Escrituras pueden ser estudiadas y sus ideas reducidas en proposiciones. Es la obra de exégetas extraer el significado de las Escrituras y la de los teólogos forjarlo en teología, la cual consiste de proposiciones.

La tendencia de muchos teólogos modernos que no son conservadores, es negar que la revelación especial es sinónima con las Escrituras como tal, y las declaraciones que se encuentran en ellas. Es decir, para ellos no es proposicional sino un encuentro divino-humano. Estos pensadores comparten la idea de Barth, cuando éste habla en contra de considerar la Biblia como «el total fijo de proposiciones reveladas que han de ser sistematizadas como las secciones de un corpus de ley».[32] Según él, concebir la revelación como proposicional sería materializarla y despersonalizarla.[33]

Otro teólogo neoortodoxo, Emil Brunner, afirma que la doctrina es conectada indisolublemente con el encuentro «como instrumento, como marco, como signo».[34] En tono sarcástico, Clark observa: «Lo que Brunner denomina la palabra de Dios no tiene contenido conceptual. Desprecia la lógica, se gloría en contradicciones y deifica la paradoja».[35]

En la práctica, sin embargo, ni Barth ni Brunner descartan la Biblia. Al contrario, consideran que la Biblia es el testigo indispensable de la revelación redentora. Desarrollan la doctrina sobre los conceptos bíblicos. John Newton Thomas señala la inconsecuencia de Barth notando que éste no cree que la revelación sea proposicional; sin embargo, sostiene a la vez que las Escrituras expresan de alguna manera su contenido cognoscitivo.[36]

En cambio, Barth soluciona problemas doctrinales citando la Biblia de la misma manera que hacen los fundamentalistas, cuyos puntos de vista este rechaza. Otros teólogos conservadores observan también que a pesar de que Barth enseña que la revelación es personal, en vez de ser conceptual, ha escrito su voluminoso *Dogmáticas Eclesiásticas* que consiste casi enteramente de proposiciones doctrinales. Debemos tomar en consideración, sin embargo, la definición de Barth referente a teología: es «el auto examen científico de la iglesia cristiana con respecto a su habla acerca de Dios» (*Church dogmatics* I/1 [1936], p. 3). Para Barth, la teología no se limita a las Escrituras, sino incluye lo que enseña la iglesia sobre Dios y la religión.

La idea moderna de que Dios se revela a sí mismo y no da información acerca de sí mismo, presenta graves problemas. ¿Cómo es posible conocer a un persona sin saber nada de ella? Leon Morris razona: «No puedo decir que conozco a una persona a menos que pueda decir también que conozco algunos hechos sobre ella. Me resulta difícil imaginar en qué consistiría afirmar conocer a una persona de la cual no sé nada. Aun en casos de conocimientos superficiales, por ejemplo el aspecto de la persona y lo que me indican sus palabras y sus actos».[37] Añadimos, realmente, si la revelación no fuera habla inteligente ni pensamiento, no podríamos saber si el encuentro fuera uno con Dios o con un espíritu ajeno.

Un encuentro existencial sin palabras que comunican verdades, solo permitiría inferencias sobre la relación de Dios con sus criaturas. No comunicaría nada sobre los atributos, naturaleza y caminos de Dios. ¿Cómo sabría el hombre que Dios es trascendente, trino y eterno? y ¿cómo conocería el mensaje del evangelio? El mero encuentro dejaría sin sentido los términos justificación, regeneración y redención. Si no emplea oraciones y proposiciones, el encuentro personal resultaría en puro subjetivismo y el hombre quedaría alejado de Dios. El apóstol Pablo pregunta: «¿Cómo van a invocarlo [a Dios] si no han creído en él? ¿Y cómo van a creer en él, si no han oído hablar de él? ¿Y cómo van a oír, si no hay quien les anuncie el mensaje? . . . Así pues, la fe nace al oír el mensaje, y el mensaje viene de la palabra de Cristo» (Ro. 10:14, 17, VP).

Carl F. H. Henry señala que el camino de la revelación especial en la Biblia, afirma que Dios mismo y su revelación proporcionan la única base objetiva e inteligible para hacer declaraciones acerca de la naturaleza divina. «Solo a condición de que Dios realmente comunica información proposicional acerca de sí mismo, como aseveraban los profetas y apóstoles de la tradición judío-cristiana, y solo a condición de que tal información nos está disponible en un registro fidedigno, tendríamos una base confiable para exponer los atributos divinos»;[38] y añadimos, para restablecer la comunión con Dios.

CITAS Y REFERENCIAS

1.   Pedro Arana Quiroz, «La revelación de Dios y la teología en Latinoamérica» en *El debate contemporáneo sobre la Biblia*, Ediciones Evangélicas Europeas, Barcelona, 1972, p. 44.

2.   Geerhardus Vos, *Biblical Theology: Old and New Testaments*, Wm. B. Eerdmans, Publishing House, Grand Rapids, MI, 1948, p. 31.

3.   Karl Barth, *Church dogmatics*, I, T. & T. Clark, Edinburgh, 1975, p. 321.

4.   Bernard Ramm, *La revelación especial y la Palabra de Dios*, La Aurora, Buenos Aires, 1967, p. 29.

5.   Arana, *op. cit.*, p. 50.

6.   J. I. Packer, «Revelación e Inspiración» en *Nuevo Comentario Bíblico*, D. Guthrie y J. A. Motyer, eds., Casa Bautista de Publicaciones, El Paso, TX, 1977, p. 22.

7. D. Elton Trueblood, *Philosophy of Religions*, Harper and Row, Nueva York, 1957, p. 270.

8. Millard J. Erickson, *Christian Theology*, vol. I, Baker Book House, Grand Rapids, MI, 1983, p. 178.

9. Ramm, *op. cit.*, pp. 31,35.

10. Dewey M. Beegle, «Antropomorfismo» en *Diccionario de Teología*, Everett F. Harrison, ed., T.E.L.L., Grand Rapids, MI, 1985, p. 49.

11. William F. Albright, *From the Stone Age to Christianity*, segunda edición rústica, Doubleday and Company, Inc., Garden City, NY, 1957, p. 265.

12. Ramm, *op. cit.*, pp. 42,43.

13. Ramm, *op. cit.*, p. 73.

14. Erickson, *Christian Theology*, I, *op. cit.*, p. 182.

15. *Íbid.*

16. *Íbid.*, p .183.

17. Paul Minear, *Eyes of Faith*, p. 143, citado en Ramm, *op. cit.*, p. 79.

18. Barth, *Church Dogmatics*, I/1, *op. cit.*, p. 126.

19. *Íbid.*, p. 339.

20. Erickson, *Christian Theology*, I, *op. cit.*, p. 185.

21. James I. Packer, «Contemporary Views of Revelation» en *Revelation and the Bible*, Carl F.H. Henry, ed., Baker Book House, Grand Rapids, MI, 1958, p. 97.

22. Leon Morris, *Creo en la Revelación*, Editorial Caribe, Mami, FL, 1979, p. 153.

23. *Revelation as History*, Wolfhart Pannenberg, ed., The Macmillan Company, Nueva York, 1968.

24. *Íbid.*, pp. 45-46, citado en Erickson, *Christian Theology*, vol. I, *op. cit.*, p. 186.

25. Erickson, *Christian Theology*, I, *op. cit.*, p. 186.

26. *Íbid.*, p. 187.

27. Ramm, *op. cit.*, p. 55.

28. *Íbid.*, p. 114.

29. Luis Berkhof, *Principios de Interpretación Bíblica*, T.E.L.L., Grand Rapids, MI, s.f., p. 63.

30. John R. Higgins, «La Palabra inspirada de Dios» en *Teología Sistemática: Una Perspectiva Pentecostal*, Stanley M. Horton, ed., Editorial Vida, Deerfield, FL, 1996.

31. Lewis Sperry Chafer, *Teología Sistemática*, tomo I, Publicaciones Españolas, Inc., Milwaukee, WI, 1986, pp. 61,62.

32. Karl, *Church dogmatics* I/1, *op. cit.*, p. 156.

33. *Íbid.*, p. 310.

34. Emil Brunner, *The Divine Human Encounter*, Westminster Press, Philadelphia, PA, 1943, pp. 112-13, citado en Erickson, *Christian Theology*, vol. I, *op. cit.*, p. 192.

35. Gordon H. Clark, «Revealed religion» en *Fundamentals of the Faith*, Carl F. H. Henry, ed., Zondervan Publishing House, Grand Rapids, MI, 1969, p. 32.

36. John Newton Thomas, «How Barth has influenced me» en *Theology Today* 13, 1956, pp. 368-369, citado en Erickson, *op. cit.*, p. 196.

37. León Morris, *op. cit.*, p. 156.

38. Henry, God, *Revelation and Authority*, IV, *op. cit.*, p. 99.

CAPÍTULO 4

INSPIRACIÓN

Sería DIFÍCIL EXAGERAR la importancia de las doctrinas de revelación e inspiración de las Sagradas Escrituras. Ismael Amaya tiene razón cuando afirma que estas «son el fundamento sobre el cual descansa toda la estructura de la teología cristiana. Quitemos este fundamento y todo el sistema se desmorona».[1] Solo un mensaje revelado por Dios y registrado bajo la influencia del Espíritu puede servir para dar cuerpo a un sistema de doctrina fidedigno y autoritario. Si Dios no se ha revelado, entonces la Biblia no es inspirada, Dios queda como un misterio y los hombres todavía están en tinieblas y sin esperanza.

A. La naturaleza de la inspiración

1. *Definiciones: revelación, inspiración e iluminación.* Es fácil confundir los significados de los tres términos. La revelación es el acto en que Dios da a conocer las cosas que el hombre no puede descubrir por su propia cuenta. El ha revelado cosas tales como los detalles de los planes divinos, sus propósitos y el destino de los seres humanos y sobre todo, detalles de sí mismo (ver Gn. 7:13–21; Ef. 1:9–11).

En contraste, la inspiración se refiere a una influencia divina sobre hombres elegidos por Dios para comunicar esa revelación. Una definición más específica es, «la acción ejercida por medio del Espíritu Santo sobre los escritores de los libros del Antiguo y Nuevo Testamento, a fin de que proclamaran y escribieran en forma exacta y auténtica el mensaje recibido de Dios».[2]

Así que la inspiración comunica y preserva lo que Dios revela. Por ejemplo, las visiones de San Juan que se encuentran en Apocalipsis, fueron dadas por revelación pero el apóstol las registra en su libro por inspiración.

También, por inspiración, Dios ilumina el significado de eventos históricos y capacita al escritor para registrar correctamente esta interpretación divina.

Es necesario que la inspiración bíblica sea complementada por la iluminación del Espíritu Santo, en el interior del lector u oidor de la Palabra. El «consolador» de Job, Eliú, la describe: «Ciertamente espíritu hay en el hombre, y el soplo del Omnipotente le hace que entienda» (Job 32:8). Los apóstoles señalan: «El hombre natural no percibe las cosas que son del Espíritu de Dios . . . y no las puede entender, porque se han de discernir espiritualmente». «Pero la unción que vosotros recibisteis de él permanece en vosotros, y no tenéis necesidad de que nadie os enseñe; así como la unción misma os enseña todas las cosas» (1 Co. 2:14; 1 Jn. 2:27).

El Espíritu divino arroja luz sobre el significado de las Escrituras para que lo que Dios ha revelado en el pasado, llegue a ser hoy su viviente e iluminadora Palabra en el corazón y mente del creyente. Debido a eso, los que reciben el mensaje divino, lo pueden entender y aplicar a su vida.

Aunque la inspiración no es igual que la revelación, a veces las dos se traslapan. Warfield observa que la operación en que el Espíritu «lleva» a hombres en el proceso de componer las Escrituras, es uno de los modos por los cuales Dios revela su ser, su voluntad, sus operaciones y sus propósitos. Así desempeña el mismo papel que el de toda revelación, a saber, puede hacernos sabios para la salvación. En este sentido es también redentora.[3]

Es probable que en muchos casos la revelación especial y la inspiración divina funcionan simultáneamente. Las dos son operaciones del Espíritu. Sin embargo, una buena parte del contenido de las Escrituras fue hablada mucho antes de ser escrita, como en el caso de Cristo y los apóstoles.

Aunque se describe correctamente la Biblia como «la revelación de Dios», no todo su contenido es una revelación divina. Pero sí, todo lo que contiene está escrito por inspiración, a saber, bajo la supervisión del Espíritu. Por ejemplo, Dios guió al escritor de Eclesiastés a incluir en su libro la sabiduría fatalista y secular de un hombre que no tenía una revelación especial adecuada.

Lo que escribe no es revelado pero sí es inspirado. Tampoco son revelaciones los argumentos de los «consoladores» de Job, pero sí están incluidos por inspiración en la Biblia. Observamos además, que muchos datos históricos incluidos por inspiración en la Revelación divina son los resultados de la observación o investigación de los autores sagrados y no de la revelación divina (ver Lc. 1:1–4).

También encontramos revelación sin inspiración, pues en ciertos casos el Espíritu no impulsó a los escritores a registrar ciertas profecías, milagros y otras cosas reveladas divinamente. Esto lo vemos en las palabras del apóstol Juan: «Hay también otras muchas cosas que hizo Jesús, las cuales si se escribieran una por una, pienso que ni aun en el mundo cabrían los libros que se habrían de escribir» (Jn. 21:25).

Los teólogos ortodoxos señalan que hay distintos grados de revelación pero no de inspiración. Por ejemplo, la revelación que se encuentra en los primeros tres capítulos de la Epístola a los Efesios es mucho más sublime y elevada que la del libro de Levítico. Sin embargo, todos los Escritos Sagrados son inspirados por igual, es decir, cada detalle registrado en ellos —sus relatos, profecía, citas y palabras— son tal como Dios creyó conveniente que fuesen incluidos.

2. ***La necesidad de la inspiración***. Es obvia la razón por la cual Dios ha impulsado a los profetas y apóstoles a registrar por escrito lo que les reveló. Si no lo hubiera escrito, habrían sido demasiadas las posibilidades de que el mensaje transmitido oralmente fuera distorsionado, abreviado (omitiendo partes vitales), o ampliado (añadiendo detalles imaginarios). Por un tiempo, es cierto, que algunas partes fueran transmitidas oralmente, pero esto no fue una solución permanente.

Puesto que Dios no repite su revelación a cada persona, era necesario que fuera preservada de una vez por todas en forma objetiva, permanente y disponible a toda la humanidad.

También, al considerar la importancia trascendental de la revelación divina, se ve la necesidad de que sea registrada con suma exactitud a fin de reflejar bien la mente de Dios. Solo por hombres guiados y controlados por el Espíritu Santo, podría ser escrito un libro tan perfecto y divino como la Biblia. También la exactitud del mensaje es un requisito indispensable para que sea fidedigno y autoritario.

3. *La enseñanza bíblica sobre el proceso de inspiración*. El apóstol Pablo, escribiendo a Timoteo afirma que las Escrituras son de origen divino: «Toda la Escritura es inspirada por Dios» (2 Ti. 3:16). El término griego *zeopneustos* («inspirado por Dios») significa literalmente «soplado por Dios» o «alentado por Dios», e indica que la Escritura es producto de su aliento creativo. Henry comenta: «Es un hecho dramático que las Escrituras refieren (atribuyen) la creación del universo (Sal. 38:6), la creación del hombre para comunión con Dios (Gn. 2:7) y la producción de los Escritos Sagrados (2 Ti. 3:16) a la inspiración o aliento de Dios».[4]

Se puede traducir la frase *pasa grafê zeopneustos kai ofelimos* así: «Toda Escritura inspirada por Dios es útil», pero esta interpretación parece dar a entender que hay escrituras que no son inspiradas divinamente. Casi todas las versiones traducen la frase así: «toda la Escritura es inspirada por Dios». Además, en el contexto, el apóstol menciona «las Sagradas Escrituras», obviamente refiriéndose al canon hebreo.

Se desprenden algunas verdades de la afirmación del apóstol. a) La inspiración aquí se refiere a los Escritos Sagrados, no a las personas. La Escritura misma está «exhalada» por Dios. b) Aunque el término «Escritura» alude principalmente al canon hebreo, es probable que abarque la mayor parte del Nuevo Testamento porque ésta ya estuvo escrita cuando Pablo escribió su última carta (ver. 1 Co. 7:40; 2 P. 3:15,16). c) Si la traducción: «Toda Escritura es inspirada» es correcta, entonces todas las Escrituras son enteramente inspiradas, aunque no todas sean por igual asunto de revelación especial.[5] Ya hemos observado que hay grados de *revelación* en las Escrituras pero no grados de *inspiración*. d) Si las Escrituras son el producto de la actividad divina, entonces son la palabra de Dios y por lo tanto autoritarias como la infalible regla de fe y práctica en la vida del cristiano.

El pasaje paulino (2 Ti. 3:16), habla de la inspiración de los Escritos Sagrados, pero no del método ni de los instrumentos usados por Dios. En otras partes de la Biblia encontramos estos detalles. El escritor de la Epístola a los Hebreos dice: «En tiempos antiguos Dios habló a nuestros antepasados muchas veces y de muchas maneras por medio de los profetas» (He. 1:1, DHH).

Este versículo enseña ciertos hechos.

a) Dios es el verdadero autor del Antiguo Testamento; fue él mismo que habló al pueblo de Israel a través de sus portavoces los profetas. Podemos aducir de lo que ya hemos considerado referente al término «Escrituras» para incluir también en esta categoría los escritos del Nuevo Testamento.

b) Se denominan «profetas» todos los escritores del Veterotestamento pues el Espíritu los empleó para preparar el camino para la venida del Mesías. Aunque no todos tenían el oficio de profeta, sí todos escribieron desde el «punto de vista profético». Es decir el objetivo principal de los historiadores sagrados del Antiguo Testamento no era tanto enseñar la historia de Israel tal como fue, sino más bien dar la forma en que el mensaje de Dios se cumplió en la vida de la nación. Fueron siempre guiados por un fin doctrinal, inspirado en la ley y los profetas. Su motivo era dar enseñanza y edificación a sus lectores.

También se llaman «profetas» a los escritores sagrados pues fueron inspirados directamente por el Espíritu Santo. David testifica: «El Espíritu de Jehová ha hablado por mí, y su palabra ha estado en mi boca» (2 S. 23:2).

c) La revelación del Antiguo Testamento fue entregada de una «manera fragmentaria» (BJ) y dada de vez en cuando; es decir, era incompleta e inconclusa: «muchas veces y de muchos modos». Quedaba para Cristo y los apóstoles el revelar cabalmente los misterios divinos (He. 1:2; Gá. 1:16; Ef. 1:9).

Lo que el apóstol Pablo y el escritor a los Hebreos dicen acerca del origen de las Sagradas Escrituras es confirmado y ampliado por San Pedro, el cual dice: «Tenemos también la palabra profética más segura ... entendiendo primero esto, que ninguna profecía de la Escritura es de interpretación privada, porque nunca la profecía fue traída por voluntad humana, sino que los santos hombres de Dios hablaron siendo inspirados por el Espíritu Santo» (2 P. 1:19–21).

La verdad primordial acerca de las Escrituras es que no fueron producidas por hombres actuando por su propia cuenta, sino por el impulso del Espíritu.

No es completamente claro el significado de la expresión, «ninguna profecía de la Escritura es de interpretación privada». Hay dos interpretaciones: a) Ninguna profecía debe ser interpretada por la propia cuenta del lector; se necesita la iluminación del Espíritu que la inspiró (ver 2 P. 3:16). b) El mensaje no es del escritor mismo; no es la «solución» de él, ni su propio descubrimiento. La Versión Bover lo traduce, «No es obra de la propia iniciativa» (del profeta). La Nueva Versión Internacional lo traduce: «Ninguna profecía de la Escritura surgió de la interpretación particular de nadie». Lo que sigue esta frase parece indicar que la última es correcta. «Nunca la profecía fue traída por voluntad humana, sino que los santos hombres de Dios hablaron siendo inspirados por el Espíritu Santo». La palabra griega *feros* traducida «inspirados» quiere decir, «traer» o «llevar». La Versión Bover lo traduce «llevados del Espíritu», la Biblia de Jerusalén «movidos», y la Nueva Versión Internacional, «impulsados». La idea bíblica es que los portavoces de Dios fueron «movidos (adelante) como por un viento fuerte».[6]

W. E. Vine considera que la inspiración es casi totalmente sobrenatural. Los escritores sagrados no actuaban en conformidad con su propia voluntad ni expresaban sus propios pensamientos sino que seguían «la mente de Dios en palabras dadas y ministradas por él».[7] Otros teólogos limitan la inspiración a la guía del Espíritu en la expresión de las ideas reveladas. Obviamente las Escrituras son, en un sentido, el producto de los escritores sagrados, pero primordialmente son el resultado de la actividad sobrenatural del Espíritu divino. Los santos hombres de Dios fueron los instrumentos usados por él.

B. La Biblia reclama ser inspirada por Dios

Ya hemos considerado pasajes en el Nuevo Testamento que hablan acerca de la paternidad divina del Antiguo Testamento. Pero el testimonio de la Biblia sobre la inspiración de su contenido, no se limita a ellos. En todas sus partes las Sagradas Escrituras mismas afirman ser inspiradas. Los escritores del Antiguo Testamento lo atestiguan, Jesucristo habla con autoridad porque se da cuenta de que es el Hijo de Dios; cita continuamente del Antiguo Testamento reconociendo que es palabra de Dios. El testimonio de los apóstoles acerca de la autoridad divina de la Biblia es igualmente claro y contundente.

1. *El testimonio del Antiguo Testamento.* El Veterotestamento pretende que una autoridad más que humana se encuentra en todas sus partes, sin que haya necesidad de explicarla, y en algunos lugares se halla en forma directa y abierta. Por ejemplo, se afirma que Moisés recibió de Dios tanto la ley moral como los mandamientos civiles y ceremoniales. Dios también le mostró en el monte Sinaí el diseño del tabernáculo. Además se asevera que Dios habló a través de los profetas.

El término bíblico *nabi* (profeta, anunciador) en su uso significa vocero de Dios, alguien en cuya boca Dios pone sus palabras. Para ilustrar esta definición consideremos el rol de Aarón en relación con Moisés. Dios dice a éste, «Mira, yo te he constituido dios para Faraón, y tu hermano Aarón será tu profeta». «Tú hablarás a él, y pondrás en su boca las palabras ... Y él hablará por ti al pueblo; él te será a ti en lugar de boca, y tú serás para él en lugar de Dios» (Éx. 7:1; 4:15,16). Por lo tanto, un profeta en la Biblia es una persona que habla palabras que Dios pone en su boca.

Los profetas mismos del Antiguo Testamento, se consideran como portavoces de Dios. Al anunciar su mensaje suelen decir, «Así ha dicho Jehová», o «la boca de Jehová ha hablado» (ver Ez. 23:32; Is. 40:5). Jeremías formula una pregunta describiendo el papel de profeta, «¿A quién habló la boca de Jehová para que pueda declararlo?» (9:12). Aarón habla «acerca de todas las cosas que Jehová había dicho a Moisés» (Éx. 4:30) y Dios manda a Ezequiel: «Les hablarás, pues, mis palabras» (Ez. 2:7). Parece que los profetas a veces son impulsados irresistiblemente por el Espíritu, para anunciar el mensaje divino. Amós exclama, «Si el león ruge, ¿quién no temerá? Si habla Jehová el Señor, ¿quién no profetizará?» (3:8).

2. *El testimonio de Cristo.* La autoridad de Jesucristo como Hijo de Dios, exige la aceptación de la Biblia como una revelación divinamente inspirada.

En primer lugar su testimonio referente al carácter divino del Antiguo Testamento es claro y contundente. Para él, éste no es una miscelánea sino una unidad orgánica: «La Escritura no puede ser quebrantada» (Jn. 10:35. Nótese que «Escritura» es singular y no plural). Su autoridad es permanente y absoluta a causa de su origen divino: «No penséis que he venido para abrogar la ley o los profetas; no he venido para abrogar, sino para cumplir. Porque de cierto os digo que hasta que pasen el cielo y la tierra, ni una jota ni una tilde pasará de la ley, hasta que todo se haya cumplido» (Mt. 5:17. Véanse también Lc. 16:17; Mt. 19:4–6). En Juan 10:35, Jesús lo denomina «palabra de Dios». Packer observa que el ministerio entero del Señor fue un gran testimonio de su aceptación de la autoridad divina del Antiguo Testamento, «porque él predicó, sanó y murió en obediencia a lo que encontró escrito» (Mt. 8:16,17; 26:24,54; Lc. 4:18–21; 18:31–33; 22:37).[8]

Jesucristo confirma la plena inspiración del Veterotestamento citando a menudo sus versículos en sus discusiones con los fariseos y en otras ocasiones. Por ejemplo, les pregunta: «¿Ni aun esta escritura habéis leído: La piedra que desecharon los edificadores ha venido a ser cabeza del ángulo; el Señor ha hecho esto, y es cosa maravillosa a nuestros ojos»

(Mr. 12:10,11; Sal. 118:22,23). Tres veces emplea citas de Deuteronomio para resistir la tentación del diablo en el desierto. Su «escrito está» es enfático y concluyente.

Él ve en los acontecimientos de su vida el cumplimiento de todos los tipos, símbolos y profecías del Antiguo Testamento. En el monte de la transfiguración les señala a sus discípulos que está escrito que el Hijo del hombre ha de sufrir y ser crucificado. A los judíos que escudriñaban las Escrituras, les dice que «ellas son las que dan testimonio de mí» (Jn. 5:39). En el camino a Emaús, el Señor resucitado interpreta a dos de sus discípulos lo que el Antiguo Testamento había dicho acerca de él. Es obvio que Jesús ha aceptado la plena inspiración de estas Escrituras.

También los apóstoles, en su predicación, no dejaron lugar para dudas en lo referente a la inspiración del Antiguo Testamento. Citaban innumerables pasajes veterotestamentarios como palabra de Dios. Por ejemplo, en Hechos 1:16, Pedro dice: «Varones hermanos, era necesario que se cumpliese la Escritura en que el Espíritu Santo habló antes por boca de David …»; luego cita Salmos 69:25 y 109:8 sobre el destino de Judas.

Erickson observa:

> Es notable que aquí Pedro no solo considera autoritarias las palabras de David sino que afirma que Dios habló por boca de David. David fue una especie de vocero de Dios.[9]

En segundo lugar, la autoridad de Cristo exige que aceptemos el Nuevo Testamento como Escritura inspirada en el mismo nivel como el Antiguo. Jesús había enseñado a sus discípulos a leer el Veterotestamento como una revelación profética acerca de él mismo. Los apóstoles lo hicieron así reconociendo que fue escrito principalmente para la guía y beneficio de los creyentes (ver Ro. 4:23,24; 15:4; 1 Co. 9:10; 2 Ti. 3:16), y que no podría ser entendido cabalmente por nadie salvo por los que lo leyesen a la luz de Cristo (2 Co. 3:14–16).[10]

Puesto que Dios había preservado en forma incorruptible
y permanente las revelaciones proféticas del período antes de
Cristo y así las hizo accesibles no solo a los hebreos sino también a la iglesia universal, ¿no sería razonable que hiciera algo
similar con la revelación cumbre, la de su propio Hijo? ¿No es
lógico que inspirara a hombres para registrar la vida, enseñanzas y obras del Redentor encarnado?

Jesucristo preparó a sus discípulos a fin de que escribiesen
el Nuevo Testamento. Prometió que el Padre les enviaría el
paracleto, y este colaboraría con ellos para registrar sus obras
y enseñanzas. «Él os enseñará todas las cosas, y os recordará
todo lo que os he dicho» (Jn. 14:26). Les daría otras revelaciones referentes a sí mismo las cuales aún no podían «sobrelle-
var»: «Él os guiará a toda la verdad … y os hará saber las cosas
que habrán de venir» (Jn. 16:13). Así que los apóstoles guiados por el Espíritu Santo iban a ser testigos de Cristo y sus intérpretes autorizados para registrar la revelación final para
toda la humanidad en todas las naciones hasta el fin del mundo (Jn. 17:20; Mt. 28:19).

Los apóstoles pretenden que, en virtud de tener el Espíritu
Santo, ellos predican y escriben la palabra no adulterada de
Dios. Sus afirmaciones sobre su propia inspiración corroboran las promesas de Cristo. Dice Pedro, «Os son anunciadas»
(las cosas secretas de Dios) «por los que os han predicado el
evangelio por el Espíritu Santo enviado del cielo» (1 P. 1:12;
véase 2 P. 3:15,16). Pablo añade: «Nadie conoce las cosas de
Dios, sino el Espíritu de Dios. Y nosotros no hemos recibido
el espíritu del mundo, sino el Espíritu que proviene de Dios,
para que sepamos lo que Dios nos ha concedido, lo cual también hablamos, no con palabras enseñadas por sabiduría humana, sino las que enseña el Espíritu …» (1 Co. 2:11–13).

Así que es evidente que Jesús y los apóstoles consideraban
autoritarias las Escrituras porque creían que Dios había inspirado a los escritores, y lo que éstos escribieron era lo que había dicho Dios. Tanto en el Nuevo Testamento como en el
Antiguo, las palabras escritas por los profetas y apóstoles son
las de Dios. No podemos rechazar este concepto sin socavar

todo el fundamento de la fe cristiana. Si Jesús no tuviera la razón en este asunto, ¿cómo sabríamos que tiene razón en sus otras enseñanzas? Perdería toda autoridad espiritual y moral.

C. Evidencias de la inspiración de las Escrituras

¿Cómo sabemos que la Biblia es la palabra inspirada de Dios? ¿Cuál es la evidencia de que su autor primordial es el Espíritu Santo y que los escritores humanos fueron impulsados, iluminados y guiados por él?

1. *Las Escrituras mismas afirman ser inspiradas*. Ya hemos considerado en este estudio cómo el Antiguo Testamento reclama para sí que es un mensaje de Dios, cómo Jesús reconoció la divina autoridad de ello y cómo el Nuevo Testamento tiene el apoyo de la autoridad apostólica.

2. *La supervivencia de las Escrituras*. Se llama a la Biblia «el libro indestructible» pues hasta sus partes más antiguas han sobrevivido más de tres milenios. Siendo inspiradas, las Escrituras han sido conservadas a través de los siglos. Dios no permite que dejen de existir: «Mas la palabra del Señor permanece para siempre» (1 P. 1:25; véanse también Jer. 36:27–32; Lc. 2:33).

Las Escrituras también han sido preservadas en su transmisión; a saber, ninguna doctrina ha sido alterada por errores o glosas de los copistas. Hay cambios insignificantes y algunos errores de cifras en el Antiguo Testamento y la adición u omisión de artículos ante palabras en el Nuevo, pero ninguno afecta la enseñanza divina.

Desde la invención de la imprenta, se han publicado miles de copias de un solo libro pero en la antigüedad los manuscritos fueron hechos a mano y así fueron muy limitados referente a su cantidad y distribución. También fueron escritos en material muy caduco. En contraste con otras obras antiguas, de la Biblia se han conservado muchos más manuscritos que de diez obras clásicas juntas. Unas decenas de manuscritos son mucho para una obra clásica, y aquellos generalmente son unos mil años más jóvenes que el original. Pero del Nuevo Testamento existen más de cuatro mil manuscritos griegos y trece mil porciones del mismo. Hay menos manuscritos existentes del Veterotestamento pero son bien conservados.[11]

Es asombroso el grado de la exactitud del texto del Antiguo Testamento. Los antiguos rabinos llevaban registros de todas las letras, sílabas, palabras y líneas de ello, y había personas ocupadas exclusivamente en guardar y copiar escrupulosamente los Santos Escritos. En comparación, el texto de Shakespeare, el cual tiene solamente algunos siglos, está mucho más corrompido (más incierto referente a su significado original; contiene errores de transmisión). En el Nuevo Testamento, no hay más de diez hasta veinte versículos en que existe incertidumbre referente a su lectura exacta, pero en las obras de Shakespeare hay cientos de pasajes cuyo significado exacto no puede ser determinado. No es de dudarse que Dios obraba en conservar la pureza del texto en los milenios de su transmisión.

También ha sobrevivido a pesar del descuido en tiempos de decadencia espiritual en Israel y sus períodos de intensa persecución después. En el séptimo siglo antes de Cristo la apostasía en Judá era tan grande que el libro de Deuteronomio se perdió. Sin embargo, una copia fue encontrada en el templo en 621 a.C. y su lectura provocó un avivamiento.

Durante la ocupación de Palestina por los sirios en el segundo siglo a.C., Antíoco Epífanes se esforzó para destruir toda copia de las Sagradas Escrituras. Al igual que el rey sirio, el emperador romano, Diocleciano, en 303 d.C. decretó la muerte de todos los cristianos y la destrucción de los Sagrados Escritos. Fue el golpe más fuerte contra el santo libro; fueron ejecutados centenares de miles de creyentes y casi todos los manuscritos cristianos fueron destruidos. Sin embargo, la Biblia sobrevivió y pronto volvió a multiplicarse. Las Sagradas Escrituras son indestructibles. Es obvio que fueron preservadas por Dios mismo.

Ningún otro libro ha sido tan atacado por sus enemigos como la Biblia. En el segundo siglo después de Cristo, hombres paganos bien instruidos, criticaban las Sagradas Escrituras. Celso, en su libro *Discurso verdadero* decía que los preceptos éticos de los cristianos no eran nuevos sino ya enseñados por los filósofos. Se hacía burla de los creyentes por creer que Dios hizo todas las cosas por causa del hombre; que los hombres son creados a la imagen de él, como si los murciélagos, las hormigas y los gusanos hubieran creído que Dios había venido a ser ciudadano entre ellos solos; como si ellos fuesen semejantes a Dios y toda la creación existiera por amor de ellos.

Otro crítico acérrimo en el mismo período, Porfirio, filósofo del neoplatonismo, señalaba lo que él suponía fueron discrepancias en las Escrituras. ¿Cómo pueden conciliarse los diferentes relatos de la muerte y resurrección de Jesús? ¿Por qué profetizó Jesús el martirio para Juan y su hermano Pedro, habiendo fallecido Juan de una muerte natural? (En efecto, Jesús nunca profetizó la muerte violenta de Juan, solo la de Pedro, Jn. 21:18–22).

Las más terribles e implacables acometidas contra la Biblia vienen de la crítica moderna de las Escrituras. Dice el apologista contemporáneo Bernard Ramm:

> Desde Astruc hasta hoy, hay una serie de ataques sobre la Biblia que por su vigor, intensidad y atención a detalles minuciosos, ha sido sin paralelo en la historia conocida de la literatura. Estos ataques vienen de estudiosos de muchos países . . . hechos por grandes eruditos con vigor mental extraordinario. Estos ataques han sido publicados sin cesar en todas partes, en periódicos, revistas, monografías, tratados, libros y enciclopedias. Las universidades más prestigiosas del mundo y centenares de seminarios teológicos han hecho causa con la crítica radical.[12]

A pesar de los ataques feroces de los críticos y las filosofías materialistas o existenciales, la Biblia sigue siendo el libro más leído en el mundo. Dios ha levantado grandes apologistas en todas las edades para defender la verdad y refutar a sus adversarios. Una de las evidencias más contundentes de la inspiración divina de las Escrituras es la supervivencia de ellas.

3. *La unidad de la Biblia*. Se nota la asombrosa armonía de cada libro con el resto de la Biblia. A pesar de haber sido unos cuarenta los autores a través de mil cuatrocientos años, tiene un solo tema: la redención del hombre. Se encuentra la primera promesa de redención en Génesis 3:15 y la consumación de la redención en Apocalipsis. Las partes no se contradicen entre sí. Presentan un sistema de doctrina, una norma de moralidad y un plan de salvación que demuestran que la Biblia es la obra de una sola mente, la del Espíritu Santo.

4. *El carácter de la Biblia*. Los elevados conceptos bíblicos son dignos de una revelación divina. Reconocen la unidad, personalidad y trinidad de Dios; hacen resaltar la santidad y el amor divino. La Biblia describe el origen del hombre, su posición original y su caída. Revela lo horrible del pecado y es el único libro que presenta un remedio adecuado para este problema. Es imposible mejorar la norma de conducta que se encuentra en los diez mandamientos y en el Sermón del Monte. También la Biblia está libre de conceptos absurdos que caracterizan a otros escritos religiosos de su época. Nadie fuera de Dios pudo idear enseñanzas tan sublimes y a la vez tan conformes a la realidad.

5. *La influencia de la Biblia*. Ningún otro libro ha tenido tanta influencia para bien en el mundo como la ha tenido la Biblia. Los otros libros religiosos tales como el Corán, las escrituras del Budismo y Confucionismo han tenido gran influencia pero de otra índole. Han producido un bajo concepto de Dios y aun, en ciertos casos, han bajado la moralidad de la sociedad. En contraste, las doctrinas bíblicas han inspirado la más alta moralidad, el amor al prójimo, las elevadas leyes de países civilizados y la fundación de instituciones de misericordia tales como hospitales, casas de alienados y orfanatorios. Algunas otras religiones enseñan la ética pero no proporcionan el poder para cumplir sus normas. Solo la Biblia señala la fuente de poder para transformar a los hombres. Sobre todo la Biblia es inigualada por su poder y eficacia para re-

dargüir, consolar y convertir los corazones humanos. Un chino observó que «Aquel que preparó este libro me creó a mí, porque sabe todo lo que está en mi corazón».

6. *La arqueología*. En una multitud de casos, las investigaciones arqueológicas han comprobado la exactitud de muchas referencias geográficas, históricas y de otro tipo que se encuentran en la Biblia, y que los detractores de la Biblia habían tildado de erróneas. Por ejemplo, los eruditos de la crítica bíblica han afirmado que el libro de Génesis fue escrito muchos siglos después de la época de Moisés y que los relatos acerca de los patriarcas son leyendas. Sin embargo, las excavaciones en Mari, Nuzí y Ugarit, antiguas ciudades en el Medio Oriente, demuestran que las condiciones descritas eran la situación verdadera del período de los patriarcas, incluso las costumbres, el hecho de que Canaán estaba escasamente poblado y que realmente existía el camino real.*

En Mari, antigua ciudad situada sobre el río Éufrates, se han encontrado tablas de arcilla que contienen una forma de los nombres de Abraham, Benjamín, Jacob, Gad, Dan, Leví e Ismael. Antiguas tablas que se remontan a 1.400 a.C. confirman la existencia e influencia de los pueblos en Palestina tal como los elamitas, que se mencionan en Génesis 14.

El más célebre arqueólogo del siglo veinte, W.F. Albright, aunque es liberal y racionalista, afirma que los últimos descubrimientos arqueológicos confirman de una manera notable lo que relata la Biblia. Aquí se citan algunas de sus observaciones tomadas de la introducción a su libro *From the stone age to Christianity* [Desde la edad de piedra hasta el cristianismo], segunda edición (Garden City: Doubleday, 1957) pp. 2–3.

Referente a Israel, defiendo la historicidad substancial de la tradición patriarcal (Gn. 11—50) . . . Reconozco que el pacto fue no solamente tan antiguo como había

---

*Arqueólogos han descubierto el camino que tomaron los reyes invasores del Génesis 14. Parece que no fue usado después del año 1200 a.C. Críticos liberales habían puesto en tela de juicio la existencia del camino real.

pensado, sino que fue mucho más persuasivo en su influencia que me había imaginado . . . Insisto más vigorosamente sobre la norma del pensamiento profético la cual hizo de los profetas tan correctos predictores de la marcha de la historia . . . Hay muy pocas profecías bíblicas que no se cumplieron. Parece que apenas había una sola profecía hecha después de su cumplimiento . . .

Las profecías todavía no cumplidas pueden referirse a las que se realizarán en el futuro.

7. *La experiencia cristiana*. Millones de creyentes han testificado que tienen una experiencia real con Dios, que han sentido la presencia y poder del Señor en su ser, y que él les ha dado una nueva vida moral. Al convertirse, muchos son transformados: borrachos dejan de tomar y atienden las necesidades de su familia, gente inmoral o delincuente cambian su manera de vivir, y los convertidos son más honestos y concienzudos en su trabajo y trato con otros. Se cumple la afirmación paulina: «Si alguno está en Cristo, nueva criatura [creación] es; las cosas viejas pasaron; todas son hechas nuevas» (2 Co. 5:17).

Es la experiencia común de los que reciben a Cristo como su Salvador, sentir paz en su alma y la seguridad de que están reconciliados con Dios. En las palabras del apóstol: «El Espíritu mismo da testimonio a nuestro espíritu de que somos hijos de Dios» (Ro. 8:16). Dios deja de ser meramente doctrina o concepto intelectual, y llega a ser una realidad y fuerza positiva en la vida de ellos. Reciben poder para vencer tentaciones, aguantar aflicciones y vivir en armonía con su prójimo. Pueden testificar con el escritor sagrado quien se encontraba en la cárcel por causa de su fe: «He aprendido a contentarme, cualquiera que sea mi situación ... Todo lo puedo en Cristo que me fortalece» (Fil. 4:11,12).

Una de las evidencias más contundentes de que la Biblia es la palabra de Dios, se encuentra en las respuestas del Señor a las plegarias de los que confían en él. Por ejemplo, este a veces obra milagros de sanidad divina, algunos de ellos han sido verificados por la ciencia médica. ¿Son las respuestas a la oración meras coincidencias? Alguien ha replicado: «Puede ser, pero es extraño que las coincidencias ocurran cuando oro y no suceden cuando no lo hago».

D. Teorías sobre la inspiración

La Biblia afirma que las Escrituras Sagradas fueron inspiradas por el Espíritu Santo; sin embargo proporciona pocos detalles sobre el proceso. Surgen muchas preguntas. ¿Qué fue lo que se inspiró? ¿Las palabras? ¿Los pensamientos? ¿Qué papel desempeñaron los escritores? ¿Cuál fue la relación entre los elementos divinos y los humanos en la inspiración? Se han desarrollado algunas teorías sobre la forma en que esa inspiración se efectuó.

1. *La teoría de la intuición o inspiración natural*. Los liberales y otros racionalistas que rechazan toda posibilidad de lo sobrenatural, enseñan que los escritores de la Biblia fueron inspirados de la misma manera que los autores y poetas en la literatura secular o como los grandes inventores, artistas, filósofos y otros genios de este mundo. Así que la inspiración es solo la capacidad natural del hombre, elevada a un plano más alto de desarrollo. Esta teoría atribuye la perspicacia espiritual de los autores bíblicos al genio religioso del pueblo hebreo, colocándolos en el mismo nivel, como los grandes pensadores: Aristóteles, Cervantes y Shakespeare. Según esta idea, las Escrituras son nada más que la literatura religiosa de los hebreos.

Contestamos que si no tuviéramos una revelación especial, no tendríamos ninguna autoridad infalible para guiarnos. Las opiniones basadas en la percepción humana, por más penetrantes que sean, a menudo se contradicen entre sí y arrojan poca luz sobre los misterios espirituales. En las palabras inspiradas del apóstol: «Si la trompeta diere sonido incierto, ¿quién se preparará para la batalla?»

2. *La teoría de la iluminación*. Según esta noción, el Espíritu Santo ilumina la mente de los escritores sagrados, aumentando sus poderes naturales para percibir claramente verdades religiosas y espirituales. Sin embargo, este proceso no involu-

cra la comunicación de una nueva verdad a los escritores, ni supervisa lo que escriben. Solamente ilumina las verdades ya reveladas. Siempre existe la posibilidad de errores y, para muchos, esto quita confianza en la veracidad y autoridad del texto bíblico.

Según esta teoría, todos los creyentes gozan de la iluminación del Espíritu pero los escritores de los Textos Sagrados la reciben en mayor intensidad. Es decir, la inspiración de estos difiere solamente en grado, no en calidad, de lo que pertenece a todos los cristianos. «Aunque la iluminación por medio de la intensificación de la experiencia puede preparar a la mente para la recepción y apreciación de la verdad ya revelada en las Escrituras, no es en sí misma una comunicación de esa verdad».[13]

3. *La teoría de la inspiración parcial.* De acuerdo con algunos teólogos modernos, la Biblia es una mezcla de la palabra de Dios y la de los hombres, de sabiduría revelada y la humana y aun contiene en algunos casos, errores. Sin embargo, insisten que esto no impide que podamos escuchar la voz de Dios a través de ella.

Según la noción de algunos neoevangélicos, Dios ha inspirado las partes doctrinales pero no lo que dice el libro sagrado referente a la ciencia, la historia, geografía, etc. Señalan acertadamente que la Biblia no es primordialmente un libro escrito para enseñar dichas cosas, sino para proclamar la verdad acerca de Dios y su redención.

Otros teólogos menos conservadores tildarían la caída del hombre en Edén y el relato de Jonás como leyendas y alegorías, pero quieren retener intactas ciertas doctrinas religiosas fundamentales. Dicen que el creyente tiene la responsabilidad de «examinarlo todo y retener lo bueno». Karl Barth, por ejemplo, considera que la Biblia es singular entre los libros pues Dios habla a través de ella. Sin embargo, contiene mitos, leyendas y errores. Es la falible palabra del hombre, pero a la vez la infalible palabra de Dios, cuando el Espíritu Santo habla por medio de ella a los corazones de los creyentes.

Uno de los pensadores más radicales, Rodolfo Bultmann, se ha dedicado a desmitologizar la Biblia eliminando todo lo que no es aceptable para la mente del hombre del siglo veinte y conservando lo que a él le parece el *kerygma* o sea la esencia del evangelio. Por lo tanto, descarta todo lo sobrenatural como el nacimiento virginal y la resurrección de Cristo, su expiación y ascensión, la existencia de ángeles y demonios y el juicio final de la humanidad.

René Pache señala el problema resultante de las distintas ideas de la teoría de la inspiración parcial. «¿Qué le capacita [al hombre] para distinguir lo falso de lo verdadero, lo humano de lo divino? ¿Cómo hará para clasificar las páginas de la Biblia como inspiradas y no inspiradas? ¿Con qué autoridad puede decir esto es o no es la mente de Dios?»[14] Amaya añade: «Cuando pensamos que nuestra salvación eterna depende de ello, nos damos cuenta de que se trata de una cuestión de extrema importancia».[15]

4. *La teoría dinámica*. Según esta teoría, se combinan los dos elementos, el divino y el humano, en la composición de las Escrituras. El Espíritu Santo imparte los conceptos pero deja en libertad al escritor para expresarlos en sus propias palabras y con su propio estilo. Dios habla a través de los hombres elegidos pero estos no son instrumentos pasivos en el proceso; cada autor da expresión a los pensamientos divinos según su propia personalidad. El corazón del escritor recibía una preparación especial para recibir el mensaje, sin hacer innecesaria la comunicación divina de la verdad.

5. *La teoría de la inspiración plenaria y verbal*. Esta hipótesis insiste que el Espíritu no solo inspira los conceptos y pensamientos sino también dirige al escribir en la selección de las palabras usadas. Sin embargo, no señala que el Espíritu ha dictado el texto palabra por palabra. Respeta la personalidad de los autores humanos al reconocer que sus características como escritores son preservadas con respecto a su estilo y vocabulario pero sin intromisión de errores.

La inspiración es «plenaria» en el sentido de que «la exactitud que la inspiración verbal asegura, se extiende a la totalidad de la Biblia, de manera que esta es en todas sus partes tanto *infalible* en cuanto a la verdad como *final* en cuanto a su autoridad divina».[16]

6. *La teoría mecánica o por dictado*. Según este concepto, el Espíritu divino ha dictado verbalmente las palabras de la Biblia a los escritores y ellos las escribieron como simples secretarios. No deja lugar para la expresión de la personalidad de los autores humanos; todo era sobrenatural.

Según James I. Packer, erudito contemporáneo, parece que ningún teólogo protestante ha sostenido jamás esta idea. « "Dictación" en el pensamiento antiguo protestante fue una metáfora teológica declarando la relación de las palabras escritas con la intención divina».[17] Hay casos en la Biblia, sin embargo, en que Dios dice al autor inspirado: «Escribe», pero se refieren principalmente a materiales proféticos y apocalípticos (ver Éx. 34:27; Heb. 2:2; Ap. 1:11).

Al estudiar detenidamente las Sagradas Escrituras, se nota que los escritores inspirados no eran instrumentos pasivos del Espíritu. Aunque concibieron su obra y la escribieron conforme a la intención divina, conservaron su personalidad, sus aptitudes personales incluso algunas deficiencias humanas, a las cuales Dios se acomodaba. Cada uno tiene su estilo y vocabulario individual, y unos son escritores más capaces que otros. Por ejemplo, el estilo de Ezequiel es monótono, gris y de una pobreza extraña si se le compara con el de Isaías. Este combina una pasión religiosa con un fervor patriótico, pronunciando sus mensajes con energía e incomparable elocuencia.

Warfield señala que las características de cada autor se reflejan en su obra: «Uno puede reconocer la ferviente impetuosidad de un Pablo, la tierna santidad de un Juan, el genio práctico de un Santiago, en los escritos que por medio de ellos, el Espíritu Santo nos ha dado para nuestra dirección».[18]

Peter Cousins presenta más evidencia del aspecto humano en la producción de las Sagradas Escrituras:

> Lucas recolectó con sumo esmero el material de sus dos tomos y se cuidó de que fueran relatos fidedignos. Asimismo los escritores del Antiguo Testamento ejercen

un criterio selectivo, omitiendo lo que estiman que no viene al caso pero incluyendo lo necesario. Pablo escribió sus epístolas ateniendo a situaciones específicas.[19]

Algunos eruditos conservadores tales como J. I. Packer y James Orr creen que la inspiración divina puede incluir más que escribir un documento original. Es posible, dicen, que en la providencia de Dios, partes de un documento inspirado pueden ser compilados de fuentes por un proceso ordinario de composición histórica, o haber pasado a través de una o más revisiones antes de alcanzar su forma final. Por ejemplo es probable que los oráculos de ciertos profetas fueron coleccionados y editados por otros; existen evidencias de retoques en el Pentateuco y es obvio que alguien añadió el relato de la muerte de Moisés al libro de Deuteronomio. Sin embargo, el producto final puede ser descrito como «soplado por Dios», pues comunica el mensaje redentor.

Varios teólogos conservadores observan que la Biblia es algo similar en naturaleza a la encarnación. Como Cristo es a la vez perfecto Dios y perfecto hombre, así la Biblia es totalmente divina y totalmente humana. Es un milagro inexplicable.

¿Inspiró Dios solamente las ideas y no las palabras que se encuentran en las Escrituras? ¿Lo que importa es lo que se dice —las ideas, verdades, enseñanzas, hechos— y no cómo se dice? Según la teoría dinámica de la inspiración, las palabras —por separado— no son necesariamente inspiradas, pero lo que ellas expresan sí lo es.

Erickson contesta que la cuestión de palabras versus pensamientos es artificial.

> Los dos no pueden ser separados. Un pensamiento particular o concepto no puede ser representado por una sola palabra cualquiera que sea, disponible en un idioma dado. Hay una cantidad limitada de palabras las cuales funcionan eficazmente. Cuanto más preciso llega a ser el pensamiento, más limitada será la cantidad de palabras que sirvan al propósito. Finalmente, hay un punto donde solo una palabra sirve, si el hacer juego de la palabra con el pensamiento ha de ser preciso.[20]

Los teólogos muy conservadores sostienen: puesto que Dios es omnisciente, omnipotente y preciso, es lógico que ha guiado hasta la elección de términos usados en escribir la Biblia. Por supuesto se limitan al repertorio de vocablos y a la manera de expresar los pensamientos del escritor. Dándole el pensamiento y estimulando el entendimiento del autor humano, el Espíritu divino puede guiarle a emplear una palabra particular en vez de otra. Así la revelación escrita es exactamente lo que él quiso expresar. Por lo tanto sostienen que la inspiración divina extiende hasta la elección de palabras aunque Dios no viola la personalidad del escritor. Debemos acercarnos a la Biblia aceptando el testimonio de Dios de que la Biblia es verbalmente inspirada y fidedigna de comunicarnos toda la verdad necesaria para conocerle y ser salvos.

CITAS Y REFERENCIAS

1. Ismael E. Amaya, «La inspiración de la Biblia en la teología latinoamericana» en _El debate contemporáneo sobre la Biblia_, Ediciones Evangélicas Europeas, Barcelona, 1972, p. 82.

2. _Íbid._, p. 83.

3. Benjamin B. Warfield, «Inspiration» en _The International Standard Bible Encyclopedia_, vol. III, James Orr, ed., Wm. B. Eerdmans Publishing Co., Grand Rapids, MI, 1949, p. 1482.

4. Carl F. H. Henry, «Inspiración» en _Diccionario de Teología_, Everett F. Harrison, ed., T.E.L.L., Grand Rapids, MI, 1985, p. 285.

5. Roberto Jamieson, A. R. Fausset y David Brown, _Comentario Exegético y Explicativo de la Biblia_, tomo 2, Casa Bautista de Publicaciones, El Paso, TX., s.f., p. 591.

6. _Íbid._, p. 719.

7. W. E. Vine, _Diccionario Expositivo de Palabras del Nuevo Testamento_, tomo E-M, Libros CLIE, Tarrasa, Barcelona, 1984, pp. 256,257.

8. J. I. Packer, «Revelación e inspiración» en _Nuevo Comentario Bíblico_, D. Guthrie y J.A. Motyer, eds., Casa Bautista de Publicaciones, El Paso, TX, 1977, p. 22.

9. Millard J. Erickson, _Christian Theology_, vol. I, Baker Book House, Grand Rapids, MI, 1983, p. 202.

10. Packer, _op. cit._, p. 22.

11. _El Origen de la Biblia_, Oswin T. Ramaker, redactor, Evangelische Omroep, Amsterdam, 1986, p. 17.

12.   Bernard Ramm, *Protestant Christian Evidences*, Moody Press, Chicago, 1967, p. 232.

13.   H. Orton Wiley y Paul T. Culbertson, *Introducción a la Teología Cristiana*, Casa Nazarena de Publicaciones, Kansas City, KS, 1986, p. 62.

14.   René Pache, *The Inspiration and Authority of Scripture*, Moody Press, Chicago, IL, 1969, p. 64.

15.   Amaya, *op. cit.*, p. 94.

16.   Lewis Sperry Chafer, *Teología Sistemática*, tomo 1, Publicaciones Españolas, Inc., Milwaukee, WI, s.f., pp. 73,74.

17.   James I. Packer, «Contemporary Views of Revelation» en *Revelation and the Bible*, Carl. F.H. Henry, ed., Baker Book House, Grand Rapids, MI, 1958, p. 95.

18.   B. B. Warfield, The Inspiration and Authority of the Bible, Presbyterian and Reformed Publishing Company, Filadelfia, PA, 1948, citado en *El Debate Contemporáneo sobre la Biblia, op. cit.*, p. 215.

19.   Peter Cousins, «La Biblia es diferente» en *Manual Bíblico Ilustrado*, David Alexander y Pat Alexander, eds., Editorial Caribe, Miami, FL, 1976, p. 35.

20.   Erickson, *Christian Theology*.

CAPÍTULO 5

EL CANON

A. Introducción

LA PALABRA GRIEGA canon (*kanon*), probablemente es de origen hebreo (*cáneh*); significa un instrumento de medición (ver Ez. 40:3–5). Pasó más tarde a significar regla, norma de doctrina o conducta (Gá. 6:16; Fil. 3:16). En el segundo siglo, los cristianos empleaban el vocablo «canónico» para designar los escritos apostólicos, a fin de distinguirlos de otra literatura religiosa pero no inspirada. Con el transcurso del tiempo, este término fue utilizado para referirse a la lista cerrada oficialmente de los libros considerados como Escritura Sagrada.

¿Por qué era necesario formar el canon? Si los creyentes no tuvieran una colección fija de documentos cuya autenticidad y valor espiritual fueran vindicados por la historia, el testimonio del Espíritu Santo y el reconocimiento de la comunidad cristiana, no podrían distinguir entre los libros inspirados y los que son meramente religiosos, entre los de doctrina pura y otros con conceptos adulterados. Es imprescindible saber que los escritos están inspirados para poder confiar implícitamente en ellos como la norma de fe y práctica.

Sobre todo, la salvación misma de los seres humanos depende de que posean la doctrina correcta: «Conoceréis la verdad, y la verdad os hará libres» (Jn. 8:32). El canon, según la metáfora de Lutero, es la cuna en que yace el evangelio. Alguien observa: «Sin adherencia al canon, el cual —en el sentido más amplio— es testigo de la historia de Jesús, la fe en Cristo . . . llegaría a ser una ilusión».[1]

En este capítulo, estudiaremos acerca de la formación del canon. Surgen algunas preguntas relevantes: ¿Cómo sabemos que la Biblia contiene solamente libros inspirados por el Espíritu Santo? ¿De qué manera fueron reconocidos como tales? ¿Quiénes decidieron cuáles obras literarias serían incluidas? ¿Qué criterio influía en sus decisiones? ¿Cuándo fueron los libros considerados autoritativos? Es fundamental que sepamos las respuestas a estas preguntas para que podamos confiar en la autoridad de las Sagradas Escrituras.

Señalamos que no hay uno, sino dos cánones: el hebreo y el cristiano. En nuestra Biblia, el primero consiste en 39 libros y constituye el Antiguo Testamento; el segundo consiste en 27 libros y se llama el Nuevo Testamento.

B. El canon del Antiguo Testamento

1. *La triple agrupación de libros en el canon hebreo*. Los judíos denominan *Tanak* a su canon, una palabra formada de la primera letra de las divisiones de su Biblia: *Torah* (ley), *Nebiim* (profetas) y *Ketubim* (escritos).

El Antiguo Testamento de nuestra Biblia incluye treinta y nueve libros y se divide en cuatro secciones principales: Ley (Génesis a Deuteronomio), Historia (Josué a Ester), Poesía (Job a Cantares) y Profetas (Isaías a Malaquías). En contraste, el canon hebreo cuenta con veinticuatro libros (en algunos casos veintidós) porque ciertos libros se agrupan formando un solo tomo. También se dividen de manera diferente: la Ley, los Profetas y los Escritos. La lista de los libros en el Tanak y la organización de ellos es la siguiente.

1. Ley:
Génesis
Éxodo
Levítico
Números
Deuteronomio

2. Profetas:
Josué
Jueces
Samuel
Reyes
Isaías
Jeremías
Ezequiel
El libro de los Doce
(Oseas a Malaquías)

3. Escritos:
Salmos
Proverbios
Job
Cantares
Rut
Lamentaciones
Eclesiastés
Ester
Daniel
Esdras—Nehemías
Crónicas

2. *La inspiración de los libros del canon hebreo*. ¿Cómo sabemos que estos libros fueron inspirados?

a) El testimonio de los profetas mismos indica que estaban conscientes de que Dios hablaba a través de ellos. Innumerables veces afirmaban: «Así dice Jehová».

b) Calvino señala otra evidencia importante, tanto para el Nuevo Testamento como para el Antiguo. Observa que hombres profanos desean y esperan que la inspiración de Moisés y los profetas sea comprobada por argumentos racionales. «Pero yo contesto que el testimonio del Espíritu es superior a toda razón. Porque como Dios solo es testigo suficiente de sí mismo en su propia palabra, así también la palabra nunca será verificada en los corazones de los hombres hasta que sea confirmada por el testimonio interno del Espíritu».[2]

E. J. Young añade: «Esta doctrina es una que ha sido abusada mucho, y es una doctrina muy misteriosa. No quiere decir que ese testimonio interior puede ser usado como un criterio para determinar la canonicidad de cierto versículo, capítulo o aun libro. Significa, sin embargo, que el creyente posee una convicción que las Escrituras son la palabra de Dios».[3]

c) El testimonio de Jesucristo es decisivo en el asunto. Aceptó todo el *Tanak* o cuerpo de escritos del Antiguo Testamento, como la palabra autoritativa de Dios. Hablando acerca de esto, dijo: «La Escritura no puede ser quebrantada» (Jn. 10:35). En otra ocasión afirmó la inspiración de las tres divisiones principales del canon hebreo: « . . .era necesario que se cumpliesen todas estas cosas que están escritas de mí en la Ley de Moisés, en los Profetas y en los Salmos» (Lc. 24:44).

3. *La formación del canon hebreo*. Existen dos puntos de vista referentes a la formación del canon hebreo: el del conservador y el del liberal, o sea, la teoría tradicional y la de los racionalistas de la alta crítica. El primero sostiene que los escritos inspirados llevaban el sello de la autoridad canónica desde el momento de su inspiración divina, y era independiente del mero reconocimiento humano o de su reunión formal como una colección de libros sagrados.

Los críticos liberales rechazan la doctrina de la inspiración sobrenatural de los libros de la Biblia; los consideran meramente literatura religiosa de los hebreos, un producto puramente humano. Consecuentemente creen que las especulaciones suyas son más confiables que las afirmaciones de la Biblia. Parece que se deleitan en poner en ridículo las bases de la fe cristiana.

La alta crítica niega la autenticidad y las fechas tempranas de los libros del Antiguo Testamento. Asevera que el Pentateuco fue escrito por cuatro autores o escuelas de autores, y sus escritos fueron recopilados alrededor de 400 a.C.; que David y Salomón y los profetas escribieron muy poco; que los libros proféticos deben ser divididos entre los autores proféticos y algunos de sus sucesores. Un supuesto «segundo» y «tercer» Isaías (capítulos 40-66) fueron agregados al libro del profeta porque sus autores habían sido completamente olvidados. Se supone que Daniel no fue escrito antes del 167 a.C.

Según estos racionalistas, la «Ley» fue canonizada primeramente en el 444 a.C.; los «Profetas» doscientos años después, y los «Escritos», alrededor de 165–100 a.C. Suponen por lo tanto, que la división del canon hebreo en tres agrupaciones responde principalmente a una cuestión cronológica. Sin embargo, hay una diversidad notable entre las opiniones de los críticos, y los conservadores las rechazan rotundamente.

No conocemos a cabalidad el proceso por el cual estos libros llegaron a ser reconocidos como autoridad exclusiva de fe y conducta. De lo que sí podemos estar seguros, es que el Espíritu Santo mismo que inspiró a los escritores, guió el proceso de canonización, de tal manera que un libro debe contener autoridad divina en razón de su inspiración, antes de ser calificado para ser canonizado.

Parece que tan pronto como un profeta escribió su mensaje, este llegó a ser parte de las Escrituras. Existe evidencia de que los libros fueron unidos inmediatamente a la creciente colección de las Escrituras, «simplemente porque quienes los recibieron, los reconocieron como divinamente inspirados».[4]

Por otra parte, algunos autores de textos sagrados se daban cuenta de que sus obras no solamente eran inspiradas, sino que también serían transmitidas a las generaciones futuras. Moisés, por ejemplo, al escribir las palabras de la ley, dio órdenes a los levitas de tomar «este libro de la ley y ponedlo junto al arca del pacto» (Dt. 31:24–26). En este caso, el escritor, en un sentido, canonizó sus propias composiciones.

W. H. Green señala que no era necesario declarar formalmente la canonicidad de estos libros a fin de que fueran aprobados. Desde el principio, eran leídos ansiosamente y considerados divinamente obligatorios por los piadosos. «Cada libro de un reconocido profeta de Jehová o de cualquier persona que fuera acreditada como inspirada por Dios para dar a conocer su voluntad, fue aceptado como palabra de Dios tan pronto como apareciera . . . El provecho espiritual que sus lectores (u oidores) recibían, les confirmaba su creencia en el origen celestial de ellos».[5]

Debemos darnos cuenta de que la mera compilación de los libros de la Biblia y el reconocimiento de ellos no los hizo libros inspirados. Edward J. Young observa:

> Cuando la palabra de Dios fue escrita, llegó a ser Escritura, y puesto que había sido hablada por Dios, poseía autoridad absoluta. Puesto que era palabra de Dios, era canónica. Lo que determina la canonicidad de un libro, por lo tanto, es el hecho de que fue inspirado por Dios.[6]

5. *Los criterios que aplicaron los hebreos para determinar si un libro era una auténtica escritura sagrada*. Según la tradición judía, la obra tenía que ser escrita por un profeta o alguien que tuviera el don de profecía. Para los hebreos, Moisés era profeta tanto como lo eran Isaías y Jeremías. Otras grandes figuras espirituales tales como Abraham, David y Daniel, aun cuando no contaban con el título de profeta, eran considerados como poseedores de poderes proféticos.

La prueba determinante era el testimonio del Espíritu Santo con respecto a la autoridad de su propia palabra. Jesús ha dicho: «Mis ovejas oyen mi voz» (Jn. 10:27). Este testimonio, dado por el Espíritu del Señor, hacía que la comunidad sintiera, en lo más profundo de su ser, que ese libro era la mismísima palabra de Dios y, por tanto, de ahí en adelante ese libro era de uso continuo en la comunidad. Además, por ser la palabra de Dios, satisfacía las necesidades espirituales del pueblo.

6. *El período en que el canon hebreo fue formado*. El tiempo en que los libros fueron escritos se denomina el «período profético», éste comenzó en la época de Moisés y terminó en la de Malaquías (desde 1300 hasta 400 a.C.). El historiador judío, Flavio Josefo (37–100 d.C.), sostenía que todos los libros sagrados de los judíos fueron escritos entre los días de Moisés y el reinado de Artajerjes I (rey de Persia durante los años 465 a 424 a.C.). Afirmó:

No tenemos una innumerable multitud de libros, que discrepan y se contradicen unos a otros (como ocurre con los griegos), sino solamente veintidós libros que contienen el registro de todos los tiempos; que con justicia se los acepta como divinos. Y de estos, cinco son los libros de Moisés, que contienen las leyes y las tradiciones sobre el origen de la humanidad hasta su muerte (de Moisés). Este período ocupa poco menos de 3.000 años. Pero en cuanto al tiempo que transcurre entre la muerte de Moisés hasta el reinado de Artajerjes, rey de Persia, que reinó después de Jerjes, los profetas que vivieron después de Moisés escribieron lo que ocurrió en sus respectivas épocas, en trece libros. Los cuatro libros restantes contienen himnos a Dios y preceptos de conducta para la vida humana . . . nadie ha sido tan osado como para agregarles nada a ellos, ni quitarles nada, ni cambiarles nada . . . (Josefo, *Contra Apión* I, 8.)

Los críticos liberales piensan que a los rabinos no se les ocurrió la idea de cerrar el canon sino hasta la reunión de Jamnia, pueblo de Palestina situado en la costa del Mediterráneo, en 90 d.C. En esta reunión, los rabinos judíos debatieron si ciertos libros como Eclesiastés, Cantares, Ester, Proverbios y Ezequiel debieran ser excluidos del cuerpo de Escrituras Sagradas. Parece claro que la obra de estos expertos condujo a la confirmación formal del canon, y no a la formación del mismo.

Además, el testimonio de Josefo indica que el canon hebreo ya se había aprobado hacía mucho tiempo, por el uso de los libros inspirados. Bruce Metzger en su libro *An Introduction to the Apocrifa* (Una introducción a los apócrifos), p. 8, asevera que la asamblea de Jamnia «meramente ratificó lo que la mayoría de las almas sensibles espiritualmente del judaísmo ya habían acostumbrado a considerar como Escritura Santa».

¿Cuál es la fecha de cerrar el canon hebreo? Tomas Hanks y José Miguez Bonino opinan:

Calvino (comentarios, Sal. 44) creyó que el Salmo 44 probablemente había sido escrito en la época macabea.

Pero si había algunas pocas excepciones, es probable que el canon básicamente quedara fijado cerca del 400 a.C.[7]

C. Los libros apócrifos

En las Biblias de la iglesia Católica Romana y Ortodoxa Griega, se encuentran libros que no están incluidos en nuestra Biblia. Se llaman «libros apócrifos» (ocultos) o «deuterocanónicos» (segundo canon). Hay catorce libros en esta categoría: Esdras; 2 Esdras; Tobías; Judit; agregados al libro de Ester; Sabiduría de Salomón; Eclesiástico (Sabiduría de Ben Sirac); Baruc, con la carta a Jeremías; el Cántico de los tres jóvenes santos; Susana (agregado a Daniel); Bel y el Dragón: la oración de Manasés; y 1 y 2 Macabeos.

Se llaman «apócrifos» no porque presentan verdades encubiertas, sino porque no están aprobados para lectura pública. Fueron escritos principalmente en el siglo II a.C., largo tiempo después de que había terminado el período profético. Eran años de turbulencia política y social. El espíritu de los libros se caracteriza por la respuesta de los judíos a las situaciones conflictivas y su deseo de un futuro mejor.[8]

Algunos de estos libros son de pura ficción, y otros tienen valor histórico pues reflejan los eventos y vida de los judíos en el período intertestamentario.

¿Por qué no están incluidos en la Biblia protestante?

1. *No existe evidencia de que los judíos de Palestina los consideraron libros sagrados*. Fueron incluidos en la versión griega llamada la Septuaginta o Versión de los Setenta, la cual fue traducida a mediados del siglo tercero a.C., pues el rey Alejandro Filadelfo quiso incluir todos los libros de los judíos en su biblioteca. Pero los targumes arameos y la Peshita siria en su forma más antigua no los contenían. Además los rabinos de Jamnia los rechazaron.

Entonces la colocación de los libros apócrifos entre los canónicos es un fenómeno cristiano y no judío. El gran erudito bíblico Jerónimo (muerto en 420 d.C.) sostenía que estos libros se encontraban en las Biblias griega y latina pero no en la Biblia hebrea de la época. Según él, los libros apócrifos no debían considerarse como igualmente autoritativos que los libros canónicos, aunque podían leerse en la iglesia para edificación. No obstante el criterio de Jerónimo, en 1546 d.C. el Concilio de Trento declaró canónicos doce libros apócrifos. Los reformadores del mismo siglo los rechazaron.

2. ***Ninguno de sus escritores sostiene la inspiración de sus obras***.

3. ***Nunca son citados en el Nuevo Testamento***. Aunque los apóstoles empleaban la Versión de los Setenta, nunca citaron los libros apócrifos. Algunos Padres de la iglesia citaron a los apócrifos, pero la mayoría tomó una posición en contra de su canonicidad.

4. ***Si bien algunos de los libros apócrifos tienen cierto valor histórico y espiritual, gran parte de ellos contienen errores de hecho y enseñan doctrinas y principios éticos contrarios a la Escritura inspirada***.

Por ejemplo, algunos de sus defectos son los siguientes: tanto Judit como Tobías contienen errores de historia, cronología y geografía. Estos libros justifican engaño y mentiras, y enseñan que la salvación depende de buenas obras. Eclesiástico y Sabiduría de Salomón promueven una moralidad basada en la conveniencia. Sabiduría afirma que la tierra fue creada de materia preexistente (11:17); Eclesiástico afirma que se gana el perdón de pecados dando limosnas (3:30). En Baruc se encuentra la doctrina de que Dios escucha las plegarias de los muertos (3:4).

Un escritor asevera: «Indudablemente un libro que contiene lo que es falso de hecho, erróneo en doctrina o defectuoso en moralidad, es indigno de Dios y no puede haber sido inspirado por él».[9]

D. El canon del Nuevo Testamento

Después de cuatrocientos años de silencio profético —desde los vaticinios de Malaquías hasta la encarnación del Señor— vuelve a obrar sobrenaturalmente el Espíritu Santo. Hay anunciaciones angélicas y cánticos proféticos. Ha llegado la suprema revelación de Dios: el Mesías prometido en las

Sagradas Escrituras del canon hebreo. Robert H. Mounce señala:

> Mientras que el canon del Antiguo Testamento había sido formalmente cerrado, en un sentido la venida de Cristo lo volvió a abrir. Dios hablaba otra vez. Y dado que la cruz fue el acto redentor central de Dios en la historia, el Nuevo Testamento vino a ser una necesidad lógica.[10]

El proceso de formar el canon del Nuevo Testamento ocupó aproximadamente trescientos cincuenta años. Se escribieron los diversos libros durante el primer siglo, luego comenzaron a circular entre las iglesias y a ser reconocidos como inspirados divinamente. El surgimiento de la herejía en el segundo siglo dio un gran impulso a la iglesia para distinguir entre la literatura herética y la de los apóstoles.

1. *El período apostólico*. La iglesia apostólica no carecía de Escrituras: buscaba su doctrina en el Antiguo Testamento. Transcurrieron años, sin embargo, antes de que tuviera un cuerpo de su propia literatura. Al principio, los dichos del Señor Jesucristo se transmitían oralmente o por escrito y se consideraban tan autoritativos como las Escrituras del canon hebreo; en efecto, constituyeron una norma superior. Para el apóstol Pablo, un dicho de Cristo decidía tan categóricamente, como una cita escritural veterotestamentaria, toda cuestión de doctrina o ética (1 Co. 9:9; 13,14; 11:23–25; 1 Tes. 4:15). Estos dichos y relatos del Señor, sean orales o escritos, se denominaban «tradición» y fueron conservados celosamente por las iglesias, pues los Evangelios aún no se habían escrito.

Casi simultáneamente se desarrolla una nueva manifestación de autoridad: las Epístolas apostólicas. Estas «evidencian desde el principio cierto derecho ... a constituir enseñanza autorizada y adecuada en asuntos de doctrina y conducta».[11] Foulkes explica:

> Pablo, al verse obligado a decidir sobre algún asunto, apeló a su calidad de comisionado por Jesucristo, poseedor del Espíritu divino (1 Co. 7:25,40; Gá. 1:1,7ss), y en esto no difirió de otros doctores apostólicos (Heb.

13:18s; 3 Jn. 5–10,12; Ap. 1:1–3) . . . Pablo esperaba que sus cartas se leyeran en voz alta en las iglesias.[12]

El apóstol Pedro reconoce que las cartas paulinas están a la par con las Escrituras del Antiguo Testamento: «El amado hermano Pablo, según la sabiduría que le ha sido dada, os ha escrito, casi en todas sus epístolas, hablando en ellas de estas cosas; entre las cuales hay algunas difíciles de entender, los cuales los indoctos e inconstantes tuercen, *como también las otras Escrituras, para su propia perdición*» (2 P. 3:15,16, énfasis del autor). Parece que 2 Pedro fue escrito hacia el año 64, pues al dictar su segunda carta, Pedro hace alusión a su próxima muerte (1:13) y a su intimidad con su colega en el evangelio, «nuestro amado hermano, Pablo». También sus palabras presuponen que algunas cartas paulinas ya estaban escritas y que circulaban.

En cuanto a la colección de *corpus paulina*, es probable que se llevara a cabo cerca de 80–85 d.C. en Asia Menor, y que de una vez gozara de gran prestigio . . . No obstante, a fines del siglo primero no existía el concepto de «canon escritural», como si la lista de los libros sagrados estuviera completa.[13] A medida que el cristianismo se extendía, y los apóstoles comenzaban a morir (además el retorno del Señor no se producía), se hizo necesario tener material escrito confiable para la instrucción de los nuevos convertidos y para proveer un relato fidedigno de la vida y ministerio de Jesucristo al testificar a los gentiles.

2. *Los padres apostólicos*. En el siglo segundo se aprecian evidencias de la circulación de los Evangelios sinópticos. En los escritos de Ignacio de Antioquía (martirizado en 115) las frecuentes afinidades con Mateo parecen indicar que se ha utilizado dicha fuente. La carta de Policarpo de Esmirna, dirigida a los filipenses, demuestra que conocía a Mateo y Lucas. 2 Clemente y la Epístola de Bernabé, fechadas alrededor del 130 d.C., atestiguan el empleo de los sinópticos aunque contienen también material oral.

Durante el segundo siglo, la herejía del semignóstico, Marción, aceleró la formación del canon eclesiástico, ya puesto en marcha. «Él repudiaba el Antiguo Testamento con su "Dios vengador de justicia" y quería sustituirlo por "el Dios de Jesucristo" y un nuevo canon en dos partes: un evangelio (Lucas, mutilado) y diez cartas paulinas (se excluyeron las Pastorales)».[14] Las iglesias latinas reaccionaron corrigiendo la lista y añadiendo los otros tres Evangelios, Hechos y Apocalipsis. Los libros omitidos —Santiago, 2 Pedro, 3 Juan y Hebreos— son precisamente los que precisaron más tiempo para ser aceptados como canónicos. Así formó el llamado canon muratoriano fechado alrededor del año 170.

3. *Los libros que demoraban en ser aceptados y los que fueron rechazados*. En este punto, nos parece valioso considerar los libros que fueron objeto de disputa en el proceso de canonización. Los siguientes libros carecían de respaldo universal durante los primeros siglos: Hebreos, Santiago, 2 Pedro, 2 y 3 Juan, Judas y Apocalipsis. Debemos darnos cuenta, sin embargo, que la iglesia en general nunca ha rechazado alguno de ellos.

Hebreos era cuestionado en el occidente debido a que no se sabía quién había sido su autor, vale decir, se dudaba de su autoridad apostólica. En el oriente fue aceptado por el hecho de alegarse su origen paulino. El libro de Santiago era objeto de controversia por varios factores: había dudas respecto de la identidad del autor, además del significado de las doce tribus en la dispersión, y la escasez de una enseñanza marcadamente cristiana en lo doctrinal. Es decir, el libro tenía un fuerte olor a legalismo.

Por su parte, las dudas tocante a la segunda Epístola de Pedro se debían a su diferencia de estilo y de vocabulario, en comparación con la primera Epístola de Pedro; además, parece que tuvo una circulación limitada. Segunda y Tercera de Juan eran cuestionadas por su brevedad, su carácter extremadamente personal y la relativamente poca trascendencia de su contenido. La epístola de Judas fue objeto de disputa porque se alegaba que el autor no tenía autoridad apostólica. Finalmente los que rechazaban el Apocalipsis lo hacían por la diferencia de estilo que este libro tiene con el Evangelio de Juan.[15]

Además de estos libros cuestionados, había una vasta cantidad de literatura escrita en los primeros años del cristianismo. Algunos de estos escritos fueron aceptados por algunos líderes eclesiásticos, pero a la larga, estas obras fueron rechazadas por ser consideradas no canónicas. Un grupo de escritos fue agrupado como los «Padres apostólicos» y contenía los siguientes libros: 1 y 2 Clemente, las Epístolas de Ignacio, la Epístola de Policarpo a los Filipenses, el Martirio de Policarpo, la Dídaje, la Epístola de Bernabé, el Pastor de Hermas y la Epístola a Diogneto.

Otro grupo, llamado «La Apócrifa del Nuevo Testamento» consistía de obras espúreas escritas con los nombres de los apóstoles y otros personajes famosos. Estas obras pretendían dar información acerca de Jesús y los apóstoles, datos que no se encontraban en las escrituras canónicas. Se escribieron evangelios bajo los nombres de María, José, Marción, Felipe, Bartolomé, Pedro, Mateo y Tomás. Otros libros escritos fueron los Hechos de Andrés, Bernabé, Santiago, Juan, Pablo, Pedro, Felipe, Pilato, Matías y Tomás. También se escribieron los apocalipsis de Santiago, Pablo, Pedro, Tomás, Esteban y la Virgen.

Todos estos escritos fueron rechazados por la iglesia; la razón es que carecían del elemento de verdad. La propia naturaleza de estas obras las descalificaron de su pretensión de autoridad divina.

4. *La fijación del canon*. Hacia fines del siglo segundo, era obvio que la iglesia universal necesitaba un canon fijo. La literatura cristiana se hacía más abundante y no solo surgieron voces de autoridad en distintas áreas geográficas que hablaban en el nombre de sus congregaciones, sino también la iglesia en todas partes daba muestras claras de acercarse a la unidad consciente respecto de cuáles libros debían ser considerados literatura canónica.

Ireneo de Lyon en Galia (alrededor del año 185) citó como canónicos veintidós escritos de nuestro Nuevo Testamento, más el Pastor de Hermas, pero tenía reservas con respecto a Hebreos, 3 Juan, 2 Pedro, Santiago y Judas. Clemente de Alejandría

(150–215) escribió explicaciones de todos los escritos canónicos, incluyendo aquellos en disputa, y hasta comentó sobre la Epístola de Bernabé y el Apocalipsis de Pedro. No obstante, Clemente marcaba una clara distinción entre lo canónico y lo apócrifo cuando se trataba de los Evangelios. Tertuliano, por su parte, confirmó casi la misma lista de libros canónicos presentada por Ireneo. Incluso Tertuliano rehusó utilizar cualquier evangelio que no sea uno de los que la iglesia reconoce como inspirados y de autoridad divina. Hablando sobre el testimonio de estos tres eruditos de casi finales del siglo segundo, Everett F. Harrison manifiesta que «es suficiente para establecer que existía un cuerpo de escritos normativos reverenciado por toda la iglesia».[16]

En el siglo tercero, Orígenes viajó extensamente por Roma, Grecia, Asia Menor. Egipto y Palestina para evaluar los libros que consideraban auténticos las iglesias. El erudito alejandrino descubrió que las opiniones variaban en cuanto a cuáles eran reconocidos, disputados o falsos.

En días de Eusebio de Cesarea (270–340), el Nuevo Testamento no era todavía una unidad cerrada. En esta época los padres citaban a veces como Escritura a los dichos de Jesús, aunque no estuvieran consignados en los Evangelios canónicos. También a veces citaban evangelios no canónicos y libros como la Epístola de Bernabé, 1 Clemente, la Didaje, los Hechos de Pablo, el apocalipsis de Pedro y el Pastor de Hermas.

Hasta mediados del siglo cuarto no se consideraba necesario que los concilios se pronunciaran sobre el canon. En este período, Cirilo de Jerusalén y Gregorio de Nacianzo coincidían acerca de veintiséis de nuestros veintisiete libros neotestamentarios. Ambos eruditos excluían de su lista el libro de Apocalipsis. En el oriente, el documento decisivo en la fijación del canon fue la trigésima novena carta pascual de Atanasio en 367. En el occidente, el canon se fijó por decisión del Concilio de Cártago en el año 397. Esta fue la única vez que un concilio de la iglesia formalmente legisló sobre el canon.

Así que la formación del canon del Nuevo Testamento no fue una decisión conciliar. El primer concilio ecuménico —de Nicea en 325 d.C.— no discutía el canon. Parece que el Concilio de Cártago se limitara a decretar que solo los escritos canónicos debían ser leídos como Escritura en las iglesias. Luego presentó la lista de los veintisiete libros que eran considerados canónicos por consenso de uso en las iglesias. Por lo tanto, la formación del canon neotestamentario era un proceso y no un evento, un asunto histórico más que una decisión de la jerarquía eclesiástica. La iglesia no formó el canon sino meramente reconoció la inspiración divina de los libros neotestamentarios. El mismo Espíritu Santo que inspiró las Escrituras, también dio testimonio en el corazón de sus lectores de que ésas eran la palabra verdadera de Dios.

5. *Los principios que dirigieron el proceso de canonización del Nuevo Testamento*. Luego de ver a los libros rechazados por la iglesia, bien vale la pregunta: ¿Cuáles eran los criterios que se consideraban para aceptar como canónico un escrito? Hubo varios factores.

a) La paternidad literaria o autenticación apostólica. Si un libro era atribuido a un apóstol, entonces era aceptado. Hubo excepciones. Por ejemplo, se aceptaron a Marcos y Lucas como autores íntimamente asociados con los apóstoles. El reconocimiento de la inspiración divina de sus evangelios se apoyó en el hecho de que estos hombres escribieron bajo la dirección de Pedro y Pablo respectivamente.

Hablando sobre la autoridad apostólica como pauta de selección para la canonización, Donald Guthrie señala: «el criterio determinante en la selección fue la "apostolicidad", la convicción de que los libros representaban la postura de la era apostólica».[17]

b) El contenido doctrinal que honra a Cristo y es de acuerdo con las enseñanzas conocidas de otros apóstoles, inclusive las normas de la sana doctrina. El valor de un libro era medido en términos de su testimonio auténtico de la vida y enseñanzas de Jesús.

c) El reconocimiento continuo de que Dios habla a través de estos libros y el uso espiritualmente edificante de ellos en la iglesia desde la edad apostólica en adelante. Latourette comenta:

No fue meramente el supuesto verdadero origen apostólico lo que aseguró a un libro dado, su lugar en el Nuevo Testamento. Esto era una consideración importante, pero también fue por la prueba de la experiencia adquirida por largo uso, que la comunidad cristiana vino a reconocer en los escritos admitidos al canon aceptado, una calidad que a la mente cristiana era y continúa siendo evidencia de un grado peculiar de inspiración divina ...[18]

6. **El canon está cerrado**. Eusebio cita la admonición de un creyente desconocido: «... la palabra del nuevo pacto del evangelio al cual nada puede ser añadido por alguien que ha escogido vivir según el evangelio mismo, y del cual nada puede ser quitado ...» Las palabras, «al cual nada puede ser añadido ... y del cual nada puede ser quitado» hacen eco del lenguaje de ciertos libros de ambos testamentos.

Por ejemplo, Moisés advierte: «No añadiréis a la palabra que yo os mando ni disminuiréis de ella» (Dt. 4:2; ver 12:32). El último libro del canon neotestamentario termina con una advertencia aun más solemne: «Si alguno añade a estas cosas, Dios traerá sobre él las plagas que están escritas en este libro. Y si alguno quita las palabras del libro de esta profecía, Dios quitará su parte del libro de la vida ...» (Ap. 22:18,19). Hablando acerca de los libros del Antiguo Testamento, Josefo afirma: « ... nadie ha sido tan osado como para agregarles nada a ellos, ni quitarles nada, ni cambiarles nada» (*Contra Apión* I, 8).[19]

A través de los libros inspirados contenidos en el canon, Dios ha hablado. No habrá más revelación de doctrina ni necesitamos más. La iglesia de Cristo no precisa reveladores sino predicadores e intérpretes de la Palabra ya entregada.

Una pregunta que no se puede pasar por alto antes de concluir nuestro breve estudio es: ¿Qué de los escritos apostólicos que no han sobrevivido (por ejemplo la carta paulina a que se alude en 1 Co. 5:9)? Si aparecieran algunos escritos apostólicos, ¿tendrían derecho de ser incluidos en el canon? El erudito evangélico Everett F. Harrison responde a esta pregunta:

Es prudente aquí recurrir a la providencia de Dios que ha permitido la recuperación de muchos documentos antiguos, pero ninguno apostólico. Si el Nuevo Testamento ha sido suficiente, bajo la dirección de Dios, para la vida de la iglesia a lo largo de todos estos siglos, difícilmente necesitará ser suplementado después de tantos años. La pregunta es meramente hipotética.[20]

La tarea de la iglesia en este tiempo y mientras Cristo no regrese, no es suspirar deseosa de nuevas revelaciones sino testificar de la salvación ya claramente revelada. Cuando Cristo regrese, la iglesia no tendrá más necesidad de la Biblia, y por ende no deberá preocuparse más por discernir lo canónico de lo apócrifo o espúreo. Pero mientras esto no ocurra, la iglesia debe recordar que ella nació aferrada a un canon, y en un sentido real le toca vivir continuamente aferrada a ese canon.

7. **Conclusión**. Los creyentes evangélicos podemos creer con toda seguridad que en el Antiguo y Nuevo Testamento tenemos ahora la plena revelación de Dios, que fue escrita y redactada bajo la directa inspiración del Espíritu Santo y que constituye la única e infalible palabra de Dios, distinta de todos los demás libros del mundo.

Cabe señalar que el principio de la canonicidad no puede ser por ningún motivo divorciado de la idea de la autoridad, en este caso de la autoridad divina, a pesar del hecho patente que las Escrituras fueron escritas por hombres. Tras la palabra escrita hay una tradición oral respecto a Jesucristo, y tras la tradición oral está la predicación apostólica, tras este testimonio apostólico se encuentra Cristo mismo. El Señor Jesucristo hizo dos cosas vitales en el proceso de canonización: autenticó el Antiguo Testamento y prometió la actividad del Espíritu Santo para hacer posible lo que llegó a ser el Nuevo Testamento. Es así que fundamentalmente Cristo es la clave de la canonicidad y el Espíritu Santo el instrumento principal para llevarla a cabo.

CITAS Y REFERENCIAS

1.   Hans Von Campenhausen, *The Formation of the Christian Bible*, E. T., Londres, 1972), p. 333, citado por F. F. Bruce, *The*

Canon of Scripture, Intervarsity Press, Downers Grove, IL, 1988, p. 275.

2. Juan Calvino, *Instituciones* I, 7, 4.

3. Edward J. Young, *An Introduction to the Old Testament*, Wm. B. Eerdmans Publishing Company, Grand Rapids, MI, 1949, p. 38.

4. *El Origen de la Biblia*, William J. J. Glashouwer, ed., La Biblia Abierta, Amsterdam, 1986, p. 105.

5. Citado por George L. Robinson, «Canon of the Old Testament» en *The International Standard Bible Encyclopaedia*, tomo 1, James Orr, ed. gen., Wm. B. Eerdmans Publishing House, Grand Rapids, MI, 1949, p. 554.

6. Edward J. Young, «The Canon of the Old Testament» en *Revelation and the Bible*, Carl. F. H. Henry, ed., Baker Book House, Grand Rapids, MI, 1958, p. 156.

7. Tomás Hanks y José Miguez Bonino, «Canon del Antiguo Testamento» en *Diccionario Ilustrado de la Biblia*, Wilton M. Nelson, ed., Editorial Caribe, Miami, FL, 1977, p. 99.

8. «Apocrypha, Old and New Testament» en *Evangelical Dictionary of Theology*, Walter A. Elwell, ed., Baker Book House, Grand Rapids, MI, 1988, p. 124.

9. Merrill F. Unger, *Introductory Guide to the Old Testament*, Zondervan Publishing House, Grand Rapids, MI, 1952, p. 109.

10. Robert H. Mounce, «Biblia» en *Diccionario de Teología*, Everett F. Harrison, ed., Baker Book House, Grand Rapids, MI, 1985, p. 89.

11. J. N. Birdsall, «Canon del Nuevo Testamento» en *Nuevo Diccionario Bíblico*, J.D. Douglas y N. Hillyer, ed., Ediciones Certeza, Buenos Aires, Barcelona, Downers Grove, IL, 1991, p. 214.

12. Ricardo Foulkes, «Canon del Nuevo Testamento» en *Diccionario Ilustrado de la Biblia*, *op. cit.*, pp. 99,100.

13. Idem.

14. Idem.

15. Everett F. Harrison, *Introducción al Nuevo Testamento*, T.E.L.L., Grand Rapids, MI, 1980, p. 104.

16. *Íbid.*, p. 102.

17. Donald Guthrie, «Textos y Versiones» en *Manual Bíblico Ilustrado*, compilado por David Alexander y Pat Alexander, ed, Editorial Unilit, Miami, FL, 1985, p. 484.

18. Kenneth Scott Latourette, *Historia del Cristianismo*, vol. I, Casa Bautista de Publicaciones, El Paso, TX, 1958, p. 180.

19. Bruce, *op. cit.*, pp. 22,23.

20. Everett F. Harrison, *op. cit.*, p. 115.

CAPÍTULO 6

LA CRÍTICA MODERNA DE LA BIBLIA

LA PALABRA «CRÍTICA», cuando se aplica a la literatura, no se refiere a censura. Se define el rol del crítico literario así: «Significa meramente investigar en cuanto a la paternidad literaria, fecha, lugar, fuentes, etc., de cualquier obra antigua».[1]

Tampoco la crítica es algo nuevo. Por el ingenio de dos eruditos italianos en 1440, el documento «Donación de Constantino», que por tanto tiempo había servido para fundamentar ciertas pretensiones de los papas, demostró ser espurio. Se había dado a entender que este documento fue escrito por el primer emperador romano que era cristiano, otorgando al obispo de Roma soberanía sobre los otros obispos de la iglesia y sobre ciertos territorios italianos. Nicolás de Cusa y Lorenzo Valla emplearon evidencias lingüísticas e históricas para demostrar que el documento se refería a varios acontecimientos que habían sucedido siglos después de la muerte de Constantino.

Durante los siglos dieciocho y diecinueve, en las universidades alemanas, se aplicaron a la Biblia métodos de investigación y análisis de la crítica que los historiadores habían desarrollado para reconstruir el pasado. Trataron de descubrir la fecha de cada libro, su autor, su propósito, las características del estilo, el lenguaje y las palabras originales. Se preguntaron: ¿Cuáles son las fuentes originarias de los documentos bíblicos? ¿Son dignas de confianza?

¿Cuál es el significado y el fondo histórico de cada uno de ellos? Para muchos de los investigadores, la Biblia no era un libro inspirado sino un libro más, como cualquier otro.

La crítica bíblica puede arrojar mucha luz sobre las Escrituras si se aplica con reverencia y erudición. Los padres de la iglesia, los reformadores y eruditos evangélicos conservadores han realizado tales estudios con gran beneficio. Los teólogos los consideran una ayuda indispensable para interpretar la Biblia. Sin embargo, los críticos liberales, bajo la influencia del racionalismo moderno, han llegado a conclusiones que son capaces de destruir toda confianza en la inspiración de la Biblia si pudieran demostrarse y con esto sería imposible creer en Cristo como Salvador y Señor.

Las seis disciplinas principales de la crítica bíblica moderna son: textual, histórica, literaria, de fuentes, de formas y de redacción. Todas estas ramas, salvo la histórica, tratan primordialmente de las estructuras literarias y de las diversas formas en que un escritor se expresa. La crítica histórica averigua más sobre el significado y veracidad de lo que dice el autor, pero incluye casi todas las otras disciplinas.

A. La crítica textual

La crítica textual procura recuperar y restaurar el texto original de documentos que han sido copiados repetidamente a través de muchos siglos. Es obvia la posibilidad de que los copistas, por más cuidadosos que fueran, hubieran omitido, añadido o cambiado algunos detalles en el proceso de copiar. Puesto que es imposible consultar los autógrafos (manuscritos originales), porque ya no existen, es necesario que los eruditos comparen esmeradamente los manuscritos existentes para identificar los errores y, en lo posible, corregirlos.

El crítico del texto bíblico trabaja no solo con los manuscritos del Antiguo y Nuevo Testamentos en los idiomas originales, sino también con versiones antiguas en otros idiomas, tales como el siríaco, el copto y el latín, y con citas bíblicas de obras antiguas. Puesto que el texto del Antiguo Testamento que tenemos actualmente fue redactado por los masoretas, eruditos judíos, entre el séptimo y undécimo siglos d.C., muchos estudiosos de la Biblia pensaban que la Septuaginta o Versión de los Setenta, era más correcta. Esta versión fue traducida en el idioma griego en Alejandría durante el tercer y el segundo siglos a.C. Sin embargo, el descubrimiento de los rollos del Mar Muerto, los cuales incluyen manuscritos de algunos libros del Antiguo Testamento, mil años más antiguos que el Texto Masorético, demuestra que este texto es muy preciso y digno de confianza.

Podemos confiar también que los copistas hebreos del período del Antiguo Testamento transmitieron con mucha exactitud el contenido de los documentos bíblicos. Gordon Wenham observa: «En su mayor parte los escribas que copiaron el Pentateuco fueron muy cuidadosos, y pareciera que en el texto hebreo hay muy pocos errores. En el caso de otros libros del Antiguo Testamento, especialmente Samuel y Jeremías, hay pasajes en que es más difícil volver a establecer el texto original».[2]

Referente al texto del Nuevo Testamento hay millares de manuscritos, algunos de los cuales se remontan al segundo siglo d.C. La crítica textual ha establecido un texto muy aproximado al original. Aunque se pueden poner en tela de juicio algunos detalles insignificantes, estos no afectan nada de importancia. León Morris afirma: «Ninguna de las doctrinas básicas del cristianismo está en duda. Y ahora podemos tener plena confianza de que tenemos el texto del Nuevo Testamento esencialmente en la forma en que fue escrito».[3]

Es necesario que se establezca un texto fidedigno a fin de poder llevar a cabo otros estudios críticos y exegéticos. La crítica textual solía llamarse «baja crítica» por ser considerada la base del edificio del estudio bíblico. Y se denominó «alta crítica» a la investigación de fechas, paternidad literaria y la estructura de antiguos documentos. Ahora casi no se usan más estos términos, pues son obsoletos.

B. La crítica de fuentes

La crítica de fuentes es un intento de descubrir y comprender la naturaleza de los materiales que los escritores bíblicos empleaban para desarrollar sus obras. Por ejemplo, el autor de las Crónicas a menudo hace referencia a los libros de Samuel, Reyes y otros anales. Dice en 1 Crónicas 29:29,30: «Y los hechos del rey David, primeros y postreros, están escritos en el libro de las crónicas de Samuel vidente, en las crónicas del profeta Natán y en las crónicas de Gad vidente, con todo lo relativo a su reino». Aparentemente mucho de su obra se basaba sobre estas fuentes. Al comparar las Crónicas con los libros de Samuel y Reyes, el crítico puede llegar a conclusiones referentes a su método literario e histórico.

En unos pocos casos aún existe la fuente empleada por el escritor inspirado. Por ejemplo, los arqueólogos han descubierto el decreto de Ciro, el cual anunció que los pueblos cautivos podían volver a sus patrias. Este documento es citado en parte por Esdras, capítulo 1:2–4. En otros casos, en que las fuentes no han sobrevivido, es casi imposible distinguirlas en el mismo documento. Su reconstrucción tiene que ser muy especulativa. Los críticos liberales a menudo suponen que han encontrado fuentes basando la identificación de ellas sobre pruebas poco objetivas, tales como cambios de estilo o vocabulario. Así ha ocurrido en el desarrollo de la teoría documentaria de Wellhausen-Graf. Más adelante hablaremos acerca de ésta.

Hace tiempo que la cuestión sinóptica ha intrigado a los críticos. Un fenómeno fácil de observar a la simple lectura de los Evangelios sinópticos, es la uniformidad con que relatan los tres evangelistas el mismo acontecimiento. Presentan entre sí tales semejanzas que pueden ponerse en columnas paralelas y leerlos simultáneamente. A menudo emplean el mismo orden y palabras idénticas o muy poco diferentes. Existen, sí, divergencias marcadas. Cada autor agrega ciertos episodios y omite otros, pero por regla general, los tres Evangelios sinópticos presentan el mismo material y siguen el mismo bosquejo general. Si fuera solo un asunto de emplear las mismas palabras cuando relatan el mismo discurso, se explicaría señalando la exactitud con que se registró lo que dijo Jesús. Pero también abarca la semejanza en la narración.

Surgen algunas preguntas. Si los primeros tres Evangelios son independientes uno del otro en cuanto a su origen, ¿por qué existe tanta similitud entre ellos? ¿Uno copió del otro? ¿Tenían los tres una fuente común o se ayudaron el uno al otro?

Muchos de los críticos creen que Marcos fue el primer Evangelio en escribirse, y que tanto Mateo como Lucas están basados en él. Se aducen dos razones. Primero: casi todo el material que se encuentra en Marcos se halla también en los otros dos sinópticos. William Barclay señala:

> Marcos puede dividirse en ciento cinco secciones, de estas, noventa y tres aparecen en Mateo y ochenta y una en Lucas. Hay solamente cuatro secciones de Marcos que no aparecen en Mateo o Lucas . . . no se trata solo de la reproducción de la sustancia de estos versículos, sino que aparecen copiados palabra por palabra.[4]

La segunda razón se ve en el hecho de que tanto Mateo como Lucas en general siguen el orden de los sucesos que se encuentra en Marcos.

Sin embargo, ¿de dónde vienen los discursos de Jesús que ambos, Mateo y Lucas, cuentan en común pero son omitidos o reducidos en Marcos? Se supone que tanto el primero como tercer Evangelio empleaban otra fuente, la cual se denomina Q (inicial del vocablo alemán quelle o fuente).

Se observa, sin embargo, que Lucas y Mateo contienen respectivamente materiales particulares que, no obstante el parecido en las secciones comunes de los dos Evangelios, éstos varían grandemente. ¿Cómo se explican las divergencias entre ellos? Se supone que existían otros documentos que servían de fuentes o que había dos documentos además de «Q». Así es posible que los escritores de Mateo y Lucas emplearan un documento en común y además cada uno tuviera una fuente propia.

Muchos evangélicos prefieren la teoría de la tradición oral a las especulaciones de la crítica moderna. Según los padres de la iglesia (los más distinguidos escritores eclesiásticos de los primeros siglos de la Era cristiana), había un evangelio oral original. Papías, obispo de Hierápolis, escribió alrededor del año 140 d.C. En un escrito suyo sostiene que Mateo compiló los dichos (*logia*) de Jesús en «hebreo» (probablemente arameo) y que cada uno los tradujo como pudo. También afirmó que Marcos había sido el escribano de Pedro y que después de la muerte de este escribió todo lo que había recordado, pero no en orden. Ireneo (alrededor del 170) compartió la opinión de Papías, pero agregó que Lucas transmitió la predicación del apóstol Pablo y que el cuarto Evangelio fue escrito por Juan, el discípulo de Jesús.

La teoría de la tradición oral sostiene que cada evangelista conocía personalmente las obras y enseñanzas de Jesús o había escuchado repetidamente la predicación de algún personaje con autoridad apostólica. Es decir, coleccionaron los relatos acerca de Jesús; luego éstos fueron memorizados y finalmente escritos por los evangelistas. No había dependencia literaria entre ellos. Se atribuye cualquier semejanza entre un Evangelio y otro a la extraordinaria memoria de los predicadores testigos y al hecho de que con el transcurso del tiempo las enseñanzas de Jesús llegaron a tomar una forma «estereotipada».

El gran erudito evangélico, J. Merrill Tenney, acepta la teoría oral común, pero sugiere otra solución al problema de la gran semejanza entre los Evangelios sinópticos. Cree que los tres evangelistas se conocieron y se ayudaron unos a otros además de tener una tradición oral en común.[5]

Es muy probable que al principio las enseñanzas apostólicas se transmitieron oralmente, y que algunas fueron escritas por los maestros cristianos que las empleaban para adoctrinar a sus adeptos. Es casi cierto que los tres evangelistas tuvieron en común una tradición escrita y cada uno empleó fuentes propias. Lucas insinúa la existencia de tales documentos cuando afirma que «muchos han tratado de escribir la historia de los hechos sucedidos entre nosotros» (Lc. 1:1, Versión

Popular). Los rollos del Mar Muerto corroboran lo que dice Lucas, pues demuestran que los judíos doctos del período de la iglesia primitiva solían escribir los hechos y enseñanzas de sus líderes religiosos.

Huelga decir que como quiera que fueran escritos los Evangelios sinópticos, los evangelistas presentan un cuadro fidedigno de la vida y ministerio de Jesucristo. No cabe duda de que consiguieron y recogieron esmeradamente sus materiales, como bien lo demuestran la sencillez y objetividad de sus composiciones. Asimismo registraron el testimonio de los testigos oculares y ministros de la palabra (Lc. 1:2). Sobre todo, contaron con la ayuda del Espíritu Santo, el cual guió a los apóstoles a «toda la verdad» y los hizo recordar todo lo que Jesús les había enseñado (Jn. 16:13; 14:26).

La prueba contundente de la veracidad de los Evangelios, sin embargo, se encuentra en los relatos mismos. ¿Quién podría idear dichos y enseñanzas tan maravillosos como los que están registrados en los Evangelios? Tienen que haber procedido de la boca del Señor mismo y haber sido fielmente transmitidos a las páginas de los Evangelios. No queda otra explicación digna de ser considerada.

C. La crítica histórica

La crítica histórica intenta relacionar los documentos con su contexto histórico. Esto involucra tanto las evidencias internas como las externas (arqueología e historia). El crítico histórico pregunta: ¿Cuándo fue escrito el documento? ¿Cuánto tiempo transcurrió entre la fecha de los eventos descritos y la fecha en que se escribió el relato? ¿Cómo se sabe cuándo fue escrito? ¿Cuál es la fecha de la copia actual?

Existen ciertas claves para determinar la respuesta de estas preguntas. En algunos documentos como los libros proféticos, el escritor se menciona. Otra clave para fijar la fecha se halla en los acontecimientos narrados en el documento. Gordon Wenham explica:

> Obviamente su fecha de composición debe ser posterior al último suceso mencionado (en el caso de Exodo,

la erección del tabernáculo). Pero esto solo nos dice la fecha más temprana en que el libro pudo haberse escrito, no la fecha última, que es de más interés.[6]

Muchas veces no hay afirmaciones explícitas en el documento que indiquen la fecha de composición. Entonces el crítico busca pruebas indirectas, tales como afirmaciones del escritor. Por ejemplo, el autor del libro de Jueces repite varias veces la observación: «En estos días no había rey en Israel; cada uno hacía lo que bien le parecía» (17:6; 18:1; 21:25). Esto sugiere que él vivía bajo la monarquía.

Los críticos liberales ponen en tela de juicio la historicidad de mucho del contenido del Pentateuco. Preguntan:

> Cuando un documento dice algo, ¿cómo sabemos que dice la verdad? . . . ¿Qué proximidad hay entre el documento y los sucesos que describe? ¿Están sus afirmaciones refundadas por otras fuentes, bíblicas o extra bíblicas, o por la arqueología? ¿Pudieron suceder los sucesos como se describen?[7]

D. La crítica histórico-literaria del Antiguo Testamento

1. *La teoría documentaria del Pentateuco*. Los críticos buscaban fuentes, además de las fácilmente identificables, tras la composición terminada de los documentos bíblicos. Estudiaban el estilo, lenguaje y tema de las distintas secciones del texto para hallarlas. En la última cuarta parte del siglo diecinueve, la crítica llegó a su punto más negativo. Se desarrolló la «hipótesis documentaria» del Pentateuco. Críticos racionalistas de Europa idearon la teoría de que el Pentateuco no fue escrito por Moisés, sino que era una recopilación de documentos redactados principalmente en el quinto siglo a.C.

Las personas que pusieron en marcha la idea de que se podían distinguir fuentes en los primeros cinco libros de la Biblia fueron H. B. Witer (1711), estudioso alemán, y Jean Astruc (1753), profesor de medicina en París. Witer pensaba que había dos relatos paralelos en Génesis, distinguiéndose por los dos nombres de Dios. Astruc notó también que se usaba el nombre de «Elohim» (Dios) en algunos pasajes y «Jehová» en otros. Para él, esto era una evidencia de que Moisés había usado documentos como fuentes (cada uno con su manera especial de nombrar a Dios), para escribir el Génesis.

J. M. Eichhorn, erudito alemán, aceptó el principio del análisis documentario pero negó que Moisés fuera el compilador de Génesis. «Los estudiosos alemanes descubrieron lo que a ellos les parecían ciertas repeticiones de relatos, diferencias de estilo y discordancia en las narraciones. Llegaron a la conclusión de que Moisés no escribió el Pentateuco, sino que lo hizo un redactor desconocido, que empleó varias fuentes al escribirlo».[8]

En 1876, Julius Wellhausen dio a la teoría documental su expresión clásica. Era profesor de estudios bíblicos en Augsburgo y en Gotina, donde se dedicó a destruir sistemáticamente las creencias tradicionales en las Escrituras. Elaboró una complicadísima teoría sobre el origen del Pentateuco, suprimiendo toda la inspiración sobrenatural y negando la paternidad mosaica del mismo. Afirmó que la religión de los hebreos había ido evolucionando. Según él, se desarrolló desde el politeísmo, hasta llegar a la religión monoteísta de los profetas. Finalmente llegó a la fase sacerdotal. También el culto evolucionó en cuanto a sus sacrificios, fiestas sagradas y sacerdocio.

Trabajó en un vacío histórico suponiendo erróneamente que los hebreos en la época de Moisés no sabían escribir. Echó mano de la filosofía hegeliana para desarrollar su teoría, basando sus conclusiones en la idea de que el Pentateuco consistía de una recopilación de documentos y la noción evolucionaria de la religión de Israel. Wellhausen y su colega Karl H. Graf desarrollaron la «Hipótesis Graf-Wellhausen», la cual fue aceptada casi universalmente entre los liberales protestantes y muchos judíos. Aunque algunos descubrimientos arqueológicos han obligado a los liberales a modificarla, ha seguido siendo el pensamiento dominante y casi un dogma entre los liberales. Se nota que la erudición católica la enseña en las notas de la prestigiosa Biblia de Jerusalén. El escritor de este libro de teología la describe en otra obra.[9]

Usaron la teoría de la evolución religiosa de Israel como uno de los medios para distinguir los supuestos documentos que constituirían el Pentateuco. También la utilizaron para poner fechas a esos documentos. Por ejemplo, si les parecía que un cierto documento tenía una teología más abstracta que otro, llegaban a la conclusión de que había sido redactado en una fecha posterior, ya que la religión iba siendo cada vez más complicada. Así es que establecieron fechas según la medida de desarrollo religioso que ellos imaginaban. Consideraron que el libro de Génesis era, en su mayor parte, una colección de mitos cananeos, adaptados por los hebreos.

Wellhausen y Graf, denominaron los supuestos documentos así:

1) El «Jehovista» (J), que prefiere el nombre Jehová. Habría sido redactado posiblemente en el reino de Salomón y considerado el más antiguo.

2) El «Elohista» (E) que designa a Dios con el nombre común de Elohim. Habría sido escrito después del primer documento, alrededor del siglo octavo a.C.

3) El código Deuteronómico (D) comprendería todo el libro de Deuteronomio. Habría sido escrito en el reinado de Josías por los sacerdotes quienes usaron este fraude para promover un despertar religioso (2 Reyes 22:8).

4) El código sacerdotal (P) es el que pone un interés especial en la organización del tabernáculo, el culto y los sacrificios. Podría haber tomado cuerpo durante el cautiverio babilónico, y dio el plan general del Pentateuco.

Consideraron que los documentos, con excepción del «D», corren paralelamente a través de los primeros libros del Pentateuco. La obra final habría sido redactada en el siglo quinto antes de Cristo, probablemente por Esdras. Esta especulación de Wellhausen y Graf se llama «la teoría documentaria, J.E.D.P.»

2. **Debilidades de la teoría documentaria**. Los descubrimientos de la arqueología demuestran claramente la falsedad de la teoría evolucionaria del culto hebreo y del carácter mítico de los relatos sobre los patriarcas de Génesis. Por ejemplo, el más destacado arqueólogo del siglo veinte, William F. Albright, observa que los eruditos solían pensar que los comienzos de la historia cananea fueron entretejidos con la historia temprana de Israel y que las narraciones patriarcales de Génesis y los cuentos de Ugarit (antigua ciudad en Palestina) eran formas diversas de las mismas sagas originales. Ahora casi todos los estudiosos de la literatura ugarítica han abandonado ese pensamiento. También, él señala que la descripción de las condiciones en Canaán que se encuentra en el Génesis 14, armonizan perfectamente con lo que ha descubierto la arqueología para la época.[10]

La confirmación de algunos lugares y ciertos eventos descritos en Génesis 10—25 se encuentra en las tablas del Tell Mardikh, capital del imperio semítico de Ebla que florecía en Siria alrededor del 2500 a.C. Se mencionan las ciudades de Ur, Cárquemo, Jerusalén, Sodoma y Gomorra. Es posible que Ibrum, un rey de Ebla, fuera relacionado con Eber, antepasado de Abraham (Gn. 10:21–31). Finalmente, el descubrimiento de las tablas de Nuzi, arroja luz sobre los antecedentes de los patriarcas, mostrando la exactitud de ésos. Ya no se puede sostener que los relatos de Génesis 14 en adelante son meros mitos o leyendas, como pensó Wellhausen.

Los descubrimientos arqueológicos de la cultura sumeria han demostrado la falsedad de la hipótesis del desarrollo de la religión hebrea, desde politeísmo al monoteísmo. Había algunos pueblos monoteístas en Mesopotamia aun en el cuarto milenio a.C. También hay evidencia de que las «fuentes sacerdotales», supuestamente las últimas que fueron entretejidas en el Pentateuco, tienen gran antigüedad. Ahora se reconoce que los sacerdotes eran grandes educadores que transmitían esmeradamente sus tradiciones.

El concepto crítico del Deuteronomio como un «fraude piadoso» escrito por los sacerdotes en el reinado de Josías, para provocar un avivamiento yahvista, ahora debe ser abandonado. Estudios sobre los tratados seculares del medio oriente durante el segundo y tercer milenios a.C., muestran la similitud entre el pacto de Sinaí y los tratados internacionales de soberanía o de vasallaje comunes de aquel entonces. Como éstos, el pacto de Jehová contiene los siguientes elementos: 1) un preámbulo identificando al autor y describiendo sus atributos, 2) el prólogo histórico, generalmente haciendo hincapié sobre la bondad del soberano, 3) las estipulaciones del tratado, 4) los testigos divinos y garantes del tratado, y 5) las bendiciones o maldiciones que ocurrirían según el pacto fuera guardado o violado. Después del fin del segundo milenio esta forma de tratados ya no existía más.

Los eruditos conservadores rechazan llanamente la teoría documentaria J.E.D.P.* Gleason Archer comenta que esa teoría «se ha caracterizado siempre por una especulación de sutil razonamiento circular; tiende a proponer su conclusión (de que la Biblia no es una revelación sobrenatural), como su premisa subyacente (de que no puede haber tal cosa como una revelación sobrenatural)».[12]

Al escudriñar bien el Génesis, estudiosos conservadores han descubierto que los títulos de Dios no están distribuidos en el Génesis de una manera tal que se pueda dividir el libro como sostienen los de la teoría documentaria. Por ejemplo, no se encuentra el nombre de Jehová en diecisiete capítulos, pero los críticos asignan porciones de cada uno de estos capítulos al documento «Jehovista». Además no debemos extrañarnos de que Moisés haya designado a Dios con más de un título. Se emplea el término Elohim (Dios) simplemente

---

*Para saber más sobre la debilidad de las conclusiones de los críticos liberales y los argumentos que comprueban la paternidad mosaica del Pentateuco, se recomienda que lea los artículos sobre el tema que se encuentran en el *Nuevo Comentario Bíblico*, editores D. Guthrie y J. A. Motyer. (El Paso: Casa Bautista de Publicaciones, 1977), pp. 37–45.

para referirse a Dios en general. Pero «Jehová» es su nombre personal y específico.

¿Y qué podemos decir en cuanto a los relatos duplicados y contradictorios que los críticos supuestamente encontraron en el Génesis? Los conservadores explican que algunos son ampliaciones, tales como las órdenes de que los animales entren en el arca (6:19 y 7:2); el primero era un mandato general y el segundo da un detalle adicional. Los dos relatos de la creación (1:1–2:4a y 2:4b–2:25) son suplementarios. El primero presenta la obra general de la creación, y el segundo, el enfoque sobre el hombre y su ambiente.

También los liberales señalan ciertas diferencias entre el lenguaje, estilo y punto de vista de lo que denominan los distintos documentos. Sin embargo, estos juicios son muy subjetivos. No nos debe extrañar que cuando Moisés escribió las partes legales y ceremoniales haya usado un vocabulario y estilo algo diferente del que empleó en las partes históricas. Además, Gordon Wenham, un erudito contemporáneo del Antiguo Testamento, dice que las diferencias del estilo, usadas para distinguir las fuentes del Pentateuco, ya no tienen significado a la luz de las antiguas convenciones literarias.[13]

La crítica misma rechaza la teoría del desarrollo del Pentateuco expuesta por Wellhausen. Lothar Ruppert, un comentarista liberal que escribió *Genesis: Ein Kritischer und Theologischer Kommentar* (1993), observa:

> Las investigaciones recientes sobre la formación del Pentateuco han planteado una serie de problemas que aún no han encontrado una solución definitiva, pero han puesto en claro, por lo menos, dos puntos importantes. El primero es que la teoría documental en su versión clásica . . . no ha quedado indemne después de las críticas a que fue sometida en las últimas décadas. El segundo, también negativo, es que todavía no se ha llegado a establecer un nuevo «paradigma» capaz de sustituirla.[14]

Se nota, sin embargo, que la crítica moderna no abandona completamente la teoría documental, sino que busca reformarla. «Lother Ruppert considera que no todo es irrecupera-

ble en la hipótesis antigua. Más bien habría que afirmar . . .
que la antigua teoría documental debe ser modificada».[15] La
tendencia moderna es fusionar JE o, en otros caso, tener E1 y
E2. Piensan que cada documento tuvo un desarrollo particular antes de que terminaran por dar a la obra su forma definitiva, mediante la fusión de JE + D + P.

Un autor evangélico señala lo absurdas que son las conclusiones de la alta crítica: nos exige que aceptemos como
reales un número de documentos, autores y recopiladores
sin el más mínimo indicio de evidencia externa. «No han de-
jado tras sí huella alguna, ni en la literatura, ni en la tradición hebrea, tan tenaz para con el recuerdo de sus grandes
nombres».[16]

De modo que el estudioso evangélico no debe creer que el
Pentateuco es la obra de un redactor en la época de Esdras. Parece que los documentos J.E.D.P. existen solamente en la
imaginación de los eruditos que prefieren aceptar las especulaciones de los racionalistas antes que creer la doctrina de la
inspiración divina.

Los adherentes de la teoría evolucionaria de la religión hebrea también niegan que David fuera el autor de los Salmos
que la tradición le atribuye, así como de la autenticidad de
Isaías como escritor de los capítulos 40-66 de su libro. Ponen
en tela de juicio la tradicional paternidad literaria del libro de
Daniel fechándolo en el período de los Macabeos, todo porque
rechazan la posibilidad de profecía predictiva. Para ellos, Daniel
es historia escrita después de los acontecimientos descritos en el
libro.

Eruditos evangélicos señalan que existen muchas pruebas
de que Moisés es el autor del Pentateuco:

a) Las Escrituras del Veterotestamento lo atribuyen al
gran caudillo y legislador. El Pentateuco mismo indica que
por lo menos algunos pasajes fueron escritos por Moisés (Éx.
17:14; 24:4; 34:28; Nm. 33:2; Dt. 31:9,22,24). Otros libros
del Antiguo Testamento también hacen referencia a la paternidad mosaica de la *Tora* (Jos. 1:7; 8:31,32; 1 Re. 2:3; 2 Re.
14:6; Es. 6:18; Neh. 13:1; Dn. 9:11–13; Mal. 4:4).

b) Jesús y los escritores del Nuevo Testamento atestiguan plenamente de la paternidad literaria de Moisés. No solamente hacen numerosas referencias a la ley como obra de Moisés, sino que también recalcan la personalidad del Moisés histórico. Por ejemplo: «Por la dureza de vuestro corazón Moisés os permitió repudiar a vuestras mujeres» (Mt. 19:8). «Moisés dijo a los padres: El Señor vuestro Dios os levantará profeta» (Hch. 3:22, cita de Dt. 18:15).

c) Hay otras evidencias internas. Se encuentran detalles en los libros de Éxodo y Números que señalan que su autor era testigo ocular de los acontecimientos, costumbres y cultura de esa época. Por ejemplo, se menciona la cantidad exacta de las fuentes (doce) y de las palmeras (setenta) que había en Elim (Éx. 15:27), estaba familiarizado con los nombres y expresiones egipcios y describe los sucesos de estos libros desde el punto de vista de una persona que estaba en Egipto y el desierto.

Se han ingresado, sin embargo, elementos postmosaicos en el texto del Pentateuco, aunque son pocos. En Génesis 14:14 se menciona la ciudad de Dan, nombre dado por los danitas que la conquistaron en la era de Josué (Jos. 19:47; Jue. 18:29). Génesis 36:31-33 presenta una lista de reyes «que reinaron en la tierra de Edom, antes que reinase rey sobre los hijos de Israel». El último capítulo de Deuteronomio relata la muerte de Moisés. Es improbable que el humilde Moisés hubiera escrito palabras de elogio acerca de sí mismo, tales como, «Moisés era tenido por gran varón en Egipto» (Éx. 11:3), o, «Y aquel varón Moisés era muy manso, más que todos los hombres que había sobre la tierra» (Nm. 12:3).

Estudiosos conservadores creen que estas son glosas o explicaciones de los escribas que transmitieron el texto, o modificaciones o comentarios editoriales para hacer más entendible la lectura. La tradición judía atribuye a Josué el relato de la muerte de Moisés, aunque puede ser también la obra de un sumo sacerdote, tal vez Eleazar, que probablemente reunió los escritos de éste.

E. Aplicación de la crítica al Nuevo Testamento

Algunos racionalistas del siglo diecinueve aplicaron el método de la crítica moderna al Nuevo Testamento. Pensaban que Jesús era meramente un profeta judío cuyo ministerio no era milagroso ni divina su persona. Se consideró que el apóstol Pablo originó la idea de la deidad de Jesús.

1. *La crítica de tendencia.* F. C. Bauer (1792–1860), el más destacado crítico neotestamentario de aquel entonces y otros miembros de la escuela de Tubinga, Alemania, reconstruyeron la historia del período apostólico y postapostólico. Intrigado por la filosofía de Hegel, Bauer la aplicaba a la historia del cristianismo de esa época. Él suponía que el mensaje predicado por Pedro y los primeros discípulos fue un judaísmo mesiánico. En esto veía la tesis hegeliana. La antítesis podía verla en Pablo, el cual enseñó una teología helenística y una religión universal. Las dos tendencias estaban en conflicto hasta el segundo siglo. Vió la síntesis en la combinación de los dos en la Iglesia Católica que apareció aproximadamente en el año 150.

Bauer «suponía que la clave para la fecha y carácter de los varios libros estaba en relación al antagonismo entre las escuelas paulistas y petristas. Los que mostraban una clara evidencia de oposición entre las partes eran más antiguos, y los que mostraban una tendencia conciliatoria, eran más tardíos».[17]

Según Bauer, los libros de Mateo, Marcos, Santiago y Hebreos representan el judaísmo mesiánico que consideraba que Jesús era solo un profeta. La antítesis, el helenismo paulino, se encuentra en las cartas de Gálatas, Primera y Segunda de Corintios y Romanos, capítulos 1–14 (los únicos escritos de San Pablo). Bauer ubicó la gran mayoría de los libros neotestamentarios en el segundo siglo, incluso Hechos, Lucas y Efesios.

Las investigaciones por arqueólogos como Sir William Ramsey, y eruditos como James Smith, Hobart y más recientemente, F. F. Bruce, demuestran cuán radicales y absurdas son las ideas de la escuela de Tubinga.

2. **Debilidad de la crítica neotestamentaria**. Si se aplican el método filosófico y las presuposiciones del racionalismo al estudio del Nuevo Testamento, no es de extrañar que se llegue a conclusiones erróneas. La cuestión más controversial de la crítica del Nuevo Testamento se trata de la paternidad literaria del cuarto Evangelio. En el año 1826, un escritor alemán, Bretschneider, publicó un libro sobre Juan en el cual presentó su conclusión de que el Evangelio de Juan fue escrito por un griego desconocido llamado Juan, que vivía en Egipto a mediados del segundo siglo. Bauer y muchos otros críticos aceptaron la fecha del segundo siglo y consideraban el libro como una interpretación no histórica sino mística o filosófica, que representa la fusión de las especulaciones filosóficas de los griegos y del mesianismo judío.

Se nota inmediatamente la diferencia del contenido, estilo y espíritu entre Juan y los tres Evangelios sinópticos. Los críticos arguyen que no se puede armonizar el cuarto Evangelio con los otros. También aseveran que la cristología de Juan no es de los sinópticos sino paulina, cuando enseña que Jesús era la encarnación del pre-existente Hijo de Dios. Se considera, entonces, que Juan representa la interpretación doctrinal de la iglesia del segundo siglo.

El erudito conservador, Alvah Hovey, explica la diferencia del estilo y contenido de Juan. Observa que «Juan tenía una naturaleza profundamente amante y espiritual, y que a causa de tal naturaleza fue peculiarmente susceptible a la influencia de las palabras del Señor cuando se referían a la persona del Señor, o a los aspectos más elevados y místicos de la verdad cristiana . . . su lenguaje fue conscientemente modelado según esa parte del lenguaje de Cristo que era más clara a su corazón y estaba con más frecuencia en su lengua».[18] Tampoco existe contradicción entre la cristología de Juan y los Evangelios sinópticos. Mateo y Lucas enseñan la relación íntima entre el Hijo y el Padre en pasajes que se denominan «El Cuarto Evangelio en miniatura», por ser tan completamente "juaninos" en su pensamiento y fraseología (ver Mt. 11:27; Lc. 10:22).

La evidencia externa atestigua que el apóstol Juan escribió el cuarto Evangelio. Los padres del segundo siglo, Justino Mártir, Taciano e Ireneo, todos lo atribuyeron a Juan, el hijo de Zebedeo. De igual manera la evidencia interna señala que podría ser escrito por Juan. Es evidente que el autor era judío, puesto que conocía el Antiguo Testamento, citando tres veces del hebreo (12:40; 13:18; 19:37); aplicaba profecías del Antiguo Testamento a las personas y acontecimientos (13:18; 17:12; 19:24,28,36,37), y conocía bien las costumbres judáicas tales como los detalles de las bodas, cuestiones de las purificaciones, el inhumar a los muertos y el antagonismo entre los judíos y los samaritanos. Conocía bien la geografía de Palestina y los detalles de Jerusalén y el templo. Además de esto, describe los acontecimientos como un testigo ocular notando las emociones de Cristo y las preguntas de sus discípulos.[19]

Hay una tendencia reciente entre algunos eruditos no conservadores, incluyendo a W.F. Albright, a fechar el cuarto Evangelio en el primer siglo. Esto se debe a la nueva luz recibida de la arqueología y el descubrimiento de los rollos del Mar Muerto. Estos últimos muestran que las expresiones «hijos de luz», «la luz de vida», «andar en tinieblas», y «las obras de Dios», no son del segundo siglo, sino frases que se encuentran en la literatura de la comunidad de Qumram en el primer siglo.[20]

Así que, la crítica del Nuevo Testamento no comprueba de ninguna manera que Juan no escribiera el cuarto Evangelio. Al contrario, la evidencia de la paternidad literaria de Juan es abrumadora. Podemos confiar que con el transcurso del tiempo y el empleo de la erudición de conservadores bien preparados, serán desacreditadas cada vez más las conclusiones radicales de los críticos. También aumentará la evidencia de que la Biblia es un libro inspirado sobrenaturalmente y revela la eterna verdad de Dios.

F. La crítica de formas

1. *Definición e historia*. Herman Gunkel (1862–1932), se asoció a Hugo Gressmann como fundador de la nueva escuela de *Formgeschichte* (vocablo alemán que significa «crítica de la forma»). Por un lado, se ocupa del estudio de las formas literarias de la Biblia, tales como poemas, narraciones, parábolas, diálogos, etc. Las examina, clasifica y las trata de interpretar a la luz de su marco histórico. La crítica de formas del Antiguo Testamento ha sido muy fructífera, especialmente en la clasificación de los Salmos en categorías tales como himnos, acciones de gracias, lamentos, salmos reales y cánticos de peregrinaje. Dice Wenham, «Se solía sostener que la mayor parte de los salmos eran poemas personales de judíos piadosos después del exilio. Ahora, gracias a la crítica de formas, se reconoce que la mayor parte de los Salmos se cantaban en el culto público del templo, antes de su destrucción en el 587 a.C.»[21]

Por otra parte, la aplicación de la crítica de formas al estudio de los Evangelios, por eruditos racionalistas, ha tenido efectos muy negativos referente a creer en la inspiración divina de los cuatro primeros libros del Nuevo Testamento. Esta disciplina se dedica principalmente al intento de remontarse al período de la transmisión oral del mensaje evangélico (antes de que fueran escritos los Evangelios y después de la muerte de Jesús). El crítico de formas quisiera descubrir cómo la tradición oral del cristianismo iba tomando formas hasta quedar consolidada y establecida en formas fijas, las cuales son registradas en los Evangelios.

2. *Las presuposiciones y conclusiones de la crítica de formas*. La tesis original de los pioneros de la crítica de formas, Gunkel, K. L. Schmidt, Martin Dibelius y Rudolf Bultmann, presupone que durante el período «oral», aproximadamente del 30 al 60 d.C., había historias sobre Jesús y dichos que circulaban como unidades separadas en los círculos cristianos. Paulatinamente, fueron alteradas y embellecidas de acuerdo a los diversos puntos de vista teológicos de cada grupo. Según Dibelius, hasta «narradores de anécdotas o historias» iban

por las iglesias inventando «cuentos» de milagros y dichos supuestamente hablados por Jesús, para dar contenido a su enseñanza o remachar una idea suya. Los Evangelios registran las características acumuladas durante el período de transmisión oral.

La crítica de formas trata de detectar características de la transmisión oral del mensaje de Jesús, y determinar la *Sitz im Leben* (la situación de vida, o sea, la situación inmediata) en la iglesia primitiva que dio origen a las formas particulares registradas en los Evangelios. Rechaza la creencia tradicional de que estos son relatos históricos de la vida y ministerio de Cristo. Al examinar una sección de un Evangelio, el crítico pregunta: ¿Son las verdaderas palabras de Jesús o invenciones de los cristianos? ¿Son descripciones de auténticos milagros o meramente la ficción de un maestro cristiano? ¿Qué influencia tendría un problema en la iglesia primitiva sobre la redacción de un relato o evento atribuido a Jesús?

El investigador «intenta distinguir entre las palabras reales de Jesús y las adaptaciones impuestas por la iglesia primitiva durante el período oral. Las adaptaciones habrían sido influidas por la situación inmediata ... o las necesidades de la iglesia primitiva en su ambiente particular y por el estilo necesario para facilitar la memorización del evangelio».[22]

La gran mayoría de los destacados críticos de formas rechazan terminantemente todo lo sobrenatural. Por ejemplo, Bultmann afirma: «Es imposible usar la luz eléctrica, la radiocomunicación y aprovechar los descubrimientos de la cirugía y medicina modernas y al mismo tiempo creer en el mundo de espíritus y milagros del Nuevo Testamento».[23] Clasifica como mitos el bautismo de Jesús, su tentación y la transfiguración. Mitos, explica otro crítico, Dibelius, son relatos en los que «personajes mitológicos sobrehumanos intervienen en la vida humana».[24] La tarea del teólogo, según Bultmann, es desmitificar el Nuevo Testamento.

A este crítico, le parece que los Evangelios reflejan más la teología, vida, necesidades y problemas de la iglesia primitiva, que lo que realmente sucedió durante el ministerio de Jesús.

Supone que los Evangelios casi no tienen que ver con Jesús, sino con la fe y la predicación de la iglesia acerca de él.

Ernst Käsemann, sintetiza la posición liberal: «Los Evangelios nos presentan primordialmente la primitiva predicación cristiana acerca de Jesús; sus palabras y hechos particulares solo se encuentran cuando están entretejidos en la predicación».[25] Se afirma que no presentan al «Jesús de la historia» sino más bien al «Cristo de la fe». Al señor Bultmann, «lo que le interesa como historiador es esta pregunta: ¿Cómo es que esta predicación adquirió la forma que tiene? En otras palabras, ¿cómo y de qué manera esta predicación surgió y se desarrolló hasta formar los relatos evangélicos?»[26]

3. *Evaluación*. Las conclusiones de los investigadores liberales no son las posiciones de todos los críticos de formas. Hay personas como Vincent Taylor que aceptan la posibilidad de la existencia de milagros y rechazan las ideas radicales. El valor de la crítica formal consiste en proporcionar una nueva clasificación para el estudio del material de los Evangelios y demostrar que no hay fundamento para la hipótesis documentaria, como explicación de la composición de ellos. También ha demostrado que los Evangelios en ninguna manera presentan la figura de un «Jesús histórico», sino la del Dios-hombre.

¿Cómo reaccionan los conservadores frente a las conclusiones de los críticos radicales? Comprenden la importancia de conocer a fondo, lo más posible, el ambiente en el que le tocó vivir a Jesús y el de la iglesia primitiva. Pero consideran que el trabajo de los investigadores radicales arroja más sombra que luz sobre los Evangelios. Afirman que sus conclusiones son insostenibles, y no vacilan en señalar las debilidades de ellas.

a) Puesto que la evidencia histórica de lo que sucedió en los primeros treinta años de la vida de la iglesia es tan limitada, los investigadores de la crítica de formas tuvieron que depender mucho de su propia imaginación. Se vieron obligados a conjeturar, imaginar o deducir muchas cosas. Alguien observa con ironía: «Mirando por su microscopio, el crítico no ve nada salvo el reflejo de su propio ojo».

Richard Coleman comenta: «Mientras que progresaba el siglo, llegaba a ser más y más obvio el hecho de que el exégeta no pudo separar lo objetivo de lo subjetivo, pues los dos estaban entretejidos en los mismos eventos. Y los hechos o conclusiones que pudieron extraer eran estériles y sujetos a revisión contínua».[27]

Cada uno de los críticos se acercó al estudio con sus propias ideas preconcebidas, sus presupuestos en cuanto a lo que era verosímil o inverosímil en el proceso de formación y transmisión de las tradiciones. Como resultado las conclusiones de cada uno difiere de las de los demás. Desgraciadamente, mucho de su trabajo «se ha realizado con postulados naturalistas, lo cual ha llevado al escepticismo histórico».[28] Por ejemplo, Dibelius y Bultmann atribuyen todo lo sobrenatural —la encarnación de Cristo, sus milagros y su resurrección— a la imaginación de los predicadores cristianos en el período después de la muerte de Jesús. No es de extrañar que lo clasifiquen como mitos y leyendas.

Uno de los postulados principales de la escuela liberal —el de que había dos etapas en el desarrollo de la iglesia primitiva: la judáica y la helenística— no ha dado buenos resultados. Los investigadores han tenido que recurrir a evidencias literarias artificiales para clasificar ciertas formas, según el supuesto estrato de tradición que les corresponda, el judáico o el helenístico. No se encuentra evidencia alguna de que hubiera una mentalidad helenística en los Evangelios. Al contrario, se ve que un carácter semítico prevalece en todas sus partes.

Otro postulado liberal que no tiene fundamento en los Evangelios es que Jesús era meramente un profeta judío. El distinguido erudito conservador, F. F. Bruce, afirma: «La presentación de Jesús como Mesías o el Hijo de Dios, impregna todo el estrato del material de nuestros Evangelios, aun el más primitivo de ellos, no importa cómo sea dividido o clasificado».[29] Así que la crítica de formas en manos de conservadores ha rendido un gran servicio a la iglesia, refutando el concepto liberal del «Jesús histórico».

b) El intento de atribuir los temas en los Evangelios al *Sitz im Leben* de la iglesia primitiva, suscita más preguntas que respuestas. Si los relatos y controversias descritos por los evangelistas se originaron como invenciones de predicadores cristianos, los cuales pusieron palabras en la boca de Jesús para solucionar problemas de la iglesia, ¿por qué no incluyeron ciertos asuntos candentes mencionados en los Hechos y las epístolas de Pablo? Por ejemplo, no se encuentran referencias en los discursos de Jesús a los problemas entre judíos y gentiles o carne ofrecida a los ídolos.

c) Los críticos liberales son culpables del razonamiento circular, algo que admite el mismo Bultmann: «Debemos usar las formas de la tradición literaria para establecer las influencias que operaban en la vida de la comunidad, y debe usarse la comunidad para que las formas mismas cobren sentido».[30]

d) Es lógico creer que todavía vivían muchos testigos oculares del ministerio de Jesús cuando los Evangelios fueron escritos (Lc. 1:2; 1 Cor. 15:6). Las palabras y hechos del Señor todavía estarían latentes y vivos en la memoria de los que caminaban y vivían con él. ¿No protestarían contra la falsificación, omisión, invención o deformación de la historia evangélica por parte de los escritores de los Evangelios?

e) Los críticos liberales pasan por alto el hecho de que es muy probable que los apóstoles y otros testigos oculares de la vida y ministerio de Jesús ejercerían una función supervisora y autoritativa sobre las labores literarias de los evangelistas. Piensan que la composición de los Evangelios fue hecha por personas con poco interés en registrar objetivamente los hechos históricos.

La exactitud de los detalles históricos registrados en San Lucas demuestra que los evangelistas se preocuparon de preservar un relato fidedigno de la vida y ministerio del Señor. Además, es posible que el período oral no fuera tan largo como se imaginan los críticos. Existen ejemplos de personas de culturas antiguas del Medio Oriente que escribieron sus tradiciones muy pronto, después de que fueran pronunciadas. Es posible que Mateo, el publicano y discípulo de Cristo, escribiera relatos y dichos de Jesús aún mientras caminaba con él. Ya hemos notado que Papías habló acerca de la *logia* de Mateo.

También, los evangélicos conservadores señalan que los antiguos orientales tenían fama por su extraordinaria memoria y su gran capacidad de transmitir inalteradas las tradiciones orales. Empleaban varios métodos para asegurar precisión, tales como un estilo monótono, expresiones repetidas, y cierto ritmo y eufonía. En especial, los rabinos se dedicaban a transmitir tanto las palabras exactas como el pensamiento exacto. Solían decir: «Todo el mundo que olvida una palabra de las Escrituras tendrá que dar la cuenta como si hubiera entregado su vida». Para asegurar el proceso entero, solo los rabinos adiestrados y sus aprendices fueron permitidos a transmitir tradición.[31]

f) La crítica de formas no toma en serio la posibilidad de que el Espíritu Santo tendría un papel supervisor sobre el proceso de formar la tradición oral. Asume que iba formándose según las leyes que gobiernan la elaboración de cualquier otra tradición. No deja lugar para la inspiración divina de las Sagradas Escrituras.

G. La crítica de redacción

1. *El carácter de la crítica de redacción*. Esta disciplina se refiere al estudio de la manera de que los escritores bíblicos redactaron los materiales disponibles para desarrollar su punto de vista o enfoque teológico. Aunque esta crítica ha sido aplicada al Antiguo Testamento (en particular a los libros de Samuel, Reyes y Crónicas), su trabajo ha sido principalmente en el Nuevo Testamento, especialmente en estudios de los Evangelios y porciones del libro de los Hechos.

Antes de que esta metodología llegara a desarrollarse formalmente, los eruditos ortodoxos observaron que cada evangelista mostraba a Jesús de una manera característica. La grandeza de su persona no podría presentarse en un solo cuadro. Así que hay cuatro retratos del Señor, cada uno de los cuales recalca facetas distintivas del carácter de Cristo.

Los críticos de la forma y de la tradición consideraron a los evangelistas como meros recopiladores de las unidades de tradición y no redactores verdaderos. En contraste, algunos eruditos alemanes, después de la segunda guerra mundial, llegaron a la conclusión de que cada evangelista hizo un trabajo editorial en el cual se veían sus propósitos y enfoques teológicos. Su labor de redacción fue creativa en todo.

Los críticos notaron que en los Evangelios sinópticos, se presentan ciertos hechos, dichos y discursos en orden y contextos diferentes; cada evangelista parece colocarlos según su criterio. Por ejemplo, Lucas sitúa el rechazo de Jesús en Nazaret al principio del ministerio de éste, mientras que Mateo y Marcos lo describen en otra etapa del ministerio del Señor. Mateo tiende a agrupar los dichos de Jesús en grandes bloques o discursos tales como el Sermón del Monte, mientras que Lucas esparce los mismos dichos en varias partes de su obra. Se observa también que hay variantes en los mismos dichos registrados en los respectivos Evangelios.

Se preguntan: ¿Cuál es el punto de vista o propósito teológico del autor-editor? ¿Cuál es su motivación? ¿Por qué selecciona cierto material para incluir en su obra, y por qué omite otro? ¿Cómo lo dispone o arregla para realizar su propósito? ¿Por qué Mateo, Lucas y Marcos cuentan la historia de Jesús empleando respectivamente distintos énfasis? ¿Qué partes de la narración son de las fuentes utilizadas por el evangelista y cuáles son de su creación?

Un escritor semi-liberal presenta las conclusiones de algunos críticos de la redacción. Los evangelistas eran hombres de diversas personalidades. «Emplearon numerosos métodos para lograr sus propósitos particulares, tales como abreviar, dar su propio énfasis, elegir ciertos pasajes del Antiguo Testamento, ampliar los materiales, adoptar un estilo particular, reubicar las escenas (de milagros o discursos) y usar ciertas frases de transición (entre los relatos)».[32] Muchos de los críticos de redacción creen que los evangelistas inventaron dichos y episodios de Jesús para desarrollar su punto de vista teológico.

Los críticos de la redacción procuran distinguir entre las fuentes empleadas por los evangelistas y su obra de redacción, entre lo auténtico y lo creado por el autor, entre los hechos y la ficción.

2. *Evaluación de la crítica de redacción*. La obra del crítico en el área de determinar la exactitud del registro respectivo de cada evangelista, es perjudicada por carecer de las fuentes que se usaban. Puesto que el investigador no las tiene, no puede hacer una comparación. Tiene que especular y esto lo lleva a conclusiones muy subjetivas. En consecuencia, hay poco acuerdo entre los críticos referente a sus conclusiones.

Hay un lado positivo en esta disciplina. Los eruditos ortodoxos siempre han hecho algo de la obra de la crítica de redacción, pero no la han denominado con este término. Nunca han considerado que los Evangelios son meras biografías de Jesús; más bien, han preguntado: ¿Cuál es el tema y propósito de cada uno? ¿Por qué Mateo y Lucas incluyen los relatos del nacimiento del Señor y Marcos y Juan los omiten? ¿A quién se dirige cada evangelista?

Se atribuyen muchas de las diferencias en la obra de los evangelistas al hecho de que cada uno arregló su material para desarrollar su propio tema y dar su propio énfasis. Por ejemplo, parece que Lucas coloca el rechazo de Jesús en Nazaret al principio de su ministerio (algo que no está de acuerdo con la cronología de Marcos y Mateo), para recalcar el tema que corre por todo su Evangelio en el libro de Hechos, es decir, el cumplimiento de la profecía del Veterotestamento de que las buenas nuevas serían rechazadas por los judíos y aceptadas por los gentiles.

Puede ser también que Lucas esparce los mismos dichos del Sermón del Monte en varias partes de su obra para lograr el arreglo de su material según su enfoque. Por otra parte, es posible que Jesús, como otros maestros por excelencia, tuviera un cuerpo de enseñanzas clave y las repitiera en los distintos lugares. Esto explicaría también algunas variantes de expresión de las mismas enseñanzas que se encuentran en los Evangelios sinópticos.

Reconocen que los escritores de los Evangelios registran el mismo discurso de Jesús, cada uno a su propia manera. Si la teoría de inspiración exigiera que los Evangelios siempre nos dieran las mismísimas palabras de Jesús, nos encontraríamos en problemas serios. Pero obviamente no es así. Los Evangelios nos cuentan lo que dijo Jesús pero, o pueden contarlo en las palabras exactas del Señor, o pueden resumir lo que él dijo empleando palabras diferentes que todavía comunican la verdad de lo que dijo. Por ejemplo, Mateo escribiendo para los judíos dice: «¡Bendito el que viene en el nombre del Señor! ¡Hosanna en las alturas!» (21:9). En contraste, Lucas emplea palabras más entendibles a sus destinatarios los gentiles: «¡Bendito el rey que viene en el nombre del Señor; paz en el cielo, y gloria en las alturas!» (19:38). No obstante la diferencia de términos, el significado es esencialmente lo mismo.

Por otra parte, rechazan llanamente toda creatividad de parte de los evangelistas. Niegan que estos inventaron episodios y pusieron sus propias ideas en la boca del Señor. No aceptan la idea de que los evangelistas tergiversaron la verdad para enseñar su teología particular. Kenneth Kantzer, profesor evangélico y editor de la revista *Christianity Today*, dice: «Los autores bíblicos siempre hablan la verdad. Si dicen que Jesús dijo algo, de veras lo ha dicho, sea que tenemos o no las palabras exactas que usaba».[33] Es evidente que las especulaciones de los liberales referentes a lo que no sea auténtico en los Evangelios, resultan de su falta de tener una doctrina adecuada de la inspiración de las Escrituras.

H. Conclusiones referentes a la crítica moderna

El crítico liberal insiste que las Escrituras sean interpretadas primordialmente a la luz de su origen, a la cultura de aquel entonces, a la reconstrucción especulativa de su desarrollo, y aún a los mitos contemporáneos de estas. Afirma que el laico corriente, sin la «luz» de la crítica moderna, es incapaz de entender correctamente la Biblia. Así, sustituiría estas disciplinas por la iluminación del Espíritu Santo. Ignora que el Espíritu nos revela las cosas de Dios (1 Co. 2:6–12).

Con brillantez, Carl F. H. Henry observa: «Cuando el crítico recalca que la Biblia está condicionada inevitablemente por su situación cultural, exagera con demasiada frecuencia el impacto de la cultura antigua y disminuye el impacto de la cultura moderna sobre el crítico ... La actitud secular del siglo veinte es un obstáculo aun mucho más formidable».[34]

Nos parece que el crítico moderno no lee la Biblia a fin de escuchar lo que Dios dice a su pueblo a través de los profetas y apóstoles. Más bien, la analiza y estudia de manera académica y supuestamente objetiva. La considera como literatura antigua de poca relevancia moderna. Se acerca al estudio con presuposiciones racionalistas y llega a conclusiones que, si fueran comprobadas, destruirían las bases mismas de la fe cristiana.

En contraste con el liberal, el erudito conservador reverencia el texto bíblico a través del cual puede escuchar la voz de Dios. Emplea la sana crítica de la Biblia para enriquecer su entendimiento de la Palabra, pero rechaza las especulaciones radicales de críticos racionalistas, las cuales pondrían en duda la inspiración divina de las Sagradas Escrituras. En asuntos dudosos, prefiere emplear el método gramático-histórico tradicional para extraer el significado del texto en vez de aceptar el escepticismo de los liberales. También depende del Espíritu Santo para iluminar la verdad. Sobretodo, se somete a la palabra divina en vez de convertirse en su juez.

A través de los siglos, los creyentes han leído la palabra de Dios sin la «luz» de la crítica moderna y han sido edificados. Aunque la crítica debidamente usada puede ayudar grandemente al lector, no es algo indispensable para entender el mensaje divino, pues este es patente, algo al alcance de todos, no obstante su ignorancia de la crítica moderna.

CITAS Y REFERENCIAS

1. George E. Ladd, *The New Testament and Criticism*, Eerdmans, Grand Rapids, MI, 1967, p. 38.

2. Gordon Wenham, «Crítica Literaria y el Antiguo Testamento» en *Manual Bíblico Ilustrado*, David Alexander y Pat Alexander, eds., Editorial Caribe, Miami, 1976, p. 182.

3. León Morris, «Los Evangelios y la Crítica Moderna» en *Manual Bíblico Ilustrado, op. cit.*, p. 531.

4. William Barclay, *El Nuevo Testamento Comentado por William Barclay*, tomo I, Mateo 1, La Aurora, Buenos Aires, 1973, pp. 8,9.

5. Merrill C. Tenney, *Nuestro Nuevo Testamento*, Moody Press, Chicago, 1973, p. 167.

6. Gordon Wenham, *op. cit.*, p. 184.

7. Idem.

8. Pablo Hoff, *El Pentateuco*, Editorial Vida, Miami, FL, 1978, p. 264.

9. Idem.

10. W. F. Albright, *The Archeology of Palestine*, Penguin Books Ltd., Harmondsworth, Middlesex, Inglaterra, 1956, pp. 235-237.

11. R.K. Harrison, «Deuteronomio Introducción» en *Nuevo Comentario Bíblico*, D. Guthrie y J.A. Motyer, eds., Casa Bautista de Publicaciones, El Paso, TX, 1977, p. 161.

12. Gleason L. Archer, *Reseña Crítica de una Introducción al Antiguo Testamento*, Publicaciones Portavoz Evangélico, Grand Rapids, MI, 1987, p. 115.

13. Gordon Wenham, *op. cit.*, p. 183.

14. Condensado y citado por A.J. Levoratti en el artículo «Reseñas críticas» en la revista *Traducción de la Biblia*, Sociedades Bíblicas Unidas, vol. 5, número 1, primer semestre 1995, p. 19.

15. *Íbid.*

16. *Nuevo Auxiliar Bíblico*, G. T. Manley, G. C. Robinson y A. M. Stibbs, eds., Casa Bautista de Publicaciones, El Paso, TX, 1958, p. 57.

17. William J. Cameron, «Crítica del Nuevo Testamento» en *Diccionario de Teología*, Everett F. Harrison, ed., T.E.L.L., Grand Rapids, MI, 1985, p. 138.

18. Alvah Hovey, *Comentario sobre el Evangelio de Juan*, Casa Bautista de Publicaciones, El Paso, TX, s.f., p. 56.

19. Henry C. Thiessen, *Introduction to the New Testament*, Wm. B. Eerdmans Publishing Company, Grand Rapids, MI, 1955, pp. 167-169.

20. M. C. Tenney, «Reversals of New Testament» en *Revelation and the Bible*, Carl F. H. Henry, ed., Grand Rapids, MI, Baker Book House, 1958, pp. 360,361.

21. Wenham, *op. cit.*, p. 183.

22. Welden Viertel, *Vida y Ministerio de Cristo*, Casa Bautista de Publicaciones, El Paso, TX, 1988, p. 15.

23. Rudolf Bultmann, «New Testamen and Theology» en *Kerygma and Myth*, vol. 1, Hans Bartsch, ed., Harper and Row, Nueva York, 1961, p. 5.

24. Martin Dibelius citado en la tesis de Humberto Casanova Roberts, «El método de la formgeschichte», Facultad de Teología Evangélica de Chile, 1986, p. 21.

25. Ernst Käsemann, «The problem of the Historical Jesus» en *Essays on the New Testament Themes, Studies in Biblical Theology* N.º 41, Allenson, Naperville, IL, 1964, p. 34.

26. H. Ridderbos, *Bultmann*, Presbyterian and Reformed Publishing House, Nutley, N.J, 1960, p. 12, citado en Casanova, *op. cit.*, p. 30.

27. Richard J. Coleman, *Issues of Theological Conflict Evangelicals and Liberals*, Eerdmans, Grand Rapids, MI, 1980, p. 145.

28. Casanova, *op. cit.*, p. 34.

29. F. F. Bruce, «El evangelio cuádruple» en *Nuevo Comentario Bíblico*, D. Guthrie y J.A. Motyer, eds., Casa Bautista de Publicaciones, El Paso, TX, 1977, p. 66.

30. Citado en Casanova, *op. cit.*, p. 29.

31. Coleman, *op. cit.*, pp. 151,152.

32. Coleman, *op. cit.*, p. 153.

33. Kenneth S. Kantzer, «Redaction Criticism: Handle With Care» en la revista *Christianity Today*, 12 de octubre de 1985.

34. Carl F. H. Henry, God, *Revelation and Authority*, tomo IV, *God Who Speaks and Shows*, Word Books, Waco, TX, 1979, p. 274.

CAPÍTULO 7

INERRANCIA E INFALIBILIDAD

LA INERRANCIA E INFALIBILIDAD de las Escrituras es, tal vez, el tema más candente y controversial del debate actual entre teólogos conservadores y liberales. Ha despertado mucha pasión por ambos lados. El erudito neo-evangélico, Harold Lindsell, lo denomina acertadamente la línea divisoria entre las dos corrientes.

En círculos conservadores se emplean estos dos términos para explicar la autoridad de las Sagradas Escrituras. El mártir de la traducción de la Biblia, Wycliffe, habla de la Escritura como «infalible». Esta cualidad «significa que nunca deceptiona, ni equivoca, ni engaña, por lo que la Biblia es de total confianza y fidelidad». Con ello se expresa la convicción de que toda su *enseñanza* es la *enseñanza* de Dios que no puede mentir. Inerrancia se refiere a la veracidad de una fuente de información. Aplicado a las Escrituras, esta palabra indica que ellas están libres de falta o error en su enseñanza. Aunque los términos «infalibilidad» e «inerrancia» no son sinónimos, cuando se usan en relación con la Biblia, se refieren casi a la misma idea, que las Escrituras son veraces y fidedignas palabras de Dios.

La iglesia cristiana siempre ha sostenido la idea de que la Biblia es completamente veraz y sin error. La Confesión de Westminster (1647) habla de la «verdad infalible» de la Biblia. Clemente de Roma (90–100) afirma que, en «las Sagradas Escrituras que son dadas por medio del Espíritu Santo . . . no se ha escrito nada inicuo o falsificado». Agustín añade: «Creo muy firmemente que ninguno de estos autores (canónicos) ha errado en nada respecto de su escritura». Si la Biblia no fuera un libro en el que pudieramos confiar, si sus relatos no fueran auténticos ni sus doctrinas verdaderas, entonces no tendríamos buenas nuevas para predicar y nuestra fe carecerían de base firme. Seríamos, como dice el apóstol en relación con la resurrección, «los más dignos de conmiseración de todos los hombres» (1 Co. 15:19).

A. El concepto fundamentalista de la inerrancia bíblica

Esta corriente teológica sostiene el punto de vista de que cuando se sepan todos los hechos referentes a las Escrituras, será posible demostrar que la Biblia, si es interpretada correctamente, está libre de error. Esta inerrancia, sin embargo, se limita a los autógrafos, los manuscritos originales cuyos autores eran los profetas, historiadores, apóstoles y otros escritores inspirados. La inerrancia no pertenece a las copias pues han entrado en ellas algunos errores por medio de la transmisión. Los copistas erraron de vez en cuando, especialmente con cifras, y añadieron notas, aunque raramente. (Conviene notar que ningún autógrafo ha sido hallado. Es probable que los materiales sobre los cuales se escribió la palabra inspirada, se gastaran o descompusieran con el transcurso del tiempo y dejaran de existir.)

Además, los fundamentalistas y algunos otros conservadores señalan que las enseñanzas bíblicas son verídicas en todo lo que afirman, sea la ética, doctrina, historia o ciencia. Es decir, la inerrancia también se extiende a temas no teológicos y morales. Observan que ahora no es posible demostrar la inerrancia porque nos faltan muchos de los datos que tienen que ver con la Biblia; algunos serán descubiertos por la arqueología pero otros están perdidos para siempre. Creen que si los tuviéramos, no habría conflicto. Por otra parte, aseveran que la mente humana está entenebrecida por el pecado y tiende a malinterpretar los datos disponibles.

B. Argumentos a favor de la inerrancia

En la Biblia no se encuentra la palabra «inerrancia», ni tampoco se la reclama. Sin embargo, se espera que las Escrituras sean verídicas y fidedignas por las siguientes razones.[1]

1. *Las Escrituras testifican que su mensaje es veraz*. Primero, la Biblia enseña su propia inspiración, la cual insinúa que el producto de esta acción del Espíritu es verídico y fidedigno (2 Ti. 3:16).

En segundo lugar, Israel recibió el criterio explícito para distinguir entre el mensajero de Dios y el falso profeta, entre el mensaje divino y la profecía espuria (Dt. 13:1–5; 18:20). La religión yahvista no permite ninguna falsedad en su mensaje.

2. *Jesús recalcaba la autoridad del Antiguo Testamento*. «De cierto os digo que antes que pasen el cielo y la tierra, ni una jota ni una tilde pasará de la Ley, hasta que todo se haya cumplido»; «la Escritura no puede ser quebrantada» (Mt. 5:18; Jn. 10:35). Aunque el testimonio de Cristo hace hincapié en la autoridad de las Escrituras, estas tienen autoridad primordialmente porque son la palabra verdadera de Dios. Así que la infalibilidad bíblica es la base de la autoridad de las Escrituras.

Por otro lado, Jesucristo aseguró la veracidad del Nuevo Testamento dando a los apóstoles el «Espíritu de verdad» y prometiéndoles que el mismo Espíritu les guiaría «a toda la verdad» (Jn. 15:26; 16:13). J. I. Packer observa: «Jesucristo constituye el cristianismo en una religión de autoridad bíblica . . . Él es el Señor y maestro de la iglesia, enseña a su pueblo por su Espíritu a través de su palabra escrita».[2]

3. *Lo que la Biblia enseña acerca del carácter de Dios indica inerrancia*. Las Escrituras no deben su infalibilidad principalmente a su calidad intrínseca sino al carácter de su verdadero autor, a quien se puede aplicar este término. Si Dios es omnisciente, entonces sabe todas las cosas, y no es ignorante de ningún error en cualquier asunto. Y si es omnipotente, puede guiar al escritor para que no cometa errores en ninguna parte de las Escrituras. Finalmente es veraz: «Es im-

posible que Dios mienta" (He. 6:18). Así que el producto final de la inspiración plenaria no puede errar. Sería muy irreverente considerar como erróneas las afirmaciones basadas en hechos procedentes de Dios.

4. *Si queremos extender la infalibilidad a toda afirmación bíblica, entonces es necesario mantener la imposibilidad total de error en las Escrituras.* Si la Biblia yerra en asuntos científicos, los cuales están a nuestro alcance de conocer, ¿cómo podemos estar seguros que comunica la verdad acerca de las doctrinas espirituales que no podemos verificar (por ejemplo: la salvación, expiación y vida eterna)? Si la Escritura es falsa en un punto, ¿cómo podemos confiar que es inerrante en cualquier otro? Si uno es erróneo, cualquier otro puede ser incorrecto. Reflexionando de este modo, se podría perder confianza en la Biblia.

5. *El abandonar la doctrina de inerrancia puede ponerle a uno ante una resbalosa inclinación hacia abajo.* Cuando los teólogos dejan de sostener la infalibilidad de las Escrituras, pronto tienden a abandonar otras doctrinas cardinales. Por ejemplo, el fundador de la neoortodoxia, Karl Barth, no sostuvo la inspiración de la Biblia y luego negó la segunda venida de Cristo. Su contemporáneo, Emil Brunner, rechazó la doctrina de la resurrección corporal. Años después, Reinhold Niebuhr, otro teólogo de la misma línea, fue acusado de ser ateo por no creer en un Dios personal.

El corolario lógico de estos argumentos es que las Escrituras tienen que ser inerrantes si queremos tomar en serio lo que enseñan.

C. Pasajes problemáticos

Todos los conservadores concuerdan en sostener la infalibilidad de las Escrituras. Pero, ¿hasta dónde se extiende esta infalibilidad? Ismael Amaya observa: «Es un hecho comprobado que en el área de la historia, la literatura, las ciencias naturales y la arqueología existen en la Biblia algunos problemas difíciles de solucionar».[3] Emil Brunner afirma dogmáticamente:

En tanto la Biblia habla sobre asuntos de conocimiento secular, no tiene autoridad docente. Tampoco su cuadro astronómico y cosmológico del mundo, ni su punto de vista geográfico, ni sus declaraciones geológicas, etnológicas e históricas nos amarran, sea que estén en el Antiguo Testamento o en el Nuevo.[4]

Mencionamos algunas de las inexactitudes o supuestos errores que se encuentran en la Biblia. Parece haber discrepancias en ciertos relatos paralelos hallados en los Evangelios y en los libros veterotestamentarios de Samuel, Reyes y Crónicas.

Algunos ejemplos de supuestas discrepancias en los Evangelios son los siguientes. Al leer la narración de la curación del ciego Bartimeo (Mt. 20:29–34; Mr. 19:46–52; Lc. 18:35–43), notamos que Mateo menciona que eran dos ciegos pero Marcos y Lucas se refieren a uno. En el relato de la entrada triunfal de Jesús (Mt. 21:1–11; Mr. 11:1–11; Lc. 19:28–44; Jn. 12:12–19), Lucas cuenta que la multitud gritó: «Gloria en las alturas» pero los otros tres dicen: «¡Hosanna en las alturas!». Cada uno de los cuatro evangelistas informa diferentemente sobre la inscripción en la cruz. Según Mateo, se lee, «Este es Jesús, el rey de los judíos»; según Marcos, «El rey de los judíos»; según Lucas, «Este es el rey de los judíos»; y según Juan, «Jesús de Nazaret, el rey de los judíos».

Existen también cronología y cifras problemáticas en el Antiguo Testamento. Esteban señala que los hebreos pasaron cuatrocientos años en la esclavitud de Egipto, algo que coincide con la profecía de Génesis 15:13 pero discrepa con la cronología en Éxodo 12:40 (cuatrocientos treinta años). En semejante manera el apóstol Pablo indica que veintitrés mil personas murieron a causa de la plaga en Baal-peor (1 Co. 10:8) pero la cifra que se halla en el Antiguo Testamento es veinticuatro mil (Nm. 25:9).

Algunos pasajes del Antiguo Testamento mencionan cifras que aparecen inverosímilmente grandes. Por ejemplo, 1 Samuel 6:19 dice que Dios hizo morir cincuenta mil personas de Bet-semes que miraron dentro del arca. Es difícil creer que hubiera tanta gente en el área. Según 1 Reyes 20:30, el muro de

Afec cayó sobre veintisiete mil hombres, un número obviamente exagerado. Para ciertos críticos estas cifras y otras similares fueron inventadas y son pruebas de que la Biblia es históricamente poco confiable.

Se encuentran problemas difíciles con cifras especialmente en los libros de Crónicas. Erickson señala algunos:

> En pasajes paralelos, 2 Samuel 10:18 habla de setecientos carros mientras 1 Crónicas 19:18, registra siete mil; 2 Samuel 8:4 se refiere a mil setecientos hombres de pie; 2 Samuel 24:9 habla de ochocientos mil hombres de Israel y quinientos mil hombres de Judá mientras 1 Crónicas 21:5 afirma que hubo un millón cien mil hombres de Israel y cuatrocientos setenta mil hombres de Judá.[5]

Existen también aparentes discrepancias éticas. Por ejemplo, 2 Samuel 24:1 indica que la ira de Dios se enciende contra los israelitas, y el Señor incita a David a hacer un censo de Israel y Judá, pero según 1 Crónicas 21:1, es Satanás que le induce a pecar. El Nuevo Testamento enseña, sin embargo, que Dios no tienta a nadie ni puede ser tentado (Stg. 1:13).

D. Maneras de solucionar las dificultades

Cuando la ciencia de la crítica textual demostró que en realidad existen algunas dificultades e inexactitudes en los manuscritos bíblicos, se desarrollaron algunas teorías para interpretar los términos «inerrancia» e «infalibilidad». Cada círculo teológico los interpreta según la tendencia que quiere sostener. Algunas formas de considerarlos se presentan a continuación.[6]

1. *Considerar que no es necesario explicar todos los problemas, pues la evidencia de la inspiración es contundente*. El teólogo B. B. Warfield ideó la «teoría abstracta». Sostuvo un concepto muy elevado de las Escrituras y apoyó su suposición sobre la doctrina de inspiración plenaria. Aunque Warfield se dio cuenta de que hay dificultades, e intentó solucionarlas, pensó que no era necesario explicar todos los problemas. Según él, son dificultades solamente. La evidencia de que las Escrituras son inspiradas, y consecuentemente son inerran-

tes, es tan contundente que ninguna cantidad de datos al contrario puede desacreditarlas.

El gran valor de esta actitud es que concentra su atención en la exégesis de la Escritura más bien que en la búsqueda de errores, en oír la voz de Dios a través de su palabra más bien que enredarse en problemas que no importan mucho. Los críticos modernos se preocupan tanto de los detalles periféricos que apartan la atención de Cristo, el centro focal de la Biblia; se concentran tanto en hallar faltas en las Escrituras que están ciegos a las grandes verdades. Llegan a ser verdaderos destructores de la fe más bien que edificadores.

2. ***Armonizar las dificultades***. Los proponentes de esta forma de explicación, sostienen que los pasajes conflictivos no representan errores, ya que se pueden armonizar o encontrar otra solución. Por ejemplo, afirman que las narraciones paralelas de los Evangelios que aparentemente difieren entre sí en ciertos detalles, no son irreconciliables. En los relatos paralelos de la sanidad del ciego Bartimeo, Mateo menciona que eran dos ciegos, pero Marcos y Lucas se refieren a uno. ¿Cómo podemos explicar lo que parece ser una discrepancia? Es probable que hubo dos ciegos, pero que Bartimeo fuera el portavoz del par. También es probable que Bartimeo llegó a ser una figura conocida en la iglesia primitiva, ya que Marcos sabía el nombre de él y de su padre.

No es inusual que el informe de un testigo ocular difiera en detalles de otro observador; con frecuencia uno nota algunos aspectos que el otro omite. John A. Broadus observa: «Estas discrepancias en los evangelios demuestran la independencia de las narraciones, y su verosimilitud, y no disminuyen, sino al contrario aumentan su credibilidad con tal que haya una explicación razonable».[7]

Los evangelistas a veces parafrasean dichos y expresiones, ampliando unos y omitiendo detalles de otros. Hemos mencionado que solo Lucas relata que la multitud gritó «gloria en las alturas». ¿Por qué él no emplea la expresión «Hosanna en las alturas»? El vocablo «hosanna» es muy judío, y es posible que Lucas, escribiendo principalmente para los griegos, usara una frase entendible a sus lectores.

Es razonable creer que solo Juan registró exactamente la inscripción de Pilato en la cruz. Los otros evangelistas querían dar solamente la idea de lo que el romano había escrito; no pretendían relatar las palabras exactas.

La existencia de discrepancias entre las cifras que dan Esteban y Pablo, y las del Antiguo Testamento, no presenta problema serio. Parece que el período de la esclavitud de Israel en Egipto fue exactamente cuatrocientos treinta años (Éx. 12:40) pero los cuatrocientos años de Génesis 15:13 y de la predicación de Esteban obviamente representa una cifra redonda.

Hay explicaciones verosímiles referentes a ciertas cifras aparentemente exageradas en el Antiguo Testamento. Los críticos las atribuyen a las invenciones de los autores bíblicos. Les preguntamos: ¿Quién inventaría cifras que son abiertamente absurdas? Tal persona sería puesta en ridículo. Es probable que son glosas de los escribas cuando copiaban los textos. La Biblia de Jerusalén asume que las cifras originales de los muertos en Bet-semes fueron setenta y los del muro de Afec, veintisiete (1 S. 6:19; 1 R. 20:30).

Eruditos evangélicos reconocen que varias de las cifras mencionadas en los libros de Crónicas no corresponden a la realidad. H. L. Ellison observa que la solución más obvia es que tratamos con «una corrupción textual en las fuentes literarias de Crónicas o en su transmisión».[8] Añadimos las palabras de John Wenham:

> Hay pruebas, por algunos pasajes paralelos en Samuel, Reyes y Crónicas y especialmente en Esdras 2 y Nehmías 7, que los números eran especialmente difíciles de transmitir con precisión . . . Hay otros errores de copia, muchos de los cuales se pueden explicar fácilmente.[9]

En el caso del censo de Israel (2 S. 24; 1 Cr. 21) el historiador le atribuye a Dios impulsar a David a que hiciera un censo en Israel, pero el cronista ha sustituido «Jehová» por «Satanás». Es probable que el Señor empleara a Satanás para poner a prueba el carácter de David. Aunque Santiago dice que Dios «no tienta a nadie», Jesús nos enseña a orar diciendo: «No nos metas en tentación», y Mateo afirma que el Espíritu Santo llevó a Jesús al desierto «para ser tentado por el diablo» (Mt. 6:13; 4:1).

¿Cómo podemos conciliar lo que parece una contradicción moral? La tentación es del diablo, y para él tiene el propósito de conducir al hombre al pecado. En cambio, Dios pone a prueba al hombre para darle la oportunidad de demostrar su obediencia y crecer espiritualmente. En el caso de David, se cree que el motivo del censo era gloriarse en la gran cantidad de guerreros de su nación. Si fue así, entonces uno de los propósitos de la tentación sería exponer el orgullo pecaminoso en el corazón del monarca.

3. *Considerar que la inspiración asegura solamente la reproducción exacta de las fuentes*. Según esta teoría, si una fuente tal como los anales (memorias) de los reyes, tenía un error, el escritor inspirado que empleaba el documento, registraba fielmente el dato falso. Es decir, la inspiración no se extendía a corregir errores de las fuentes que usaban los escritores. (El escritor inspirado de 1 Reyes cita tres de sus fuentes: el libro de los hechos de Salomón (11:41), las crónicas de los reyes de Judá (14:29) y las historias de los reyes de Israel (14:19). Además, los eruditos reconocen que el texto de los libros de Crónicas ha sido corrompido en referencia a las cifras.

4. *Mantener que la inerrancia se extiende solo a las afirmaciones de las Escrituras mismas*. La Biblia relata afirmaciones falsas las cuales son hechas por personas profanas. Por ejemplo registra la aseveración, «no hay Dios», pero esta fue dicha por el necio. La Escritura presenta también el punto de vista erróneo de los amigos de Job (Job 42:7–9), las mentiras de Pedro (Mr. 14:66–72) y cartas de reyes paganos (Esd. 4:7–24). El hecho de que se encuentran en la palabra de Dios no garantiza que estén inspirados por el Espíritu Santo sino que están correctamente registrados por inspiración.

Esto puede ser la explicación de ciertos errores tales como los que se hallan en la predicación de Esteban ante el Sane-

drín (Hch. 7:4,15,16).* Es evidente que Esteban no fue inspirado por el Espíritu Santo, aunque, sin duda alguna, fue
ungido por él. Es probable que su memoria fallara en ciertos
detalles históricos. Cuando, sin embargo, algo es afirmado
por un escritor inspirado y no es un mero relato, de lo que otra

---

* *El llamamiento de Abraham en el discurso de Esteban.* En la introducción de su famoso discurso frente al Concilio, Esteban
dice refiriéndose a Abraham: «Entonces salió de la tierra de los
caldeos y habitó en Harán; y de allí, muerto su padre, Dios le
trasladó a esta tierra, en la cual vosotros habitáis ahora» (Hch.
7:4). Al estudiar el relato de Génesis se deduce que Taré debió
haber vivido en Harán por lo menos cincuenta años. Génesis
11:26 nos dice que Abraham nació cuando Taré tenía setenta
años de edad. De acuerdo con Génesis 12:4, Abraham partió de
Harán a los setenta y cinco años de edad. Por lo tanto, cuando
Abraham salió de Harán, Taré habrá tenido como ciento cuarenta y cinco años de edad. Sin embargo, Génesis 11:32 nos dice
que Taré vivió en total doscientos cinco años. Por lo tanto,
cuando Abraham salió de Harán, Taré debió haber vivido sesenta años más antes de morir. Esteban dice que Abraham salió de Harán después de la muerte de Taré; de acuerdo con el
relato de Génesis, Taré vivió sesenta años más después de la
partida de Abraham de Harán. Beegle dice que «ni el hebreo ni
la Septuaginta apoyan» la afirmación de Esteban.

El lugar de la sepultura de Jacob en el discurso de Esteban. Conti-
nuando con la historia del pueblo de Israel, Esteban, en el discurso ya mencionado, al llegar a Jacob, dice: «Así descendió Jacob a
Egipto donde murió él, y también nuestros padres; los cuales fueron trasladados a Siquén, y puestos en el sepulcro que a precio de
dinero compró Abraham de los hijos de Hamor en Siquem»
(Hch. 7:15-16). Según Génesis 50:13, Jacob fue sepultado en
Hebrón (Mamre), en el campo de Macpela, el cual Abraham había comprado de Efrón el heteo (Gn. 23:16-18). Por otro lado,
José fue sepultado en Siquem en el campo que Jacob había comprado de los hijos de Hamor (Jos. 24:32). Beegle dice que «de
acuerdo con Josefo (*Antiquities* II, 8, 2), todos los hijos de Jacob,
excepto José, fueron sepultados en Hebrón». La evidencia del
Antiguo Testamento y de la tradición sostienen esta afirmación.
¿Cómo se explica entonces la declaración de Esteban?[10]

persona ha dicho, tenemos que considerarlo como inerrante e infalible.

Un concilio internacional en Lausana (1974) tomó esta posición con respecto a la doctrina de la infalibilidad y la inerrancia. En el *Pacto de Lausana* se declaró que la Biblia es «inerrante en todo lo que afirma». (Es decir, es posible que haya errores en lo que no se «afirma» en las Sagradas Escrituras. Por supuesto se refiere a lo que los escritores inspirados afirman.)

5. *Exigir que se interprete correctamente las Escrituras*. Muchos pasajes o expresiones problemáticas son aclarados al aplicar los principios hermenéuticos. Estudiaremos este asunto más detalladamente en la próxima sección.

6. *Considerar que los problemas son irreales y podrían ser solucionados si tuviéramos todos los datos*. Sostiene que, en sus autógrafos, los Escritos inspirados hablan solo la verdad sobre ciencia, geografía e historia. Esta teoría señala, sin embargo, que errores han entrado en el texto actual por medio de la transmisión a través de los siglos.

John R. Higgins explica:

> La inerrancia reconoce las contradicciones o falta de cohesión interna halladas en el texto, no como errores reales, sino como dificultades que se podrán resolver cuando se sepan todos los datos relevantes. La posibilidad de armonizar pasajes aparentemente contradictorios ha sido demostrada con frecuencia por eruditos evangélicos que han revisado pacientemente las dificultades del texto a la luz de nuevos descubrimientos históricos, arqueológicos y lingüísticos. (Sin embargo, se deben evitar las armonizaciones forzadas o altamente especulativas.)[11]

7. *Limitar la inerrancia e infalibilidad al área de la fe, la práctica y las enseñanzas doctrinales*. Muchos estudiosos de la Biblia afirman que la Biblia no es un libro de ciencia, geografía e historia; por lo tanto no tiene autoridad docente en estas materias. El exigirlo es ignorar el elemento humano en la inspiración, como en el caso de la encarnación, cuando

Dios condesciende con el hombre revistiendo su palabra con ropaje humano, o incluso en la limitación de conocimientos de un autor en asuntos no doctrinales y morales. Sin embargo, el Escrito Sagrado nunca falla en sus juicios y declaraciones espirituales. Dicen que es de lamentarse que los teólogos hayan insistido en usar el término inerrancia, porque las Escrituras sí contienen errores.

El teólogo contemporáneo, Donald Bloesch, presenta este concepto:

> La Biblia contiene un elemento falible en el sentido de que refleja las limitaciones culturales de los escritores. Pero no yerra en lo que piensa enseñar, es decir, la voluntad de Dios y su propósito para el mundo. No hay errores o contradicciones en su esencia y corazón. Lleva la impresión de la flaqueza humana, pero también expresa la verdad y poder de la infalibilidad divina.[12]

Según esta posición, la Biblia es infalible en cuatro sentidos:

a) que la palabra de Dios infaliblemente logrará su propósito,

b) que nos entrega un testimonio fiel de la revelación y redención salvadora de Dios por medio de Cristo,

c) que nos provee de una norma autoritativa de fe y conducta,

d) que a través de las Escrituras habla el infalible Espíritu de Dios por quien fueron dadas.[13]

Indudablemente varios errores en las Escrituras pueden ser atribuidos a los copistas. Eruditos, sin embargo, ponen en tela de juicio el uso de esta explicación con todos los errores. Consideran que es un subterfugio, y señalan que nadie ha visto los autógrafos inerrantes. Por otra parte, Carl F. H. Henry replica que «nadie ha visto los originales errantes tampoco».

E. Algunas consideraciones al definir la inerrancia bíblica

Ya hemos sugerido soluciones a varios pasajes problemáticos. Para entender plenamente lo que es el sentido particular de la inerrancia bíblica, debemos considerar algunos factores relacionados con los escritores inspirados, la intención de ellos y la situación histórico-cultural. Si no los entendemos, será casi imposible interpretar correctamente los pasajes difíciles.

1. *Los autores de la Biblia relatan las cosas de una manera diferente que la nuestra*. La revelación divina se acomoda al lenguaje, la manera de expresarse, la cultura y el entendimiento de la gente de aquel entonces. Debemos recordar que los autores vivían en una cultura totalmente diferente de la nuestra y sus costumbres eran radicalmente distintas, incluso su manera de describir las cosas.

2. *Los escritores sagrados no hablan con la exactitud científica del siglo veinte*. La Biblia describe fenomenológicamente muchas cosas, es decir, como les parece a los hombres. Por ejemplo, habla de levantarse y ponerse el sol. Sabemos que el sol no se levanta ni se pone, sino que es la tierra la que gira.

Los escritores sagrados describen a veces cosas locales como si fuesen universales. Por ejemplo, cuando hubo hambre en el Medio Oriente, se dice: «También de todos los países venían a Egipto para comprar provisiones de José» (Gn. 41:57). En realidad «todos los países» aquí se refieren a las naciones alrededor de Egipto, principalmente las de Palestina. Cuando se afirma que en el tiempo de Adán, «Jehová no había hecho llover sobre la tierra» (Gn. 2:5), es probable que significa que no había llovido en Mesopotamia, el lugar del huerto de Edén. De igual manera, es probable que el agua del diluvio cubrió solamente la tierra conocida por Noé (véase Gn. 7:19-23).[14]

3. *La Biblia no es un libro de ciencia, geografía e historia*. Es primordialmente un libro de religión. Packer observa que, desde la Reforma hasta lo presente, los intentos de usar la Biblia para enseñar la ciencia, o explícitamente o por implicación, han resultado en labor improductiva.[15]

4. *Debemos emplear el método histórico-crítico para interpretar ciertas expresiones difíciles*. Los conceptos bíblicos a

menudo están revestidos del lenguaje, el simbolismo y aun la imaginaria mítica de la cultura antigua. Por ejemplo, el autor de Génesis emplea figuras de la cosmología antigua para expresar sus pensamientos.[16] Según los críticos, los antiguos conceptuaron un universo similar a un edificio. Una nota en la Biblia de estudio, Reina Valera 1995 lo describe así:

> . . . el universo era una estructura compuesta de tres niveles: el cielo, la tierra y el mundo subterráneo (cf. Éx. 20:4). A la tierra se la imaginaba como una superficie plana; el cielo era concebido como una expansión o firmamento (cf. Job 37:18), sobre la que se apoyaba un inmenso depósito de agua u océano superior del que procedían las lluvias (cf. Gn. 7:11; Sal. 148:4; Is. 40:22); y en el mundo subterráneo había un océano inmenso, sobre el que se asentaban los pilares que sostenían la tierra (véase Gn. 1:2).[16]

En Génesis 1:6–8, se emplea el término «firmamento» o «bóveda» para describir la atmósfera o el cielo por encima de la tierra. El vocablo hebreo, *raqía* significa «algo expandido o estirado como una lámina de metal batida a golpes de martillo».[17] Kline explica que, en el contexto del relato de la creación, esta expresión designa al cielo de acuerdo a su apariencia como una vasta tienda o bóveda extendida por Dios alrededor de sus cámaras.[18] El escritor, al describir el diluvio, parece referirse también a la figura antigua del mundo cuando dice que «fueron rotas todas las fuentes del gran abismo, y las cataratas de los cielos fueron abiertas» (Gn. 7:11).

¿Emplea el autor sagrado mitología antigua para enseñar los fenómenos del universo? En cierto sentido, sí. Es probable que no creyera en el concepto antiguo del universo (aunque es posible que no existiera otra alternativa pues Dios no había revelado los detalles del universo). Usa por lo menos las antiguas formas de expresión para comunicar la historia; reviste sus pensamientos con el lenguaje de sus contemporáneos para que le entiendan. Nos lleva a la conclusión de que es necesario interpretar las expresiones bíblicas a la luz de la manera en que se usaba el lenguaje y figuras en el período de los escritores.

Los autores bíblicos no son los únicos que usan términos relacionados con leyendas y mitos. Los modernos tienen la costumbre de tomar figuras retóricas y expresiones de la mitología griega y romana para dar color a su habla. Se dice, por ejemplo: «Está en los brazos de Morfeo» (dios griego del sueño) y «tiene la fuerza de Hércules» (héroe mítico griego). Y es común llamar periódicos, «El Mercurio» (el dios mensajero de los romanos). ¿Puede ser que el escritor bíblico usaba los términos corrientes de su época para comunicar sus pensamientos, pero no creía en la mitología antigua y mucho menos pensaba enseñarla?

5. *No debemos precipitarnos en concluir que un pasaje contenga errores*. Admitimos que el texto de las Escrituras, tal cual nos ha sido transmitido, contiene de vez en cuando dificultades que parecieran desafiar la doctrina de inerrancia e infalibilidad. ¿Qué debemos hacer cuando parece que un pasaje problemático no tiene solución? Al no poder resolverlas, nos conviene considerar seriamente el consejo de Gleason Archer:

> [Debemos] retener la fe en la infalibilidad del registro bíblico, a pesar de las aparentes discrepancias, y esperar con paciencia la reivindicación que ulteriores investigaciones seguramente garantizarán. Convencido de que solamente el origen divino explica el fenómeno de las Escrituras, tomamos partido con Jesús de Nazaret en cuanto a la infalibilidad de la escrita palabra de Dios, y esperamos que al fin haya una aclaración de los problemas que surjan.[19]

El cristianismo es una religión de fe, y el creyente no siempre puede caminar por vista. Tal vez Dios haya permitido que existan dificultades en la Biblia para separar el trigo de la paja. Al afirmar categóricamente que las Escrituras son la verdadera palabra de Dios, el creyente ha tomado el primer paso de andar en victoria y ser útil en el servicio del Señor.

Billy Graham tuvo que tomar este paso antes de que llegara a disfrutar de gran éxito en el ministerio. Su amigo, el conocido evangelista Charles Templeton asistió a un seminario liberal y pronto perdió su fe en la Biblia. En una conferencia, Templeton y unos teólogos liberales discutían brillantemente con Graham sobre las debilidades de la Biblia. El joven evangelista no pudo contestar sus argumentos. Dudas llenaron su mente y se angustió.

Sam Wellman describe su reacción:

> Esa noche, [Graham] perturbado por las dudas, entró en un bosque ... Oraba y oraba. Por fin se dio cuenta que los críticos de la Biblia no aplicaron el mismo rigor al mundo secular. Pocas personas entienden cómo los aviones se quedan en el aire; pocas saben cómo funciona un auto. ¿Cómo es que una vaca morena come pasto verde y produce leche blanca? (Los liberales) jugaban un juego infantil con la Santa Biblia. Eran hipócritas, dignos de lástima ... Por poco Billy había permitido que (los liberales) le convencieran de dejar el don más grande de Dios, el evangelio.

> [Graham] puso su Biblia sobre un tronco y se arrodilló: «Oh Dios, no puedo comprobar ciertas cosas. No puedo contestar algunos de los argumentos que Charles y otros formulan, pero acepto este libro por fe como la palabra de Dios». Se puso de pie. «Desde este momento en adelante me entrego, corazón y alma en las manos de Dios».[20]

Pronto empezó la campaña de Los Angeles en la cual algunos astros de Hollywood, un famoso atleta y miles de personas se convirtieron. Las noticias del avivamiento se divulgaron por todos los Estados Unidos. De allí en adelante, Graham ha sido el evangelista más exitoso del siglo y ha predicado a más personas que cualquier otro ministro del evangelio. Uno de sus secretos es aceptar incondicionalmente la Biblia como la palabra mismísima de Dios.

F. Conclusión

Podemos confiar plenamente en la infalibilidad de las Escrituras a pesar de que no se caracterizan por la especificidad y exactitud de los libros modernos. Sostenemos que cualquiera afirmación de un autor inspirado es verídica y fidedigna cuando se interpreta correctamente a la luz de su cultura e intención.

Aunque la inerrancia corresponde técnicamente a los autógrafos, las copias y traducciones son infalibles en la medida que reflejan los originales. Los eruditos conservadores afirman que ninguna doctrina esencial es afectada por errores. Aseveramos que la Biblia no miente ni engaña; no enseña nada que sea erróneo o falso. Sus narraciones de las obras de Dios son correctas, sus promesas y advertencias se cumplirán al pie de la letra; sus enseñanzas son verdaderas. Las Escrituras poseen una autoridad absoluta.

CITAS Y REFERENCIAS

1. Los argumentos son tomados principalmente del artículo de P. D. Feinberg, «Bible, Inerrancy and Infallibility of» en *Evangelical Dictionary of Theology*, Walter A. Elwell, ed., Baker Book House, Grand Rapids, MI, 1985, pp. 142,143.

2. J. I. Packer, *Fundamentalism and the Word of God*, Wm. B. Eerdmans Publishing Co., Grand Rapids, MI, 1985, p. 20.

3. Ismael E. Amaya, «La inspiración de la Biblia en la teología latinoamericana» en *El debate contemporáneo sobre la Biblia*, Ediciones Evangélicas Europeas, Barcelona, 1972, p. 102.

4. Citado por Amaya, *op. cit.*

5. Millard J. Erickson, *Christian Theology*, vol. I, Baker Book House, Grand Rapids, MI, 1983, pp. 229,230.

6. Las teorías en esta sección son tomadas principalmente de Erickson, *op. cit.*, pp. 230–232.

7. John A. Broadus, *Comentario sobre el Evangelio según Mateo*, Casa Bautista de Publicaciones, El Paso, TX, s.f., p. 536.

8. H. L. Ellison, «1 y 2 Crónicas» en *Nuevo Comentario Bíblico*, D. Guthrie y J. A. Motyer, eds, Casa Bautista de Publicaciones, El Paso, TX, 1977, p. 286.

9. John Wenham, «Las enormes cifras del Antiguo Testamento» en *Manual Bíblico Ilustrado*, David Alexander y Pat Alexander, eds., Editorial Unilit, Miami, 1985, p. 191.

10. Amaya, *op. cit.*, pp. 107,108.

11. John R. Higgins, «La Palabra inspirada de Dios» en *Teología Sistemática*, Stanley M. Horton, ed., Editorial Vida, Deerfield, FL, 1996, p. 104.

12. Donald Bloesch, *Essentials of Evangelical Theology*, vol. I, Harper and Row, San Francisco, CA, 1978, pp. 148,149.

13.   W. C. G. Proctor, «Infabilidad» en *Diccionario de Teología*, Everett F. Harrison, ed., Baker Book House, Grand Rapids, MI, 1985, p. 282.
14.   Pablo Hoff y David Miranda, *Defensa de la fe*, Editorial Mundo Hispano, El Paso, TX, 1997), p. 35.
15.   Packer, *op. cit.*, p. 97.
16.   Nota sobre Génesis 1:6–8 en *Santa Biblia, Reina-Valera 1995*, Edición de estudio, Sociedades Bíblicas Unidas, 1995, p. 23.
17.   *Íbid.*
18.   Meridith G. Kline, «Génesis» en *Nuevo Comentario Bíblico*, D. Guthrie y J. A. Motyer, eds., Casa Bautista de Publicaciones, El Paso, TX, 1986, p. 77.
19.   Gleason L. Archer, *Reseña crítica en introducción al Antiguo Testamento*, Publicaciones Portavoz Evangélico, Grand Rapids, MI, 1981, p. 35.
20.   Citado en Sam Wellman, *The Great Evangelist Billy Graham*, Barbour and Company, Inc., Urichsville, OH, 1995, pp. 83,84.

CAPÍTULO 8

AUTORIDAD DIVINA

LA SOCIEDAD MODERNA tiende a volverse en contra del autoritarismo en toda forma y a reemplazarlo con sistemas más democráticos y participativos. El teólogo alemán Bonhoeffer hace eco del filósofo Kant cuando dice que el mundo ha llegado a ser adulto; es decir, es como el joven que rechaza la autoridad paterna y la sustituye por la suya.

Puesto que los evangélicos están propensos a absorber y reflejar las actitudes de la sociedad que los rodea, no hay que extrañarse de que algunos teólogos liberales aun consideren ofensivo el concepto del reino de Dios. Hablan más bien de la democracia de Dios. Piensan abandonar las normas bíblicas y ser guiados por la ética situacional. Como los paganos del Salmo 2, los modernistas dicen: «Rompamos sus ligaduras y echemos de nosotros sus cuerdas». Nos conviene, por lo tanto, aferrarnos aún más a la doctrina de la soberanía y autoridad divinas, las cuales se encuentran en las Sagradas Escrituras.

A. Definición

El Nuevo Testamento emplea el vocablo *exousía* para indicar autoridad. Este término significa «poder legítimo, real y pleno para actuar, o para poseer, controlar, usar o disponer de algo o de alguien».[1] Mientras que *dinamis* significa simplemente poder físico, el vocablo *exousía* significa poder que, en algún sentido, es legítimo. *Exousía* puede usarse con el énfasis en la legitimidad del poder realmente ejercido, o en realidad de poder que se posee legítimamente.

El Nuevo Testamento emplea el término *exousía* para significar tanto autoridad como poder. Las dos ideas se relacionan estrechamente. La autoridad de un gobernador para actuar tiene poco significado si no está acompañada del poder para llevarlo a cabo.[2]

Las teologías clásicas concuerdan en reconocer la verdad de la última frase del Padre Nuestro: «Tuyo» (de Dios) «es el reino, y el poder, y la gloria por todos los siglos» (Mt. 6:13). Esto quiere decir que toda autoridad y poder le pertenecen a él. Solo Dios tiene existencia en sí mismo y es la fuente de todo ser. Como creador y sustentador del universo, tiene potestad absoluta sobre los seres creados tanto en el cielo como en la tierra. Esta autoridad final y suprema le da la prerrogativa ilimitada de mandar y exigir la obediencia, de poseer incondicionalmente y de gobernar absolutamente todas las cosas en todas las épocas y en todos los lugares del universo.

B. El ejercicio de la autoridad divina

1. *En la época del Antiguo Testamento*. Antes de la encarnación, Dios emplea a los profetas, sacerdotes y reyes, cuya misión consiste en proclamar sus mensajes (Jer. 1:7–9), hacer conocer sus leyes (Dt. 31:11; Mal. 2:7), y gobernar de acuerdo con dichos estatutos. Cuando ellos cumplen sus funciones, deben ser respetados como representantes de Dios con autoridad divina. De la misma manera, se acepta que las Escrituras proceden de Dios, y que por ello revisten autoridad, tanto para la instrucción (*torah*), a fin de que los israelitas conozcan la voluntad de su Rey, como en el sentido de constituir el cuerpo de leyes por el que este los gobierna y juzga (ver 2 R. 22; 23).[3]

2. *En el período del ministerio de Jesucristo*. Por regla general Dios ejerce su autoridad a través de intermediarios, pero en el caso de Cristo lo hace directamente. Éste proclama ser el Hijo de Dios, y como tal, habla y actúa con autoridad propia. En su carácter de ser el único Hijo de Dios, su autoridad es real, divina y absoluta. Afirma: «Todas las cosas me fueron entregadas por mi Padre» (Mt. 11:27).

J. I. Packer elabora:

Esta autoridad más que humana de Jesús se manifestó de varias maneras durante su ministerio, como ser la irrevocabilidad e independencia de su enseñanza (Mt. 7:28s); su poder para exorcizar (Mr. 1:27); su dominio sobre las tormentas (Lc. 8:24s); su afirmación de que tenía poder para perdonar pecados (cosa que, como señalaron acertadamente los espectadores, era prerrogativa de Dios) y, cuando lo desafiaban, dando pruebas de la verdad de lo que afirmaba (Mr. 2:5–12; cf. Mt. 9:8). Después de su resurrección, declaró que le había sido dada «toda *exousía* . . . en el cielo y en la tierra», dominio cósmico de carácter mesiánico que sería ejercido de tal manera que sus elegidos serían trasladados efectivamente a su reino de salvación (Mt. 28:18ss; Jn. 17:2; cf. Jn. 12:31ss; Hch. 5:31; 18:9s). El N.T. proclama al Jesús exaltado como «Señor y Cristo» (Hch. 2:36) (soberano divino por sobre todas las cosas), y como Rey-Salvador de su pueblo. El evangelio es en primera instancia una demanda de asentimiento a esta estimación de su autoridad.[4]

3. *En el período apostólico*. El Señor delega autoridad divina a los apóstoles comisionándolos a ser sus testigos, emisarios y representantes en la tierra (Jn. 17:18; 20:21; Mt. 28:18–20; Hch. 1:8; 2 Co. 5:20). Les da potestad para fundar, edificar y administrar su iglesia universal (2 Co. 10:8; 13:10). Ellos, en cambio, presentan su enseñanza como la de Cristo mismo, dado por el Espíritu, tanto en su contenido como en su forma de expresión (1 Co. 2:9–13; cf. 1 Ts. 2:13), como norma de fe (2 Ts. 2:15; cf. Gá. 1:8) y conducta (2 Ts. 3:4, 6, 14). Esperan que sus decisiones *ad hoc* sean recibidas como «mandamientos del Señor» (1 Co. 14:37).[5]

4. *En la actualidad*. Puesto que la autoridad apostólica dependía de la comisión personal y directa de Cristo, los apóstoles no tuvieron sucesores. La Biblia procedía de Dios y contiene todo lo necesario, tanto para la salvación como para la vida cristiana, así que la aceptamos como la expresión cabal de la autoridad divina. Cada generación debe someterse a sus enseñanzas porque Dios ejerce su autoridad a través de ellas.

C. El papel del Espíritu referente a la autoridad

A fin de obedecer la palabra de Dios, es necesario comprender el significado de sus enseñanzas y estar convencido de su origen divino. ¿Cuál es el medio para alcanzar estos logros? Hay tres ideas sobre el tema.

1. *La Iglesia Católica Apostólica Romana pretende tener el oficio magisterial del cristianismo*. Los católicos romanos creen que la Biblia es un libro difícil de entender. Sostienen que solo por medio de la enseñanza oficial de la iglesia los hombres pueden comprenderla y ser convencidos de su origen divino. Según los teólogos de esta rama religiosa, la iglesia existía antes de la Biblia, esta determinó cuáles de sus libros serían canonizados y solo sus doctores pueden interpretar correctamente sus enseñanzas. (En el capítulo sobre el canon, vimos que la iglesia es el resultado de las enseñanzas inspiradas más bien que el origen de ellas.) Arguyen: ¿De qué sirve una revelación infalible e inerrante si no tenemos un entendimiento inerrante de ella? Puesto que todo entendimiento humano es limitado y así sujeto a error, se necesita algo más. La iglesia y últimamente el papa nos dan el significado verdadero de la Biblia. La infalibilidad del Papa es el corolario lógico de la infalibilidad de la Biblia.[6]

2. *La razón humana puede determinar el origen y significado de la Biblia*. Según esta posición, es posible establecer la inspiración de las Escrituras Sagradas examinando las evidencias, tales como el cumplimiento de profecías o el carácter sobrenatural de Cristo. Puesto que la interpretación es una función de razón humana, es posible determinar el significado de la Biblia estudiando su gramática y fondo histórico-cultural. El estudio crítico de la Biblia es imprescindible para el entendimiento cabal de ella.

Al evaluar este concepto, los resultados son insatisfactorios. Por un lado, las evidencias de la inspiración de las Escrituras confirman la fe *a priori* de creyentes, y el estudio crítico arroja una medida de luz sobre el significado del texto. Por otro lado, la mayoría de los críticos rechazan la inspiración de la Biblia y prefieren creer sus propias especulaciones y no las enseñanzas escriturales.

3. *El Espíritu Santo convence al lector del origen divino de los escritos sagrados e interpreta el significado de ellos.* Los Reformadores elevaron las Escrituras por encima de la iglesia. Aseveraron que la Biblia se interpreta a sí misma; por medio del Espíritu Santo, Dios instruye a los lectores de una manera directa e individual, más bien que atando su conciencia a la supuesta confiable enseñanza de la iglesia. Es precisamente este punto de vista que fomenta la interpretación por cuenta propia del individuo.

Según este concepto, el Espíritu obra en el lector u oidor de las Escrituras, iluminando su entendimiento referente a su significado y produciendo la certeza de su veracidad y origen divino.

¿Por qué es necesaria tal iluminación? Erickson señala tres razones.[7]

a) Existe una diferencia enorme entre Dios y el hombre: Dios es trascendente y excede nuestras categorías del entendimiento. «Nadie conoció las cosas de Dios, sino el Espíritu de Dios» (2 Co. 2:11). Por ser finito, el hombre no puede entender perfectamente a Dios; necesita que Dios interprete las cosas divinas. El apóstol Pablo afirma: «No hemos recibido el espíritu del mundo, sino el Espíritu que proviene de Dios, para que sepamos lo que Dios nos ha concedido, lo cual también hablamos, no con palabras enseñadas por sabiduría humana, sino con las que enseña el Espíritu, acomodando lo espiritual a lo espiritual» («expresamos verdades espirituales en términos espirituales», 1 Co. 2:12,13, NVI).

b) La capacidad mental de la raza humana está afectada adversamente por el pecado y el diablo. Así que el hombre no puede entender bien los asuntos espirituales. «El hombre natural no percibe las cosas que son del Espíritu de Dios, porque para él son locura, y no las puede entender, porque se han de discernir espiritualmente» (1 Co. 2:14). «El dios de este siglo cegó el entendimiento de los incrédulos, para que no les resplandezca la luz del evangelio . . .» (2 Co. 4:4).

En la frase, «el hombre natural no percibe las cosas que son del Espíritu de Dios», la expresión griega traducida «no percibe» *ou dechetai* significa no acepta, rechaza, no quiere aceptar. La Nueva Versión Internacional traduce 1 Corintios 2:14 así: «El que no tiene el Espíritu no acepta lo que procede del Espíritu de Dios». A.T. Robertson comenta acerca de Romanos 8:7 con la misma idea: «los designios de la carne no se sujetan a la Ley de Dios, ni tampoco pueden». Pablo afirma definitivamente la incapacidad (*oude gar dunatai*) de la mente carnal para recibir las cosas del Espíritu a menos que esté influida por el Espíritu Santo. Ciertamente la iniciativa proviene de Dios cuyo Espíritu Santo nos capacita para aceptar las cosas de Dios.[8]

Así que el apóstol indica que el hombre no regenerado, ni entiende las cosas espirituales ni las acepta. Sin la iluminación del Espíritu, es un ciego espiritual y no está dispuesto a recibir lo que Dios le quiere dar.

c) Se necesita la obra especial del Espíritu Santo para que el hombre tenga certeza sobre importantes temas espirituales tales como la vida y la muerte, la inmortalidad y la resurrección. No bastan los argumentos basados en el raciocinio humano. «Cosas que ojo no vio, ni oído oyó, ni han subido en corazón de hombre, son las que Dios ha preparado para los que le aman. Pero Dios nos reveló a nosotros por el Espíritu» (1 Co. 2:9).

Concluimos esta sección observando que la autoridad objetiva de las Escrituras inspiradas por Dios es solamente un aspecto del principio, por medio del cual, él ejerce su autoridad en todo lo relativo a la fe y vida del creyente. El otro aspecto es el testimonio interno del Espíritu. El primero tiene que ver con las bases mismas de la autoridad bíblica, el segundo con el reconocimiento de esa autoridad.[9]

D. Observaciones sobre la autoridad bíblica.[10]

1. *La doctrina de la autoridad de la Biblia se basa en el hecho de que las mismas Sagradas Escrituras asumen en todas partes que son el mensaje inspirado por Dios.* Cualquier otro fundamento es arena movediza.

2. *Puesto que la autoridad es divina, es tanto final como sin limitaciones de tiempo.* Es final en el sentido de que en asuntos de revelación tiene prioridad sobre tradiciones, credos, dogmas de iglesias, filosofía, sicología, ciencia y aun teología sistemática. Es sin limitaciones de tiempo porque sus preceptos, enseñanzas y normas tienen vigencia en todas las edades. Su autoridad es inherente e inmutable; no se altera con los cambios en la sociedad ni con el transcurso del tiempo. Por ejemplo, la fornicación todavía es pecado y el divorcio es generalmente malo. Semejante a la inmutabilidad de Cristo, la autoridad escritural es la misma «ayer, hoy y por los siglos».

3. *La autoridad divina se limita a las Escrituras mismas.* No se extiende ni a sus intérpretes ni a opiniones teológicas particulares que varían del sentido bíblico, porque son relativos por el hecho de no ser inspirados.

4. *Es necesario emplear los principios de la hermenéutica para interpretar correctamente la doctrina y ética de la Biblia.*

a) La autoridad bíblica rige en cada parte del texto solamente cuando dicha parte se relaciona con la totalidad. I. H. Marshall señala:

> Cuando hablamos de la autoridad suprema de las Escrituras, nos referimos a la autoridad de ellas tomadas en conjunto, y no a la de textos aislados dentro de los Escritos. Esto quiere decir que asumimos que las Escrituras en conjunto armonizan entre sí en su enseñanza, y por lo tanto podemos recibir su mensaje entero como nuestra guía . . . los significados de la Escritura son el significado de ellas cuando son tomadas en conjunto, o en conjuntos dentro de ellas, más bien que el significado de las partes individuales.[11]

Algunas porciones de la Biblia, aisladas del conjunto, no poseen ninguna autoridad, ni en el momento en que se escribieron, ni en la actualidad. Por ejemplo, lo que dice Satanás o las palabras de hombres insensatos o malos, carecen absolutamente de autoridad.

b) No es necesario hacer caso a reglas o preceptos que están obsoletos. Por ejemplo: las leyes civiles y ceremoniales de los hebreos, que se encuentran en Éxodo y Deuteronomio o las costumbres relacionadas con una cultura y época particulares, tal como las de iglesias griegas en donde fue obligatorio para la mujer llevar el velo y callarse en los cultos.

c) Debemos distinguir entre lo que es normativo y lo que es incidental, entre lo que es un modelo para toda la iglesia en todas las edades y lo que es puramente descriptivo. Por ejemplo, el libro de Hechos describe el bautismo de creyentes como un acto que sigue inmediatamente a su conversión (ver 2:41; 8:38,39; 9:18; 10:47–48). El bautismo en agua de nuevos convertidos es el modelo y norma de la iglesia para todas las épocas, pero las Escrituras y experiencia nos enseñan que no siempre conviene bautizarlos en el acto, pues algunos no son realmente convertidos (como, por ejemplo, Simón, Hch. 8:11–24) y otros no entienden lo que es la salvación y la vida cristiana. Es recomendable adoctrinarlos primero y darles un tiempo para demostrar los frutos de la salvación.

d) Es necesario reconocer el carácter progresivo de las Escrituras. La doctrina se desarrolla poco a poco en la Biblia hasta que llegue a su plenitud en el Nuevo Testamento. Es como «la luz de la aurora que va en aumento hasta que el día es perfecto». No se debe basar la doctrina de la vida de ultratumba, por ejemplo, sobre las enseñanzas incompletas del Antiguo Testamento ni formar el concepto de divorcio sobre ellas pues la revelación divina es progresiva. El distinguir entre el vino viejo y el nuevo ha llegado a ser la tarea primordial del intérprete de la Biblia, pues no le conviene echar el vino nuevo (el evangelio) en odres viejos (el sistema del Antiguo Testamento).

5. *La autoridad de las Escrituras es absoluta en dos áreas*: a) lo que es doctrinal y religioso; b) lo que tiene que ver con la vida que agrada a Dios. Es decir, son autoritativas en sus doctrinas acerca de Dios, del plan de la redención, de la naturaleza del pecado, del porvenir, etc. También nos enseñan sobre la moral, las relaciones sociales, las instituciones tales como la iglesia, la familia y el estado. Todas estas deben estar bajo la soberanía de Dios. Por otra parte las descripciones de la naturaleza de la tierra y los relatos históricos que no tienen relación con la fe son incidentales.

E. Puntos de vista no evangélicos

Los evangélicos conservadores basan su doctrina solamente en los Escritos inspirados. Para ellos, la Biblia es la única regla absoluta de fe y vida. Emplean la filosofía y razón para forjar su teología, pero siempre en respuesta y en obediencia a la revelación divina. Esto quiere decir que ellos están «comprometidos en fe a recibir el testimonio de la palabra escrita de Dios, aun en asuntos concernientes a su propia naturaleza y ser».[12]

Hay otras escuelas de pensamiento que desafían la posición evangélica ortodoxa. Mencionaremos cinco tendencias modernas: la autoridad eclesiástica (catolicismo romano), la de la razón humana (modernismo), la mixta de eclesiasticismo e iluminación (neoortodoxia), la mixta de tradición, íconos y la presencia sacramental de Cristo (ortodoxia griega), y la que pone al «Espíritu Santo» a la par o por encima de las Escrituras (pentecostalismo extremo).

1. *El punto de vista católico romano*. Para el teólogo romano, las Escrituras son la palabra inspirada de Dios y tienen autoridad absoluta. Sin embargo, ¿qué son los Escritos Sagrados? Consisten en el Antiguo y Nuevo Testamentos, incluso los libros apócrifos o sea los deuterocanónicos.

Referente a la interpretación católica, Bromily contesta la pregunta: «¿Quién debe interpretar las Escrituras?»

La respuesta romana es que las Escrituras son demasiado oscuras como para que se interpreten a sí mismas, y que hay necesidad de que otra autoridad decida cuál es el sentido correcto. En el A.T. la ley era interpretada por Moisés y los sacerdotes. Hoy por hoy la interpretación de la Biblia está en manos de la iglesia, la cual habla ex cátedra a través de los pronunciamientos del papa, las decisiones de los concilios generales y las declaraciones del magisterio oficial de la iglesia, juntamente con las exposiciones de los Padres eclesiásticos. Cierto, la Biblia es la autoridad básica, pero lado a lado con esa autoridad básica está la autoridad interpretativa, la cual todos los cristianos deben aceptar. El reciente resurgimiento del estudio bíblico ha modificado grandemente en la práctica esta regla, pero el principio básico es todavía válido: la Biblia oficial interpretada oficialmente es la única norma legítima, y el papado es la autoridad interpretativa final.[13]

La Iglesia Católico Romana eleva la tradición al nivel de las Escrituras. Una de sus disciplinas doctrinales se llama «teología histórica». *The Catholic Encyclopedia, revised and updated* [La enciclopedia católica, revisada y actualizada], 1987, la describe como «un estudio de las verdades de Dios (tanto de la tradición como de la Escritura) y de la exposición de las enseñanzas de Cristo y los apóstoles tal como fueron transmitidas a través de la iglesia».[14] La misma enciclopedia define la tradición así:

> . . . el cuerpo de verdad revelada y transmitida por los apóstoles a través de las edades y contenida en la doctrina, enseñanza y práctica de la Iglesia Católica . . . esto incluye tanto las . . . tradiciones orales como las Escrituras. Es la iglesia en su magisterio viviente «el conservador de tradición», el cual da vida a la Escritura.[15]

La característica prominente de la tradición es el desarrollo:

> Como el oficio docente que ejercen los obispos, el desarrollo (que es semejante a la tradición, es la obra de todo el pueblo de Dios, tanto de obispos como laicos) tiene que estar al servicio de la palabra de Dios, nunca por encima de ella ni separada de ella.[16]

A través de los siglos el cuerpo de doctrina católico romano ha crecido con la adición de dogmas, decretos y pronunciamientos de los concilios. No obstante la medida de honor que los evangélicos den a la tradición, ellos niegan que su autoridad es coigual con la de las Escrituras. Así que Lutero escribió: «¿Por cuál otra cosa lucho yo sino por llevar a todos al entendimiento de la diferencia entre las Escrituras divinas y la enseñanza humana o costumbres?». Calvino protestó contra «la tiranía de la tradición humana, la cual fue impuesta sobre nosotros bajo el título de la iglesia». El problema es que la iglesia romana ha elevado (si no en teoría, entonces en práctica) la tradición, el clero y el papa al nivel de autoridad que corresponde solo a Dios. Bromily observa acertadamente: «Roma debilita la autoridad de la Biblia, no por negar su origen divino y su posición única, sino por agregarle otras autoridades que la despojen de su poder».[17]

2. **El punto de vista del modernismo protestante**. Sin pelos en la lengua, los liberales históricos atacaron la Biblia. Negaron rotundamente lo absoluto, o sea la naturaleza divina de su autoridad, y le concedieron una autoridad en el nivel humano. No había lugar en su sistema para lo sobrenatural porque, para ellos Dios no es trascendente. Estudiaron la Biblia como un producto del espíritu humano y consideraron el cristianismo solo como una religión entre muchas, pero más avanzada que las demás. Sobre todo, emplearon la razón humana para determinar su doctrina.

El modernismo, sucesor del liberalismo, no tiene un cuerpo fijo de doctrina; su teología siempre cambia para acomodarse al pensamiento secular del momento. Por ejemplo, en la década de 1960, la doctrina de la «muerte de Dios» era popular; luego la teología de liberación, y ahora otra ideología. El más permanente aspecto de su doctrina es su preocupación social. Para ellos la verdad es siempre cambiante y no hay autoridad absoluta.

Según ellos, se emplea «el principio protestante» de Paul Tillich:

Ya que ningún sistema de pensamiento de por sí
solo puede abarcar la realidad de Dios, la teología nunca
puede ser definitiva. Siempre debe estar en proceso y estar corrigiéndose. Dios permanece sobre y más allá de
todas las formulaciones de la teología, incluyendo las de
la misma Biblia.[18]

3. **El punto de vista neoortodoxo**. No obstante que el fundador de este movimiento, Karl Barth, predicó doctrinas bíblicas y empleó mucha Escritura en su dogmática de la iglesia,
no consideró la Biblia como un libro inspirado. Enseñó que la
Escritura llega a ser palabra de Dios cuando el Espíritu Santo
la ilumina y la aplica al alma del individuo. Según los neoortodoxos, la autoridad de la Biblia no se encuentra en el texto
sino en «la voz viviente de las Escrituras, en el aquí y ahora de
una situación dada . . . La Biblia es verdad solo en tanto que
Dios obra a través de ella en autorrevelación».[19] Barth también ponía gran énfasis en la autoridad eclesiástica, o sea, la
enseñanza de la iglesia.

La Escritura, dice Emil Brunner, constituye la norma de
doctrina. Es autoritativa porque es el testigo primordial de la
revelación de Dios. Su atestiguación no tiene poder normativo. Sin embargo, los informes históricos (los Evangelios) y la
doctrina de los apóstoles acerca de Cristo (las Epístolas), dependen de la evaluación crítica. Solo Jesús tiene autoridad incondicional.

Por otra parte, Brunner acusa a los evangélicos de bibliola-
tría (el dar a la biblia el honor que pertenece solo a Dios). Dice
que han hecho de la Escritura un «papa de papel». Replicamos
que honramos a Dios aceptando la Biblia como su palabra
inspirada. El hacer caso a las Escrituras no presenta conflicto
de manera alguna con el escuchar la voz del Espíritu, porque
éste ha inspirado la Palabra y habla a través de ella.

4. **El punto de vista de los ortodoxos griegos**. Al igual que
los católicos romanos, los ortodoxos rechazan explícitamente la idea histórica del protestantismo de *sola scriptura*. El
teólogo ortodoxo, John Karmiris, afirma: «La Escritura y la
tradición son igualmente válidas, poseen autoridad dogmá-

tica igual, y son iguales en valor como fuentes de verdad dogmática».[20] Elevan también la iglesia por encima de las Escrituras.

Difieren de los católicos en dar a los íconos un rol importante en su culto. Los templos están repletos de ellos, los adoradores se postran delante de ellos, y los besan. El sacerdote los perfuma y los eleva en procesiones. No son meramente arte sagrado sino una fuente de revelación. Según el Segundo Concilio de Nicea en el 787, los íconos son de igual beneficio como las Escrituras en presentar el evangelio. Lo que la Escritura proclama por palabra, los íconos enseñan por color.

Los ortodoxos griegos ofrecen un punto de vista teológico de la autoridad que es interno y pneumático, más bien que externo y dogmático. Según ellos, el mismo Espíritu de Dios, realizando la presencia sacramental de Cristo en la iglesia, nos habla en la tradición. Así que el escritor ortodoxo, Georges Florovsky, se refirió en una oportunidad a la tradición como «el testimonio del Espíritu».[21]

5. *El punto de vista del pentecostalismo extremo*. Entre ciertos pentecostales y carismáticos se encuentran creyentes que conceden la misma autoridad doctrinal a sus sueños, visiones e impulsos, que le dan a las Escrituras. Están los que creen que Dios les da una revelación directa sin estudiar o leer la Palabra. Olvidan que el canon está cerrado y que Dios limita su revelación de doctrina a las páginas del Libro Sagrado.

Un ejemplo de este desvío de la posición ortodoxa evangélica se ve en el origen del movimiento, popularmente llamado «Solo Jesús», que en 1913 resucitó la doctrina sabeliana. Durante un culto de bautismo, un predicador observó que los apóstoles siempre bautizaron a sus convertidos en el nombre de Jesús y nunca emplearon la fórmula trinitaria. Juan Scheppe, predicador pentecostal, al oír estas palabras, pasó la noche en oración y tuvo una «revelación» sobre el poder que hay en el nombre de Jesús. Él y sus seguidores estudiaron el libro de Hechos, llegando a la conclusión de que Jesús es «el nombre» del Padre, del Hijo y del Espíritu Santo, y que estos tres, son realmente una sola persona. Además concluyeron que es imprescindible ser bautizado en ese nombre y hablar en otras lenguas para ser salvo.

Por otra parte, reconocemos que Dios puede manifestarse en experiencias carismáticas y revelar detalles personales tales como la orientación personal, palabras de consuelo o aliento y mensajes proféticos. Nos conviene recordar en tales ocasiones que todo lo que atribuimos al Espíritu tiene que estar de acuerdo con la Palabra. Debemos juzgar el mensaje directo con lo escrito; así evitaremos confundir la voz de nuestro espíritu con la de Dios.

F. Conclusión

Dios mismo es la autoridad absoluta y final en asuntos religiosos, doctrinales y de la vida práctica. Solo él tiene el derecho y potestad de establecer doctrina y determinar las normas de conducta, porque él es creador, sustentador y redentor de toda la humanidad. Sin embargo, Dios no ejerce directamente su autoridad; más bien lo hace a través de la Biblia y la iluminación de ella por el Espíritu Santo. Solo en las Sagradas Escrituras se encuentra «la fe que ha sido una vez dada a los santos»; todas las otras fuentes de doctrina carecen de la autoridad auténtica y no adulterada de Dios. Los Reformadores tienen toda la razón cuando afirman *sola scriptura* y el sacerdocio de los creyentes para interpretarla con la iluminación del Espíritu divino.

CITAS Y REFERENCIAS

1. J. I. Packer, «Autoridad» en *Nuevo Diccionario Bíblico*, J. D. Douglas y N. Hillyer, eds., Ediciones Certeza, Buenos Aires, Barcelona, Downers Grove, 1991, p. 147.
2. Carl F. H. Henry, *God, Revelation and Authority*, vol. IV, *God Who Speaks and Shows*, Word Book Publisher, Waco, TX, 1979), p. 24.
3. J. I. Packer, *op. cit.*, p. 147.
4. *Íbid.*, pp. 147,148.
5. *Íbid.*
6. Millard J. Erickson, *Christian Theology*, vol. 1, Baker Book House, Grand Rapids, MI, 1983, p. 246.
7. *Íbid.*, pp. 247-251.

8.   A. T. Robertson, *Word Pictures in the New Testament*, vol. 4, *The Epistles of Paul*, Broadman Press, Nashville, TN, 1931, p. 89.

9.   C. René Padilla, «La autoridad de la Biblia en la teología latinoamericana» en *El debate contemporáneo sobre la Biblia*, Ediciones Evangélicas Europeas, Barcelona, 1972, p. 123.

10.   Muchos de los pensamientos de esta sección son tomados del artículo «Biblical Authority», por Richard S. Taylor en *Beacon Dictionary of Theology*, Richard S. Taylor, ed., Beacon Hill Press of Kansas City, Kansas City, 1983, pp. 74,75.

11.   I. Howard Marshall, «An Evangelical Approach to Theological Criticism», *Themelios* 13:2, 1988.

12.   G. W. Bromily, «La autoridad de las Escrituras» en *Nuevo Comentario Bíblico*, D. Guthrie y J.A. Motyer, eds., Casa Bautista de Publicaciones, El Paso, TX, 1977, p. 13.

13.   *Íbid.*, p. 14.

14.   «Theology» en *The Catholic Encyclopedia*, Robert Broderick, ed., Thomas Nelson Publishers, Nashville, TN; Camden, Nueva York, 1987, p. 577.

15.   «Tradition» en *The Catholic Encyclopedia*, p. 581.

16.   *Íbid.*, p. 581.

17.   Bromily, *op. cit.*, p. 14.

18.   A. C. Thiselton, «Tillich Paul», en *Nuevo Diccionario de Teología*, Sinclair B. Ferguson, David F. Wright, J. I. Packer, eds., Casa Bautista de Publicaciones, El Paso, TX, 1992, p. 986.

19.   Bromily, *op. cit.*, p 17.

20.   Daniel B. Clendenia, «Why I am Not Orthodox» en la revista *Christianity Today*, el 6 de enero de 1997, p. 38.

21.   *Íbid.*

CAPÍTULO 9

CONCEPTOS
TEOLÓGICOS
DE DIOS

EL CONCEPTO DE «LO QUE ES DIOS» consti-
tuye el elemento crucial de casi todos los sistemas de la teología y de la religión. Todo se relaciona con aquella definición:
la doctrina, el culto y la vida. El término «teología», significaba originalmente el estudio sobre Dios. Weigelt observa: «La
Biblia es, en realidad, un desarrollo continuo de las implicaciones de la idea de Dios».[1]

La afirmación o negación de la existencia y ser de Dios es
decisiva para el punto de vista global de los hombres. Ninguna persona que piensa puede darse el lujo de ser neutral sobre
la cuestión. A pesar de las opiniones de los humanistas religiosos, el carácter y propósito de los hombres no pueden sos-
tenerse aparte de una fe vital en Dios como un ser exaltado,
digno de nuestra fe y adoración. Ni siquiera los valores morales cobran sentido sin la creencia en Dios, porque provienen
de él. Tampoco el culto puede tener significado si está basado
en algo inferior a la relación confiada y amorosa del corazón
humano con un Padre soberano.

«El príncipe de los predicadores», Charles H. Spurgeon,
señala elocuentemente la importancia del tema:

> El estudio apropiado para el cristiano es la Deidad. La
> ciencia más elevada, la especulación más encumbrada, la

filosofía más vigorosa, que puedan jamás ocupar la atención de un hijo de Dios, es el nombre, la naturaleza, la persona, la obra, los hechos y la existencia de ese gran Dios a quien se llama Padre ... Es un tema tan vasto que nuestros pensamientos se pierden en su inmensidad; tan profundo que nuestro orgullo se hunde en su infinidad ... Nada hay que desarrolle tanto el intelecto, que magnifique tanto el alma del hombre, como la investigación devota, sincera y continua del gran tema de la Deidad.[2]

¿Cuál debe ser nuestro último motivo, o sea, el propósito principal de dedicarnos a tal estudio? ¿Qué es lo que debemos hacer con el conocimiento acerca de Dios, una vez que lo hayamos adquirido? No debemos ser como ciertos sofistas de la antigua ciudad de Atenas que buscaban el conocimiento por lo que es en sí mismo, sin preocuparse de las consecuencias prácticas. Tal búsqueda terminaría por resultarnos estéril y aun contraproducente. Nos haría orgullosos y engreídos. J. I. Packer observa que la misma grandeza del tema nos embriagaría y tenderíamos a sentirnos superiores a los demás cristianos. Porque como dijo Pablo a los ensoberbecidos corintios: «El conocimiento envanece» (1 Co. 8:1).[3] «Así dijo Jehová: No se alabe el sabio en su sabiduría, ni en su valentía se alabe el valiente, ni el rico se alabe en sus riquezas. Mas alábese en esto el que se hubiere de alabar: en entenderme y conocerme, que yo soy Jehová» (Jer. 9:23–24). No basta saber acerca de Dios solo para obtener conocimiento.

El motivo más elevado de conocer *acerca* de Dios es para conocerle *a* él con el propósito de que le amemos, adoremos y sirvamos. Jesús oró al Padre: «Esta es la vida eterna: que te conozcan a ti, el único Dios verdadero, y a Jesucristo, a quien has enviado» (Jn. 17:3). Añadimos las palabras de Moisés: «¿Qué pide Jehová tu Dios de ti, sino que temas a Jehová tu Dios, que andes en todos sus caminos, y que lo ames, y sirvas a Jehová tu Dios con todo tu corazón y con toda tu alma?» (Dt. 10:12).

¿Cómo es Dios? Es popular considerarlo como un abuelito amable que no interferiría de ninguna manera en los placeres de sus hijos. En contraste, algunas personas le ven como un viejo severo, un aguafiestas cósmico que se deleita en castigar a los hombres. Muy poca gente es atea. Por otro lado, hay una multitud de personas que no niegan su existencia pero raras veces piensan en él; le consideran irrelevante; son ateas en la práctica.

Pero, ¿qué piensan de Dios los teólogos sofisticados? En este capítulo presentaremos un panorama simplificado de sus nociones a través de los siglos. Lo hacemos antes de dar el cuadro bíblico del único Dios verdadero, porque queremos que las especulaciones filosóficas sirvan como telón de fondo oscuro, a fin de que se destaque la auténtica imagen gloriosa del creador soberano del universo.

A. Conceptos generales acerca de la deidad

¿Cómo definen los hombres a Dios? ¿Qué nociones se han tenido de la deidad a través de la historia? Presentamos algunos de los conceptos más importantes que tienen que ver con el estudio de la teología.

1. **Politeísmo.** Es la creencia en muchos dioses, los cuales, por regla general, se relacionan con algún aspecto de la naturaleza o una función o actividad humana. En el mundo antiguo, los egipcios, los babilonios, los asirios, los griegos y los romanos ofrecían culto a una pluralidad de dioses. Su contraparte moderna se encuentra en el hinduismo, el budismo mahayana, el confusionismo y el taoísmo posteriores, el sintoísmo del oriente y en religiones de tribus africanas.

Este concepto rebaja a Dios y niega su pretensión exclusiva de ser la deidad. Si muchos dioses pueden ayudar o perjudicar pero ninguno puede hacerlo todo (como creen los politeístas), entonces los hombres tienen que dividir su devoción entre todos estos, ya que no pueden saber de cuál necesitarán la ayuda próxima.

2. **Panteísmo.** El vocablo se deriva del griego *pan* (todo) y *theos* (Dios), y significa «todo es Dios». Los panteístas afirman la unidad de toda realidad y la divinidad de esa unidad; es decir, identifican el universo con Dios. Para ellos, todos los objetos de la naturaleza no tienen más realidad que la existencia misma de Dios. Packer observa:

El panteísmo … no reconoce una distinción entre creador y criatura, sino que ve todo, incluyendo el bien y el mal, como una forma o expresión directa de Dios; de manera que, como dijo William Temple, Dios menos el universo es igual a nada. (En contraste, para el teísmo, Dios menos el universo es igual a Dios.)[4]

Según los panteístas, Dios es la base de todas las cosas. «Él no creó el mundo porque esencialmente él es el mundo … Dios no es una persona porque la personalidad implica limitación».[5] (Realmente el despersonalizar a Dios es hacerlo menos que un ser humano, no podría pensar, sentir emoción, recordar, planificar y comunicarse.) No puede obrar sobrenaturalmente porque está encerrado en el mundo. Puesto que todo lo que está en el mundo y todo lo que sucede es una expresión de Dios, este es autor tanto del bien como del mal, y el hombre es desprovisto de libertad y responsabilidad morales; también el tiempo pierde significado, y la vida, incluyendo la ética, tiene poca importancia.

3. *Panenteísmo.* Es similar al panteísmo en afirmar que el universo es Dios, pero difiere de aquella creencia al sostener que los dos no son idénticos. Aunque Dios es inseparable del mundo, es más que esto; tiene una identidad propia y es algo que el universo no es. Algunos panenteístas consideran a Dios como el alma del universo y al mundo como el cuerpo de la divinidad. Son distintos pero el uno depende del otro.

Alfred North Whitehead y Charles Hartshorne, forjadores de la teología del proceso, son teólogos de esta tendencia.

4. *Deísmo.* Es una creencia basada sobre la razón y no la revelación. Los proponentes creen que un ser supremo creó el universo, puso en marcha las leyes que lo gobiernan y se fue. Niegan que Dios tenga control sobre los acontecimientos, y no dejan lugar para intervenciones milagrosas en la vida del hombre. Rechazan las doctrinas bíblicas tales como la Trinidad, la encarnación, la expiación y el papel del pueblo elegido. Sin embargo, sostienen que el hombre debe adorar a Dios, comportarse éticamente y arrepentirse de sus pecados, pues habrá castigos y recompensas en esta vida y la del porvenir.

5. **Teísmo.** En general este término quiere decir «creencia en Dios» y abarca toda religión que cree en alguna forma de la deidad.

Sin embargo, el teísmo en su sentido más específico se refiere a la creencia en un solo Dios (a diferencia del politeísmo). Consiste de un ser personal, creador de todo lo que existe en el universo; es tanto inmanente como trascendente y capaz de obrar libre y sobrenaturalmente (a diferencia del panteísmo y panenteísmo). Finalmente, está presente en todas partes e interesado en el bien de sus criaturas (contrario al deísmo).

A. F. Holmes lo describe:

Como creador, el Dios del teísmo es tanto inteligente como poderoso. Como persona, es capaz de revelarse a sí mismo, un ser moral con preocupaciones justas y benevolentes a favor de sus criaturas. Como el único (ser) trascendente, es libre para actuar soberanamente en la creación. En esta actividad inmanente, busca sus propios buenos propósitos para la historia en general y para las personas en particular.[6]

Las tres grandes religiones teístas son el Judaísmo, el Islamismo y el Cristianismo. «Cada uno afirma un Dios creador personal, auto revelador, activo en la creación y digno de ser adorado. De estas tres, el cristianismo da la relación más plena de la participación de Dios en su creación, en términos de la encarnación, y la obra redentora del eterno Hijo de Dios».[7]

B. La doctrina de Dios en la historia

La historia del pensamiento cristiano revela problemas recurrentes sobre la naturaleza de Dios y su relación con el mundo. Los temas de discusión más importantes son trascendencia contra inmanencia, naturaleza personal contra la impersonal y la posibilidad de conocer a Dios contra la imposibilidad de conocerlo.

1. **Teología forjada por medio de la filosofía.** Los primeros teólogos cristianos, Justino Mártir, Clemente de Alejandría, Orígenes y Agustín (175–430), aunque se sometían a la ense-

ñanza bíblica, tendían a interpretar la fe cristiana en términos de la filosofía griega. Pensadores de la Grecia antigua habían conceptuado al mundo como formado de alguna manera por un principio divino, que era inmaterial, impasible, inmóvil, inmutable y eterno. Empleando el vocabulario filosófico, los primeros teólogos cristianos forjaron la doctrina de la Trinidad: Dios es de una sustancia o esencia pero existe como tres personas. Estos religiosos hacían hincapié de la trascendencia abstracta de Dios, de la diferencia entre él y la humanidad.

Agustín (354–430), sostenía que los atributos de Dios incluían aseidad (independencia), inmutabilidad absoluta, sencillez, pero a la vez, una tri-unidad de personas en una esencia. Dios es también omnipresente, omnipotente, incorpóreo y eterno. Dios no se encuentra en el tiempo porque él es creador del tiempo.

En la época moderna, es popular criticar el concepto que tenían de Dios los primeros forjadores de la teología. James Packer, sin embargo, defiende el uso de la filosofía griega como herramienta para desarrollar la doctrina.

> Se puede sostener que estos términos griegos, concordaban pobremente con las normas bíblicas, pero aquellos que los han usado desde el siglo dos hasta el siglo veinte nunca les han permitido oscurecer el hecho de que Dios es personal, activo y ciertamente lleno de vida.[8]

2. *La teología natural de los escolásticos.* El concepto filosófico de Dios dominó el pensamiento cristiano hasta la Reforma, y llegó a su clímax con la teología natural de Tomás de Aquino (1226–1274). Este príncipe del escolasticismo señaló en su obra, *Summa Teológica,* que es posible llegar a conocer a Dios a través de la razón humana. Recalcaba excesivamente la trascendencia de Dios y la dificultad en conocerlo bien. Por la influencia de la filosofía de Aristóteles,* Santo Tomás percibía a Dios como una esencia activa, el dinamismo del ser que es la causa primera de todo lo que está fuera de él.

---

* Según Aristóteles, Dios es el primer movedor, la primera causa de toda existencia finita. Es toda actualidad (realidad) y no le falta

Podemos observar que los teólogos de la edad medieval, con su propensión a emplear términos filosóficos cuando describían a Dios, le hacían aparecer como un ser abstracto e impersonal, aunque esto no fue su intención. Donald Bloesch comenta:

> El describir a Dios como el ser más perfecto e identificar sus atributos primordialmente como aseidad, inmensidad, sencillez, inmutabilidad, omnipotencia, etc., es perder de vista el testimonio bíblico de que el verdadero Dios es uno que actúa en la historia, que se dirige a la humanidad en su quebrantamiento y desesperación, y que participa en su dolor y padecimiento. El Dios inmóvil y autosuficiente de la tradición filosófica y helenista es algo muy diferente que el Dios que ama y juzga, que da gracia y la retiene, que se angustia sobre el pecado y busca rescatar del pecado a la criatura humana.[9]

3. *Los reformadores vuelven solo a la Biblia.* En contraste con los escolásticos de la edad media, los reformadores Martín Lutero y Juan Calvino no quisieron identificarse con ningún sistema de filosofía. Proclamaron al Dios de la Biblia: trino, trascendente pero a la vez inmanente y activo en el mundo. Por la fe en Jesucristo los hombres pueden tener comunión con su creador.

4. *El Dios de los deístas.* El deísmo fue ideado por pensadores ingleses en el siglo diecisiete, y pasó simultáneamente a Francia y Alemania llegando a ser la teología de la iluminación durante el siglo dieciocho.

Reaccionando contra el dogmatismo estrecho y la superstición del clero de aquel entonces, los proponentes procuraron establecer una religión racional y libre de los milagros y

---

potencialidad, de otro modo habría necesidad por algo antes de él para que le actualizara.

La actualización de algo potencial involucra cambio. Puesto que Dios es solo actualidad, tiene que ser inmutable, eterno e incorpóreo porque la materia es una forma de potencia. Siendo inmaterial, él es mente; no depende de objetos fuera de sí mismo para reflexionarse, sino contempla su propio ser perfecto.

misterios del cristianismo. Rechazaron la Biblia como una revelación divina. Negaron la «providencia particular» de Dios pues para ellos el universo es como una máquina compleja puesta en marcha por el mecánico celestial y luego abandonado. Los hombres no encuentran a su creador hasta el día del juicio en el cual serán castigados o recompensados según su conducta en la tierra. John Toland y Matthew Tindal de Inglaterra, Benjamin Franklin y Tom Paine de América del Norte, y Voltaire de Francia y Lessing de Alemania, eran representantes de esta teología.

5. *El Dios de los racionalistas.* El racionalismo pretende que solo la razón humana puede interpretar y juzgar todo fenómeno en el universo, incluyendo a Dios. Su forma más radical sostiene que la razón puede descubrir verdades espirituales, y que solo estas verdades, así descubiertas, deben ser aceptadas. Para el racionalista, la razón es el Señor y Dios consiste en lo que el racionalista describa. Mencionaremos cuatro racionalistas importantes.

Baruc Espinosa (1632–1677), un judío no ortodoxo, desarrolló la forma más rigurosa del panteísmo. Especuló que el universo es de una sustancia que se puede denominar la naturaleza o Dios. Según él, Dios es un principio impersonal.

Gottfried Léibniz (1724–1804), ilustre filósofo alemán que descubrió, al mismo tiempo que Newton, las bases del cálculo diferencial. Imaginó que el universo consiste de una cantidad innumerable de «monadas», sustancias sencillas que están eternamente activas. Las monadas están arregladas según su importancia para Dios, como la simple sustancia original, en el primer lugar. Su optimismo superficial se resume en la siguiente frase: «Aunque no todo es perfecto todavía este es el mejor de los mundos posibles».

Emanuel Kant (1724–1804), filósofo alemán, afirmó que el hombre puede conocer el mundo material pero es incapaz de conocer cosa alguna fuera de él. M. D. Geldard señala las implicaciones de esa teoría.

> El Dios infinito tiene que eludir nuestras pre-interpretaciones para siempre. Está más allá de nuestro limi-

tado apartado conceptual y por lo tanto no podemos conocerle en ningún sentido sustancial. Las categorías por medio de las cuales percibimos el mundo de sentidos sensoriales son sencillamente inapropiadas para lo infinito, lo no condicionado, lo metafórico y eterno. Y asimismo en la religión, la «razón» demostrativa tiene que dar lugar a «la fe práctica».[10]

¿Cuáles son los resultados de la filosofía de Kant? Son varios y trascendentales.

a) Positivismo: conocemos solamente lo que podemos observar.

b) Agnosticismo: puesto que Dios no es un objeto de espacio y tiempo en el mundo, no es posible conocerlo. Así que a la Biblia le falta veracidad. Es solamente la literatura religiosa de los hebreos y judíos.

c) Racionalismo: La creencia que la razón pura puede juzgarlo todo, incluso determinar sus propias limitaciones.

d) Moralidad: Afirma la posición de que las reglas de conducta formuladas por los racionalistas son divinamente sancionadas.

e) Liberalismo: La religión que abandona la doctrina ortodoxa y pone énfasis en la experiencia y la ética.

Convencido de que era imposible conocer a Dios, Friedrich Schleiermacher (1768–1834), llamado el «padre teológico del liberalismo», descartó las doctrinas ortodoxas. Para él, lo divino es esencialmente el fundamento de todo ser finito mientras que llegue a la conciencia de sí mismo en la naturaleza humana. El atribuir personalidad a la fuente universal del ser, sería reducirla al nivel de un ser finito. Dios es inmanente y no trascendente. La religión consiste en sentir dependencia absoluta más bien que creer en un sistema doctrinal.

La filosofía de Kant fue un punto divisorio en la historia del protestantismo. Por un lado se levantaban teólogos que tomaban en serio las especulaciones de Kant, perdieron su convicción de que la Biblia es una revelación de Dios y forjaron una teología sin referencia a las Escrituras Sagradas. Por otro lado, la mayoría abrumadora de los creyentes de la tradición reformada (puritanos, pietistas y evangélicos) no fueron impresionados por la filosofía kantiana, sino seguían creyendo que Dios se reveló a través del Libro inspirado.

George Hegel (1770–1831) desarrolló una teoría sobre la deidad que se llama idealismo, la cual se asemeja en un sentido a la teología del proceso. Él pensaba que esta era la verdad que la doctrina cristiana expresaba de una manera primitiva y mítica.

Según Hegel, toda la realidad consiste en la expresión de una sola cosa, un Espíritu Absoluto el cual no es personal ni trascendente, sino una fuerza o idea absoluta, eterna y dinámica, que abarca y une todas las cosas. Los términos «espíritu», «idea», «verdad» y «Dios» son más o menos sinónimos en el vocabulario de este filósofo.

El Espíritu Absoluto opera en el universo por medio de un proceso dialéctico en que lo infinito se vuelve finito y lo finito se vuelve infinito. Es decir, Dios «se manifiesta en la historia por medio de un proceso de reconciliaciones y de contradicciones. Este constante proceso consiste de la tesis (proposición), la antítesis (la oposición) y la síntesis (una conciliación o fusión de la tesis y antítesis). Este proceso evolutivo sigue formando perpetuamente nuevas tesis, antítesis y síntesis».[11]

6. *Existencialismo.* Es una filosofía cuya tesis enuncia que la existencia es previa a la esencia, es decir, la pregunta: «¿existe o no?», es más importante que el interrogatorio: «¿qué es?». Ramm explica:

> Esta tesis significa que mi existencia personal, mi problema de ser, mi interés conmigo mismo, mi situación en el mundo, es previa y más fundamental que cualquier teoría acerca del mundo o la realidad. El hombre no puede empezar con una teoría acerca del mundo o la realidad, una metafísica u ontología; puede empezar solamente donde está, como un ser humano en medio de todas las contingencias de la existencia humana.[12]

El existencialismo ha sido descrito como el intento de filosofar desde el punto de vista del actor más bien que del espectador indiferente. Pero la filosofía resultante difiere mucho según las convicciones de los filósofos y su pensamiento varía según si se es creyente o ateo.

Soren Kierkegaard (1813–1855). Su filosofía fue esencialmente una rebelión contra el racionalismo estéril del sistema hegeliano. Este se caracterizaba por su falta de compromiso con la gente y su forma de pasar por alto sus necesidades. Kierkegaard señaló que el considerar que la aquiescencia intelectual a un sistema es idéntico con tener fe, es realmente reemplazar a Dios con un ídolo, algo que había hecho la iglesia del estado en Dinamarca. Dios no es un objeto pasivo puesto en exhibición para que podamos examinarlo, sino es un sujeto activo que se nos acerca de incógnito en Cristo Jesús. No debemos ser espectadores, sino participantes en la lucha. Nos toca entregarnos totalmente a él en un salto de fe (decisión) y seguirle aunque no sepamos claramente quién sea o a dónde nos conduce.

En todos los escritos de Kierkegaard, se encuentra la convicción profunda de que Dios existe y que se encarnó en Jesucristo. El Dios del padre del existencialismo, sin embargo, es totalmente «diferente» y no puede ser identificado con algo finito. A la vez, es el santo creador que encuentra a la gente a través de la palabra hiriente de la ley y de la promesa sanadora del evangelio.

Aunque no se puede conocer bien a Dios, su promesa es digna de confianza. En este sentido, Kierkegaard difiere de algunos otros existencialistas que vinieron después de él. (Por ejemplo, Rudolph Bultmann desmitificó el Nuevo Testamento dejando a sus seguidores sin promesa alguna referente al encuentro con el Señor.)

Karl Barth (1886–1968). Eventos en el mundo, incluso dos guerras mundiales y el surgimiento de regímenes totalitarios, precipitaron el colapso del viejo liberalismo que había puesto el énfasis en la inmanencia de Dios. Barth, el más distinguido líder del movimiento llamado neoortodoxia, rompió con aquella teología. Predicaba las doctrinas bíblicas del Dios trino, la encarnación y la pecaminosidad del hombre.

Entre los teólogos neoortodoxos, solo Barth asevera la independencia soberana de Dios y su trascendencia sobre el universo, en directa oposición a la exageración moderna de la inmanencia divina. Barth afirma, sin reservas, que Dios es creador soberano y sobrenatural; que es trascendentalmente epistemológico, ontológico y moral; y que es libremente inmanente en relación con su creación.

Sin embargo, al igual que Kierkegaard, Barth exagera la trascendencia divina. Dios es, para él, «el totalmente otro». Dice: «Inescrutable ... ocultamiento, pertenecen a la naturaleza de Aquel que es llamado Dios en la Biblia. Como creador, este Dios es distinto del mundo, es decir, como la persona que es, no pertenece al plano de lo que el hombre, como criatura, puede conocer directamente acerca de Dios» (*Church Dogmatics* I/1, p. 368).[13]

La neoortodoxia afirma que no se pueden formar conceptos de Dios. Él no puede ser comprendido mediante categorías lógicas, solo para ser encontrado indirectamente. Esta noción se relaciona estrechamente con el punto de vista de que no hay comunicación de información, sino un encuentro con una persona, cuya presencia es revelación. La Biblia misma no es una revelación, sino que es el testigo de la revelación.

Como resultado de negar que se pudiera comunicar directamente el conocimiento de Dios, se produjo escepticismo ante la posibilidad de obtener algún conocimiento de la deidad. Se perdió gradualmente la posibilidad del conocimiento revelador de Dios. La experiencia religiosa fue considerada como la clave para conseguir conocimiento teológico. Para los existencialistas, el concepto de Dios cobra significado solamente en las «experiencias existencialistas» del hombre.

Esta tendencia existencialista ideada por Kierkegaard y por Barth (cuya teología recalcaba fuertemente la trascendencia divina), fue heredada por Rodolfo Bultmann. Aunque este no negó que Dios es trascendente, se concentró casi enteramente en el Dios de la experiencia existencialista.

Paul Tillich (1886–1965). Es un filósofo-teólogo neoliberal, cuyo pensamiento prescinde totalmente de lo sobrenatural. En su teología, el inmanente «fundamento de todo ser» reemplaza al Dios trascendental del teísmo cristiano. Según él, Dios «es más un poder racional que todo lo penetra, pero no es una persona que se comunica, y con quien el hombre puede entrar en comunión».[14] Dios sobrevive en la teología de Tillich, pero no como creador, sino como una base casi panteísta de toda existencia.

Este forjador de la teología enseñaba que uno puede observar una evolución continua en la religión. Cada etapa de este proceso expresa elementos de verdad y, por lo tanto, tiene significado. Sin embargo, para él las doctrinas también evolucionan. Cada concepto teológico (tal como la justificación por la fe predicada por Lutero, la predestinación por Calvino, el Jesús puramente humano y el reino de Dios por los liberales) sirve durante su época, pero llega a ser obsoleto al pasar su período y tiene que ser reemplazado por otro.

Tillich desarrolló un sistema haciendo una síntesis de los conceptos filosóficos, antropológicos, sicológicos y de los estudios de las religiones comparadas. El liberalismo contribuye con la inmanencia; la neoortodoxia, con la relación entre dos o más alternativas, la comunicación indirecta, el símbolo y el mito; por último, el bultmannismo aportó la desmitificación. Este pensador incorporó también ideas de filósofos: el desarrollo interno de Dios según Hegel, la teoría de la evolución orgánica ideada por Aristóteles, la imposibilidad de conocer a Dios y todo lo que es metafísico por Kant, y la idea existencialista de poner al hombre en un lugar céntrico.

La teología resultante de esta síntesis consiste en un desvío de la ortodoxia, mucho más grande que el del liberalismo y la neoortodoxia. Su sistema carece tanto de una revelación proposicional como un Dios personal. La deidad no existe como persona, porque ella es el fundamento de toda existencia y ser. Es el poder o fuerza que causa la existencia de todo; es existencia misma. Satura todo pero no es idéntica con lo material (panenteísmo). La relación de Dios con los objetos finitos es semejante a la savia en el árbol; no es la planta misma, sino la fuerza vital en ella. Según el sistema de Tillich, la vida eterna consiste en volver al seno del Ser, el «Todo» plotínico, algo semejante a la Nirvana budista.

7. *La teología del proceso (panenteísmo).* Otros teólogos contemporáneos procuran reconstruir la teología en términos del punto de vista evolutivo de la ciencia moderna.

Teilhard de Chardin, paleontólogo jesuita (1881–1955), retuvo los conceptos básicos de la doctrina católica, pero absorbió la teología de la evolución cósmica. Para Teilhard, Dios es una parte integral del proceso evolutivo (ascenso hacia el estado consciente), ya que Dios y el universo en evolución están unidos. Cristo (Dios), «cuerpo de Cristo», es equivalente al mismo universo. Así que la humanidad tiene el deber de adelantar esta «cristificación».[15]

Enfatiza el rol cósmico del Cristo más bien que su papel redentor; el mal y el pecado llegan a ser una parte del proceso evolutivo, y la caída es un símbolo del estado incompleto del mundo. Así los dos pierden su gravedad. Se equipara la salvación con los esfuerzos humanos para completar el cuerpo místico de Cristo.[16]

Aunque Teilhard cae generalmente en la categoría de la teología del proceso, técnicamente él es un poco diferente. Consideraremos la doctrina de dos grandes pensadores de este sistema.

Alfred North Whitehead (1861–1947), matemático y filósofo, desarrolló conceptos que han sido la fuente de la filosofía y teología del proceso. Concibió la idea de un Dios finito que, conjuntamente con los hombres, lucha para realizar su potencialidad plena. Según él, la realidad es primordialmente procesal y evolutiva en naturaleza, más bien que un ser o sustancia inmutable. Además, Dios se identifica tan estrechamente con el resto de la realidad que él también crece y se desarrolla. Dios y el mundo dependen el uno del otro.

Este pensador se imagina que Dios tiene dos naturalezas: (1) la «primordial» (conceptual) que es infinita, eterna, inmutable, aborigen e independiente; trasciende las entidades temporales, pero le falta la plenitud de la actualidad (realización) y del estado consciente; por lo tanto requiere entidades temporales. (2) La naturaleza «consecuente» (resultante) que se une con el avance creativo del mundo, es consciente pero siempre incompleto. Se involucra en tiempo y cambio. El cuidado del mundo es una expresión necesaria de la naturaleza divina.

En breve, Whitehead ve la naturaleza fundamental de toda realidad como un proceso o devenir más bien que como un ser o sustancia inmutable. Aunque hay una dimensión abstracta y eterna de Dios que proporciona la potencialidad que necesita el proceso, la deidad incluye todas las entidades cambiantes en su propia vida. Por ende, él mismo está en el proceso de cambio. Como el universo es dinámico y cambiante, y realiza sus potencialidades, así es Dios también.[17]

Charles Hartshorne (1897–), estudiante de Whitehead, desarrolla también el punto de vista que afirma la falta de entrega en Dios y recalca su relatividad al mundo. Esto contrasta con su absoluta y perfecta esencia divina. Al evaluar la teología del proceso, no es alentador imaginarse a un Dios que es cambiante, finito y dependiente del mundo y de la humanidad.

8. *Otros conceptos modernos.* La tendencia de teólogos contemporáneos consiste en reemplazar el trascendentalismo de Dios con su inmanencia; su soberanía con su vulnerabilidad. Jürgen Moltmann afirma que Dios no es un déspota todopoderoso, sino un Espíritu todo inclusivo paterno-materno que nos sostiene y nutre. El Dios de la Biblia, según él, es un Dios con «el futuro como su naturaleza esencial».[18] Dios no se revela como quién es, sino como quién será en el futuro. Dios está presente solo en sus promesas, solo en esperanza.

Pero no se encuentra a Jesucristo en el centro de su escatología; más bien la meta del futuro es la edificación de la utopía en la tierra. Esto se realiza por medio de la política y la revolución. Tanto Moltmann como los otros teólogos liberales, consideran que Dios se interesa principalmente en aliviar la opresión económica y política de los pobres.

Teólogos feministas ponen en tela de juicio la identificación de Dios con el sexo masculino. Se preguntan: «¿No sería mejor considerar la deidad en términos bisexuales y femeninos?». Según Moltmann, Dios no debe considerarse como unisexual sino como bisexual o transexual (es decir, abarca o trasciende aspectos de ambos sexos). El reino de Dios es «el reino de compasión paternal y maternal» más bien que «el reino de majestad dominante y sujeción servil».[19]

C. CONCLUSIÓN

En este pequeño panorama de la historia de los conceptos de Dios, hemos considerado las especulaciones humanas referentes a la naturaleza divina, y observamos que las distintas nociones se contradicen las unas a las otras. El pensador que trata de definir a Dios usando solo su razón, se asemeja a los ciegos de un poema. Estos intentan describir un elefante; cada uno examina con sus manos un miembro o parte del cuerpo del animal tal como la cola, la pata o el costado. Luego declara que lo que encuentra es una descripción fiel de la bestia entera. En las palabras de Brunner: «Lo que los filósofos llaman «revelación» difiere de lo que la fe la denomina. El Dios descubierto por medio del pensamiento siempre será distinto que el Dios que se da a conocer a través de la revelación».[20] Solo en la Biblia hallamos un cuadro fidedigno de la naturaleza, carácter y personalidad divinas.

Es obvio que las formulaciones contemporáneas que definen a Dios de manera que ya no es el creador personal y soberano Señor de la historia, son las consecuencias de negar que Dios se revela en las Escrituras hebreas y cristianas. Se pone de relieve también la propensión pecaminosa del corazón humano que siempre quiere establecer su propia autonomía. Así se cumplen las palabras del profeta: «Todos nosotros nos descarriamos como ovejas, cada cual se apartó por su camino» (Is. 53:6).

CITAS Y REFERENCIAS

1. Morris A. Weigelt, «God» in *Beacon Dictionary of Theology* [«Dios» en Diccionario de Teología Beacon], Richard S. Taylor, editor, Beacon Hill Press of Kansas City, Kansas City, MO, 1983, p. 236.

2. Charles Spurgeon, citado por J. I. Packer en *Hacia el Conocimiento de Dios*, Logoi, Inc., Miami, 1979, pp. 11–12.

3. Packer, *Íbid.* p. 16.

4. J. I. Packer, «Dios» en *Nuevo Diccionario de Teología*, Sinclair B. Ferguson, David F. Wright, J. I. Packer, editores. Casa Bautista de Publicaciones, El Paso, TX, 1992, pp. 284–285.

5. E. Y. Mullins, *Manual de Evidencias Cristianas*, CLIE, Tarrasa, España, 1987, pp. 29–30.

6. A. F. Holmes, «Teísmo» en *Nuevo Diccionario de Teología, op.cit.* pp. 884–885.

7. *Íbid.*

8. J. I. Packer, «Dios» en *Nuevo Diccionario de Teología, op.cit.* p. 286.

9. Donald G. Bloesch, *God the Almighty* [Dios el Todopoderoso], Intervarsity Press, Downers Grove, IL, 1995, p. 35.

10. M. D. Geldard, «Kant, Emanuel» en *Nuevo Diccionario de Teología, op.cit.* p. 542.

11. Carlos Jiménez, *Crisis en la Teología Contemporánea*, Editorial Vida, Miami, FL, 1985, pp. 24–25.

12. Bernard Ramm, *Diccionario de Teología Contemporánea*, Casa Bautista de Publicaciones, El Paso, TX, 1978, p. 57.

13. Citado en Ramm, *op.cit.* p. 38.

14. Harvie M. Conn, *Teología Contemporánea en el Mundo* (s.l.: publicado por la Subcomisión de Literatura Cristiana de la Iglesia Cristiana Reformada, s.f.), p. 99.

15. D. J. Jones, «Teilhard de Chardin, Pierre» en *Nuevo Diccionario de Teología, op.cit.* pp. 883–884.

16. *Íbid.*

17. R. I. Saucy, «God, doctrine» en *Evangelical Dictionary of Theology* [«Dios, doctrina» en Diccionario evangélico de teología], Walter A. Elwell, editor, Baker Book House, Grand Rapids, MI, 1984, p. 463.

18. Jürgen Moltmann, *Religion, Revolution and the Future*, Charles Scribner's Sons, New York, 1969, p. 52.

19. Jürgen Moltmann, *The Trinity and the Kingdom*, Harper and Row, San Francisco, CA, 1981, p. 164.

20. Emil Brunner, *Revelation and Reason*, Westminster Press, Philadelphia, PA, 1946, p. 46.

CAPÍTULO 10

EL ÚNICO DIOS VERDADERO: SUS NOMBRES

EN ESTE ESTUDIO, el primer paso para conocer más íntimamente a Dios es estudiar los nombres bíblicos de la deidad. Estos arrojan luz sobre su personalidad.

A. El papel de los nombres divinos

Las Escrituras del Antiguo y Nuevo Testamentos son únicas entre los documentos religiosos en el sentido de que los nombres de la deidad son autorrevelados. Filósofos y teólogos no cristianos designan a menudo a Dios según alguna cualidad central. Por ejemplo, Paul Tillich le denomina como el «fundamento de todo ser», es decir, como la fuerza o poder dentro de todas las cosas que les causa existir. Los nombres bíblicos de Dios, en contraste, revelan progresivamente las facetas del ser y personalidad divinos, a través de momentos decisivos en la historia de su pueblo.

Los israelitas antiguos daban mucho más significado que nosotros a los nombres que ponían a sus hijos. Para ellos, un nombre no era una mera etiqueta, sino a menudo «una expresión de la personalidad, naturaleza o futuro del individuo (o al menos, una declaración por parte de quien se lo ponía, con respecto a lo que esperaba del que lo recibía)».[1] Por ejemplo, el padre de Noé puso a su hijo el nombre que significa «descanso», con la esperanza de que Noé trajera alivio del duro trabajo de cultivar la tierra maldecida (Gn. 5:29); Dios mismo cambió el nombre de Jacob (suplantador) a Israel (el que lucha con Dios o Dios lucha) para expresar su nueva personalidad (Gn. 32:28).

Así que los hebreos consideraron que los nombres divinos eran casi equivalentes a la expresión de la esencia, carácter y personalidad de Dios, y que le manifestaban tal como él quería ser conocido por sus criaturas. Así que, «todo lo que se puede conocer acerca de Dios, por virtud de su autorrevelación, la Escritura lo llama "el nombre de Dios"».[2]

Aunque las Escrituras registran varios nombres divinos, hablan también del *nombre* de Dios en el singular. Por ejemplo, se usa en el sentido genérico en las siguientes declaraciones: «No tomarás el nombre de Jehová tu Dios en vano» (Éx. 20:7), «Cuán glorioso es tu nombre en toda la tierra» (Sal. 8:1), «En Israel es grande tu nombre» (Sal. 76:1), «Torre fuerte es el nombre de Jehová; a él correrá el justo, y será levantado» (Pr. 18:10). Berkhof señala que «en estos ejemplos »el nombre» da a entender la plena manifestación de Dios en las relaciones con todo su pueblo, o con una sola persona, de manera que se convierte en sinónimo de Dios».[3]

Puesto que Dios es infinitamente superior a todo lo que es temporal, él se acomoda al nivel del entendimiento humano revelándose con nombres antropomórficos. «Se derivan de relaciones humanas y terrenales ... y señalan un condescendiente acercamiento de Dios al hombre».[4] En conclusión, los nombres principales de Dios en la Biblia proclaman los aspectos de su naturaleza y de su relación con la humanidad.

El Nuevo Testamento emplea también nombres divinos para revelar la personalidad de Dios, pero simplifica el uso, usa pocos y pone menos énfasis en ellos como indicaciones de su carácter.

B. Nombres de Dios en el Antiguo Testamento

Los eruditos procuran a menudo determinar el significado de los vocablos estudiando las raíces de ellos en el idioma en que se escriben o en otra lengua semejante. Aunque la etimología (el estudio del origen de las palabras) es una disciplina valiosa, sus conclusiones por sí mismas no son suficientes para precisar el significado de los nombres divinos. Es necesario con frecuencia considerar el uso de cada uno en su contexto.

Los nombres principales de la deidad en el Antiguo Testamento son tres: *El* (*Eloah*, *Elohim*), *Yahvéh* (*Jah*) y *Adonay* (*Adón*). Por regla general, los demás son nombres compuestos o expresiones descriptivas.

1. ***El, Eloah, Elohim.*** Es el término general que significa Dios más bien que el nombre personal del Ser supremo. Todos los pueblos semíticos del antiguo Oriente lo empleaban para identificar la deidad, y los musulmanes todavía llaman a Dios «Alah», una forma del antiguo «*El*». Para los hebreos, sin embargo, solo existía un Dios verdadero *El Elohí Yisra'el* «Dios, el Dios de Israel» (Gn. 33:20). Esto lo separaba de los muchos dioses (*elohim*). Se cree que este nombre se deriva de un término cuyo significado es «poder», o «preeminencia».

El término *Elohim* es la forma plural de «*El*»; sin embargo, cuando se hace referencia a Dios, se usa siempre un verbo singular, el cual nos indica que Dios es uno. En el idioma hebreo, la forma plural expresa a veces intensidad o plenitud. Así que, la palabra «*Elohim*» indicaría su majestad, poder infinito y excelencia. Ciertos pensadores cristianos, sin embargo, rechazan la idea de que el nombre «*Elohim*» se refiere primordialmente a tales características. Sostienen que indica pluralidad en la deidad, algo que apoya la doctrina de la Trinidad. Sin embargo esto parece ser un visualizar más que de lo que hay en el término. En las Escrituras los nombres «*El*» y «*Elohim*» pertenecen «a un solo ser, que contiene en sí mismo todos los pensamientos expresados por los nombres y descripciones bíblicas de Dios».[5] Esto incluye la idea de un ser trascendente, moral, infinitamente poderoso que es la fuente de toda vida y esta depende de él para su existencia.

En la Biblia, «*elohim*» no se refiere siempre al Ser supremo o dioses de otros pueblos, sino también a ídolos (Éx. 34:17), a los jueces (Éx. 22:8) y a los ángeles (Sal. 8:5). *Eloáh* es sinónimo en forma singular de «*Elohim*»; se traduce sencillamente como «Dios».

A menudo, Dios revela aspectos de su personalidad proporcionándonos frases descriptivas o cláusulas en conjunción con sus diversos nombres.[6] Los importantes nombres compuestos con «*El*» son los siguientes.

a) *El Shadai* (Dios Todopoderoso u Omnipotente), antiguo título de Dios revelado especialmente a los patriarcas (Gn. 28:3; 35:11; 48:3; Éx. 6:3) y siempre en relación con la promesa de una numerosa descendencia. Algunos eruditos creen que el significado primitivo de este nombre pudo haber sido «Dios de la montaña» en «el sentido simbólico de inmutabilidad y fortaleza perenne, en contraste con la incapacidad del hombre».[7] Sin embargo, es necesario consultar los contextos respectivos para determinar exactamente lo que el nombre significa.

En relación con los patriarcas, es el Dios del pacto, el «todo suficiente» para cumplir sus promesas (véase Gn. 17:1-2). El libro de Job usa este título como nombre general de Dios: «*El Shadai*» es el Dios que disciplina (5:17), ha de ser temido (6:14), es justo (8:3), escucha la oración (8:5) y es dador de vida (33:4). Con todo, es poderoso tanto para bendecir como para devastar.

b) *El Elyón* (Dios Altísimo, Gn. 14:22; Nm. 24:16; Dt. 32:8) sugiere su cualidad como «el exaltado». Hay una connotación superlativa en el adjetivo «*elyón*». En cada caso donde ocurre, significa lo más alto de todos o exaltado. Esto es evidente en su uso en el Salmo 97:9 donde indica la supremacía de Jehová sobre otros dioses.

Otros términos descriptivos que están añadidos al nombre «*El*» contribuyen a revelar la naturaleza de Dios. Su atributo de eternidad se destaca en el nombre *El Olam*, «Dios eterno» (Gn. 21:33; véase Sal. 90:2); «*olam*» significa «perpetuo» o «perdurable». El papel salvador del Ser supremo se expresa por el nombre *Elohim yishenu* «Dios salvación nuestra» (1 Cr. 16:35; Sal. 65:5; 68:19; 79:9).

2. **Adonay** («Señor»; *kyrios* en la LXX). Significa aquel que gobierna sobre todo lo que está fuera de él; recalca su soberanía como rey.

Durante el período patriarcal, los nombres *El, Elohim, Adonay, El Elyón y Elohim Elyón* servían como títulos más generales de la deidad; mientras el nombre *El Shadai* era más personal y más específico en su descripción de la actividad de Dios entre los hombres. «El uso entero de este período hace hincapié en el punto de vista que, al hebreo, el concepto de la deidad era concreto y específico, y no abstracto y metafísico».[8]

3. **Yahvéh** (Jehová). Este nombre aparece seis mil ochocientos veintiocho veces en el Antiguo Testamento. «*Yahvéh*» en contraste con «*Elohim*», es el nombre personal e íntimo de Dios por el cual su pueblo podía invocarle como el Señor que había hecho pacto con ellos. Ciertos teólogos como Herman Bavinck piensan que es el único «nombre» de la deidad que incluye toda su revelación.[9] Berkhof comenta:

> Este nombre Yahvéh, es el que especialmente fue desplazando poco a poco a los otros primeros nombres, pues en este Dios se reveló como el Dios de gracia. Siempre se ha considerado que este es el más sagrado y el más característico de los nombres de Dios, el nombre incomunicable.[10]

Este nombre aparece en la Biblia desde los primeros tiempos y de tal forma que da a entender que los hombres lo conocían y lo invocaban (véase Gn. 4:26; 12:8; 13:4; 26:25). Sin embargo, críticos liberales ponen en tela de juicio el uso de *Yahvéh* hasta el tiempo de Moisés. Quieren comprobar la hipótesis Graf-Wellhausen. Preguntan, ¿cómo pudo Dios decir: «Yo soy Jehová. Yo me aparecí a Abraham, a Isaac y a Jacob como Dios Omnipotente, pero con mi nombre Jehová no me di a conocer a ellos» (Éx. 6:2–3)? ¿Cómo es que Moisés preguntó a Dios, «cuál es tu nombre»? (Éx. 3:13).

M. Buber demuestra que la sintaxis de la expresión hebrea, «¿cuál es tu nombre?» (*mah-semo*) no indica una pregunta referente al nombre de Dios como etiqueta, sino a una averiguación sobre la personalidad revelada por el nombre.[11]

Motyer confirma esta explicación señalando que la palabra traducida «conocer» en Éxodo 6:2–3 («con mi nombre Jehová no me di a conocer a ellos» [los patriarcas]) significa más que conocer el nombre como etiqueta o rótulo. Explica:

> «Conocer» en el Antiguo Testamento va, más allá de la mera posesión de información, hasta el disfrute activo de comunión con la persona conocida. Por ejemplo, los hijos de Elí ciertamente conocían el nombre como «etiqueta» divina pero no tenían conocimiento de Jehová (1 Samuel 2:12; compárese 3:7; Éxodo 33:12–13). Así pues Éxodo 6:2–3 nos dice que lo que hasta ese momento había poseído solo el significado de una «etiqueta», una forma de dirigirse a Dios; ahora adquiere significado como afirmación de carácter que tenía el Dios que recibía ese nombre, que es el Redentor y Juez Santo, siempre presente entre su pueblo.[12]

Dios explica a Moisés el significado de su nombre personal «Yo soy el que soy» (Éx. 3:14). Se asocia *Yahvéh* con el verbo hebreo *hayah* que quiere decir «ser», «existir». Algunos intérpretes consideran que la frase explicativa refuerza el significado del vocablo *Yahvéh* y adquiere mayor intensidad, de manera que *yo soy el que soy* equivale a *Yo soy el que existe realmente y por sí mismo, no como los falsos dioses que no son ni pueden nada.*[13] Esto significaría que Dios tiene existencia en sí mismo, es eterno y autodeterminante. Él es como la zarza que ardía pero no se consumía. También indica que es legado a su pueblo, cumplirá sus promesas y redimirá a su pueblo.

Otros intérpretes toman en cuenta la situación en la cual Dios se aclara a sí mismo. Motyer señala:

> Como palabra, Yahvéh tiene relación con el verbo hebreo «ser». Este verbo va más allá de existir, significa más bien «ser activamente presente». Yahvéh (Éxodo 3:13–16) es el Dios activamente presente en medio de su pueblo. Pero el momento que escogió para dar a conocer esto fue cuando ellos, como esclavos sin remedio, necesitaban la redención.

En otras palabras, la idea de «presencia activa» nos dice que Dios está con nosotros pero no qué clase de Dios es. Al escoger el momento del éxodo para revelar el significado de su nombre, se identifica como el Dios que salva a su pueblo y derrota a sus adversarios.[14]

Las promesas divinas que siguen la revelación del nombre de Dios, parecen confirmar la interpretación de Motyer: «Yo os sacaré de la aflicción de Egipto a la tierra del cananeo ... yo extenderé mi mano y heriré a Egipto ... Yo haré que este pueblo halle gracia a los ojos de los egipcios» (Éx. 3:17,20,21). Entonces la frase significaría: «Yo soy el que estará siempre con ustedes para salvarlos». Desde los encuentros con Moisés en adelante, *Yahvéh* se revela como el Salvador de su pueblo.

¿Por qué muchas versiones de la Biblia emplean la forma «Jehová» para el nombre de Dios? Hacia el siglo cuarto a.C., los judíos tenían temor supersticioso de usarlo, ya que leían Levítico 24:16 como sigue: «Y el que pronunciare el nombre *Yahvéh*, irremisiblemente ha de morir». Sustituían en su lugar *Adonay* (el Señor) o *Elohim*. Los masoretas, aunque dejaban intactas las consonantes YHWH, asignaban las vocales de estos nombres y más a menudo a las de *Adonay*.[15] Varias versiones modernas traducen el nombre propio divino como «el Señor».

En cierta ocasión, Dios proclama su personalidad:

¡Jehová! ¡Jehová! Dios fuerte, misericordioso y piadoso; tardo para la ira y grande en misericordia a millares, que perdona la iniquidad, la rebelión y el pecado, pero de ningún modo tendrá por inocente al malvado; que castiga la maldad de los padres en los hijos y en los hijos de los hijos hasta la tercera y cuarta generación (Dt. 34:6–7).

Así que *Yahvéh* es maravillosamente bondadoso y paciente con los que le temen y severo con los malvados incluso con los que violan el pacto.

Términos descriptivos son añadidos al sagrado nombre los cuales enriquecen su significado original. Algunos de estos nombres compuestos son los siguientes:

a) *Yahvéh Sebaot* (Jehová de los ejércitos). La expresión hebrea «ejércitos» puede referirse a (1) las huestes israelitas, 1 S. 17:45; (2) los astros, el sol, la luna y en general todos los elementos del universo, Gn. 2:1; Dt. 4:19; (3) seres celestiales tales como los ángeles, Job 5:14; 1 R. 22:19. El título se entiende mejor como una referencia a la soberanía de Dios sobre todos los poderes en el universo.

b) *Yahvéh Jireh* (Jehová aparece o proveerá, Gn. 22:14). Cuando Isaac le preguntó a su padre: «He aquí el fuego y la leña; mas ¿dónde está el cordero para el holocausto?», Abraham le aseguró a su hijo que Dios proveería de uno (22:7–8). Después de ver la mano de Dios proveer un substituto, el anciano llamó aquel lugar *Yahvéh Jireh*, «Jehová proveerá» (Gn. 22:14).

El nombre señala la provisión divina de un sacrificio infinitamente mayor: el de Jesucristo que es el cordero substituto para «todo aquel que crea». A través de los siglos, creyentes en Dios interpretan este título como una promesa de que él «suplirá todo lo que os falta conforme a sus riquezas en gloria en Cristo Jesús» (Fil. 4:19).

c) *Yahvéh Rofka* (Jehová tu sanador, Éx. 15:26). En el desierto Dios se reveló como el sanador de los que le escuchen y obedezcan. Una nota en la Biblia de Estudio Reina Valera comenta:

> El tema de Dios sanador aparece en numerosos textos (Dt. 7:15; 32:39; Jer. 17:14; 30:17; Sal. 41:3–4) y se refiere tanto a la curación de las enfermedades físicas como al perdón de los pecados y a la salvación en el pleno sentido del término. Cf. Stg. 5:15.[16]

Dios provee sanidad. Como la madre ama a sus hijos por inclinación, así Dios sana a su pueblo pues está en su naturaleza sanar.

d) *Yahvéh Nisi* (Jehová es mi bandera o estandarte, Éx. 17:15). Después de la derrota de Amalec, Moisés edificó un altar, al que puso por nombre «Jehová Nisi». Los antiguos emplearon estandartes sobre largos palos para dirigir las tropas en combate. Así Moisés reconoció que el Señor mismo era su libertador y capitán. Ese término se relaciona con la malicia de su pueblo. Los creyentes deben luchar contra sus enemigos espirituales pero deben recordar también que luchan bajo la bandera del Señor y en el «poder de su fuerza» (Ef. 6:10–20).

Los términos *Yahvéh jirjeh* y *Yahvéh nisi* técnicamente no son nombres de Dios sino modos de conmemorar acontecimientos.

e) *Yahvéh tsid'kenu* (Jehová, justicia nuestra, Jer. 23:6). Hay dos posibles explicaciones de este nombre.

> En este nombre simbólico se resumen todos los bienes prometidos para los tiempos mesiánicos. La palabra hebrea traducida por justicia, incluye las ideas de rectitud y justicia, salvación y liberación. Cf. Is. 9:7; Miq. 5:4.[17]

Es probable que se refiere a su fidelidad al pacto con su pueblo. La segunda idea tiene que ver con el actuar de Dios en justicia para colocarnos en una posición correcta con respecto a sí mismo. Sería profética. «Al que no conoció pecado, por nosotros lo hizo pecado, para que nosotros seamos justicia de Dios en él» (2 Co. 5:21). Es decir, Dios nos proveyó la justicia suya por la obra de su Hijo en la cruz, «por él estáis vosotros en Cristo Jesús, el cual nos ha sido hecho por Dios sabiduría, justificación, santificación y redención» (1 Co. 1:30).

Además de los nombres ya mencionados hay otras designaciones que arrojan luz sobre la naturaleza y personalidad divinas. El nombre *Tsur* (roca) ocurre cinco veces en el cántico de Moisés (Dt. 32:4,15,18,30,31) y también se usa en los Salmos e Isaías. Es una figura rica que sugiere el papel de Dios como protector de su pueblo, pues cuando los enemigos atacaban, la gente subía a lugares altos para defenderse. El nombre *Qadhosh* (El Santo) aparece en los Salmos y especialmente en Isaías (treinta y dos veces). Significa tanto la trascendencia del Ser supremo sobre la tierra como su relación especial con su pueblo. Exalta su majestad, bondad y poder infinitos, que están por encima de todo lo creado. Por otra parte, realza la condescendencia divina hacia su pueblo.

El título *Anciano de días* (Dn. 7:9), es «un hebraísmo con el que se designa a una persona de edad y aspecto venerables». En el contexto de Daniel 7, «se refiere a Dios, el Juez universal que va a juzgar los reinos de este mundo».[18] *El Gibbor* (Dios fuerte o poderoso, Is. 9:6; 32:18; 42:13) recalca el poder militar de Dios (véase Sal. 24:8). El nombre *Ebhir* (el fuerte o poderoso) se usa en conexión con los nombres de Israel o de Jacob, como un título poético (véanse Gn. 49:24; Sal. 132:2,5).

Al huir de la casa de sus amos, la sierva Agar fue hallada por el Ángel de Jehová y recibió la promesa de un hijo y numerosa descendencia. Fue la ocasión de formular un nuevo nombre para Dios: *El Roi* (Dios que [me] ve, Gn. 16:13). Significa que Dios ve la aflicción de sus criaturas y actúa para ayudarlas.

El nombre *Qanna* (celoso, Éx. 34:14) indica que «el intenso amor del Señor hacia su pueblo no tolera una lealtad a medias, ni la rivalidad de otros dioses u objetos de culto»[19] (véase Éx. 20:5). Debemos amarle y servirle de todo corazón.

Cuando Gedeón fue llamado a ser un libertador en Israel, tuvo temor de morir porque había visto al ángel de Jehová cara a cara. Pero Dios le aseguró: «La paz sea contigo». Entonces Gedeón edificó un altar y lo llamó *Yahvéh-Shalom* (Jehová es paz, Jue. 6:24). El término hebreo *shalom* significa más que paz; incluye también los aspectos de «seguridad, concordia, prosperidad, bienestar y vida en plenitud».[20]

El salmista David nos ha dado un nombre divino que habla de confianza y amor al corazón de todo creyente: *Yahvéh roi* (Jehová es mi pastor, Sal. 23:1). Joyner observa: «Todos los aspectos positivos del pastoreo en el antiguo Oriente Medio se pueden encontrar en el Señor fiel (guiar, alimentar, defender, cuidar, sanar, adiestrar, corregir y estar dispuesto a morir en el intento, si es necesario)».[21]

El último nombre para Dios que se encuentra en el Antiguo Testamento es *Yahvéh-shama* (Jehová está, Ez. 48:35). Se emplea como el nombre decisivo de la ciudad santa que el profeta había descrito, pero su cumplimiento probablemente espera el descenso del cielo de la Nueva Jerusalén (Ap. 21). La gloria de esta, como la de Ezequiel, consiste en la presencia de Dios (21:11,22,23). Esto es la garantía de que todas las promesas del Señor y los anhelos de su pueblo serán cumplidas plenamente.[22]

Como ya hemos dicho, Dios se revela progresivamente por los títulos en el Antiguo Testamento, cada uno contribuye con alguna faceta de verdad acerca de su personalidad y gracia.

C. Nombres de Dios en el Nuevo Testamento

Cristo y sus discípulos heredaron la idea de Dios revelada en el Antiguo Testamento. Aunque dejaron algunos de los conceptos más antropomórficos de este, presentaron fielmente la noción acerca del Ser divino que había sostenido los salmistas y los profetas. Todas las ideas más dignas de la deidad que se encuentran en el Veterotestamento se hallan en el Nuevo, pero sin añadir nuevos atributos.

Muchos de los nombres veterotestamentarios de Dios, continúan en el Nuevo Testamento pero son simplificados y adaptados al evangelio. Por ejemplo no se llama a Dios «el Santo de Israel» o el Dios de una cierta persona como Jacob o Abraham. El mensaje de salvación es para toda gente y todas naciones; así que Dios es el Señor de todos.

El nombre que ocurre con más frecuencia es *Theos* (Dios, más de mil veces). Corresponde en general a los nombres *El* y *Elohim* y a sus formas compuestas. Expresa la deidad esencial, con énfasis sobre su autosuficiencia, autodeterminación y justicia absoluta.[23]

El vocablo griego *Kyrios* (Señor) es otro nombre que ocurre a menudo en el Nuevo Testamento. Parece combinar el significado de los dos títulos, *Yahvéh* y *Adonay*, traducidos en la Septuaginta con esta palabra. En la época de Jesús se usaba para designar al «dueño» o «señor» de esclavos o propiedades; también como un término de respeto hacia un superior. Los emperadores romanos tomaban este título para expresar su dominio absoluto sobre sus súbditos.

Un distintivo del Nuevo Testamento en el uso de los nombres divinos, es la manera en que el nombre de Jesús es sustituido por el nombre de Dios o puesto al lado.[24] Por ejemplo, el profetizar en el nombre de Cristo es hablar por Dios (Ap. 19:10). Se aplica *Kyrios* a Jesús cada vez más. Este mismo declara ser «el Alfa y Omega, principio y fin ... el Todopoderoso» (Ap. 1:8,11). En la fórmula trinitaria, Cristo está colocado al mismo nivel que el Padre y el Espíritu, de modo que la designación tripersonal, «Padre, Hijo y Espíritu Santo», ha llegado a ser, según Barth, «el nombre cristiano de Dios».

El más importante desarrollo de los nombres divinos en el Nuevo Testamento es la introducción por Jesús del concepto de Dios como *Padre* [padre suyo en el sentido único como «unigénito Hijo de Dios» (véase Jn. 5:18), y padre de todos los creyentes por virtud de haber recibido al Espíritu de adopción (Ro. 8:15; véanse Mt. 7:7–11; Lc. 11:13)]. Por eso podía decir: «Subo a mi Padre y a vuestro Padre» (Jn. 20:17).

Como Creador y Sustentador de la humanidad, Dios es el padre de todos los hombres. Pero en el sentido espiritual, sus hijos se limitan a los que no nacen por la naturaleza o deseos humanos sino porque Dios los ha engendrado. Y esto por medio de creer y recibir al Verbo encarnado (Jn. 1:12–13).

De gran ayuda en oración es el uso por Jesús del nombre *Abba Padre* (Mr. 14:36; Lc. 11:2). Una nota en una Biblia de estudio explica el significado. *Abba* es «una palabra usada por los hijos al dirigirse a sus padres, y que equivale a «papá». Según los testimonios existentes, ni en el A.T. ni en el judaísmo se usaba este término tan familiar para invocar a Dios. En boca de Jesús, expresa una intimidad con él».[25] El apóstol Pablo extiende su uso a los creyentes en general (Ro. 8:15).

En el Antiguo Testamento, se refiere a veces a Dios como Padre, pero generalmente como expresión de su señorío y no de un padre cariñoso que se deleita en cuidar a sus hijos, y de ninguna manera como un padre accesible. Joachim Jeremías señala que no existe evidencia alguna de que en el judaísmo palestino durante el primer milenio a.C., algún judío se dirigiera a Dios llamándolo «Padre». Pero Jesús lo hizo y empleó la palabra aramea *Abba*, término tan familiar que la mente judía lo hubiera considerado irreverente e impensable.[26]

Sin embargo, Jesús recoge este concepto y lo hace parte esencial de la revelación de la naturaleza divina. Kuhn observa.

> A través de su ministerio el Hijo perfecto manifestó el corazón del Padre, descubriendo ante los ojos de los hombres el deseo redentor que imperaba la encarnación de su Hijo. Así que la comunidad cristiana comenzó muy pronto a hablar de Dios como el «Padre de nuestro Señor Jesucristo».[27]

El centro de interés neotestamentario en los nombres divinos se encuentra en Jesús de Nazaret, el libertador prometido y exaltado Señor encarnado. A él se le aplican muchos nombres que reflejan la gloria de su deidad y su papel indispensable en la salvación. Paralelamente, se destaca la persona del Espíritu Santo. Sin embargo, el estudio de los nombres de estos dos miembros de la Trinidad lo dejamos para tratarlo en otros capítulos de esta obra.

D. El problema de identificar a Dios como un ser masculino

Grupos radicales del movimiento feminista procuran cambiar el lenguaje que tiene que ver con Dios. Protestan que el uso exclusivo de terminología masculina en referencia a la deidad, eleva al varón a un nivel superior que el de la mujer; el empleo de títulos y pronombres masculinos referentes a Dios hace absoluto al varón y le otorga el poder de dominarla. «Puesto que Dios es masculino», dice Mary Daly, feminista radical, «el varón es Dios».

La teólogo feminista Anne Carr, afirma:

> Dios como padre reina sobre el mundo, los padres santos gobiernan la Iglesia, el clero tiene autoridad sobre los laicos, los maridos sobre sus esposas e hijos, y el varón sobre el mundo creado.[28]

Tal cosmovisión jerárquica debe ser abolida, dicen las feministas radicales, y una manera de hacerlo es cambiar nuestro lenguaje. No debemos referirnos más a Dios como

«Padre» sino usar un lenguaje más inclusivo, empleando términos neutros o aun femeninos cuando hablamos de él. Sugieren que se sustituyan los nombres de la Trinidad (el Padre, el Hijo y el Espíritu Santo) por Creador, Libertador y Consolador. En «An Inclusive Lectionary» (Un leccionario inclusivo) se cambia Padre a Padre y Madre, el Señor a Soberano, el Rey a Gobernador o monarca, el Hijo del hombre a Ser humano, y el Hijo de Dios a Niño de Dios.[29]

La teólogo Rosemary Radford Ruether denomina «Dios / Diosa» a su deidad. Rita Gross, feminista judía, observa que el lenguaje femenino con referencia a Dios nos hace posible superar la identificación idólatra de Dios con nociones de él que son varón-céntricos, y lo hace en una manera no igualada por otro medio.[30]

En un sentido las feministas tienen razón. A través de los siglos, las mujeres han sufrido discriminación tanto en la sociedad como en la iglesia, han sido privadas de roles del liderazgo, y, con frecuencia, han sido dominadas excesivamente por sus maridos. Esto a pesar de que la Escritura enseña que tanto el varón como la mujer fueron hechos a la imagen de Dios, y que por matrimonio llegan a ser «una sola carne».

El Nuevo Testamento indica que todos los creyentes, sean hombres o mujeres, son llamados por igual al discipulado y servicio de su Señor. Además Cristo siempre trataba a la mujer con el mismo respeto que usaba con los varones. Por otra parte, debemos distinguir entre feminismo como un intento legítimo de obtener justicia para el sexo bello y feminismo como una ideología radical y absurda. Algunos feministas son ideólogos muy radicales referentes al lenguaje acerca de Dios; se extralimitan.

Elizabeth Achtemeier, maestra de la Biblia y de homilética en Union Theological Seminary, Richmond, Virginia, Estados Unidos, refuta los argumentos feministas.[31]

Las feministas radicales harían que Dios sea un ser sexual. Al insistir que se use lenguaje femenino referente a Dios, ellas hacen hincapié en la idea no bíblica de que Dios es sexual. Algunas tienen un concepto erróneo de la imagen de

Dios en el hombre cuando afirman que Dios debe ser tanto varón como mujer porque él creó los dos sexos a su imagen. Le harían bisexual.

Los pocos casos en la Biblia del uso de la imaginaria femenina para representar a Dios, la figura siempre toma la forma de un símil más bien que la de una metáfora. No obstante que Dios es asexual (no es mujer ni varón) y que la imaginaria dominante de él en la Biblia es la de un padre, se presenta a veces con características femeninas. Por ejemplo Isaías le describe como la madre de Israel cuyo consuelo nunca termina (66:13). En los salmos, los escritores inspirados usan la figura de un ave (hembra) que esconde su cría bajo la sombra de sus alas para describir la protección y cuidado tierno de Dios a su pueblo (17:8; 36:7; 57:1; 91:1,4). Se encuentra la misma imaginaria en Deuteronomio 32:11-12, Isaías 31:5 (véase también Mateo 23:37).

Estas figuras, sin embargo, no son metáforas sino símiles, o sea, comparaciones. Por ejemplo, en Isaías 42:14, Dios dice: «Daré voces como la que está de parto», pero se refiere solamente a su grito y no se identifica totalmente con la figura de una mujer dando a luz a un niño. Las metáforas, por otra parte, comparan toda la figura con su objeto: Dios *es* Padre; Jesús *es* el buen pastor.

La Biblia usa lenguaje masculino referente a Dios porque esa es principalmente la forma de expresión por la cual él se revela a sí mismo. Dios se da a conocer a menudo con cinco metáforas: Rey, Padre, Marido, Maestro y sobre todo como Dios y Padre de nuestro Señor Jesucristo.

Añadimos que Dios, se revela con estos términos masculinos porque sus características que se relacionan con su pueblo, asemejan más a las del varón que a las de la mujer: tiene autoridad y fuerza, y es el sostenedor y protector de los suyos. De esta manera Dios condescendía con la cultura receptora de la revelación.

También, Dios no debe presentarse como neutro pues sería considerado un ser impersonal. Aunque se encuentran metáforas impersonales para describirle tales como Roca,

Fuego, Refugio, Fortaleza, Dios se revela generalmente con figuras antropomórficas. ¿Por qué? Para ser comprensible como una persona, para que sepamos que es personal. Si no fuera personal, no podría exigir que le amemos y sirvamos. Él nos encuentra persona a persona y requiere nuestra consagración total: «Amarás a Jehová tu Dios, de todo tu corazón, de toda tu alma y con todas tus fuerzas» (Dt. 6:5).

CITAS Y REFERENCIAS

1. Russell E. Joyner, «El Dios único y verdadero» en *Teología Sistemática*, Stanley M. Horton, editores, Editorial Vida, Deerfield, FL, 1996, p. 131.
2. Herman Bavinck citado en Carl F. H. Henry, *Revelation and Authority*, tomo 2, *God Who Speaks and Shows*, T.E.L.L., Waco, TX, 1981, p. 53.
3. L. Berkhof, *Teología Sistemática*, tomo 1, T.E.L.L., Grand Rapids, M, 1981, p. 53.
4. *Íbid.*
5. J. I. Packer, «Dios» en *Nuevo Diccionario de Teología*, Sinclair B. Ferguson, David F. Wright, J. I. Packer, editores, Casa Bautista de Publicaciones, El Paso, TX, 1992, pp. 283–284.
6. Joyner, *íbid.*, p. 133.
7. J. A. Motyer, «Los nombres de Dios» en *Manual Bíblico Ilustrado*, David Alexander, Pat Alexander, editores, Editorial Caribe, Miami, FL, 1976, p. 158.
8. Harold B. Kuhn, «God: His Names and Nature» en *Fundamentals of the Faith*, Carl F. H. Henry, editor general, Zondervan Publishing House, Grand Rapids, MI, 1969, p. 44.
9. Herman Bavinck, *The Doctrine of God*, Wm. B. Eerdmans, Grand Rapids, MI, 1951, p. 85.
10. L. Berkhof, *Teología Sistemática*, T.E.L.L., Grand Rapids, MI, 1981, p. 55.
11. Martin Buber, *Moses: The Revelation and the Covenants*, Harper y Row, New York, 1967, p. 48.
12. Motyer, *op. cit.*, p. 158.
13. Nota en *Santa Biblia, Reina Valera 1995, Edición de Estudio*, s.l., Sociedades Bíblicas Unidas, 1995, p. 97.
14. Motyer, *íbid*, p. 157.
15. Berkhof, *op. cit.*, p. 55.
16. *Santa Biblia Reina Valera 1995, Edición de Estudio, op. cit.*, p. 113.
17. *Íbid.*, p. 960.
18. *Íbid.*, p. 1689.

19. *Íbid.*, p. 119.
20. *Íbid.*, p. 315.
21. Joyner, *op. cit.*, p. 139.
22. Herbert F. Stevenson, *Titles of the Triune God*, s.l., Fleming H. Revell Company, 1956, p. 90.
23. Kuhn, *op. cit.*, p. 46–47.
24. Henry, *op. cit.*, p. 226.
25. Nota en *Santa Biblia, Reina Valera* 1995, *Edición de Estudio*, *op. cit.*, p. 1296.
26. Joachim Jeremías, *The Central Message in the New Testament*, Charles Scribners Sons, New York, 1965, pp. 9–10, citado en Henry, *op. cit.*, p. 241
27. Kuhn, *op. cit.*, p. 47.
28. Citado por Elizabeth Achtemeier, «Feminista God-talk in the Church» en la revista *Christianity Today*, 16 de Agosto, 1993, p. 17.
29. *Íbid.*
30. *Íbid.*, p. 18.
31. *Íbid.*, pp. 18–19.

CAPÍTULO 11

EL ÚNICO DIOS VERDADERO: SUS ATRIBUTOS

EN EL CAPÍTULO DOS COMENZAMOS a estudiar el cuadro bíblico de la persona de Dios. Analizamos el significado de los nombres de Dios. Ahora trataremos de entender su personalidad considerando sus atributos. Erickson nos advierte que tal estudio no está exento de algunos peligros.

Se han cometido muchos errores en los intentos para comprender a Dios, algunos son opuestos en naturaleza. Uno es un análisis excesivo, en el que Dios es sometido a una autopsia virtual. Los atributos de Dios son presentados y clasificados en una manera similar al método usado en un libro de texto sobre anatomía. También es posible hacer el estudio de Dios en una manera excesivamente especulativa; y en tal caso la conclusión especulativa misma, en vez de (resultar en) una relación más íntima con él, llega a ser el fin. Más bien, el estudio de la naturaleza de Dios debe ser visto como un medio de entenderlo más exactamente y así (tener) una relación personal más estrecha con él.[1]

A.¿Qué son los atributos?

Los atributos de Dios son las cualidades que le constituyen en lo que verdaderamente es. Es decir, consisten en las características de su naturaleza más bien que de sus hechos, tales como crear, guiar o preservar.

No debemos confundir los atributos de Dios con su esencia. Esta consiste en la combinación de su ser y sus atributos; se refiere a la totalidad de su naturaleza. Sin embargo, ellos son inseparables de su ser y esencia. Tampoco debemos identificarlos con «propiedades», las cuales se refieren técnicamente a las características particulares de las personas de la Trinidad. «Propiedades son funciones (general), actividades (más específico), o hechos (lo más específico) de los miembros individuales de la deidad».[2]

Los atributos son cualidades permanentes e intrínsecas de la naturaleza divina. No pueden ser añadidos ni quitados. Así que la santidad no es un atributo (una característica permanente e inseparable) de Adán, pero sí es una de Dios.

Erickson explica:

> Los atributos de Dios son dimensiones esenciales e inherentes de su naturaleza misma... Es mejor considerar(los)... como su naturaleza y no como una colección de partes fragmentarias ni como algo añadido a su esencia. Por lo tanto, Dios es amor, santidad y poder. Estos son nada más que maneras distintas de considerar el ser unificado (que es) Dios. Dios es muy complejo, y estas concepciones son meramente intentos de entender los distintos aspectos objetivos o facetas de su ser.[3]

También no existe justificación bíblica alguna para elevar un atributo, tal como amor o justicia, a prominencia y hacer de otros meras subdivisiones de ello. Aunque hay una relación mutua y correlación entre varios atributos, hay una diferencia divinamente revelada, por ejemplo, entre la eternidad de Dios y su inmutabilidad, entre su santidad y su amor. Puesto que el único Dios verdadero es trino, los atributos pertenecen igualmente al Padre, al Hijo y al Espíritu Santo.

El estudio de los atributos no demuestra que podemos conocer a Dios como él se conoce a sí mismo. La deidad no es como un mineral que puede ser analizado en el laboratorio. Pensadores existencialistas como Pascal, Kierkegaard y Barth señalan la necesidad de conocerle en encuentros personales y entrega a él. Por otra parte, estos teólogos van demasiado lejos al decir que es imposible saber acerca de Dios a través de verdades objetivas y propuestas. Lo concreto es que se puede conocer a Dios tanto por la apasionada entrega a él, como por el estudio de su naturaleza y actividad, las cuales se revelan en las Sagradas Escrituras.

Por medio de analogías y figuras, podemos conocer mucho sobre los atributos divinos. Sin embargo, Dios afirma en las Escrituras ciertas verdades acerca de sí mismo y emplea términos inequívocos para expresarlas. En la medida que nuestras descripciones se refieran correctamente a las aseveraciones divinas que aparecen en la Biblia, estarán de acuerdo con la verdad, sean analógicas o directas.

El teólogo suizo, Barth, prefiere utilizar el término «perfecciones de Dios» más bien que «atributos» pues son cualidades distintas e individuales de una vida perfecta. Insiste, además, en que cada atributo es perfecto tanto en sí mismo como en combinación con otro o con todos los demás (*Dogmática* II/1, 29, 1957).

B. La clasificación de los atributos

Los atributos divinos, o sea, las perfecciones de Dios, han sido clasificados en maneras distintas para que podamos relacionarlos entre sí y fijarlos en la memoria. Cada clasificación tiene tanto sus virtudes como sus debilidades. Los sistemas principales son los siguientes:

1.Los reformadores dividían los atributos en dos categorías: los *comunicables* y los *incomunicables*.[4] Los comunicables se caracterizan por tener por lo menos una contraparte parcial en los seres humanos. Por ejemplo, se encuentra amor finito en los hombres pero en Dios es infinito. Las perfecciones incomunicables se refieren a las cualidades que pertenecen solo a Dios tales como aseidad (atributo por el cual Dios existe por sí mismo), eternidad, inmensidad y omnipresencia e inmutabilidad.

2.Algunos teólogos clasifican las perfecciones como *naturales* y *morales*. Las de primera categoría (la propia existencia de Dios, su simplicidad, su infinidad, etcétera) corresponden a la naturaleza divina más bien que a su voluntad. Son amorales. Los atributos morales, en contraste, son los que se refieren al carácter de Dios como un ser moral. Santidad, amor y justicia son ejemplos.

3.El teólogo bautista, Augustus Strong, desarrolló un sistema similar, clasificando los atributos en *absolutos* y *relativos*. Los primeros se refieren a los que Dios tiene en sí mismo mientras que los segundos se manifiestan con relación a la creación.

4.Otros pensadores cristianos clasifican los atributos así: *metafísica* y *moral* (Jerry H. Gill), *absoluto, relativo* y *moral* (Orton Wiley) y *personal* y *constitucional* (Lewis Sperry Chafer).

5.G. R. Lewis distingue las características de Dios de manera metafísica, intelectual, ética, emocional, existencial y relacional. Utilizaremos con adaptación este sistema,[5] porque nos da un cuadro que armoniza a la manera moderna de pensar.

C. La descripción de Dios

¿Quién y qué cosa es Dios? La definición más concisa que menciona los atributos principales se encuentra en la *Confesión de Fe de Westminster*: «Dios es espíritu, infinito, eterno e inmutable en su ser, sabiduría, poder, santidad, justicia, bondad y verdad». Elaboraremos esta descripción.

1. **Dios es un Espíritu invisible, personal, vivo y activo**. Jesús explicó a la mujer samaritana que, a Dios no le importa en absoluto el culto puramente externo, aunque se lleve a cabo en un lugar determinado, pues «Dios es Espíritu» (Jn. 4:24). ¿Cuáles son las implicaciones de ser un espíritu?

a) *Dios es incorpóreo e invisible:* «A Dios nadie lo ha visto jamás» (Jn. 1:18); «Un espíritu no tiene carne ni huesos» (Lc. 24:39); «el único que tiene inmortalidad, que habita en luz inaccesible y a quien ninguno de los hombres ha visto ni puede ver» (1 Ti. 6:16).

Como Espíritu, Dios no se limita a estar en un lugar geográfico o espacial. Jesús dijo: «Créeme que la hora viene cuando ni en este monte ni en Jerusalén adoraréis al Padre» (Jn. 4:21); Pablo añade: «Dios... no habita en templos hechos por manos humanas» (Hch. 17:24). Dios sí se manifiesta en manera especial en la congregación de los santos, pero como espíritu está igualmente presente en todas partes a la vez.

Siendo incorpóreo, Dios no tiene forma ni cuerpo. Aunque la Biblia habla acerca del «brazo de Jehová», sus ojos y oídos, estas expresiones son antropomorfismos (el atribuir a Dios forma corpórea a fin de hacerle entendible a la mente humana). Puesto que es espíritu, no puede ser representado por ídolos u otro objeto. Dios puede tomar forma, sin embargo, para comunicarse con los hombres. Un ejemplo de esto se encuentra en las apariciones del ángel de Jehová en el Antiguo Testamento.

b) *Dios es personal*. No todo el mundo cree que un espíritu es necesariamente una persona. Georg Hegel creía que Dios es Espíritu absoluto, una mente enorme que abarca toda la realidad pero no es consciente de sí mismo ni constituye una persona. Varios teólogos modernos que edifican su sistema sobre la arena movediza de sus especulaciones, como Paul Tillich, insisten que Dios es transpersonal; que no es posible tener comunión o cualquier otra relación con él.

En contraste, la Biblia atribuye a Dios las capacidades de la inteligencia, las emociones y la voluntad; él está consciente de sí mismo. Si no fuera así, sería menos que los seres humanos. No debemos, sin embargo, incluir en la descripción de su persona la distorsión en estas facultades que se encuentra en las de la humanidad caída.

Dios se identifica con un nombre personal: «Yo soy Jehová» (Éx. 6:2); así demuestra que ni es un ser abstracto e incognoscible ni una fuerza impersonal. Se relaciona con los seres humanos, hablando con ellos, escuchándolos y revelándose como su Redentor misericordioso. Si el Señor no fuera personal, las grandes doctrinas del amor divino, gracia, perdón de pecados y justificación por fe carecerían de significado.

Al ser espíritu, Dios trasciende los aspectos físicos de la femineidad y masculinidad de los seres humanos. Puesto que tanto el varón como la mujer fueron creados a la imagen divina, podemos considerar que los dos sexos se asemejan a su Creador en las particulares cualidades no físicas y personales del varón y la mujer. Dios prefiere, sin embargo, revelarse con características principalmente masculinas, y la Biblia emplea pronombres masculinos cuando habla de él. Le atribuye también funciones y responsabilidades del sexo masculino.

El concepto neotestamentario de un espíritu divino y personal, implica la sencillez o indivisibilidad de la esencia de Dios. Ni las distinciones personales de la Trinidad ni las múltiples perfecciones, dividen la unidad esencial de la deidad. Tampoco la encarnación y muerte de Jesús podían dividir la unidad ontológica y esencial del Ser divino. Cuando el Padre imputó sobre Cristo en la cruz el pecado y la culpa de la humanidad, este fue separado de Dios solamente en el sentido relacional y funcional y de ninguna manera en esencia.[6]

c) *Dios es vivo y activo.* Jesús afirma: «Mi Padre hasta ahora trabaja» (Jn. 5:17).

Lewis señala que Dios está lejos de ser pasivo:

> El Dios de la Biblia crea, sostiene, hace pacto con su pueblo, preserva a Israel y la línea de descendencia del Mesías, llama profeta tras profeta, envía a su Hijo al mundo, provee un sacrificio expiatorio para satisfacer su propia justicia, levanta a Cristo de entre los muertos, edifica a su Iglesia ... es ... defensor de los pobres y oprimidos, justo Juez, Consejero empático, Siervo sufriente y Libertador triunfante.[7]

Vemos que Dios es Espíritu: un solo ser, invisible y personal. Por lo tanto, es capaz de pensar, sentir, querer y actuar.

2. *Metafísicamente, Dios existe por sí mismo, es eterno e inmutable.* Hemos notado que Dios vive y está activo. Ahora señalamos que esta vida divina difiere de la que poseen otros

seres existentes. Consideraremos las tres perfecciones que le hacen distinto.

a) *La aseidad de Dios*. Este término deviene del vocablo latino *aseitas*, que significa *que tiene su origen en sí mismo*. Aplicado a Dios, afirma que es independiente de todo otro ser, pues él tiene existencia en sí mismo.

La Escritura indica la independencia de Dios en varias maneras.

(1) «El Padre tiene vida en sí mismo» (Jn. 5:26). Cuando Moisés le preguntó: «¿Cuál es tu nombre?», Dios respondió: «Yo soy el que soy» (Éx. 3:14). Cualquier otro ser recibe vida de Dios, pero la vida divina no se deriva de ninguna fuente externa.

(2) Dios es independiente en el sentido de que es autosuficiente y determinante en todo su ser, sus decretos y obras. Los teólogos de proceso se imaginan que Dios necesita al hombre, pero el apóstol Pablo observa: «El Dios que hizo el mundo y todas las cosas que en él hay, siendo Señor del cielo y la tierra, no habita en templos hechos por manos humanas, ni es honrado por manos de hombres, como si necesitara de algo; pues él es quien da a todos vida, aliento y todas las cosas» (Hch. 17:24–25).

El punto de vista bíblico de la independencia divina no nos permite identificar al Dios de las Escrituras con el abstracto concepto filosófico del Absoluto ideado por Hegel. La deidad del teísmo cristiano tiene existencia en sí misma, está exaltada por encima de la creación entera, y a la vez es su Creador y Sustentador. Aunque él obra todo conforme al «designio de su voluntad» (Ef. 1:11) lo hace a veces a través de medios secundarios o intermediarios. Por ejemplo, Dios utiliza a hombres para predicar el evangelio y llevar a cabo su voluntad en la tierra.

b) *Dios es eterno*. Todo ser y objeto en el mundo de tiempo y espacio ha tenido una causa y un principio. Pero Dios no ha tenido principio, período de crecimiento, vejez ni extinción. Es la causa no causada de toda existencia y no tiene principio ni fin. Referente al tiempo y espacio, Dios es infinito (lo trasciende). La Escritura habla del «eterno Dios» que es «el refugio» de su pueblo (Dt. 33:27), el «Rey de los siglos (1 Ti. 1:17), Dios «desde siempre hasta siempre» (Sal 90:2, BJ); «el que habita la eternidad» (Is. 57:15) y el «Alfa y Omega» (Ap. 1:8).

Aunque sabemos que Dios no está sujeto a las limitaciones del tiempo, reconocemos que el tiempo es su creación. Dios llena espacio y tiempo con su presencia, lo sustenta y le da propósito y valor. No anula el tiempo sino lo cumple. Por otra parte hay algunos teólogos que tienden a pensar que «Dios incluye tiempo dentro de sí mismo mientras se queda todavía eterno».[8] Sin embargo, esto es una tendencia a reducir a Dios a la temporalidad. La verdad es que Dios es atemporal.

También Dios es el Señor de la historia pues esta es el producto de su planificación en la eternidad, su designio creativo, preservación providencial y gracia común. «Cuando vino el cumplimiento del tiempo, Dios envió a su Hijo» (Gá. 4:4). El tiempo tiene significado para el Dios eterno porque Cristo murió en la cruz el día viernes y resucitó en la mañana del domingo. El Señor resucitado dijo a sus discípulos: «Yo estoy con vosotros todos los días, hasta el fin del mundo» (Mt. 28:20). Por lo tanto, el creyente puede confesar confiadamente: «En tu mano están mis tiempos» (Sal. 31:15).

Concluimos con una cita del teólogo G. R. Lewis:

> En el Cristianismo, entonces, eternidad no significa sin limitación del tiempo, más bien lo eterno consiste en una característica del Dios viviente, quien está presente en todos los tiempos y lugares, creando y sustentando el mundo del tiempo y espacio, y realizando sus propósitos redentores en el cumplimiento del tiempo.[9]

c) *Dios es inmutable*, es decir, no cambia. En la Biblia, Dios se describe como el «Padre de las luces, en quien no hay cambio ni sombra de variación» (Stg. 1:17, RVA). Él mismo afirma: «Yo Jehová, no cambio» (Mal. 3:6). Según Hebreos 6:17–18, la promesa de Dios y su juramento son inmutables. El salmista señala que la tierra y los cielos «perecerán, mas tú permanecerás … tú eres el mismo y tus años no se acabarán» (Sal. 102:25–27). Este tema se reitera en Hebreos 1:11–12.

¿En qué sentido es inmutable Dios? Los filósofos griegos le concibieron como absolutamente invariable, inmovible, estático e impasible. Pensaban que no podía reaccionar emocionalmente, involucrarse en la creación, arrepentirse o cambiar sus intenciones. Su perfección no le permitía transformarse en ningún sentido. Los Padres de la Iglesia, los doctores de la Edad Media tales como Anselmo y Santo Tomás, y, aun en una medida, los reformadores aceptaron mucho del concepto clásico. Pero, su idea de la inmutabilidad de Dios difiere del cuadro bíblico. Entonces, ¿cuál es la descripción correcta?

En primer lugar, Dios es inmutable en el sentido cuantitativo. No puede aumentar en nada pues ya es perfecto, ni tampoco puede disminuir porque si lo hiciera, dejaría de ser deidad.

Barth prefiere el término «constancia» más bien que inmutabilidad porque ese retiene la idea de la fidelidad de Dios a sí mismo y a su pueblo. Cuando se refiere a los atributos divinos, constancia significa que no puede ser ni aún pensar que exista en Dios alguna divergencia, disminución o adición, alguna degeneración o rejuvenecimiento, alteración, falta de identidad o discontinuidad. El único omnipresente Dios permanece tal como es.[10] En castellano, sin embargo, el término constancia es muy humano y tiene que ver con «ánimo». Es mucho mejor quedarnos con el término inmutabilidad.

Por otra parte, Dios no es inactivo ni incapaz de cambiar su procedimiento. La deidad revelada en las Sagradas Escrituras es viva y activa; sostiene, preserva y gobierna el universo según su designio soberano. Su inmutabilidad consiste en no experimentar ningún cambio en su naturaleza, voluntad y propósito. Todo lo que Dios hace o dice siempre está de acuerdo con sus atributos tales como su sabiduría, justicia y amor. Es consecuente consigo mismo y fiel a sus promesas, su pacto y su pueblo: «Si somos infieles, él permanece fiel, porque no puede negarse a sí mismo» (2 Ti. 2:13).

¿Cómo podemos armonizar la inmutabilidad de Dios con las referencias en las Escrituras sobre su arrepentimiento?

Por ejemplo, al ver Jehová la maldad de la humanidad en el tiempo de Noé, se arrepintió de haber hecho al hombre (Gn. 6:6). Sin embargo, en la Biblia se encuentran aseveraciones así: «la Gloria de Israel no mentirá, ni se arrepentirá, porque no es hombre para que se arrepienta» (1 S. 15:29, el episodio en que Dios rechazó a Saúl por la desobediencia de este. Véase también Nm. 23:19).

Otro ejemplo del arrepentimiento de Dios se ve en Jeremías 18:7–10.

> En un instante hablaré contra naciones y contra reinos, para arrancar, derribar y destruir. Pero si esas naciones se convierten de su maldad contra la cual hablé, yo me arrepentiré del mal que había pensado hacerles, y en un instante hablaré de esas naciones y de esos reinos, para edificar y plantar. Pero si hacen lo malo delante de mis ojos, no oyendo mi voz, me arrepentiré del bien que había determinado hacerles.

Hay tres maneras de explicar el arrepentimiento divino.[11]

(1) Son antropopatismos que expresan los sentimientos de Dios cuando él contempla o la maldad del hombre o el cambio para bien en él. Se encuentra evidencia de esta explicación en la desilusión de Dios en los casos de la maldad humana en el tiempo de Noé y la desobediencia de Saúl. El relato del Génesis no solo dice que «se arrepintió Jehová de haber hecho al hombre» sino que añadió, «le dolió en su corazón». En 1 Samuel 15, Dios ya había dicho: «Me pesa haber hecho rey a Saúl» (v. 11). Parece que en estos contextos la palabra «arrepentirse» es una expresión antropomórfica de la desaprobación de Dios y su dolor al ver el pecado y fracaso del hombre. La fidelidad, consecuencia o inmutabilidad de Dios, al mismo tiempo, se destaca en salvar a Noé, y quitar el reino de Saúl y entregarlo a David por cumplir fielmente su pacto.

(2) Lo que parece a veces un cambio del plan de Dios, consiste realmente en nada más que entrar en una nueva etapa del sistema original. Por ejemplo, cuando los judíos rechazaron el evangelio, Dios abrió la puerta a los gentiles. No se

arrepintió de haber elegido al pueblo hebreo para salvación, sino que pasó a la fase más inclusiva de su plan.

(3) Algunos casos del arrepentimiento divino son cambios de orientación divina que resultan del cambio de la relación del hombre con Dios. En Jeremías 18:7–10, el Señor condiciona su promesa de perdón y restauración, y su amenaza de juicio y destrucción, a la obediencia o desobediencia de Israel. En su soberanía, Dios retiene la libertad de condicionar sus acciones según la repuesta del hombre, pero esto no indica un cambio en su naturaleza ni en su manera de actuar. Erickson señala:

> Dios no cambió cuando Adán pecó; más bien el hombre perdió el favor de Dios. Esto funciona también al revés. En el caso de Nínive, Dios dijo: «Dentro de cuarenta días Nínive será destruida a menos que se arrepienta». Nínive se arrepintió y fue perdonada. Fue el hombre el que cambió, no el plan de Dios.[12]

Detrás de cada juicio de los malvados y de cada perdón de los arrepentidos, se encuentra el propósito invariable de Dios en cuanto a pecado y conversión.[13]

Según Bloesch, no debemos interpretar la inmutabilidad de Dios como falta completa de sucesión, cambio o variación. Parece que Dios es libre para alterar el curso de los eventos a fin de realizar más eficazmente sus propósitos. «Al hacerlo, él permanece consecuente con su naturaleza, fiel a su plan y constante en su amor y devoción».[14] Se observa la inclinación de Bloesch a la teología de proceso.

Tampoco debemos considerar que su inmutabilidad significa que es impasible al padecimiento y gozo humanos. James Packer explica que el concepto cristiano de la impasibilidad de Dios no significa que «Dios sea indiferente e insensible ... sino que ningún ser creado puede infringirle dolor, sufrimiento o aflicción por voluntad propia. En la medida en que Dios participa del sufrimiento y el dolor (que muchos antropopatismos de la Escritura, más el hecho de la cruz, demuestran que es cierto), por su propia decisión deliberada; nunca es víctima desafortunada de sus criaturas».[15]

La inmutabilidad divina es la garantía de que podemos contar con el carácter cumplidor de Dios. Siempre es fiel. Lo que él promete, él también lo lleva a cabo. Contesta invariablemente la oración que se conforma al plan y propósito de su amor santo. Lo que Dios es hoy, lo será mañana. «Nunca decayeron sus misericordias; nuevas son cada mañana. ¡Grande es tu fidelidad!» (Lm. 3:22–23).

En contraste con la doctrina bíblica de la inmutabilidad de Dios, el concepto de los teólogos de proceso, enseña que la deidad siempre crece y está en un proceso de cambio. Su noción fundamental es que la realidad está en proceso continuo. Existen tanto principios incambiables del proceso como formas abstractas invariables, pero para ser real tiene que estar en proceso.

d)*Dios es veraz*, es decir, sus afirmaciones y representaciones se conforman siempre a la realidad. Las revelaciones que hace de sí en la naturaleza, la conciencia y las Escrituras son verdaderas y podemos confiar en ellas (Hch. 6:18; Jn. 3:33; Ro. 3:4).

¿Cómo podemos armonizar la veracidad de Dios con el incumplimiento de algunas de sus advertencias? Contestamos que las promesas y las advertencias divinas se cumplen indefectiblemente si son *absolutas*. Sin embargo, cuando son *condicionales*, su cumplimiento depende del arrepentimiento, la obediencia y la fe de los creyentes.

3. **Intelectualmente, Dios es omnisciente**. El conocimiento divino difiere del de todo otro ser existente. La capacidad intelectual de Dios es infinita y él sabe utilizarla plena y sabiamente.

a) Dios es *omnisciente* pues «él sabe todas las cosas» (1 Jn. 3:20). La deidad se conoce a sí misma en el sentido de que cada miembro de la Trinidad conoce a los otros: «Nadie conoce bien al Hijo, sino el Padre, nadie conoce bien al Padre, sino el Hijo» (Mt. 11:27, RVA). «Nadie ha conocido las cosas profundas de Dios, sino el Espíritu de Dios» (1 Co. 2:11). Solo Dios conoce plena y completamente a Dios.

Además, Dios conoce todo lo que queda fuera de sí mismo incluyendo los pensamientos y hechos de la humanidad (Sal. 139). El proverbista declara: «Los ojos de Jehová están en todo lugar, mirando a los malos y a los buenos» (Pr. 15:3). Jesús dice que ni un pajarito «cae a tierra sin el permiso del Padre», y «aun vuestros cabellos están todos contados» (Mt. 10:29–30). El autor a los Hebreos añade: «No existe cosa creada que no sea manifiesta en su presencia. Más bien, todas están desnudas y expuestas ante los ojos de aquel a quien tenemos que dar cuenta» (Heb. 4:13).

Dios conoce por igual lo pasado, lo presente y el porvenir. Isaías registra las palabras del Santo de Israel: «Yo soy Dios; y no hay otro Dios, ni nada semejante a mí, que anuncio lo por venir desde el principio, y desde la antigüedad lo que aún no era hecho» (Is. 46:9–10). El conocimiento trasciende al tiempo pero Dios es consciente de la sucesión de puntos de tiempo. Conoce lo que pasa ahora y se da cuenta qué eventos suceden en un orden particular. Pero simultáneamente se percata por igual de todos los puntos de aquel orden. Esta trascendencia sobre tiempo se ilustra por la figura de un observador de un desfile. Él se encuentra en la torre de un templo y ve simultáneamente todo lo que pasa en la ruta de la procesión. Así es con Dios. Desde su punto en la eternidad él ve lo que ocurre, lo que ha acontecido y lo que sucederá. Pero distingue a la vez lo que ocurre ahora, lo que ha sucedido y lo que pasará.[16]

b) *Dios es infinitamente sabio.* Dios no es solamente omnisciente sino perfecto en sabiduría también. El salmista observa este atributo en la creación: «¡Cuán innumerables son tus obras, Jehová! Hiciste todas ellas con sabiduría» (Sal. 104:24). Al pensar en el plan divino para la salvación de los gentiles y la restauración de Israel, el apóstol Pablo prorrumpe en alabanza: «¡Profundidad de las riquezas, de la sabiduría y del conocimiento de Dios! ¡Cuán insondables son sus juicios e inescrutables sus caminos!» (Ro. 11:33).

No debemos confundir la sabiduría con el conocimiento. Berkhof explica que los dos están íntimamente relacionados pero no son la misma cosa: «Un hombre inculto puede sobrepasar en sabiduría a un erudito. El conocimiento se adquiere por medio del estudio, pero la sabiduría es el uso del conocimiento práctico de las cosas. El primero es teórico en tanto que la segunda es práctica».[17]

Anthony A. Hoekema define la sabiduría como la aplicación del conocimiento para alcanzar un fin. La sabiduría de Dios implica que él usa los mejores medios posibles para alcanzar los fines que ha establecido para sí mismo».[18]

En Romanos 8:28–29, el apóstol parece indicar que, además de conocer toda la data pertinente sobre cualquier cosa, Dios selecciona los fines con discernimiento y actúa en armonía con los propósitos de su amor santo. Puede ser que no seamos capaces de ver como los eventos en nuestra vida obran para bien, pero sabemos que Dios elige entre las alternativas posibles para encontrar los medios mejores para alcanzar el fin deseado: el bien de su pueblo y su propia gloria.

Lewis comenta:

> Aunque no podamos comprender plenamente la sabiduría divina, tenemos bastante razón para confiar en ella. Después de escribir sobre el gran don de la justicia que viene de Dios, Pablo exclama, «al único sabio Dios, sea la gloria mediante Jesucristo, para siempre. Amén» (Ro. 16:27).[19]

Para combatir el concepto de que Dios es inmóvil, estático e inflexible, los teólogos de proceso idearon un Dios finito. Erickson describe su idea y la debilidad de ella.

> En su actualidad concreta (naturaleza consecuente), Dios responde a los procesos del mundo y los recibe ... La omnisciencia divina significa que en cada momento de la vida divina, Dios sabe todo lo que es cognoscible por aquel momento. Sin embargo, en cada momento de la vida de Dios, hay nuevos sucesos no previstos en el mundo, los cuales llegan a ser conocidos solamente en ese momento. El conocimiento que tiene Dios progresa (avanza) con cada decisión nueva y acción en el mundo ... Dependencia de los procesos del mundo transige seriamente las dimensiones absolutas o ilimitadas de Dios.[20]

Si aceptáramos este punto de vista, perderíamos toda doctrina de la soberanía de Dios y su providencia. El creyente ya no podría encomendar su futuro en las manos de Dios. Por otro lado, Dios mismo tendría que depender en un sentido de lo que haga el hombre, y el hombre participaría en determinar el futuro.

4. **Moralmente, Dios es santo, recto y justo**. Hemos considerado los atributos metafísicos e intelectuales de la deidad. Pero, ¿qué de sus características morales? ¿Es un ser inmoral, amoral o moral? Es posible concebir de un ser que tiene todo conocimiento, sabiduría y poder pero que usa estos atributos de una manera cruel y caprichosa.

La Biblia indica que Dios no es así; más bien, «Dios es luz, y no hay ningunas tinieblas en él» (1 Jn. 1:5). Decir que Dios es luz señala su integridad, justicia y pureza. Las tinieblas simbolizan perversidad moral e iniquidad. Dios es moralmente puro en carácter y hechos, justo y no contaminado con deseos malos, motivos indignos, pensamientos impuros, palabras engañadoras o actos maliciosos. Como un ser santo, Dios es la fuente y norma de lo justo, correcto y bueno. No es un Dios que sea indiferente a las distinciones morales, sino uno que detesta la iniquidad y ama toda verdad y justicia. En esencia, Dios es santo y amoroso.

a) *Dios es santo.* En el Antiguo Testamento, los términos santo (hebreo, *qadhosh*; griego *hagios*) y santidad se asocian primordialmente con Dios. Por ejemplo, «Jehová nuestro Dios, es santo»; «santo soy yo, Jehová» (Sal. 99:9; Lv. 19:2); Isaías lo llama «el Santo de Israel». Muchos teólogos concuerdan que la santidad es más que un atributo de Dios; se refiere a su naturaleza esencial y es el fundamento de su ser mismo. «Santo, santo, santo, Jehová de los ejércitos» (Is. 6:3). Dios es tres veces santo, es decir, intensamente santo porque la triple repetición tiene la fuerza de un superlativo.

En hebreo, el vocablo «santo» deviene de una raíz que significa «separación». Se aplica principalmente en las Escrituras para separación del pecado, pero esto es solamente su sentido secundario. La santidad divina implica trascendencia o separación respecto de todas las cosas creadas y en especial a sus criaturas. «Jehová ... es grande y exaltado sobre todos los pueblos», por lo tanto, «¡él es santo!» (Sal. 99:2–3), «el Alto y Sublime, el que habita la eternidad» (Is. 57:15).

Brunner observa que la santidad de Dios es la que le distingue de todo lo demás (los falsos dioses, las imágenes y la creación misma). Solo Dios es Dios, y la criatura es criatura. «Así que la santidad de Dios evoca en el hombre un sentido incomparable de distancia de él. Dios en su naturaleza es inasequible. Habita en «luz inaccesible»».[21]

El otro aspecto de la santidad de Dios es su perfección moral y su pureza absoluta. Bloesch la define como «su pureza majestuosa que no puede tolerar el mal moral ... su condición de separación de lo que es inmundo y profano».[22] El profeta Habacuc se expresa: «Muy limpio eres de ojos para ver el mal» (1:13). Santiago añade: «Dios no es tentado por el mal, y él no tienta a nadie» (1:13).

Henry C. Thiessen señala la relación entre la naturaleza santa de Dios y su voluntad.

> Se considera (la santidad de Dios) como la conformidad eterna entre su ser y su voluntad. En Dios hay pureza de ser antes de pureza de querer. Dios no quiere hacer lo bueno (simplemente) porque es bueno ... si fuera así, habría (un principio) bueno fuera de Dios, o lo bueno sería arbitrario y cambiable. Más bien, la voluntad de Dios es la expresión de su naturaleza, la cual es santa.[23] (Las palabras en paréntesis son mías).

Al ser confrontado con la majestad y santidad divinas, el hombre siente temor reverencial y está convencido de su propia pecaminosidad: «¡Ay de mí que soy muerto!», dice Isaías, «porque siendo hombre inmundo de labios y habitando en medio de pueblo que tiene labios inmundos, han visto mis ojos al Rey, Jehová de los ejércitos» (Is. 6:5). Pedro, cuando se da cuenta de quién y qué es Jesús, cae de rodillas ante él y exclama: «Apártate de mí, Señor, porque soy hombre pecador» (Lc. 5:8).

Podemos aprender cuatro lecciones importantes estudiando la santidad de Dios.

(1) El pecado del hombre rompe la comunión con Dios. «Vuestras iniquidades han hecho división entre vosotros y vuestro Dios y vuestros pecados han hecho que oculte de vosotros su rostro para no oíros» (Is. 59:2). Antes de la caída de Adán, Dios y el hombre gozaron la comunión el uno con el otro, pero el pecado de ese les separó pues Dios es un ser santo.

(2) El hombre tiene que ser santificado antes de ser restaurado a la comunión, y solo Dios lo puede lograr por medio del sacrificio de su Hijo: «Con una sola ofrenda ha perfeccionado para siempre a los santificados» (He. 10:14; véanse también los versículos 19–22).

(3) Debemos acercarnos al Dios santo y servirle «con temor y reverencia» (He. 12:28).

(4)La santidad divina establece la norma para nuestro carácter moral y la motivación para toda práctica religiosa: «Santos seréis, porque santo soy yo, Jehová vuestro Dios» (Lv. 19:2). Jesús nos exhorta: «Sed, pues, vosotros perfectos, como vuestro Padre que está en los cielos es perfecto» (Mt. 6:48). Leemos en Hebreos 12:14 esta admonición: «Procurad la paz con todos, y la santidad sin la cual nadie verá al Señor».

b) *Dios es recto.* Harold Kuhn relaciona este aspecto de la naturaleza divina con la pureza moral de Dios: «La santidad en acción produce las dos categorías gemelas de rectitud y justicia».[24] La rectitud divina consiste en aplicar la santidad de Dios a su relación con otros seres vivientes. La idea básica de este atributo es la de ser conformado a una ley. Se puede decir que Dios es recto porque él actúa conforme a una ley, la cual no está encima de él sino dentro de él, y viene de él. Así que la naturaleza de Dios constituye una norma perfecta de lo que es recto y está expresada en su ley.

Erickson explica:

La rectitud de Dios significa, en primer lugar, que la ley de Dios, siendo una expresión verdadera de su naturaleza, es tan perfecta como es él. El Salmo 19:7–9 la describe así: «La ley de Jehová es perfecta: convierte el alma; el testimonio de Jehová es fiel: hace sabio al sencillo... el precepto de Jehová es puro: alumbra los ojos ... los juicios de Jehová son verdad: todos justos». Dios manda solamente lo que es recto, y lo tendrá, por lo tanto un efecto positivo sobre el creyente que obedece.[25]

La rectitud de Dios también significa que sus acciones concuerdan con la ley que él mismo ha establecido; es decir, él actúa siempre conforme a lo que él exige de otros. Él es la expresión en acción de lo que él manda. No es «un padre Gatica, que predica pero no practica». Puede decir de sí mismo: «Hago misericordia, juicio y justicia en la tierra, porque estas cosas me agradan» (Jer. 9:24). «Puesto que Dios es recto, elevándose a la altura de la norma de su ley, podemos confiar en él. Es honrado en su trato; no debemos tener miedo de entablar una relación con él».[26]

c) *Dios es justo.* En la sección anterior, hemos visto que Dios actúa siempre en armonía con su ley, es decir, su personalidad es recta en cuanto a ética y moral, y sirve como una norma para nosotros. En virtud de esta, Dios ha instituido un gobierno moral en el mundo, ha establecido leyes sobre sus criaturas, y, como juez, sanciona la violación de ellas y recompensa la obediencia.

La justicia de Dios se clasifica en varias categorías.

(1) La justicia rectoral. Esta se refiere a la rectitud de Dios como el juez del universo. En su intercesión por las ciudades de Sodoma y Gomorra, Abraham razona: «El Juez de toda la tierra, ¿no ha de hacer lo que es justo?» (Gn. 18:25; véanse Dt. 32:4; Sal. 11:7; Dn. 9:14). «Levántate, oh Dios, juzga la tierra», ora el salmista (82:8). En el Nuevo Testamento, el escritor de Hebreos habla de «Dios el juez de todos» (12:23).

(2) La justicia legislativa. Se ve la justicia de Dios en la manera en que él sujeta el universo a varias leyes y lo dota con derechos según la jerarquía de las criaturas que él creó.

(3) La justicia distributiva. Se refiere a la rectitud de Dios en la ejecución de su ley. Se divide en dos aspectos: la justicia

remunerativa y la retributiva. Pablo habla de la primera en Romanos 2:6–7 (RVA), y de la segunda en los dos versículos que siguen.

[6]Él recompensará a cada uno conforme a sus obras: [7]vida eterna a los que por su perseverancia en las buenas obras buscan gloria, honra e incorrupción;

[8]Pero enojo e ira a los que son contenciosos y no obedecen a la verdad, sino que obedecen a la injusticia; [9]tribulación y angustia sobre toda persona que hace lo malo (el judío primero, y también el griego).

Dios es el juez justo que castiga al malhechor (Gn. 2:17; Ro. 6:23; 12:19; 2 Ts. 1:8). Es popular entre ciertos teólogos negar esta verdad bíblica. Dicen que Dios no castiga a nadie; él simplemente nos permite sufrir las consecuencias de nuestra maldad. Por ejemplo, C. H. Dodd interpreta la ira divina no como una actitud de Dios hacia el hombre, sino como un término para describir «un proceso inevitable de causa y efecto en un universo moral».[27] El Nuevo Testamento enseña que Dios castiga al pecador abandonándolo a su maldad (Ro. 1:24).

En contraste con este concepto, Brunner señala que Dios actúa en dos esferas: (a) donde él está cuando se revela en Cristo Jesús como salvación, luz y vida, y (b) también en la esfera donde Cristo no está presente, es decir, se revela como «ira consumidora que destruye, aniquila y obra en tinieblas». Ambas esferas existen; una está en Cristo y la otra fuera de Cristo.[28] Sin embargo, parece que Brunner hace una distinción artificial entre la obra de los dos miembros de la Trinidad, pues Jesucristo participa en el juicio de Dios. Divide excesivamente la deidad. En Apocalipsis 19:11–16, vemos a la segunda persona de la deidad pisando el lagar del «furor de la ira del Dios Todopoderoso».

Dios es un juez justo. No hace acepción de personas ni juzga arbitrariamente, sino actúa por principios y verdad. Tampoco juzga según apariencias; más bien, conoce los «secretos» del corazón humano. Su juicio es sin pasión y capricho. Cada uno recibe «lo que haya hecho mientras que estaba en el cuerpo, sea bueno o malo» (véanse Ro. 2:1-16; 1 Co. 14:25; 2 Co. 5:10). Dios es recto intrínsecamente y es justo personalmente.

Los profetas protestaban a menudo las injusticias cometidas contra los pobres, las viudas, los huérfanos y otros seres indefensos. Dios, en contraste, tiene lástima de ellos (Sal. 72:12–13). Contesta sus oraciones, les libera de sus opresores, los absuelve de falsas acusaciones, y les hace justicia. Tarde o temprano, Dios creará cielos nuevos y tierra nueva en los cuales habrá justicia. Los perseguidos y oprimidos serán consolados y los fieles, recompensados.

La justicia de Dios se relaciona frecuentemente con su misericordia, gracia y salvación, especialmente en los Salmos e Isaías (Sal. 40:10; 85:9–10; 98:2–3; Is. 45:8; 46:13; 51:5; Jer. 9:24). En el Nuevo Testamento, la armonía entre la justicia y amor divinos se encuentra en la cruz. Por medio del sacrificio de Cristo, Dios satisface las demandas de su propia justicia contra nuestros pecados. Así que se ve en la expiación hecha por Jesús, la expresión suprema de la justicia retributiva de Dios, y de su amor perdonador.[29]

4. *Emocionalmente Dios detesta el pecado pero ama a todos los hombres, incluyendo al pecador*. El Dios de la Biblia difiere radicalmente del ser supremo de los filósofos griegos. No es impasible, sino que experimenta las mismas emociones que sienten los hombres pero en forma no contaminada por el pecado y sin las limitaciones e imperfecciones humanas.

a) *La ira de Dios*. Packer observa: «La costumbre moderna en toda la iglesia cristiana es la de restarle importancia a este tema ... Se ha convertido en un tabú ... y en general los cristianos han aceptado el tabú, y se han acomodado de tal modo que jamás mencionan la cuestión».[30] La razón fundamental de la renuencia de hablar sobre este tema «parece ser una inquietante sospecha de que el concepto de la ira es de uno u otro modo *indigno de Dios*».[31]

Sin embargo, un estudio esmerado de ambos testamentos indica que los escritores bíblicos no sentían inhibición alguna al encarar el tema. Se representa la ira divina con varios términos y modismos en los idiomas originales de las Escrituras. Según W. A. Gemeren, las referencias a este atributo son tres veces más numerosas que las de cualquier otro tema bíblico.[32]

La historia triste del peregrinaje de Israel en el desierto ilustra cómo Dios mostró su ira a esta nación después que él la había redimido de Egipto, le había otorgado el decálogo y el pacto, y manifestado su gloria (Nm. 11:10; 12:9; 22:22; 32:10,13–14). La ira de Dios se extiende también a toda la humanidad (Nah. 1:2).

El apóstol Pablo emplea frases tales como «la ira venidera» (1 Ts. 1:10), «hijos de ira» (Ef. 2:3), «el día de la ira» (Ro. 2:5), «los vasos de ira» (9:22) y muchas otras frases similares. Al presentar el tema del pecado de toda la humanidad en Romanos, él asevera: «La ira de Dios se manifiesta desde el cielo contra toda impiedad e injusticia de los hombres que con injusticia detienen la verdad» (1:18). Es evidente que hay un principio de retribución que obra en este universo moral.

¿Qué es la ira de Dios? La palabra «ira» puede definirse como «enojo e indignación intensa y profunda». El «enojo» se define como «el desagrado, el resentimiento, y el profundo antagonismo que se experimenta ante la presencia de los daños ocasionados, de la injusticia y bajeza». En Romanos, la ira de Dios se refiere a «la manifestación activa de su odio contra la irreligiosidad y el pecado moral».[33]

Debemos reconocer que la ira de Dios difiere mucho de la cólera humana. Adrio König observa: «Los profetas nunca hablan de su ira como una explosión incontrolada, impredecible e irracional. De veras, su ira nunca es espontánea sino siempre una reacción, causada y provocada por la conducta de la gente».[34] Bloesch la define como «el otro lado de su amor, de su voluntad santa, la expresión … de su aversión contra todo lo que es malo y de su desagrado».[35]

Los fines primordiales de la ira de Dios son: (1) mantener orden en el universo; (2) castigar con justicia a los que se rebelan contra la providencia y redención divinas y persisten en comportarse perversamente.

Willard Taylor, teólogo contemporáneo, nos señala tres verdades que indican que la ira de Dios es de carácter impersonal. Primero, la ley moral, bajo la cual todos nosotros vivimos, tiene su origen en la naturaleza de Dios y no en su voluntad. Esto significa que la ira de Dios no se expresa como un acto de venganza incontrolado y sin norma, sino como una reacción indignada hacia el pecado que se basa en su naturaleza santa. En segundo lugar, puesto que la ley moral viene del ser divino que es inmutable, esta permanece también inmutable. Esto quita toda posibilidad de que la ira de Dios sea caprichosa. En tercer lugar, la ira y el amor no son contrarios. El odio es lo contrario del amor. «La ira constituye la oposición incansable del amor santo de Dios a todo lo que es malo» (Purkiser).[36]

Brunner cita con aprobación la afirmación de Lutero de que la revelación de la ira divina constituye la «obra extraña» de Dios, mientras la revelación del amor de Dios es su «obra propia».[37] Por otra parte, sin entender la ira de Dios, sería imposible comprender la grandeza del amor divino, el cual sacrificó al Hijo de Dios para rescatarnos del infierno. La enseñanza bíblica sobre el amor de Dios no puede ser valorada bien a menos que se destaque contra el telón de fondo oscuro de su ira.

b) *El celo de Dios.* Al prohibir que su pueblo haga imágenes de ninguna cosa, Jehová se revela como «tu Dios, fuerte, celoso», «fuego consumidor» (Éx. 20:5; Dt. 4:24). Una nota en una Biblia de estudio explica: «El intenso amor del Señor hacia su pueblo no tolera una lealtad a medias, ni la rivalidad de otros dioses u objetos de culto, *cf.* Éx. 34:13».[38]

c) *Dios es amor.* Según la opinión de muchos teólogos, este atributo moral se destaca más que cualquier otro salvo la santidad de Dios. Brunner asevera que el amor de Dios hacia los hombres perdidos «llega a ser el tema dominante, y de veras, el tema central de la verdad revelada al hombre».[39] Lewis añade:

> En misericordia Dios detiene o modifica el juicio, y en gracia él da libremente beneficios no merecidos a

quienes él elija. Todas estas características morales fluyen del gran amor de Dios. En contraste con su autoexistencia trascendente, está su amor benevolente, su autocompartimiento y ágape. El que vive siempre como santo, alto y solemne, habita también con el «quebrantado y humilde de espíritu» (Is. 57:15).[40]

El inmensurable e incomparable amor divino es más que una cualidad de la deidad; es su esencia misma; se considera como una definición de su naturaleza: «El que no ama no ha conocido a Dios, porque Dios es amor» (1 Jn. 4:8). Sin embargo, un prominente teólogo moderno observa acertadamente: «La frase no puede ser leída al revés: «amor es Dios». En tal caso «amor» sería un presupuesto de una posibilidad humana y universal, de la cual se podría derivar un conocimiento de Dios».[41]

Las tres personas de la deidad existen en una comunión eterna de amor (Jn. 3:35; 17:24; Mt. 3:17), pero Dios revela su amor a la humanidad a través de su Hijo Jesucristo (Jn. 3:16). En general se considera que el amor de Dios se expresa eternamente dando de sí.

Erickson piensa que el amor divino se expresa en cuatro atributos: benevolencia, gracia, misericordia y persistencia.[42] Los examinaremos uno por uno.

(1) La benevolencia de Dios. Se refiere al afecto que Dios siente por su criatura, la preocupación suya para el bien último de ellas. El apóstol amado la expresa elocuentemente: «De tal manera amó Dios al mundo, que ha dado a su Hijo unigénito, para que todo aquel que en él cree no se pierda, mas tenga vida eterna» (Jn. 3:16).

El amor de Dios es *ágape* y no *eros*. En el griego se empleaban varias palabras para describir diferentes tipos de amor. *Storge* significaba «cariño natural» (como entre madre e hijo), *philia*, el afecto entre amigos o simpatía por algo, y *eros*, el deseo sensual o de posesionarse de algo. Este término se había degradado tanto en el mundo grecorromano, significando lujuria, que el Nuevo Testamento evita usarlo totalmente. Sin embargo, a veces tenía un significado más elevado en la literatura filosófica.

La cuarta clase de amor es *ágape*, o sea, el amor desinteresado y abnegado de Dios. Se distingue claramente de los primeros tres, pues estos son naturales, aun para el hombre caído. Bloesch hace un contraste entre eros y ágape.

> Eros puede referirse al amor vulgar y carnal, pero en el contexto del pensamiento helénico, toma la forma del amor espiritual que aspira procurar el sumo bien. Eros es el deseo de posesionar y de disfrutar (de algo o alguien); ágape es la disposición de servir sin reservas. Eros es un amor que asciende, que procede de lo terrenal a lo celestial. Ágape es el amor que desciende desde el cielo hasta lo pecaminoso. Eros está atraído a lo que tiene el mejor valor; ágape se extiende al menos digno ... Ágape consiste en un don de amor en tanto que eros en un amor basado sobre necesidad. Eros se deriva de una deficiencia que tiene que ser satisfecha. Ágape es la abundancia rebosando de la gracia divina.[43]

La suprema revelación del amor de Dios es la condescendencia divina en Jesucristo por cuanto él llevó en el Calvario la culpa y pena de nuestras rebeliones. «Nadie tiene mayor amor que este, que uno ponga su vida por sus amigos» (Jn. 15:13). Además, el sacrificio del Señor no fue motivado por nuestro amor a él. Escritores inspirados observan: «En esto consiste el amor: no en que nosotros hayamos amado a Dios, sino que él nos amó a nosotros y envió a su Hijo en propiciación por nuestros pecados» (1 Jn. 4:10); «Dios demuestra su amor para con nosotros, en que siendo aún pecadores, Cristo murió por nosotros» (Ro. 5:8).

El amor divino no solo toma la iniciativa de enviar a Jesucristo para morir por nosotros, sino también busca incansablemente al pecador extraviado. En las tres parábolas de Lucas 15 (la oveja, la moneda y el hijo perdidos) se ilustran las ansias y el esfuerzo paciente de Dios por recuperar un alma perdida y el gozo profundo que se produce en el cielo por cada pecador que se arrepiente.

Es obvio también que el valor intrínseco de la pérdida no es el factor que determina la medida del esfuerzo de Dios para recuperarla. Notemos el cambio de proporción: en la primera parábola la proporción es de cien a uno; en la segunda, de diez a uno; en la última, de dos a uno. De manera igual, la solicitud divina es la misma en los tres casos.[44] Dios no nos ama por lo que somos sino más bien por lo que él es: puro amor desinteresado.

Erickson señala que:

> Dios nos ama por lo que él puede darnos, o por lo que puede hacernos. Esto se manifiesta tanto en el hecho y naturaleza del acto creativo original, como en su relación continuada con nosotros. Su amor consiste en una disposición de afecto hacia nosotros, una actitud de solicitud desinteresada y la resolución de actuar hacia nosotros en tal manera para promover nuestro bien.[45]

El interés benévolo de Dios se revela en su cuidado, tanto de los seres humanos como de las criaturas irracionales. Jesús enseña que el Padre celestial alimenta las aves del cielo; que ningún pajarito «cae a tierra» sin el consentimiento de él (Mt. 6:26; 10:29). Y añade: «¿No hará mucho más por vosotros, hombres de poca fe?» (Mt. 6:30).

La benevolencia divina se extiende a toda la humanidad. El Creador, «hace salir su sol sobre malos y buenos, y hace llover sobre justos e injustos« (Mt. 5:45). A los paganos de Listra, Pablo les cuenta que Dios hace el bien, «dándoos lluvias del cielo y estaciones fructíferas, llenando vuestros corazones de sustento y alegría» (Hch. 14:17). Así que el amor divino es más que mero afecto en el corazón de Dios; es actuar para el bien de sus criaturas.

(2) Gracia. La palabra gracia (hebreo: *hen, chanan*; griego: *jaris*) encierra la idea de un don completamente gratuito e inmerecido, algo que el receptor no hubiera ganado ni merecido por ningún esfuerzo propio. Por lo tanto, la gracia de Dios significa que él no nos trata según nuestro mérito o dignidad, sino conforme a nuestra necesidad y la bondad de él.

La gracia significa que Dios no busca el bien de sí mismo, sino el de otros. Es decir, actúa desinteresadamente. Erickson explica: Sería posible que Dios amara desinteresadamente, con solicitud para otros, pero todavía insiste que este amor es merecido, así exigiendo que cada persona haga algo o dé algo que ganaría los favores recibidos. La gracia, sin embargo, quiere decir que Dios nos provee con favores inmerecidos. No exige nada de nosotros.[46]

Ciertos teólogos aseveran que el Veterotestamento presenta un cuadro de Dios diferente al del Nuevo Testamento. Según ellos, Jehová se caracteriza por su justicia y castigo en tanto que el Dios del Nuevo Testamento está lleno de amor y gracia. Sin embargo, muchos pasajes del Antiguo Testamento hablan de la gracia de Jehová. Por ejemplo, Éxodo 34:6: «¡Jehová! ¡Jehová! Dios fuerte, misericordioso y piadoso; tardo para la ira y grande en misericordia y verdad, que guarda misericordia a millares, que perdona la iniquidad, la rebelión y el pecado».

Las Escrituras indican que Dios manifiesta su gracia a los hombres no regenerados: (1) por medio de su tolerancia y paciencia, su demora en castigar a los malhechores (Éx. 34:6; Ro. 2:4–5; 3:25; 9:22; 1 P. 3:20; 2 P. 3:9,15) y (2) mediante su provisión de salvación, la Palabra de Dios, la obra de convición del Espíritu, la influencia del pueblo de Dios, y la gracia proveniente (1 Jn. 2:2; Os. 8:12; Jn. 16:8-11; Mt. 5:13,14; Tit. 2:11).

El Nuevo Testamento habla de la gracia especial de Dios para su pueblo. Pablo enumera algunos de los favores inmerecidos de Dios, que disfrutamos en Cristo:

> Nos escogió en él desde antes de la fundación del mundo, para que fuésemos santos y sin mancha ante él. En amor nos predestinó por medio de Jesucristo para adopción como hijos suyos, según el beneplácito de su voluntad, para la alabanza de la gloria de su gracia, que nos dio gratuitamente en el Amado. En él tenemos redención por medio de su sangre, el perdón de nuestras transgresiones, según las riquezas de su gracia que hizo

sobreabundar para con nosotros en toda sabiduría y entendimiento (Ef. 1:4–8, RVA).

Se nota la idea de abundancia divina en este pasaje y en otros. Dios no es un mezquino que da solamente lo mínimo y retiene lo demás. Al contrario, es sobremanera generoso y da abundantemente. El apóstol se refiere a la salvación y sus beneficios como el resultado del don de la gracia divina: «Dios ... nos resucitó y nos hizo sentar en los lugares celestiales, para mostrar en las edades venideras las superabundantes riquezas de su gracia» (Ef. 2:6–7, RVA).

Concluimos esta sección con una cita de Bloesch.

> La gracia de Dios es más grande que su juicio (Ro. 3:3–4; Stg. 2:13), su amor es más profundo que su ira (Is. 54:8; Os. 14:4). Su santidad no puede ser violada sin retribución justa, pero las buenas noticias son que Dios en su infinito amor ha sufrido el castigo que merecemos, por medio de la vida y muerte de su Hijo Jesucristo. Él volvió su ira sobre sí mismo para salvar la caída y perdida raza humana. La cruz de Cristo significa tanto la reivindicación de su santidad como la inconmensurabilidad de su amor.[47]

(3) Misericordia. Si la gracia divina se refiere al favor inmerecido de Dios hacia el hombre, entonces la misericordia divina significa su bondad hacia los que están necesitados, desamparados, oprimidos y angustiados. El Antiguo Testamento usa palabras como *hesed*, *raham* y el Nuevo *eleos* para expresar esta dimensión del amor divino. Los términos misericordia, compasión, conmiseración, compadecerse son casi sinónimos.

El salmista dice: «Como el padre se compadece de los hijos, se compadece Jehová de los que le temen» (Sal. 103:13). Mateo nota que Jesús, al ver las multitudes, «tuvo compasión de ellas, porque estaban desamparadas y dispersas como ovejas que no tienen pastor» (9:36). Por tanto, «recorría todas las ciudades y las aldeas, enseñando en sus sinagogas, predicando el evangelio del reino y sanando toda enfermedad y dolencia» (Mt. 9:35).

Las Escrituras representan a Dios como «rico en misericordia» (Ef. 2:4) y «muy misericordioso y compasivo» (Stg. 5:11). Es misericordioso hacia Israel (Sal. 102:13), hacia los gentiles (Ro. 11:30–31), y hacia los que le temen (Éx. 20:2; Lc. 1:50) y buscan su salvación (Is. 55:7; Lc. 1:72).

Dios se compadece de los ancianos, los pobres, los huérfanos, los oprimidos y otros que sufren. Por medio de la empatía, Dios siente los sufrimientos de su pueblo: «En toda angustia de ellos, él fue angustiado» (Is. 63:9). El Dios de la Biblia no es indiferente al padecimiento de los habitantes de la tierra. Motivado por su amor, Dios envió a su Hijo para morir a fin de que finalmente todo sufrimiento sea eliminado y la justicia sea restaurada en toda la tierra así como las aguas cubren el mar.

La Epístola a los Hebreos nos enseña que Dios encarnado en Jesucristo sentía todo lo que los hombres sienten, pero sin ceder a la tentación (4:15). Lloraba con los que lloraban y se regocijaba con los que se regocijaban. Fue perfeccionado por medio de los padecimientos en su vida terrenal (2:10), y así fue capacitado para ayudar a los que sufren y son tentados (2:18). «El Dios revelado en Jesucristo no es una primera causa impasible, desligada, impersonal»,[48] más bien «puede compadecerse de nuestras debilidades» (4:15).

(4) Paciencia y persistencia. La última característica del amor de Dios que consideraremos es su persistencia, paciencia, constancia (hebreo: *'erek, 'appayini*, Éx. 34:6; griego: *makrothumia*, «tardo o lento para la ira»). Algunos de los versículos que enseñan la paciencia divina son el Salmo 86:15; Romanos 2:4; 9:22; 1 Pedro 3:20; y 2 Pedro 3:15. En todos ellos, se ve a Dios deteniendo el juicio y ofreciendo salvación a través de largos períodos de tiempo.[49]

Las historias del Antiguo Testamento proporcionan ejemplos innumerables de la paciencia incansable de Dios con gente corrupta, obstinada o rebelde. Al soportar pacientemente a los malhechores a través de mucho tiempo, sin pasar por alto sus pecados, Dios les ha otorgado muchos inmerecidos beneficios temporales. En los días de Noé la paciencia divina «esperaba, mientras se construía el arca» (1 P. 3:20). Jehová regaló Canaán a Abraham, pero los israelitas tenían que esperar cuatrocientos años antes de recibirlo «porque hasta entonces no habrá llegado a su colmo la maldad del amorreo» (Gn. 15:16).

Se manifestaban «las riquezas» de la bondad, paciencia y magnanimidad de Dios en su trato con su pueblo en el período del éxodo. Los israelitas se caracterizaban continuamente por un espíritu malagradecido, quejumbroso, incrédulo y rebelde. Pero Jehová había hecho pacto con ellos y siempre estaba en medio de ellos guiándolos, cuidándolos y protegiéndolos. Aunque los hebreos cayeron en idolatría cuarenta días después de recibir la Ley y presenciar una gloriosa teofanía en el Sinaí, Dios los perdonó y los restauró gratuitamente.

Durante doscientos nueve años, Jehová soportó la apostasía del reino norteño. Jeroboam, al dividir la nación hebrea, instituyó la idolatría a los becerros en Israel, y todos los demás reyes hicieron lo mismo. Dios enviaba profeta tras profeta y juicio tras juicio, pero de nada sirvió. Israel estaba entregado a sus ídolos y continuaba la corrupción en la vida social y moral. Acerca de Israel, Dios podía decir: «Todo el día extendí mis manos a un pueblo desobediente y rebelde» (Ro. 10:21), y se lamenta, «¿cómo podré abandonarte, oh Efraín?» (Os. 11:8).

La paciencia y fidelidad de Dios se ilustra en el perdón y restauración de personas como Moisés, David, Manasés y Pedro. Cuando este preguntó a Jesús: «¿Cuántas veces pecará mi hermano contra mí y yo lo perdonaré? ¿Hasta siete veces?», el Señor respondió: «No te digo hasta siete, sino hasta setenta veces siete» (Mt. 18:21–22).

El apóstol Pedro atribuye la demora de la Segunda Venida a la solicitud divina para la salvación de los hombres: «El Señor … es paciente para con vosotros, porque no quiere que nadie se pierda, sino que todos procedan al arrepentimiento» (2 P. 3:9).

Por otra parte, la paciencia divina no es ilimitada. La advertencia apostólica afirma: «Pero Dios, habiendo pasado por alto los tiempos de esta ignorancia, ahora manda a todos los hombres en todo lugar, que se arrepientan; por cuanto ha establecido un día en el cual juzgará al mundo con justicia, por aquel varón a quien designó, acreditándolo ante todos al haberle levantado de los muertos» (Hch. 17:30–31).

5. **Existencialmente, Dios es libre, auténtico y omnipotente.** Los pensadores modernos recalcan cada vez más la importancia de que el individuo sea libre para ser lo que realmente es y realizarse plenamente, es decir, ser auténtico. Parece que los autores inspirados también se preocupan en presentarnos un cuadro de Dios como un ser libre, auténtico y realizado.

a) *Dios es libre.* Desde la eternidad, Dios no ha estado bajo la influencia de algo ajeno a sus propósitos. Las cosas buenas en el mundo, se determinan según «el puro afecto» de la voluntad y habilitación divinas. Dios permite que ocurra lo malo pero no es de su agrado; de todos modos, las acciones de Dios son autodeterminadas. El concepto de libertad no permite que los pensamientos, sentimientos y voluntad de una persona sean determinados por algo externo de sí mismo. Las decisiones y acciones de Dios no son determinadas por la consideración de factores fuera de sí mismo. Son el resultado de su libre elección.

Por otra parte, Dios no puede carecer de sabiduría, amor, misericordia, y gracia, o pasar por alto la injusticia, crueldad e iniquidad en el mundo. Es fiel a su propia naturaleza: «no puede negarse a sí mismo» (2 Ti. 2:13), ni ser lo que realmente no es.

b) *Dios es auténtico.* El Dios que, a través de su Hijo, se oponía a la hipocresía, no es hipócrita; es verdadero. Ya hemos enfatizado su integridad intelectual o sea su fidelidad y veracidad. Ahora hacemos hincapié ética, emocional y existencialmente en su integridad. En contraste con lo absoluto de Hegel, el Dios de la Biblia es consciente de quién es y de cuáles son sus designios: «Nadie ha conocido las cosas profundas de Dios, sino el Espíritu de Dios» (1 Co. 2:11). Él se da cuenta perfectamente de su identidad, su significado y sus designios.[50]

Lewis comenta:

Dios sabe que él es un ser absoluto, que en realidad no hay nada que se pueda comparar con él. Al llamar al pueblo a rechazar los ídolos, nunca Dios pide algo de nosotros que no esté de acuerdo con la realidad. Al oponerse resueltamente a la idolatría, él procura proteger a su pueblo de intereses absolutos, los cuales llevan a la decepción y a la desilusión. Dios quiere que le adoremos por nuestro bien a fin de que no nos desesperemos cuando uno tras otro de nuestros dioses finitos nos fallan.[51]

c) *Dios es omnipotente y soberano.* Los diccionarios definen omnipotente como «todo lo puede», «que tiene autoridad absoluta»; la omnipotencia quiere decir «poder de hacer todas las cosas». El concepto bíblico indica, sin embargo, que el poder divino sí tiene sus límites; no es irrestricto. Brunner observa que la teología de la Reforma ubica la omnipotencia de Dios entre los últimos atributos en la lista.[52] ¿Por qué? El ejercicio del poder divino siempre armoniza con los otros atributos; Dios nunca actúa caprichosamente o sea, contrariamente a su naturaleza. Erickson explica que «Dios es capaz de hacer todas las cosas que son objetos propios de su poder».[53] Dicho de una forma mejor, Dios puede hacer todo lo que él *quiera* hacer.

La omnipotencia y soberanía de Dios se enseñan en muchas partes de las Escrituras. Él es el *Shadai*, «el Dios todopoderoso» (Gn. 17:1; 28:3; 35:11), el «solo Soberano, Rey de reyes y Señor de señores» (1 Ti. 6:15); «todo lo que quiso ha hecho» (Sal. 115:3). Todo lo que hay fue creado por él, y nada existe aparte de su voluntad (Jn. 1:1–2). Para quitar la incredulidad de Sara de que tendría un hijo, Dios le preguntó: «¿Acaso hay alguna cosa difícil para Dios?» (Gn. 18:14). En ambos Testamentos leemos relatos de los grandes milagros de Dios. Él puede mantener las leyes de la naturaleza o suspenderlas según su voluntad y designio. La suprema manifestación de su poder consistía en resucitar a su Hijo de entre los muertos.

Se ve el poder de Dios también en su control sobre la marcha de la historia. Pablo señala que Dios «ha determinado de antemano» el orden de los tiempos y los límites de la habitación de la raza humana (Hch. 17:26). De tremenda importancia práctica para nosotros es el poder divino que puede salvar y transformar al hombre pecaminoso. Jesús dijo: «Para los hombres esto es imposible, pero para Dios todo es posible» (Mt. 19:26).

Por otra parte, Dios no puede hacer cosas absurdas o contradictorias como crear un triángulo de cuatro lados o hacer que lo pasado no haya existido. Tampoco quiere actuar de manera contraria a su naturaleza, sabiduría y amor santo. No puede mentir, ser injusto, cruel o indiferente al padecimiento humano.

Como Dios tiene toda potestad y reúne en su persona todos los atributos necesarios para gobernar (conocimiento, sabiduría, justicia y amor) es por tanto digno, como capaz de ser el Rey Soberano del universo. Siendo el Juez justo, él no puede castigar al malhechor más de lo que lo merece:

> Aquel siervo que, conociendo la voluntad de su señor, no se preparó ni hizo conforme a su voluntad, recibirá muchos azotes. Pero el que sin conocerla hizo cosas dignas de azotes, será azotado poco, porque a todo aquel a quien se haya dado mucho, mucho se le demandará, y al que mucho se le haya confiado, más se le pedirá.
>
> Lc. 12:47–48

Por otra parte, Dios es libre para conferir generosamente sus bendiciones (según su beneplácito) a los hombres no merecedores de esta: «De gracia recibisteis». Pero limitó su soberanía para que el hombre disfrutara de libre albedrío. Al permitirnos pecar, Dios era tan poderoso que restringió su ira y ejerció su predominio sobre nuestro pecado, sacrificando a su Hijo en la cruz. Nadie puede existir aparte de la soberanía de Dios, porque «en él vivimos, nos movemos y somos» (Hch. 17:28).

Sin embargo, por regla general Dios no actúa usando directamente su poder en la historia, sino que utiliza intermediarios tales como ángeles y seres humanos. Por ejemplo, cuando Jehová quería castigar a Israel por su apostasía, de acuerdo al libro de Josué, lo hizo mediante las invasiones de pueblos vecinos. «Aunque Dios determina que algunos eventos sucedan indefectiblemente (Is. 14:24–27), la mayor parte de estos son realizados condicionalmente en la historia, por la obediencia de personas o por su permitida desobediencia a los preceptos divinos (2 Cr. 7:14; Lc. 7:30; Ro. 1:24). De todos modos, los designios eternos de Dios para la historia, no son frustrados, sino cumplidos en la manera en que él decide llevarlos a cabo (Ef. 1:11)».[54]

¿Ha preordenado Dios todo lo que sucede? Packer ve esta doctrina en Efesios 1:11: «En él (Cristo) recibimos herencia, habiendo sido predestinados según el propósito de aquel que realiza todas las cosas conforme al consejo de su voluntad» (RVA). Explica:

> Tiene un plan para la historia del universo, y en su ejecución, gobierna y controla toda la realidad creada. Sin violar la naturaleza de las cosas, y sin infringir en momento alguno el libre albedrío humano, Dios actúa en, con y por medio de sus criaturas para hacer todo lo que él desea hacer, exactamente como desea hacerlo. Por medio de esta acción predominante, a pesar de la desobediencia humana y la obstrucción satánica, logra sus metas prefijadas.[55]

El gran teólogo Calvino procuró demostrar que los decretos divinos se originaron en la libertad soberana de Dios. Él y otros pensadores de la Reforma consideraban que un decreto divino, que abarca todo, es la causa de todo lo que sucede en el mundo.[56] Si es así, arguyen sus opositores, todo lo que ocurre representa la voluntad de Dios, incluso el mal. Por lo tanto, Gordon Clark afirma la doctrina heterodoxa de que la Escritura «enseña explícitamente que Dios crea el pecado».[57]

Karl Barth procura corregir la tradición clásica y reformada considerando que el poder de Dios actúa a favor del servicio de su amor. La Biblia, según él, no se interesa tanto en el poder de Dios sobre todo que existe (el poder que crea, sostiene y mueve el mundo) como en su enfoque referente a su disposición infinita a redimir y sanar. Su poder no es desenfrenado, sino que tiene «una dirección definida y un contenido. Consiste tanto en su poder de querer como en su poder de no querer».[58] El poder de Dios nunca debe ser reducido a omnicausalidad, porque esto haría que Dios estuviera atado a una realidad distinta de sí mismo. Corresponde a la voluntad de Dios no querer muchas cosas.[59]

Bloesch añade:

> Su poder (el de Dios) no debe ser entendido en términos de omnipotencia, sino en términos de libertad personal e invencible. Su omnipotencia es la libertad soberana de un Dios que es tanto misericordioso como santo, y que actúa tanto para consolar y liberar como para reivindicar su justicia. No causa el mal pero obra en medio del mal a fin de que saque el bien del mal. No es la causa directa de todas las cosas, sino el soberano sobre todas las causas y realidades. Dios no es el actor solo sino que todos los eventos están bajo su control.[60]

6. *En relación con el universo, y el hombre, Dios es tanto trascendente como inmanente*. La trascendencia de Dios se refiere a su primacía y estado de separación en el universo, en tanto que su inmanencia habla de su presencia y actividad en él. Estos términos «expresan el pensamiento de que, por un lado, Dios es distinto de su mundo, no lo necesita, y excede la comprensión de cualquier inteligencia creada que se encuentra en él ... mientras, por otro lado, él penetra el mundo con poder creativo y sustentador, moldeándolo y guiándolo de tal manera que lo mantiene sobre su curso planeado».[61]

Erickson nos advierte:

> Debe haber un equilibrio entre estas dos ideas bíblicas. Se puede lograrlo tratándolas con justicia. De esta manera se asemejan al amor y justicia de Dios, en que el entendimiento correcto de cada uno requiere que el uno sea visto a la luz del otro. Cuando se exagera uno a expensas del otro, el concepto teísta ortodoxo se pierde. Al recalcarse demasiado la inmanencia, se pierde el concepto de un Dios personal; en tanto que si exagera la trascendencia, se quita la noción de un Dios activo.[62]

Se considera que la trascendencia e inmanencia divinas abarcan más que dos atributos. Más bien, las perfecciones de la grandeza y bondad de Dios son posibles por causa de ellos. «En general, la trascendencia e inmanencia deben ser vistas como Dios, en todos sus atributos, se relaciona con el universo».[63]

a) *Trascendencia divina.* Se expresa en tres maneras: trascendente sobre el tiempo y el espacio; superioridad cualitativa de Dios a todo lo creado, y el acercamiento y distanciamiento en las relaciones personales con los hombres.

La eternidad, inmensidad y omnipresencia de Dios expresan su trascendencia sobre el tiempo y el espacio. Él existe antes de la creación (Sal. 90:2); «¿No lleno yo, dice Jehová, el cielo y la tierra?» (Jer. 23:24); «El cielo es mi trono y la tierra el estrado de mis pies» (Is. 66:1); «¿Adónde me iré de tu espíritu? ¿Y a dónde huiré de tu presencia? Si subiera a los cielos, allí estás tú; y si en el Seol hiciera mi estrado, allí tú estás» (Sal. 139:7–8). Aunque Dios está por encima del tiempo y es eterno, el tiempo es su creación y la historia es la arena de su obra: «Cuando vino el cumplimiento del tiempo, Dios envió a su Hijo» (Gá. 4:4).

También Dios es trascendente en el sentido cualitativo, o sea, es diferente de los seres humanos y, de muchas maneras, infinitamente superior a ellos. Su ser es eterno, el del mundo temporal; su conocimiento lo abarca todo, el del hombre es incompleto; su carácter es santo, el de los seres humanos está contaminado con el pecado. Los deseos de Dios están siempre contra la maldad, los de los hombres fluctúan entre el bien y el mal.

Se ve la trascendencia divina en la posición de Dios como Creador y Señor soberano del universo. Como ese se distingue de la creación: «Ellos (los hombres) cambiaron la verdad de Dios por la mentira, y veneraron y rindieron culto a la *creación antes que al Creador* (Ro. 1:25, RVA). Es exaltado sobre toda la creación y toda criatura. Por lo tanto, este concepto elimina toda posibilidad de panteísmo y panenteísmo.

Tanto su superioridad cualitativa como su trascendencia sobre tiempo y espacio significan que hay un indepen-

diente Creador, Preservador, Observador, Legislador y Juez
sobre la humanidad y los asuntos de ella. El hombre es dependiente de él por su ser mismo, y sujeto a su evaluación y
mirada escrutadora.

Puesto que Dios es trascendente es libre para establecer
leyes en la naturaleza, suspenderlas o cambiarlas. Es capaz de
obrar milagros y actuar sobre y dentro de su creación sin ser
asimilado o subyugado por ella.

La tercera expresión de la trascendencia e inmanencia divinas se encuentra en el grado de intensidad de la relación de
Dios con los seres humanos. En muchos lugares en la Biblia,
se refiere a una real presencia que no es espacial. Uno puede
«acercarse a Dios» o «alejarse» de él. Jesús promete: «Donde
dos o tres están congregados en mi nombre, allí estoy yo en
medio de ellos» (Mt. 18:20, RVA); «He aquí, yo estoy con vosotros todos los días, hasta el fin del mundo» (Mt. 28:20).
Manda también: «apartaos de mí malditos» (Mt. 25:41).
Isaías expresa tanto la inmanencia de Dios como su trascendencia: «Así dijo el Alto y Sublime ... Yo habito también con
el quebrantado y humilde de espíritu» (57:15).

Ciertos pensadores exageran la trascendencia divina.
Kierkegaard, Barth y Brunner consideran que Dios es el «totalmente otro», y por causa de su gran diferencia con la humanidad, le es imposible revelarse directamente; la Biblia
consiste en un testigo de su revelación y habla en símbolos.
Señalamos que Dios no es totalmente diferente del ser humano porque este fue creado a su imagen y semejanza. Aunque
la caída ha dañado esta semejanza, todavía queda algo de ella
en el hombre.

Otro extremo es el deísmo. Para los deístas, Dios abando-
nó el mundo después de crearlo; uno no puede comunicarse
con él ni esperar que intervenga en los asuntos de esta vida.

Erickson ve seis implicaciones que afectan nuestras otras
creencias y prácticas.[64]

(1) Existe algo superior al hombre. El hombre no representa el más alto valor en el universo ni el grado más alto de la
verdad. Bondad, verdad y valor no se determinan por la opi-

nión humana. Tampoco el hombre es el producto de una evolución ciega. El Dios trascendente sobre el universo ha hecho al hombre a su imagen, y es el juicio divino que da valor a la humanidad.

(2) Es imposible concebir completamente a nuestro Dios. La teología y las doctrinas bíblicas nos ayudan a hacerlo, pero son insuficientes en sí mismas para captar cabalmente el concepto de Dios.

(3) La salvación no es un logro humano; tampoco es un proceso de obras humanas. No somos capaces de subir al nivel de Dios cumpliendo su norma. La comunión con el Creador es el resultado de la fe en él y es él que toma la iniciativa y lo hace posible.

(4) Siempre habrá una diferencia entre Dios y el hombre. La brecha entre Dios y nosotros no es una simple diferencia basada en la caída, sino algo que existe desde la creación. El Creador siempre será infinitamente superior a la criatura. Por lo tanto, la salvación consiste en restaurar en el hombre todo aquello que Dios había dispuesto que el hombre fuera, al momento de crearle; y no en elevar al hombre a la altura de Dios.

(5) La trascendencia de Dios debe ser motivo suficiente para reverenciarlo. Aunque la salvación nos eleva a la posición de ser hijos de Dios, nunca llegaremos a estar al mismo nivel suyo. Por lo tanto, debemos humillarnos delante de él, someternos a su autoridad y prestarle culto con sumo respeto y reverencia.

(6) La trascendencia de Dios nos enseña que somos seres dependientes de él y de su intervención sobrenatural en muchos asuntos. Nos conviene darnos cuenta de nuestras limitaciones humanas, y buscar su ayuda en las actividades de la vida tanto espirituales como materiales. Erickson explica:

> Aunque emplearemos toda la técnica disponible del conocimiento moderno para realizar los fines de Dios, nunca dejaremos de ser dependientes de su ayuda. No descuidaremos la oración para su dirección o intervención especial ... Habrá siempre la expectativa de que

Dios, respondiendo a la fe y a la oración, obre en maneras que no pueden ser predichas o producidas solamente sobre la base de factores naturales.[65]

b) *La inmanencia divina.* Si Dios es un ser eterno y trascendente, ¿cómo puede él actuar en la tierra? La respuesta bíblica es que él es tanto trascendente como inmanente en el universo y la historia; y los dos atributos son complementarios. La doctrina de trascendencia indica que Dios es superior y está por encima del mundo; la inmanencia enseña que Dios penetra el mundo con poder creativo y sustentador. Dios no es un ser que obra solamente fuera de los procesos cósmicos e históricos, sino también dentro de ellos y por medio de ellos.

Citamos algunos pasajes de las Escrituras que señalan esta verdad. El profeta Jeremías pregunta: «¿Se le ocultará alguno, dice Jehová, en escondrijos donde yo no lo vea? ¿No lleno yo, dice Jehová, el cielo y la tierra?» (23:24). Toda la creación y el hombre mismo depende de él. Pablo asevera que todas las cosas subsisten en el amado Hijo de Dios (Col. 1:17). El libro de Job recalca el papel importante que desempeña el Espíritu divino en el hombre: «El espíritu de Dios me hizo y el soplo del omnipotente me dio vida» (33:4); «Si él pusiera sobre el hombre su corazón y retirara su espíritu y su aliento, todo ser humano perecería a un tiempo y el hombre se volvería polvo» (34:14–15). Añadimos las palabras del apóstol a los filósofos atenienses: «Dios ... es quien da a todos vida, aliento y todas las cosas ... ciertamente no está lejos de cada uno de nosotros, porque en él vivimos, nos movemos y somos» (Hch. 17:25–28).

Además, ciertas enseñanzas de Jesús indican que Dios controla la naturaleza. El Padre celestial «hace salir su sol sobre malos y buenos y llover sobre justos e injustos» (Mt. 5:45); alimenta las aves del cielo y viste los lirios y la hierba del campo (Mt. 6:25–30).

Nos alienta saber que Dios está presente en la vida de su pueblo que se arrepiente de su pecado y que vive por fe. Él habita en ellos, los cuales forman el templo del Espíritu Santo. Esta presencia da ascenso a las promesas divinas de gracia, cuidado general y dirección de los creyentes. A través de los años y por la operación del Espíritu en el creyente, este se asemeja a su Creador en pensamiento, actitud y propósito, es decir, crece en santidad. Esta unidad es compartida con otros miembros del cuerpo de Cristo los cuales ejercen dones para edificarse mutuamente y llegar a conformarse intelectual, emocional y éticamente a la imagen divina.

Otras implicaciones de la doctrina de la inmanencia de Dios son las siguientes.[66]

(1) Por regla general, Dios emplea medios indirectos para contestar nuestras oraciones y llevar a cabo sus propósitos: usa las leyes naturales y la medicina para sanar las enfermedades, la generosidad de otros para suplir lo que a algunos les falta y aun emplea naciones paganas, como Asiria y Babilonia, para castigar a su pueblo apóstata. El obrar milagros para tales fines son excepciones a la regla. Con frecuencia Dios realiza sus propósitos a través de instituciones y personas no obstante que sean seculares y sobre todo por la iglesia, la cual es el cuerpo de Cristo.

(2) Por ser la obra de Dios, debemos apreciar la naturaleza y tomar en serio la ecología. Según Jesús, la hierba del campo y las aves silvestres manifiestan el cuidado de Dios. Aunque Dios ha hecho todas estas cosas para el uso de los hombres, no debemos explotarlas egoístamente ni maltratar a los animales. Esto causaría dolor al corazón de su creador. Tampoco debemos menospreciar a otros seres humanos; todos son objetos del amor divino sin importar su raza, nacionalidad y cultura.

(3) Al estudiar la creación de Dios, podemos aprender algo acerca de él porque el mundo es su hechura, y su presencia lo llena. El salmista señala que «los cielos cuentan la gloria de Dios y el firmamento anuncia la obra de sus manos» (19:1).

Por otra parte, algunas teologías exageran la inmanencia de Dios y tienden a pasar por alto su trascendencia. Esto resulta en panenteísmo y panteísmo. El liberalismo limita la actuación divina a los medios naturales; no tiene lugar para la operación de lo sobrenatural. Los pensadores de la doctrina de proceso consideran que Dios comprende todo proceso pero es finito. Teilhard de Chardin ve a Dios como una parte íntegra del proceso evolutivo, ya que Dios y el universo en evolución están inseparablemente unidos. Como ejemplo de esta actitud antisupernaturalista, el teólogo panenteísta, Pablo Tillich, admite que no ora, sino que medita ya que no espera recibir respuesta a alguna de sus oraciones.

D. Conclusión

El estudio de los atributos divinos revela que el incomparable Dios de la Biblia es espíritu personal, viviente, infinito en sabiduría y poder, libre, santo, separado del mundo pero activo en él. Referente al tiempo y al espacio, Dios no tiene límites. Ha creado el cosmos, y lo sostiene intacto. Es el autor de las leyes «naturales»; por lo tanto es capaz de controlarlas, suspenderlas o cambiarlas. Se caracteriza por ser justo pero a la vez es misericordioso, compasivo y accesible al creyente de espíritu quebrantado y corazón contrito. En síntesis, es digno de nuestra confianza absoluta y la más devota adoración.

CITAS Y REFERENCIAS

1. Millard J. Erickson, *Christian Theology*, tomo I, Baker Book House, Grand Rapids, MI, 1986, p. 264.
2. *Íbid*, p. 265.
3. *Íbid*, pp. 265–266.
4. Véase Luis Berkhof, *Teología sistemática*, tomo I, T.E.L.L., Grand Rapids, MI, 1981, capítulos VI-VII.
5. Muchos de los pensamientos de este capítulo son tomados de G. R. Lewis, «God, attributes of» en *Evangelical Dictionary of Theology*, Walter A. Elwell, editor, Baker Book House, Grand Rapids, MI, 1985, pp. 451–459.
6. *Íbid*, p. 452.
7. *Íbid*.
8. Donald G. Bloesch, *God the Almighty*, Intervarsity Press, Downers Grove, IL, 1995, p. 86.
9. G. R. Lewis, *op. cit.*, p. 453.
10. Karl Barth, *Church Dogmatics*, translator T. H. L. Parker *et. al.*, G. W. Bromily y T.F. Torrance, editors, T. y T. Clark, Edinburgh, 1957, 2 (I), p. 491.
11. Las ideas son tomadas de Erickson, *op. cit.*, p. 279.

12. *Íbid.*
13. Lewis, *op. cit.*, p. 453.
14. Bloesch, *op. cit.*, p. 95.
15. James I. Packer, «Dios» en *Nuevo diccionario de teología*, Sinclair B. Ferguson, David F. Wright, J.I. Packer, editores, Casa Bautista de Publicaciones, El Paso, TX, 1992, p. 287.
16. Erickson, op. cit., p. 275.
17. Berkhof, *op. cit.*, p. 80.
18. Anthony A. Hoekema, «The communicable attributes of God» en la revista *Christianity today*, 13 de Marzo, 1961, p. 22 (510).
19. Lewis, *op. cit.*, p. 455.
20. Erickson, *op. cit.*, p. 280.
21. Emil Brunner, *The Christian Doctrine of God*, *Dogmatics* vol. 1, traducido por Olive Wyon, The Westminster Press, s.f., Philadelphia, PA, pp. 158–159.
22. Bloesch, *op. cit.*, p. 140.
23. Henry C. Thiessen, *Lectures in Systematic Theology*, Wm B. Eerdmans Publishing Company, Grand Rapids, MI, 1952, pp. 128–129.
24. Harold B. Kuhn, «God, his names and nature» en *Fundamentals of the Faith*, Carl F.H. Henry, editor. Zondervan Publishing House, Grand Rapids, MI, 1969, p. 52.
25. Erickson, *op. cit.*, p. 286.
26. *Íbid.*, pp. 286–287.
27. C. H. Dodd, *The Epistle of Paul to the Romans*, *Moffatt's New Testament Commentary*, Hodder and Stoughton, London, 1954, p. 23.
28. Brunner, *op. cit.*, p. 230.
29. D. W. Diehl, «Righteousness» en *Evangelical Dictionary of Theology*, A. Elwell, editor, *op. cit.*, p. 953.
30. J. I. Packer, *Hacia el conocimiento de Dios*, Logoi, Inc., Miami, FL, 1979, p. 169.
31. *Íbid.*, pp. 171,175–176.
32. W. A. Van Gemeren, «Wrath of God» en *Baker Encyclopedia of the Bible*, vol. 2, Walter A. Elwell, editor, Baker Book House, Grand Rapids, MI, 1988, p. 2167.
33. Packer, *Hacia el conocimiento de Dios*, *op. cit.*, p. 169.
34. Adrio König citado en Bloesch, *op. cit.*, p. 142.
35. *Íbid.*, pp. 144–145.
36. Willard Taylor, «Wrath» en *Beacon Dictionary of Theology*, Richard S. Taylor, editor, Beacon Hill Press of Kansas City, Kansas City, MO, 1983, p. 552.
37. Brunner, *op. cit.*, p. 230.

38. *Santa Biblia, Reina Valera 1995, Edición de estudio* (s.l.: Sociedades Bíblicas Unidas, 1995, p. 119.
39. Brunner, *op. cit.*, p. 184.
40. Lewis, *op. cit.*, p. 456.
41. Rodolph Bultmann citado por H.Q. Hoehner, «Love» en *Evangelical Dictionary of Theology, op. cit.*, p. 657.
42. Erickson, *op. cit.*, p. 294.
43. Bloesch, *op. cit.*, p. 146.
44. Pablo Hoff, *Se hizo hombre,* Editorial Vida, Miami, FL, 1986, p. 207.
45. Erickson, *op. cit.*, p. 294.
46. Erickson, *ibid*.
47. Bloesch, *op. cit.*, p. 144.
48. Erickson, *op. cit.*, p. 296.
49. Lewis, *op. cit.*, p. 457.
50. *Íbid*.
51. *Íbid*.
52. Brunner, *op. cit.*, p. 248.
53. Erickson, *op. cit.*, p. 276.
54. Lewis, *op. cit.*, p. 458.
55. Packer, «Dios» en *Nuevo diccionario de teología, op. cit.*, p. 286.
56. James Daane, *The Freedom of God,* Wm.B. Eerdmans Publishing Company, Grand Rapids, MI, 1973, p. 7.
57. Gordon H. Clark, *Predestination,* Presbyterian and Reformed Publishing Company, Phillipsberg, NJ, 1987, p. 12.
58. Karl Barth, *Church Dogmatics,* T. y T. Clark, Edinburgh, 1957, 2 (1) 602, citado en Bloesch, *op. cit.*, p. 105.
59. Bloesch, *ibid*.
60. *Íbid.*, p. 106.
61. Packer, «Dios» en *Nuevo diccionario de teología, op. cit.*, p. 287.
62. Erickson, *op. cit.*, p. 302.
63. *Íbid*.
64. *Íbid*, pp. 317–319.
65. *Íbid*, p. 318.
66. Las ideas en esta sección son de Erickson, *íbid*, pp. 311–312.

CAPÍTULO 12

EL ÚNICO DIOS VERDADERO: SU NATURALEZA TRINA

A. Introducción

Al estudiar la doctrina de la Trinidad, debemos abandonar los silogismos elaborados esmeradamente por los filósofos y las fórmulas de los matemáticos pues aquí la lógica y la aritmética de nada sirven. Es un misterio que no se capta con la razón. Esto demuestra que los misterios de la fe están por encima de la razón pero no necesariamente contra la razón. Se revela solo en las Escrituras, por lo tanto es preciso estar dispuesto a escudriñarlas, analizarlas, tomar en serio su enseñanza y, por fe, aceptar reverentemente esta gran verdad acerca de Dios.

Aunque el término «trinidad» no se encuentra en la Biblia, el concepto de un Dios trino sí se deduce del estudio de muchos pasajes de las Escrituras. Es la designación que la Iglesia ha dado al Dios único que se revela en las Escrituras como el Padre, el Hijo y el Espíritu Santo. G. W. Bromily elabora algo esta definición:

> Significa que dentro de la esencia singular de la deidad, tenemos que distinguir tres «personas» las cuales ni son tres dioses por un lado ni tres partes (papeles) o modos por otro, sino son Dios, coiguales y coeternas.[1]

¿Por qué dedicar un capítulo largo sobre este tema? ¿Cuál es su importancia?

1. **El concepto de la Trinidad constituye una de las doctrinas distintivas del cristianismo**. Ninguna otra religión enseña que Dios es uno pero a la vez es trino. Su triplicidad es justamente el meollo de la diferencia entre la fe cristiana y la de otras religiones. A veces los escritores seculares señalan que en el hinduismo hay una trinidad, Brahma el creador del universo, Vishnu el preservador y Siva el destructor. Sin embargo, son tres deidades, o sea, un ejemplo del triteísmo. No consisten en un solo ser como enseña la doctrina trinitaria.

2. **Es una doctrina indispensable para entender grandes verdades bíblicas**. Todas las afirmaciones referentes a la deidad en general o acerca del Padre, el Hijo o el Espíritu Santo en particular, deben interpretarse en términos trinitarios si se quiere conservar todo su significado. Doctrinas tales como la naturaleza de Cristo, la salvación, y el propósito de la creación del hombre dependen de la revelación bíblica de que Dios es uno, personal y trino.

A través de los siglos, los estudiosos de la Biblia reconocen que es absurdo hablar acerca de un Dios personal y moral si él fuera una sola persona aislada y solitaria desde la eternidad. Agustín señala que, si Dios no consistiera en más de una persona, no tendría conciencia de sí mismo y ni tampoco podrían funcionar sus perfecciones divinas y expresarse independientemente en la creación del mundo y el hombre. Se hace necesaria una interrelación interna de las tres personas para que se desarrolle su personalidad.

Agustín empleó numerosas analogías para ilustrar tal necesidad, de las cuales las más importantes son las de la mente y el amor. G. R. Bray las explica:

> Una mente se conoce a sí misma porque concibe de su propia existencia; lo que es más, también debe amar su autoconcepción. Un amante no puede amar sin una persona amada, y se hace necesario un amor que fluya entre ellos pero que no sea estrictamente idéntico con ninguno de los dos. Partiendo de esto, Agustín dedujo que Dios, a fin de ser él mismo, tenía que ser una Trini-

dad de personas, ya que de otra manera ni su mente ni su amor podían funcionar.[2]

La doctrina cristiana de la creación, es decir *creatio ex nihilo* (a partir de la nada), la cual establece que Dios no depende del universo, señala la perfección de la vida comunal divina antes de la creación (Jn. 17:5). Sin el concepto de la Trinidad, las doctrinas de la encarnación, la expiación lograda por la cruz, la ascensión de Jesús y el derramamiento del Espíritu Santo en el día de Pentecostés, serían incomprensibles.

3. *La doctrina de la Trinidad proporciona respuestas a muchas preguntas de carácter práctico.* ¿Es Jesucristo una deidad? ¿A quién debemos prestar culto, solo al Padre o también al Hijo y al Espíritu Santo? ¿A quién debemos orar? ¿Está la obra de la cruz limitada a la persona de Jesús o ha tenido el Padre una parte en ella? ¿Es Jesús inferior al Padre? ¿Es el Espíritu Santo meramente una fuerza impersonal o una persona igual al Padre y al Hijo? ¿A quién iremos para ser salvos?

4. *El conocimiento de la doctrina trinitaria puede proporcionar una defensa contra las enseñanzas contrarias.* Las sectas y religiones no cristianas realizan un proselitismo agresivo con los cristianos; atacan y se burlan de la doctrina trinitaria, mientras que la gran mayoría de los pastores evangélicos raramente mencionan el tema. Debemos estar siempre preparados para presentar defensa contra las corrientes anticristianas.

5. *El tema de la Trinidad ha cobrado importancia en la teología contemporánea.* Pensadores del siglo dieciocho como Kant y Schleiermacher descartaron el concepto de un Dios trino. Karl Barth, sin embargo, dio gran importancia a esta noción en su primer tomo de *Dogmática Eclesiástica*. Varios otros teólogos famosos del siglo veinte, tales como Pannenberg, Jüngel, Moltmann, Rahner, Pettenger y Bloesch, prestan atención especial a esta doctrina. Bloesch observa que «no es ni un apéndice ni un prólogo a la teología sino su punto culminante».[3] Pannenberg asevera que solo en términos trinitarios podemos razonar la esencia divina, la cual es amor.

B. La Trinidad en el Antiguo Testamento

Ya hemos mencionado que no se encuentra el vocablo trinidad en las Escrituras. Añadimos que el concepto de ella tampoco se presenta explícitamente. Aunque la versión Reina Valera incluye 1 Juan 5:7: «Tres son los que dan testimonio en el cielo: el Padre, el Verbo y el Espíritu Santo», esto es una interpolación que no se encuentra en los más antiguos manuscritos. Por lo tanto, el teólogo debe analizar los textos sobre el tema, deducir lo que enseñan y usar un vehículo apropiado para formular la doctrina.

Al considerar la información bíblica para desarrollar el concepto de la Trinidad, debemos buscar tres clases de evidencia, las cuales están separadas pero también interrelacionadas. La primera es de la unidad de Dios (monoteísmo), la segunda consiste en verificar que hay tres personas divinas y la tercera es que ellas forman una Trinidad (tres en uno). El énfasis del Veterotestamento consiste en declarar la unidad de la deidad. Resta para el Nuevo Testamento desarrollar la segunda y tercera evidencias.

1. *El monoteísmo de Israel.* Aunque se encuentran relativamente pocos indicios claros en el Veterotestamento de que Dios es trino, esas Escrituras enseñan rigurosamente el monoteísmo. Por ejemplo, se repite cada vez más la verdad de que «Jehová es Dios y que no hay otro fuera de él» (Dt. 4:35; véanse el v. 39; Éx. 20:1–3; Is. 45:5,18,22). En virtud de su naturaleza, es justo y santo (Dt. 4:24; 10:17–18), poderoso para intervenir a favor de su pueblo (Dt. 4:37–38) y cumple las promesas del pacto (Dt. 4:31; 7:8–9). Estos atributos señalan que Jehová es un Dios y no muchos, personal y no impersonal, ético y no neutral moralmente.[4]

La *Shemá* o credo de los hebreos, asevera llanamente: «Jehová, nuestro Dios, uno es» (Dt. 6:4). Aunque se puede traducir la última frase así: «Jehová es único» (en el sentido de que Jehová es el único Dios de Israel), parece que Jesús, en su discusión con los escribas, aprueba el primer significado que hemos mencionado (Mr. 12:29). Según una nota en la Biblia Reina Valera de Estudio, la Shemá indica que «Dios no está interiormente dividido, sino que es siempre uno y el mismo en su ser y en su obrar».[5]

Por otra parte, el término *Elohim*, traducido como Dios en la Shemá y en muchos otros pasajes del Antiguo Testamento, tiene la forma plural (dioses) aunque se usa con un verbo singular cuando se refiere a Dios. Algunos eruditos señalan que debe interpretarse como el plural de majestad, pero no todos están de acuerdo con esta explicación. Los que rechazan aquella interpretación observan que, en el hebreo, palabras tales como agua y cielo toman la forma plural. Los gramáticos denominan este fenómeno el plural cuantitativo. Se puede considerar agua en términos de gotas de lluvia o una masa de agua como se halla en un lago. El teólogo, G. A. F. Knight asevera que esa diversidad cuantitativa en unidad explica el plural *Elohim*. Cree también que esto explica por qué el título divino *Adonay*, se escribe en el plural.[6]

Además, la Shemá usa la palabra hebrea *echad* (uno) para expresar la unidad de Dios, un vocablo que puede significar unidad compuesta. Por ejemplo, *echad* aparece primero en Génesis 2:24 donde un hombre y una mujer, aunque son entidades separadas, son descritos como «una sola (*echad*) carne». Por esto, el eminente erudito judío, Moisés Maimónedes, para combatir el concepto de la Trinidad, insistía que Dios es *yachid* (uno en el sentido absoluto), término que no usa el Antiguo Testamento para describir la naturaleza de Dios. Así que, Jesús podía citar Deuteronomio 6:4 sin negar la realidad de su propia deidad.

Así que se puede interpretar la Shemá así: «Oye Israel, *Yahvéh* (singular) nuestro *Elohim* (plural) es una unidad compuesta».

Aunque no se puede señalar que el Antiguo Testamento enseñe claramente la triple personalidad de Dios, a la luz del Nuevo Testamento hay versículos que sí parecen aludir a las personas divinas. Por ejemplo, aparecen en Isaías 48:16: «Ahora *me* (el Hijo) envió *Jehová el Señor* y su *espíritu*» (las cursivas son mías). También en Isaías 63:7–10, se encuentran tres sujetos: «Jehová», «el ángel de su faz» (9) y «su santo espíritu» (10). Se atribuye la creación del mundo al Padre (Sal. 102:25), al Espíritu (Gn. 1:2; Sal. 104:30), y el Nuevo Testamento añade, al Hijo (Col. 1:16; Heb. 1:10).

En el Veterotestamento, sin embargo, el Espíritu Santo aparece raras veces como una persona divina. Más bien se viste como la presencia personal e intervención de Dios.[7] Packer escribe:

> En el Antiguo Testamento, el espíritu (ruah) de Yahvéh es el poder de Dios en acción ... es la misma presencia de Dios obrando, como también lo son su «mano» y su «brazo».[8]

¿Por qué el Antiguo Testamento no enseña claramente que Dios es trino? Se encuentra la respuesta en el primer mandamiento: «No tendrás dioses ajenos delante de mí» o bien «aparte de mí, frente a mí, en mi presencia»[9] (Éx. 20:3). El mundo no estaba listo para la revelación de la Trinidad. A causa del politeísmo que rodeaba a Israel, era más importante enfatizar que había un solo Dios y que las muchas divinidades de las naciones paganas realmente no existían. Henry comenta:

> Las religiones politeístas ponen una deidad contra la otra. Sobre la presuposición de que haya muchos dioses competitivos, no puede haber una unificada revelación divina. El significado de la Shemá hebrea («el Señor nuestro Dios es un Dios») demuestra que es imposible que Yahvéh sea dividido en tales divinidades múltiples.[10]

El concepto antiguo testamentario de la naturaleza divina, por lo tanto, no contradice la revelación neotestamentaria, la cual sostiene que, no obstante que Dios es uno, no es uno absolutamente. Dentro de la unidad de la deidad, existe una Trinidad de personas. Dios contiene en sí mismo, tres centros de actividad personal cada uno de los cuales es capaz de ser identificado por pronombres personales. Esto significa que hay riqueza incomprensible en la vida interior de Dios.

2. *El Antiguo Testamento contiene indicios del carácter trino de Dios*. Por su parte, eruditos cristianos, al leer el Antiguo

Testamento a la luz del Nuevo, han encontrado en él indicios convincentes del pluralismo en la naturaleza divina. En ciertos relatos del Génesis el Señor habla en la primera persona plural: «Hagamos al hombre a nuestra imagen, conforme a nuestra semejanza»; «El hombre ha venido a ser como uno de nosotros» y «Ahora, pues, descendamos...» (1:26; 3:22; 11:7). De la misma manera, Dios se expresa en el llamamiento de Isaías: «¿A quién enviaré y quién irá por nosotros?» (Is. 6:8).

Es poco probable que Dios haya hablado así con los ángeles, y especialmente cuando creó al hombre, un acto en que solo la deidad participó. Más bien estos pasajes sugieren comunión entre los miembros de la Trinidad.

Las apariciones del ángel de Jehová a Agar (Gn. 16:7–14), a Abraham (Gn. 17:22; 18:1–22; ver 19:1), a Josué (Jos. 5:13–16; véase 6:2) y a Manoa junto a su esposa (Jue. 13:2–23), se interpretan como teofanías del Cristo pre-encarnado. Se distingue entre este ángel y los demás. Se lo identifica personalmente con Jehová, y al mismo tiempo se lo distingue de él (Gn. 16:7-13; 18:1–2; 19:1–28; 32:24–30).

Las referencias al «Espíritu de Jehová», especialmente cuando parecen tener un énfasis moral, aparentemente significan que el Espíritu es el agente de Dios (véanse Gn. 1:2; Is. 40:13; 58:8–14).

Estudiosos del Antiguo Testamento consideran que este contiene también otros indicios del carácter trino de la deidad. Algunos relacionan la personificación de la sabiduría divina (Pr. 8:22–31) con la doctrina del Logos (Jn. 1:1–18) y con la sabiduría de Dios en 1 Corintios 1:24. (Es interesante notar que en las Escrituras se identifica a Cristo con la Palabra de Dios [logos] y con la sabiduría de Dios [sofia], pero nunca con el Espíritu de Dios [pneuma theou].) Se usa tres veces el nombre de Dios en la bendición sacerdotal (Nm. 6:24–26) y se encuentra la triple repetición de la palabra «santo» en la invocación de Isaías 6:3. Parece que Isaías 48:16 y Zacarías 2:10–13 se refieren a Cristo, el Siervo redentor de Jehová.

C. La Trinidad en el Nuevo Testamento

Aunque en esta sección no pensamos considerar detalladamente las doctrinas de la deidad de Jesucristo y del Espíritu Santo, por lo menos debemos establecerlas. Dejamos el estudio minucioso de estos temas a los capítulos que tratan de la cristología y la pneumatología. Destacamos tres verdades referentes a la Trinidad que se encuentran en el Nuevo Testamento: el monoteísmo, la deidad de Jesucristo y del Espíritu Santo, y la distinción que existe entre las tres personas.

1. **Dios es uno.** Los escritores del Nuevo Testamento se aferran al monoteísmo y no ceden un ápice a la unidad de Dios. El apóstol Pablo afirma: «Solo hay un Dios» (1 Co. 8:6), «Dios es uno» (Gá. 3:20), «un solo Dios y Padre de todos» (Ef. 4:6; véanse Hch. 17:22–31; Ro. 11:33–36). Santiago testifica acerca de la fe de los cristianos: «Tú crees que Dios es uno; bien haces» (2:19); y Judas describe la deidad: «Al único y sabio Dios, nuestro Salvador» (25). No obstante el monoteísmo estricto de los escritores del Nuevo Testamento, ellos identifican a tres personas con la deidad: el Padre, el Hijo y el Espíritu Santo. Sin embargo, ciertos teólogos ponen en tela de juicio la deidad del Hijo y el Espíritu Santo pero no la del Padre.

Se observa en muchas partes que el Padre se llama Dios. Por ejemplo, Jesús ora: «Te alabo, Padre, Señor del cielo y de la tierra» (Mt. 11:25) y lo denomina «Dios el Padre» (Jn. 6:27). Al igual que Cristo, Pablo habla «de Dios nuestro Padre» (Ro. 1:7). La tarea en esta sección consiste en señalar la evidencia neotestamentaria de que tanto el Espíritu Santo como el Hijo son personas divinas.

2. **Jesucristo es deidad.** Existen abundantes pruebas en el Nuevo Testamento de que Jesús es Dios.

a) *Primero, él mismo tenía la autoconciencia de ser Dios.* Debemos observar que Jesús nunca declaró explícitamente su divinidad, es decir, jamás afirmó «yo soy Dios», pero sus dichos son inapropiados para alguien que fuera menos que Dios. Por ejemplo, Jesús declaró que él enviaría a «sus ángeles» (Mt. 13:41); sin embargo, ellos son reconocidos como los ángeles de Dios (Lc. 12:8–9; 15:10). También Jesús habló en Mateo 13:41 de «su reino», y este es repetidamente conocido en los Evangelios como el Reino de Dios.

Más significativas aun son las prerrogativas que Jesús afirma tener. Él declara perdonar pecados (Mr. 2:5). Esto sería blasfemia a menos que de verdad Jesús sea una deidad, ya que solo Dios puede perdonar pecados. También Jesús habla de juzgar al mundo (Mt. 25:31–46). Él profetiza que se sentará sobre su trono glorioso y dividirá a las ovejas de los cabritos; este poder solo puede ser atribuido a Dios. Además Jesús asevera ser uno con el Padre (Jn. 10:30), y afirma que verlo y conocerlo a él, es ver y conocer al Padre (Jn. 14:7–9). Incluso Jesús declara su preexistencia en Juan 8:58: «Antes que Abraham fuese, yo soy».

b) *Varios escritores del Nuevo Testamento indican que Jesús es una deidad*. Para Pablo, un judío monoteísta, Jesús es igual a Dios (Fil. 2:5–11), y uno que es igual a Dios debe ser Dios. En la epístola a los Hebreos, capítulo 1, se hallan varias aseveraciones que implican la plena deidad de Jesucristo. Para el escritor de Hebreos, el Hijo es superior a los ángeles, Dios habla a través del Hijo, el universo mismo fue creado por el Hijo, el Hijo es el resplandor de la gloria de Dios. Incluso el Hijo es llamado Dios en 1:8, y llamado Señor en 1:10. Es significativo que los escritores bíblicos eran judíos cristianos de firmes bases monoteístas, pero aun así estaban claramente afirmando la deidad de Jesucristo en igualdad con el Padre.

3. *El Espíritu Santo es Dios*. Existen suficientes referencias neotestamentarias para asumir que el Espíritu Santo debe ser identificado como Dios. Notamos que hay pasajes que hablan intercambiablemente del Espíritu Santo como de Dios. Por ejemplo, en Hechos 5:3–4 se dice que mentir al Espíritu Santo es lo mismo que mentir a Dios. El Espíritu divino es descrito realizando las actividades de Dios: convence al hombre de pecado, justicia y juicio (Jn. 16:8-11); regenera y otorga nueva vida (Jn. 3:8), y otorga los dones espirituales (1 Co. 12:4–11).

También hay varios pasajes en donde el Espíritu Santo es puesto en igualdad con el Padre y con el Hijo: en la fórmula

bautismal (Mt. 28:19), en la bendición apostólica de Pablo
(2 Co. 13:14) y en 1 Pedro 1:2, donde el apóstol afirma a sus
lectores que han sido «elegidos según la presciencia de Dios
Padre en santificación del Espíritu para obedecer y ser rocia-
dos con la sangre de Jesucristo».

Algunos teólogos han dicho que el Espíritu Santo no puede ser considerado una persona, sino solamente una fuerza
que emana de Dios. Esto echaría por tierra la doctrina de la
Trinidad. Sin embargo, ¿es el Espíritu una fuerza o es una
persona? Al respecto E. Mullins responde:

> El Espíritu de Dios, mirado como un mero principio
> o fuerza impersonal en la vida religiosa del hombre, es
> un concepto contradictorio en sí mismo. Solo una idea
> panteísta del mundo, en que la personalidad pierde su
> significación, está de acuerdo con el concepto.[11]

Respecto a la personalidad del Espíritu Santo hay abundantes pruebas en la Escritura. La primera evidencia es el uso
del pronombre masculino para referirse a él. Puesto que la palabra *pneuma* es neutra y dado que los pronombres concuerdan con sus antecedentes en persona, número y género,
nosotros esperaríamos encontrar el pronombre neutro para
representar al Espíritu Santo. Sin embargo en Juan 16:13–14,
Juan utiliza el pronombre masculino, algo que demuestra que
se refiere a una persona y no a una cosa.

Otra evidencia de la personalidad del Espíritu Santo se encuentra en pasajes como Juan 14:26; 15:26; 16:7, en cada
uno de estos pasajes se usa el término *parakletos*. Es obvio
que no se refiere a una influencia abstracta. Más significativo
aun es 14:16, en donde Jesús dice que el Padre dará otro Consolador a los discípulos. La palabra usada para otro es *alos*, la
cual significa «otro de la misma clase». Es claro que el Espíritu Santo, que reemplaza a Jesucristo, es otro de la misma clase que el Señor. La similitud en función es una indicación de
que el Espíritu Santo, como Cristo, debe ser una persona.

Por otra parte, el Espíritu Santo ejercita los atributos de la
personalidad, que son: intelecto, él sabe lo que necesitamos y
por ello se encuentra en condiciones de interceder por noso-

tros (Ro. 8:27); voluntad, él entrega los dones a quien él quiere (1 Co. 12:11); sensibilidad, a una fuerza impersonal no se le puede entristecer (Ef. 4:30). Además, al Espíritu Santo se le atribuyen actividades personales: él revela (2 P. 1:21); enseña (Jn. 14:26); atestigua (Gá. 4:6); habla (Ap. 2:7); se le puede blasfemar (Mt. 12:31–32).

4. ***Dios es tanto trino como uno.*** Las Escrituras inspiradas señalan que el Padre, el Hijo y el Espíritu Santo existen eternamente como tres personas distintas pero también relacionadas la una con las otras. El ángel anuncia a María que su hijo será llamado «Hijo del Altísimo» porque el Espíritu Santo vendrá sobre ella (Lc. 1:35). En el bautismo de Jesús se ven los tres miembros de la Trinidad: el Hijo es bautizado, el Espíritu desciende como una paloma y el Padre habla palabras de elogio referente a su Hijo (Mt. 3:16–17).

Por otra parte, los Evangelios y las Epístolas revelan la unidad de las tres personas divinas. Ellas tienen cada una su propia voluntad, aunque nunca tienen conflicto entre sí. Por ejemplo, Jesús ora: «Padre, si quieres, pasa de mí esta copa; pero no se haga mi voluntad, sino la tuya» (Lc. 22:42; véase Jn. 6:38).

Hay varios lugares en el Nuevo Testamento en donde las tres personas de la Trinidad están presentadas juntas en unidad y en aparente igualdad. Uno de estos pasajes es la fórmula bautismal (Mt. 28:19), «bautizándolos en el nombre (singular) del Padre, y del Hijo y del Espíritu Santo». Debe notarse que el «nombre» es singular, pero hay tres personas incluidas en ese nombre. También considere que no hay la más mínima sugerencia de inferioridad o subordinación entre las tres personas nombradas.

En la bendición paulina se presentan las tres personas (2 Co. 13:14): «La gracia del Señor Jesucristo, el amor de Dios, y la comunión del Espíritu Santo sean con todos vosotros». Aquí nuevamente los tres nombres se presentan en unidad y aparente igualdad.

Abundan las evidencias más fuertes de la Trinidad en el cuarto Evangelio (véanse 1:33–34; 14:16,26; 16:13–15;

20:21–22). Se observa en este Evangelio la acción interrelacionada de las tres personas de la Trinidad. El Hijo es enviado por el Padre (14:24) y proviene de él (16:28); el Espíritu es dado por el Padre (14:16), enviado por el Padre (14:26) y procede del Padre (15:26), el Hijo enviará el Espíritu del Padre (15:26) y el Hijo debe irse para que él pueda enviar el Espíritu (16:7). Se comprende el ministerio del Espíritu como una continuación de la labor del Hijo. El propio Espíritu recordará lo que el Hijo ha dicho (14:26); dará testimonio del Hijo (15:26); declarará lo que ha oído del Hijo, y le glorificará (16:13–14).

Uno de los pasajes más explícitos y fuertes para enseñar que Cristo es Dios y a la vez distinto del Padre es Juan 1:1. La primera frase (*en el principio era el Verbo*) indica que Cristo existe desde la eternidad. La segunda frase (*el Verbo era con Dios*) señala que aquello es una persona distinta de Dios (el Padre). La palabra griega *pros* traducida «con» cuando se usa con el acusativo, significa más que proximidad. Implica igualdad, intimidad y comunión cara a cara (véase 1 Co. 13:12). La tercera frase de Juan 1:1 (*y el Verbo era Dios*) señala claramente que Cristo es una deidad pero que no es idéntico con el Padre. En esta frase, Juan emplea el término *theos* (Dios) sin el artículo *ho* (el). Cuando los escritores del Nuevo Testamento no incluyen el artículo, *theos* se refiere o a un dios o a la naturaleza de Dios. Puesto que Juan no es politeísta, él afirma en esta frase que el Verbo participa de la naturaleza divina.

Algunos otros pasajes del Nuevo Testamento que implican la Trinidad son: Hechos 2:33,38; Lucas 1:35; Mateo 3:16–17; 12:28; 1 Corintios 12:4–6; Gálatas 4:6; Romanos 15:6; 2 Corintios 1:21–22; 2 Tesalonicenses 2:13–14; Efesios 3:14–19; 1 Pedro 1:1–2.

En resumen, podemos decir que aunque las Escrituras no afirman expresamente la doctrina de la Trinidad, particularmente el Nuevo Testamento contiene muchas sugerencias de la deidad y unidad de las tres personas, conocidas como Padre, Hijo y Espíritu Santo. Respecto a esta diversidad o pluralidad en la divinidad, W. T. Conner observa:

> Nosotros no podemos identificar a Dios absoluta y exclusivamente con el Padre, o con el Hijo o con el Espíritu Santo. Cada uno de estos tres es necesario para el concepto completo de Dios. Aun el Padre no llena la idea de Dios aparte del Hijo y del Espíritu Santo; pues aparte del Hijo nosotros no podemos conocer a Dios como Padre ... El Padre envía al Hijo, el Hijo revela al Padre, y el Espíritu Santo capacita a los hombres para conocer al Padre según se revela en el Hijo.[12]

D. Desarrollo histórico de la doctrina

En los dos primeros siglos de la existencia de la Iglesia hay poca conciencia del problema teológico y filosófico sobre la relación entre la unicidad de Dios y su naturaleza trina. Se puede encontrar en este período la fórmula triádica de Padre, Hijo y Espíritu Santo, pero relativamente escasa atención se presta al problema. Pensadores como Justino Mártir y Taciano enfatizan la unidad de esencia entre el Logos y el Padre y usan la analogía de que es imposible separar la luz de su fuente, el sol. En este sentido, la enseñanza es que aunque el Logos y el Padre son distintos, ellos no son divisibles o separables.

Históricamente, la Iglesia formuló su posición acerca de la Trinidad a través de agudas controversias sobre el problema cristológico, es decir, acerca de la relación entre Jesucristo y el Padre. Los malentendidos infiltraron los baluartes mismos de la Iglesia y obligaron a sus teólogos a forjar el concepto formal de la Trinidad. Concluyeron que Dios debe ser concebido y comprendido como tres en uno, o sea, como uno y trino a la vez. Los pensadores cristianos incorporaron sus conclusiones en credos y declaraciones, algunos de los cuales permanecen hasta hoy como normas para la gran mayoría de los cristianos.

1. *Los apologistas, Justino Mártir e Ireneo*. Se llaman apologistas a un pequeño grupo de escritores griegos del siglo se-

gundo que presentaron una defensa de la fe cristiana frente a la persecución, difamación y ataques intelectuales de los paganos. Intentaron hacer el Cristianismo inteligible y racional a los judíos y al mundo grecorromano. Sus escritos contienen percepciones importantes para el desarrollo de la teología cristiana, incluso la de la Trinidad. En particular, eran los primeros teólogos que intentaron explicar racionalmente la relación de Cristo con Dios. Puesto que eran monoteístas convencidos, esto no era algo fácil.

Los defensores de la fe trataron de solucionar el problema del Hijo preexistente, identificándole como la mente de Dios, o sea, la expresión del pensamiento del Padre en creación y revelación. Extrajeron mucho de su doctrina del prólogo del Evangelio de Juan en que se presenta el concepto del Logos. La noción del Logos como razón universal había sido divulgada entre los judíos y griegos. Juan había enseñado que el Logos estuvo con Dios desde el principio, e Ignacio había identificado a Cristo como la Palabra del Padre que fue hablada por este. Los apologistas emplearon textos como el Salmo 33:6: «Por la palabra de Jehová fueron hechos los cielos», para explicar la preexistencia de Cristo, su unión con el Padre y su entrada en el espacio y tiempo por la encarnación.[13]

Un ejemplo del pensamiento de los apologistas se ve en los escritos de Justino Mártir sobre la naturaleza y el significado de Cristo. Este fue el Logos o el principio de razón que habita en todo hombre, el medio unificador entre Dios y los hombres, el cual les comunicó el conocimiento de Dios. «En las teofanías del A.T. fue el Logos quien se reveló, porque el Dios trascendente no podía hablar con los hombres de esta manera».[14] Este Logos fue encarnado en un individuo histórico, Jesucristo, para efectuar la salvación de los hombres. Aunque su naturaleza no difería de la de Dios el Padre, era subordinado a él.

Para los apologistas, «Dios el Padre» significaba no meramente la primera persona de la Trinidad, sino la deidad entera. Además, la esencia del Logos es idéntica con la esencia de Dios mismo. Puesto que el Logos estuvo presente inmanentemente dentro del Padre desde la eternidad, ha sido generado como producto de la autoseparación de Dios y ha sido enviado por Dios.[15]

Por otra parte, Ireneo (130–200 d.C.), obispo de Lyon, sostenía que el Logos se encarnó en Jesucristo, el cual era el Hijo de Dios, la mente de Dios y en un sentido el Padre mismo. En Jesús, Dios mismo sufrió en la cruz por los hombres. Este apologista se interesaba poco en las especulaciones sobre la Trinidad. Afirmaba que Dios es Padre, Hijo y Espíritu Santo, sin disertar sobre las relaciones entre ellos. Sin embargo, Ireneo aseveraba que el Hijo y el Espíritu Santo eran «las manos de Dios» las cuales este utilizó para crear el universo. «No son seres intermedios entre Dios y el mundo, sino que son Dios mismo en su relación con el mundo».[16] Parece que Ireneo era modalista en alguna forma.

Es probable que Ireneo ideó el concepto económico de la Trinidad, doctrina que fue desarrollada por Hipólito y Tertuliano.[17] Según este punto de vista, la historia humana se divide en tres períodos, cada uno de los cuales pertenece a una persona de la deidad. La era del Antiguo Testamento es del Padre, el período del evangelio corresponde al Hijo, y la época desde el día de Pentecostés en adelante es del Espíritu Santo.

2. *El monarquianismo*. Hacia fines del segundo siglo y durante el siglo tercero se desarrolló en el occidente una tendencia que ponía el énfasis sobre la unidad de Dios. Fue una reacción contra el politeísmo poco velado de los gnósticos y contra los dos dioses de los marcionitas. Esa tendencia, en algunas de sus formas extremas, se denominó monarquianismo.

El término teológico «monarquía», quiere decir gobierno solo de Dios. El historiador eclesiástico Kenneth Scott Latourette, explica el motivo del monarquianismo como:

Una tentativa de realizar el monoteísmo contra los que querían hacer de Jesucristo, como encarnación del Logos, un segundo Dios, o querían resolver el problema presentado al pensamiento cristiano por la creencia en Dios el Padre y Creador, la deidad de Jesucristo y la acción del Espíritu Santo por lo que era en efecto un triteísmo ... De hacer énfasis sobre la unidad de Dios, los monarquianos también querían honrar a Jesús y explicar el carácter único de su vida.[18]

El monarquianismo tomó dos formas: la dinámica (del griego *dynamis*, «poder») y la modalística. Estudiaremos una por una.

a) *Monarquianismo dinámico.* El pionero de esta creencia fue Teodoto, quien la introdujo en Roma en el año 190. En muchas facetas de la doctrina, tales como la divina omnipotencia, la creación del mundo y el nacimiento virginal de Jesús, Teodoto era completamente ortodoxo. Sin embargo, él decía que antes del bautismo, Jesús fue un hombre común y corriente, aunque muy virtuoso. En su bautismo, el Espíritu o el Cristo descendió sobre él y moró sobre él, realizando las obras de Dios.

Un posterior representante del monarquianismo dinámico fue Pablo de Samosata, quien vivió en la segunda mitad del siglo tercero. Samosata creía que el Logos no era una persona, es decir, que Jesucristo no era el Logos. El Logos moró en Jesús del mismo modo como la sabiduría divina lo había hecho cuando moró en los profetas, pero ahora de una manera más plena. Más tarde, Jesús fue capacitado para hacer milagros, esto como premio por su carácter santo. Finalmente Jesús fue levantado de los muertos y ascendido a la esfera de la deidad. Las enseñanzas de Samosata fueron condenadas por el sínodo de Antioquía en el año 268.

Si hay algo en común en las enseñanzas de Teodoto y Pablo de Samosata, consiste en el hecho de que Dios estaba dinámicamente presente en la vida de Jesús. Hubo un obrar del poder de Dios sobre y a través de Jesús, pero no estaba realmente la sustancia misma de Dios presente en Jesús. Estas enseñanzas fueron un tosco intento por defender la unidad de Dios. Esta doctrina errónea ha sido resucitada en nuestros días por los unitarios.

b) *El monarquianismo modalístico.* Esta creencia también es conocida como sabelianismo. Sabelio fue un teólogo del siglo tercero, quien, sin negar la divinidad de Jesucristo, reconocía en Dios una sola persona con tres modos distintos de manifestarse: como Creador (Padre), como Redentor (Hijo) y como Santificador (Espíritu Santo).

La posición modalística fue iniciada por Noecio de Smirna, quien fue activo en la última parte del siglo dos. Luego Praxeas aceptó las ideas de Noecio y añadió la doctrina de que el Espíritu Santo era el tercer modo de representación del Dios único. Con ironía, Tertuliano le acusó de introducir herejía: «puso en fuga al Paracleto, y crucificó al Padre» (*Contra Praxeas I*).

Finalmente Sabelio desarrolló de una manera más completa el pensamiento modalista en el intento de resguardarse del triteísmo. El enfoque modalista es brillante en el sentido de que se intentaba guardar la unidad de Dios y al mismo tiempo reconocer la divinidad del Hijo y del Espíritu Santo. Se procuraba explicar y entender la paradoja de tres personas y un solo Dios. Lamentablemente, el sabelianismo no logró la distinción de las personas la cual se ve, por ejemplo, en la escena del bautismo de Jesús.

Al confundir las personas que están en la divinidad, el sabelianismo veía tres modos pero un solo Dios. Es decir, un Dios que se expresa de tres maneras distintas, de tal forma que el Padre sufre en el Hijo. A esto se le llama patripasianismo, es decir, el Padre estuvo presente y personalmente en la cruz. Al respecto, el *Diccionario de Teología* nos informa que «Noecio enseñó que Cristo era el Padre y por lo tanto el Padre fue el que nació, sufrió y murió».[19]

Este patripasianismo (Padre sufriendo) fue una de las ideas que motivó el rechazo a la doctrina modalista. Aunque en este punto se debe aclarar que la mayor causa del rechazo del patripasianismo puede no haber sido tanto una contradicción a la revelación bíblica, sino una contradicción a la concepción filosófica griega de la impasibilidad de Dios.[20] A causa de la oposición de Dionisio de Alejandría, Sabelio y sus enseñanzas fueron condenadas en un concilio en Roma en el año 263.

3. **Tertuliano: un forjador de la terminología del concepto de la Trinidad**. Se ha caracterizado a este teólogo como «el último de los apologistas griegos» y también como «el primero de los Padres latinos». Comenzó a escribir en Cártago, África del Norte, hacia fines del siglo segundo y continuó esta actividad hasta el 212 d.C. Defendió vigorosamente la fe, sin embargo, es famoso principalmente por sus formulaciones de la Trinidad.

Tertuliano se preocupaba mucho por el problema que representaba la relación del Padre, del Hijo y del Espíritu Santo. Su elaboración de esta relación vino a ser la fórmula aceptada por la Iglesia durante muchos años. Latourette le describe:

> Con mente legalista, Tertuliano tuvo el don de una enunciación clara y exacta. También empleaba términos con los cuales se hizo familiar en los tribunales para dar expresión a conceptos cristianos … Aunque vertía escarnio sobre la filosofía, él tenía una deuda grande para con el estoicismo … sus ideas estaban modeladas por el pensamiento estoico y eran igualmente expresados en términos estoicos. Sin embargo, trataba de basar sus creencias justamente sobre las Escrituras.[21]

Fue Tertuliano quien acuñó el término «trinidad» (*trinitis*).[22]

a) *La teología de Tertuliano.* En este pensador encontramos el desarrollo de lo que se llama el punto de vista económico de la Trinidad. Aquí por primera vez hay un pequeño intento de explorar las relaciones eternas entre los tres miembros de la deidad.

Tertuliano creía en la monarquía o gobierno solo de Dios. Difería de los otros monarquianos en que para ellos existía solamente un Gobernante divino no diferenciado, quien asumía, en sucesión, papeles apropiados en la obra de la salvación (Creador, Redentor y Santificador). Aunque Tertuliano concedía libremente el principio de un dominio, sostenía que este dominio se administraba a través del Hijo y del Espíritu Santo como corregentes del Padre. R. Kearsley comenta:

A pesar de esta igualdad de posición (de las tres personas divinas), Tertuliano reconocía una delegación del poder del Reino al Hijo en su autohumillación redentora. Por lo tanto proveía una distinción concreta entre el Padre y el Hijo por lo menos en la economía ... que rompía el hermético molde monoteísta del monarquianismo.[23]

Con referencia a Dios, Tertuliano usaba la palabra latina *substantia* (sustancia). Hay en Dios una sola sustancia, pero tres personas la comparten; es decir, el Hijo y el Espíritu Santo tienen la misma sustancia que el padre, o sea, en una sustancia moran tres personas. «Aquí hay unidad de *substantia*, pero una trinidad en forma y aspecto».[24]

Según el pensamiento de este teólogo, antes de la creación Dios estaba solo pero no completamente solo. Estaba solo en el sentido de que no hubo nada externo de su ser. Puesto que Dios es un ser racional, moraba en él la Razón, que es idéntica a lo que la Escritura denomina Sabiduría. La Razón y la Sabiduría llegaron a ser también el Hijo de Dios. Sin embargo, hubo un tiempo cuando la Razón no se había expresado en el *Logos* o Palabra, es decir, cuando el Hijo no estaba. En el momento en que Dios quiso crear el mundo, engendró al Hijo. Así lo que antes era interno llegó a ser externo (y junto con el Espíritu Santo llevó a cabo la creación); lo que antes era invisible, vino a ser visible en la encarnación. De esta manera hizo una distinción concreta entre el Padre y el Hijo, por lo menos, en la economía.

De acuerdo con el esquema de Tertuliano, el Espíritu Santo también aparece como una de las dos manos o agentes de Dios en la creación. Del Padre había procedido el Hijo; ahora del Padre y del Hijo procedió el Espíritu divino. Se completó la tríada.

b) *La contribución de Tertuliano*. El concepto de la Trinidad que ideó este pensador occidental no es completamente claro. ¿Cuál fue el significado del término *personae* que él tenía en mente? En la ley romana esa palabra significaba una parte en alguna acción legal o un individuo. En el griego quería decir una máscara o un actor en un poema dramático.

Varios teólogos piensan que Tertuliano la empleaba en el último sentido pues aceptaba la doctrina de las dos manos y de la Trinidad económica. En tal caso, él ataba la Trinidad al marco del tiempo y del espacio, y sostenía una forma del modalismo. Lamentablemente para nosotros, Tertuliano se ocupó más en escribir sobre el lado práctico (la Trinidad en relación con su revelación a los hombres) y descuidó definir la relación interna de las personas.

De todos modos, la doctrina de Tertuliano fue un paso gigantesco hacia la formulación final. Este teólogo proporcionó el método y algo del vocabulario que la tradición occidental usa en la actualidad.

4. *Orígenes (185–254 d.C.)*. Considerado por muchos eruditos el más grande teólogo de su época, Orígenes contribuyó significativamente a la doctrina de la Trinidad con su enseñanza sobre la eterna generación del Hijo por el Padre. Así aseguraba que el Hijo era eternamente de la misma naturaleza que el Padre pero derivado de él.[25]

Lo hizo desarrollando una doctrina de las tres *hipóstasis* (griego: ser real o verdadero; se usa para designar a las personas dentro del ser único de Dios), del Padre, el Hijo y el Espíritu Santo. Se revelaron como compartiendo la misma *usia* (esencia) divina. Este pensador «arregló estas (personas) en orden jerárquico, con el Padre como Dios en sí mismo (*autotheos*), el Hijo como su imagen exacta y el Espíritu Santo como la imagen del Hijo. Insistió en que este orden existía en la eternidad».[26]

La debilidad del pensamiento de Orígenes consiste en relegar al Hijo y el Espíritu Santo a un rango inferior al del Padre (subordinismo). El Logos es una emanación del Padre, el primogénito de la creación, la sabiduría divina (Pr. 8:22–31). «La voluntad del Padre es más sabia que la del Hijo; en la creación el Hijo era el siervo del Padre, ejecutando sus mandatos».[27] Orígenes afirmaba que el Padre y el Hijo eran coeternos pero no coiguales (la herejía del subordinismo del Hijo). Sin embargo, fue ortodoxo en el sentido de que enseñaba que el Hijo participó de la misma esencia del Padre y existía desde la eternidad.

El Concilio de Nicea en 325 d.C. condenó toda forma de subordinismo. Declaró que Jesucristo es «verdadero Dios de verdadero Dios», no menos que el Padre, sino uno con el Padre. El Segundo Concilio Ecuménico reunido en Constantinopla en 381 se opuso a la enseñanza de que el Espíritu Santo era subordinado al Padre y al Hijo. Sostuvo que el Espíritu Santo debía ser adorado y glorificado junto con el Padre y el Hijo. Finalmente, el credo atanasiano afirmó: «En esta Trinidad, ninguno (miembro) es antes o después del otro, ninguno es mayor o menor que el otro».

Bloesch señala la amenaza de la herejía de Orígenes.

> Los peligros del subordinismo son el politeísmo y el agnosticismo. Si hacemos a Cristo y el Espíritu Santo (seres) inferiores a Dios el Padre, estamos en peligro de postular tres deidades distintas. Si hacemos que el Padre sea un abismo eterno del cual emanan el Hijo y el Espíritu, terminaremos con un Dios que es básicamente incognoscible e inalcanzable.[28]

Este último argumento se basa sobre el hecho de que un Cristo que es menos que el Padre, no pudiera conocer al Padre y, por lo tanto, no podría darnos a conocer al Padre.

5. ***Arrianismo***. Esta doctrina se originó en las enseñanzas de Arrio, presbítero de Alejandría (336), el cual estaba influenciado por las enseñanzas de Samosota. Arrio enseñó que el Hijo era un ser intermedio entre Dios y el mundo, un ser súper angelical, el primero entre los seres creados, y por el cual fueron creadas todas las cosas. En palabras de Banks: «Se afirma de él (Jesús) la preexistencia, pero no la eternidad; la divinidad, pero no la deidad misma».[29]

Por esto los arrianos estaban dispuestos a atribuir a Cristo el nombre y los atributos divinos e incluso rendirle culto como a Dios, pero en un sentido secundario y de una manera indirecta. Para los arrianos hubo un tiempo cuando el Hijo no existía. Tampoco podían aceptar que Jesús fuera de una misma sustancia con el Padre. Afirmaban que Jesús era de una sustancia semejante a la del Padre.

Para los arrianos, Dios no fue siempre Padre, más bien hubo un tiempo cuando Dios era solo, y aún no era el Padre, y luego llegó a ser Padre. Seeburg cita las palabras de Arrio, quien dice: «El Hijo no es no-engendrado, ni es parte del uno no engendrado ... ni de algo que existiese previamente, sino que fue constituido».[30] Dios creó de la nada al Hijo y por lo tanto este es una criatura. Los arrianos tampoco concedieron la naturaleza divina al Espíritu Santo. Para ellos, él era meramente uno de los espíritus creados por Dios.

Su gran opositor, Atanasio (293–373), afirmaba que el Espíritu Santo participaba de la misma sustancia del Padre. Además, hay una colaboración invisible entre los tres a fin de que lo que logra el Padre lo haga a través del Hijo, y lo que logra el Hijo lo realiza mediante el Espíritu divino.

Las enseñanzas arrianas fueron rechazadas en el Concilio de Nicea en el año 325. Revivieron después, gracias a la ayuda de seguidores de Orígenes y con el apoyo imperial que buscaba la unidad religiosa del Oriente y Occidente. En el año 360 d.C., se declaró que el Hijo no era *homousios* (de la misma esencia), sino *homoiusios* (de esencia semejante). Esta vino a ser la religión oficial hasta la muerte de los emperadores arrianos y la reflexión erudita de los teólogos capadocios.

El arrianismo ha revivido en tiempos posteriores a través de las enseñanzas de los modernos Testigos de Jehová, los cuales niegan la deidad del Hijo.

6. *La formación ortodoxa.* La doctrina ortodoxa de la Trinidad fue enunciada tras una serie de debates en los cuales se libraron controversias con los monarquianos y arrianos. La formulación de la posición que claramente distingue entre *usía* (esencia) e *hipóstasis* (personas) fue principalmente la obra de los tres grandes capadocios: Gregorio Nacianceno, Basilio de Cesarea y Gregorio Niceno. A través de una larga amistad y discusión, los tres capadocios elaboraron una interpretación de la fórmula nicena que ganó la aprobación de muchos que anteriormente se oponían.

En el Concilio de Constantinopla, 381 d.C., la Iglesia se declaró explícitamente sobre el tema. La posición que prevaleció fue básicamente la de Atanasio de Alejandría, la cual fue elaborada y refinada por los llamados teólogos capadocios.

La fórmula la cual expresa la posición de Constantinopla es «una *usía* en tres *hipóstasis*» (una esencia en tres personas). El énfasis parece estar más en la última parte de la fórmula, esto es, en la existencia separada de las tres personas antes que en la única e indivisible deidad. La única deidad existe simultáneamente en tres personas, o tres maneras de ser. Deben reconocerse tres personas divinas: Padre, Hijo y Espíritu Santo. Los distintos nombres que se les aplican corresponden a diferencias reales, según las cuales deben ser distinguidas las personas una de otra claramente y sin confusión. Cada persona tiene su peculiaridad, o su propiedad o atributo.

Los capadocios expresaron el concepto de una sustancia común y múltiples personas separadas a partir de la analogía de un universal y sus particulares. Las personas individuales de la Trinidad están conectadas a la divina sustancia en la misma manera como un hombre individual está conectado al hombre universal (o humanidad). Cada una de las personas individuales es la esencia de la deidad distinguida por las características o propiedades que le son particulares, así como un individuo humano tiene características únicas que le distinguen de todos los otros individuos. Estas respectivas propiedades de las personas divinas son, de acuerdo a Basilio de Cesarea, paternidad, nacimiento y poder santificador.

Es claro que la fórmula ortodoxa protege a la doctrina de la Trinidad contra los peligros del modalismo. Sin embargo, a expensas de ello, nos preguntamos, ¿está cerca de caer en el error opuesto, que es el triteísmo? Superficialmente pareciera que el peligro fuera considerable. Sin embargo, dos puntos han hecho poner a la doctrina de la Trinidad a resguardo del triteísmo.[31]

Primero se debe notar que no podemos encontrar ni una sola actividad del Padre, Hijo y Espíritu Santo en la cual, de alguna manera, no se encuentren involucradas las tres personas de la Trinidad. Debemos por tanto concluir que hay una sustancia idéntica envuelta en las tres personas. Por ejemplo, tal unidad la encontramos en la divina actividad de revelación. La revelación se origina en el Padre; se realiza a través del Hijo y es completada por el Espíritu Santo. Aquí no hay tres acciones, sino una sola acción en la cual hay tres personas envueltas.[32]

En segundo lugar hay una insistencia sobre la indivisibilidad de la divina sustancia o esencia. Muchos de los críticos de los capadocios alegaron que los estos fallaron en el punto céntrico, su analogía de un universal manifestado en sus particulares. La conclusión era que hay una multiplicidad de dioses en la deidad, esto del mismo modo que hay una multiplicidad de hombres en la humanidad. Al respecto, Gregorio de Nisa dijo que estrictamente hablando, nosotros no podemos hablar de una multiplicidad de hombres, sino de una multiplicidad del único hombre universal. Los capadocios continuaron enfatizando que, mientras los tres miembros de la Trinidad pueden ser distinguidos numéricamente como personas, ellos son indistinguibles en su esencia o sustancia. Ellos son distinguibles como personas, pero son inseparables en su ser.[33]

Aquí debe ser reiterado que la esencia no es abstracta, sino que es una concreta realidad. Además esta divina esencia es simple e indivisible. Siguiendo la doctrina de Aristóteles que solo lo que es material es cuantitativamente divisible, los capadocios virtualmente niegan que la categoría de los números pueda ser aplicada a la deidad como un todo. Dios es simple e incompuesto, es decir, mientras cada una de las personas es una, ellas no pueden ser tomadas para hacer tres entidades.[34]

7. *La contribución de Agustín*. En su obra maestra sobre la Trinidad, *De Trinitate*, Agustín desarrolló su doctrina de las relaciones trinitarias. Su enseñanza difiere de la de los capadocios en el énfasis.

Por lo general los griegos pensaban en términos de orígenes de causa para las personas de la Trinidad. El Padre no era engendrado, el Hijo era engendrado y el Espíritu procedente. Como resultado, el no-engendramiento, el engendramiento y la procesión se convirtieron en señales distintivas de las personas en relación una con la otra.[35]

Agustín no rechazó esa doctrina, sino que la modificó notablemente. Tomó en serio la plena igualdad de las personas divinas pero creyó que difieren solamente en sus relaciones mutuas. «Para él, el único Dios primordial no era el Padre, sino toda la Trinidad. Las diferentes personas encontraban su causa no en cierta generación o procesión, sino en una relación interior inherentemente necesaria de una con la otra».[36] Se ilustra este enfoque con su noción acerca del Espíritu Santo. Como una alternativa de «procedente» para diferenciar el tercer miembro de la Trinidad, Agustín consideró que el Espíritu es «don» y «amor», el vínculo de comunión entre Padre e Hijo, entre Dios y su Iglesia.

Este gran pensador usó analogías para demostrar la racionalidad del carácter trino de Dios. En su analogía sicológica, él explica: Como una sola persona se compone de mente, memoria y voluntad, así el único Dios está compuesto del Padre, Hijo y Espíritu Santo. Agustín vio también la Trinidad en la analogía del amor: el Padre ama, el Hijo es el amado y el Espíritu Santo es amor.

E. Nociones contemporáneas de la Trinidad

En el siglo veinte hay enfoques nuevos sobre la doctrina de la Trinidad. Sin embargo, algunos teólogos modernos reconocen que la clásica fórmula trinitaria soluciona lo que parecen contradicciones de la fe, tales como las tres aparentemente incompatibles doctrinas fundamentales: monoteísmo, la deidad de Cristo y la vivencia con Dios por medio del Espíritu. Otros pensadores consideran que la noción trinitaria es anacrónica y debe ser reinterpretada para que sea racional y comprensible.

Aunque abundan nociones de la Trinidad en la teología contemporánea, nos limitamos a presentar los puntos de vista de ocho teólogos.

1. **Paul Tillich**. No hay que sorprenderse que el filósofo-teólogo panenteísta, Paul Tillich, exprese sus restricciones mentales referentes al desarrollo de la tradición trinitaria clásica. Sin embargo, él no quiere descartar esa doctrina, sino reinterpretarla, purificarla de su contenido bíblico y tradicional. Para él, la noción de la Trinidad expresa la automanifestación de la Vida Divina a la humanidad. Las tres personas son meramente símbolos de esa actividad divina pues Dios no es una persona, sino el fundamento de ser, un abismo infinito, y ser mismo. Sin embargo, con relación al hombre, Dios es personal.[37]

2. **Karl Barth**. En contraste con Tillich, este distinguido teólogo suizo considera que la doctrina sobre el Dios trino constituye un desarrollo analítico del hecho central de la revelación. Sin embargo, no es una doctrina revelada sino algo implicado en el acto y contenido de la autorrevelación en Cristo Jesús, la cual es atestiguada en la Santa Escritura. Barth insiste que la Trinidad inmanente precede la Trinidad económica; es decir que la manera triple en que Dios obra recíprocamente dentro de sí mismo, es anterior al modo por el cual se relaciona con el mundo.

Barth prefiere hablar acerca de Dios como una persona en tres modos de ser. El se imagina que su doctrina no es una forma de modalismo porque los modos de ser existen simultáneamente y no sucesivamente. Según este teólogo neoortodoxo, el concepto moderno de «persona» contiene la noción de conciencia de sí; por lo tanto una Trinidad de tres personas implicaría triteísmo (tres individuos) más bien que monoteísmo.[38]

3. **Karl Rahner**. Este eminente teólogo católico es gran admirador de Barth. Aceptaría el término «personas» para definir la Trinidad si vuelve a limitarse a su significado original, un actor o papel en un drama y no una persona en el sentido actual. Al igual que Barth, Rahner considera que el emplear el

término «personas» como tres centros de conciencia resultaría en convertir la Trinidad en triteísmo herético. Parece que él quiere evitar la idea de que Padre, Hijo y Espíritu Santo son tres entidades que existen independientemente la una de la otra.[39] Prefiere referirse a las personas divinas como «la manera distinta de subsistir». Alguien ha criticado este sustituto: «Nadie puede invocar, adorar o glorificar una manera distinta de subsistir».[40]

4. *Wolfhart Pannenberg*. Según él, la historia consiste en el desarrollo de la Trinidad. La esencia misma de Dios es el amor divino. Sin embargo, este amor no es solo un atributo divino, sino la naturaleza esencial de Dios, y esa verdad no se puede entender excepto en conjunción con la idea trinitaria.

Él quiere retener la monarquía (gobierno por un solo jefe) del Padre, pero esta se realiza por medio del Hijo y del Espíritu Santo. Mediante la obra del Hijo, el Reino o monarquía del Padre se establece en la creación, y por medio de la obra del Espíritu el Reino o monarquía del Padre en creación es consumada».[41] Pannenberg afirma la mutualidad y dependencia mutua de las personas de la Trinidad, pero retiene la monarquía del Padre. Dios es personal «solamente a través de una u otra de las tres personas, pero no como una sola entidad inefable. Al crear el mundo, Dios se hizo dependiente de su creación».[42]

5. *William J. Hill*. Es un teólogo moderno cuya doctrina debe mucho a las ideas de Santo Tomás. Afirma que Dios no es un Absoluto inmutable e impasible, sino una comunión de personas que son iguales y unidas en todas sus acciones. La doctrina de la Trinidad presupone «alguna indicación sobre la identidad distintiva de los que la constituyen». Él dice que las personas en Dios «constituyen una ínter subjetividad: Padre, Hijo y Espíritu son tres centros de conciencia en comunidad, en comunicación mutua. Los miembros de la Trinidad constituyen una *koinonia* divina».[43]

6. *Donald Bloesch*. Habiendo tenido una fuerte influencia de parte de Barth, este destacado pensador intenta formular un equilibrado concepto de la Trinidad.

Las personas de la Santa Trinidad significan agencias de relación más bien que personalidades separadas. Dios en su esencia es uno, pero la manera en que él actúa dentro de sí mismo es triple. En la deidad hay un ser pero tres modos de existencia; hay una persona pero tres medios de relacionarse; hay una voluntad pero tres operaciones para implementar esa voluntad; hay una inteligencia pero tres operaciones de inteligencia. Dios no actúa solamente en una manera triple sino también existe dentro de sí mismo en una relación tripersonal.[44]

7. **James I. Packer**. Conocido como un escritor que expresa con lucidez y precisión la posición evangélico-conservadora, define sucintamente el trinitarianismo:

> La creencia de que el creador personal es tres personas tan ciertamente como es una, constituye la característica del teísmo cristiano. Dentro de la unidad compleja de un ser, hay tres centros personales de conciencia racional que son eternamente inherentes, se compenetran, se relacionan en amor mutuo y cooperan en todas las acciones divinas. Dios es no solamente él, sino también Ellos: Padre, Hijo y Espíritu, los tres iguales y coeternos en poder y gloria, aunque funcionan de acuerdo con un patrón fijo en que el Hijo obedece al Padre y el Espíritu ayuda a ambos.[45]

8. **Millard J. Erickson**. Es el autor de *Christian Theology*, una obra cuya orientación es tanto ortodoxa como clásica. Aunque él conoce bien las reformulaciones modernas de doctrinas tradicionales y responde a ellas, las usa solamente cuando están de acuerdo con las enseñanzas bíblicas. Su concepto es el siguiente.

> La Trinidad es una comunión de tres personas, tres centros de conciencia, las cuales existen y siempre han existido en unión de una con la otra y en dependencia la una de la otra. Cada una depende por su vida de cada una de las otras.
>
> Comparten su vida en tan estrecha comunión que cada una está consciente de lo que está la otra. Ninguna

de ellas ha existido independientemente de la otra y ni lo
hará ni lo podrá ahora o en el futuro. Cada una es esencial a la vida de cada una de las otras, y a la vida colectiva
de la Trinidad. Están unidas la una a la otra con amor,
amor ágape, el cual las une en la más estrecha e íntima
relación. Este amor desinteresado, amor ágape, hace que
cada una se preocupe más de la otra que por sí misma.
Por lo tanto hay una sumisión mutua de cada una a cada
una de las otras, y una glorificación mutua de la una a la
otra.

Existe igualdad completa de las tres. Ha sido, por supuesto, subordinación temporaria de un miembro de la
Trinidad a otro, pero esto es funcional más bien que
esencial. A la vez, esta unidad e igualdad no requieren
identidad de función. Hay ciertos roles que pertenecen
primordialmente a uno, aunque todos participan en la
función de cada uno.[46]

Hemos presentado en forma breve, las nociones sobre la
Trinidad de ocho teólogos contemporáneos. El concepto de la
Trinidad que sostiene Tillich no tiene nada que ver con la revelación divina, y para el creyente, ese sirve solamente como
un ejemplo del producto de una mente racionalista. Barth
pasa por alto las numerosas indicaciones bíblicas de que el
Padre, el Hijo y el Espíritu Santo son plenamente tres personas, cada una relacionada con las otras dos. Así él cae en el
error de una forma del modalismo. Rahner y Bloesch siguen
en los pasos de Barth.

Aunque Pannenberg reconoce la deidad y personalidad
distinta de cada miembro de la Trinidad, su doctrina de la
monarquía del Padre implica una forma de subordinismo: el
Hijo y el Espíritu son dominados por el Padre y, por lo tanto,
son seres inferiores en referencia a autoridad.

Hill recalca la gran verdad juanina de que la Trinidad consiste en una comunión entre las tres personas de la deidad,
«una *koinonía* divina». También hace énfasis en el hecho de
que Dios no es impasible, sino un ser que siente el dolor de
sus criaturas, entra en el mundo pecaminoso y sufre para re-
dimirlo sin participar de su maldad y discordia.

Ambos, Packer y Erickson, enuncian una descripción de la Trinidad que incorpora tanto la perspicacia de teólogos modernos como está de acuerdo con las indicaciones de la Escritura inspirada. La formulación de Packer es concisa pero completa, en tanto que la de Erickson elabora y explica bien las mismas verdades.

F. Elementos esenciales en la doctrina de la Trinidad

Nos conviene considerar detenidamente los elementos destacados en la doctrina de la Trinidad. Todos son importantes y esenciales para tener un concepto equilibrado y cabal del Santo Ser divino. Erickson hace seis observaciones sobre el tema.[47]

1. *La unidad de Dios*. El monoteísmo se encuentra profundamente implantado en la tradición hebreo-cristiana: Dios es uno, no hay varios dioses. Se puede comparar la unidad de Dios con la unión matrimonial, pero debemos tener en mente que nosotros hablamos de un Dios único, no de una reunión de entidades separadas como ha dicho muy bien G.H. Lacy: «No tenemos tres dioses, ni tres formas de divinidad, sino que en el seno del mismo Dios hay tres personas».[48]

2. *La deidad de cada una de las tres personas*. Es un hecho claro, a través de las Escrituras, que las tres personas de la Trinidad son deidad. Tanto el Padre, el Hijo y el Espíritu Santo son reconocidos en la Biblia como Dios. Cada una de estas personas es cualitativamente igual a la otra. El Hijo es divino en el mismo sentido que lo es el Padre y también en la misma intensidad. Esto mismo es verdad respecto del Espíritu Santo. Se puede decir que la esencia de Dios se encuentra plenamente, no fragmentadamente en cada una de las personas de la Trinidad. Esto significa que las tres personas son deidad. En palabras de L. Berkhof:

> La esencia divina no está dividida entre las tres personas, sino que está plenamente con todas sus perfecciones en cada una de las personas … la naturaleza divina

es indivisible, y por tanto idéntica en las personas de la Deidad.[49]

3. *La Trinidad y la unidad de Dios no son consideraciones idénticas*. Aunque la interpretación ortodoxa de la Trinidad parece contradictoria (Dios es uno y también es tres), la contradicción no es real, sino más bien es solo aparente. Una contradicción existe si algo es A y no es A al mismo tiempo. El modalismo intentaba solucionar el problema de la aparente contradicción diciendo que los tres modos o manifestaciones de Dios no son simultáneos; es decir, en cualquier situación que se dé, solo una es la manifestación de Dios que se revela.

Sin embargo, los ortodoxos insisten que Dios es tres personas en todo momento. Manteniendo su unidad también, el ortodoxo trata con el problema sugiriendo que el modo por el cual Dios es tres, en algún aspecto es diferente del modo cuando es uno. Los pensadores de los primeros cuatro siglos hablaron de una *usia* y tres hipóstasis. Ahora el problema es determinar qué es lo que estos términos significan, o más aun, cuál es la diferencia entre la naturaleza o la unidad interna de Dios y su naturaleza trina. Respecto al problema presentado en este punto, J. M. Pendleton escribe lo siguiente:

> Debe admitirse que la palabra persona, en este sentido trinitario, no está enteramente libre de objeción, pero parece cosa entendida por los escritores ortodoxos que no hay una palabra mejor. La objeción es que no puede aplicarse en su acepción común, esto es, como se aplica a los seres humanos. Necesita alguna modificación. Por ejemplo, persona, en el uso ordinario del término, significa un ser distinto e independiente, así es que una persona es un ser, y cien personas son cien seres. Pero en la Divinidad hay tres personas y un solo ser.[50]

4. *La Trinidad es eterna*. El Padre, el Hijo y el Espíritu Santo siempre han sido deidad. Todos ellos desde la eternidad y hasta la eternidad son divinos. Ninguno de ellos vino a existir en algún punto del tiempo, tampoco ninguno de ellos llegó a ser divino en algún momento del tiempo. En este

sentido nunca ha habido alguna alteración en la naturaleza del Dios trino. Él es y será lo que ha sido siempre. W. T. Conner observa:

> La revelación debe revelar a Dios tal como él es ... Si en el tiempo Dios se revela por Jesucristo como Padre (y esto es revelación, no ilusión), entonces Dios debe ser un Padre en su ser eterno o esencial, o de lo contrario la revelación no es revelación. Si la paternidad no es eterna en Dios, si ella es solo una actitud o una «parte» asumida en el tiempo, entonces Cristo no ha revelado a Dios. Pero si Cristo ha revelado a Dios, entonces la paternidad es algo eterno en la naturaleza de Dios y Cristo es eternamente el Hijo de Dios, y no simplemente durante un período de tiempo.[51]

5. *La subordinación funcional*. Existe la forma herética de subordinación y también la forma ortodoxa. Podemos decir correctamente que el Hijo procede del Padre y el Espíritu procede de ambos, del Padre y del Hijo. Pero sería un error doctrinal afirmar que un miembro de la Trinidad es inferior en esencia y autoridad a otro. No obstante, sí existe subordinación en función y actividad entre los miembros.

La función de un miembro puede, por un tiempo, estar subordinada a uno o a los otros dos miembros como en el caso del Hijo en la encarnación. Cada una de las personas de la Trinidad ha tenido, por un período de tiempo, una función particular única. Esto debe ser comprendido como un papel temporal que contribuye a los propósitos eternos de la divinidad misma, pero en ningún caso se debe pensar que por este papel se haya perdido en algo la esencia o el honor divino.[52]

Por ejemplo, durante su ministerio terrenal, Jesús no era menos que el Padre. No obstante él se subordinó libremente a la voluntad del Padre por motivos de su función. De igual modo el Espíritu Santo está ahora subordinado al ministerio del Hijo y también a la voluntad del Padre (véase Juan 14—16). Sin embargo, eso no implica que él es menos o menor que ellos.[53] Como observa Pendleton: «La inferioridad está en el oficio, no en la naturaleza; la subordinación es oficial y no toca la sustancia divina».[54]

6. *La Trinidad permanece incomprensible*. Berkhof señala la imposibilidad de comprender el misterio de una deidad en tres personas:

> La Trinidad es ... ininteligible en su naturaleza esencial ... La dificultad verdadera está en conocer la relación que las personas en la Deidad conservan respecto a la esencia divina, y una para con la otra; y esta es una dificultad que la iglesia no puede remover; sino únicamente tratar de reducir a sus debidas proporciones mediante una adecuada definición de los términos. La iglesia nunca ha tratado de explicar el misterio de la Trinidad, únicamente trata de formular la doctrina respectiva, en tal forma que los errores en que se peligra se eviten.[55]

G. Analogías

A través de la historia de la Iglesia se han empleado analogías y metáforas para iluminar el misterio de la Trinidad. Estas no comprueban la doctrina sino muestran que no es irracional.

Agustín concibió analogías sicológicas tales como (1) en el terreno de la óptica, existe el objeto de la visión, la representación humana del objeto y el enfoque intencional; (2) la analogía del sonido de las palabras en la memoria, el recuerdo mental y la voluntad de la persona que recuerda y piensa, uniendo así los otros dos; (3) la mente humana que recuerda, conoce y ama a Dios. Barth ideó la analogía: Revelador, revelación y ser revelado.

Algunos otros teólogos notables han tomado analogías de la Trinidad recurriendo a la naturaleza. Tertuliano desarrolló tres: (1) la raíz, el árbol y la fruta; (2) el sol, el rayo y el ápex y (3) la fuente, el arroyo y el lago. Anselmo utilizó la analogía del sol, el esplendor y el calor.

Ejemplos modernos de analogías científicas son: el agua puede ser encontrada en forma sólida, líquida y gaseosa; el espacio tiene tres dimensiones: largo, ancho y alto; el universo consiste en espacio, materia y tiempo; el átomo tiene tres componentes: protón, neutrón y electrón.

Estas analogías indican que algo puede ser uno y tres a la vez pero en referencia a la Trinidad ellas tienden a ser cercanas, o al modalismo o al triteísmo en sus implicaciones. Hablando técnicamente, no conocemos que exista algo verdaderamente analógico a la Trinidad. Esta doctrina permanece para nosotros como un misterio inescrutable.

No hay que extrañarse de que es imposible comprender totalmente el misterio de la Trinidad. Somos seres limitados y Dios es infinito. No solamente los caminos de Dios son más altos que los nuestros, como son más altos los cielos que la tierra, sino que su ser es igualmente más alto que el nuestro. ¿Cómo puede el hombre finito sondear las profundidades del conocimiento del Dios infinito? El raciocinio humano no es capaz de entender cabalmente la constitución divina. Solo Dios conoce perfectamente a Dios.

Al llegar al cielo y ver a Dios «cara a cara», le conoceremos mejor pero no perfectamente pues seguiremos siendo seres humanos. Mientras tanto, le «vemos de manera indirecta, como en un espejo, y borrosamente» (1 Co. 13:12, DHH). Así que nos corresponde a nosotros recibir por fe la revelación divina y prestar culto reverentemente a las tres personas divinas.

> ¡Santo! ¡Santo! ¡Santo!
> Señor omnipotente
> Siempre el labio mío loores te dará;
> ¡Santo! ¡Santo! ¡Santo!
> Te adoro reverente,
> Dios en tres personas,
> Bendita Trinidad.

H. La Trinidad y la vida espiritual

Fe en la Trinidad tiene implicaciones trascendentes que afectan la salvación, la manera de orar y adorar a Dios, y el vivir en el cuerpo de Cristo. El creer que en el único Dios verdadero subsisten tres personas iguales en esencia, poder y gloria, no es una opción, sino una obligación para todo cristiano.

1. ***La Trinidad y la doctrina de la salvación.*** Los puntos de vista no trinitarios, como el unitarianismo, el modalismo y el arrianismo, dejan sin sentido el plan divino de la redención del hombre. K. McRoberts observa: «Todas las convicciones cristianas básicas que se centran en la obra de la cruz presuponen la distinción personal entre los tres miembros de la Trinidad».[56]

Cada persona divina desempeña un papel individual, aunque obran juntos. El Padre envía al Hijo para redimir al hombre perdido, el Hijo da su vida en rescate por muchos y vive siempre para interceder por ellos, y el Espíritu Santo convence al pecador de su pecado, lo lleva al arrepentimiento y luego mora en él capacitándolo a vivir una vida santa.

Las relaciones entre los miembros de la Trinidad sirven como modelo a los creyentes.

a) *Unidad en el cuerpo de Cristo.* En las vísperas de su muerte en la cruz, Jesús rogó: «Que todos sean uno; como tú, Padre, en mí y yo en ti, que ellos sean uno en nosotros» (Jn. 17:21). La unidad por la cual Jesús ora es la del mismo amor eterno que une a los miembros de la Trinidad y caracteriza todo lo que hagan. Ellos comparten la misma visión y colaboran estrecha y desinteresadamente para llevarla a cabo. No se encuentran rivalidad, egoísmo, personalismo y división en los miembros de la deidad.

Se puede aplicar este principio a la relación de miembros de una congregación, de congregaciones con congregaciones y denominaciones con denominaciones. Debemos considerarnos un cuerpo en Cristo, una familia en Dios y una comunidad de hermanos. Si esto fuera la realidad en el Cristianismo, ¡cuán diferente sería el cuadro de la Iglesia de Cristo!

b) *Los miembros de la Trinidad cooperan estrechamente.* No actúan aisladamente ni independientemente el uno del otro. Huelga decir que el Reino de Dios no solo sufre con frecuencia de ineficacia, sino también de una imagen poco atractiva, producto del individualismo.

c) *Cada miembro de la Trinidad se somete a otro.* Es humano buscar lo suyo y señorear sobre los demás, pero es divino sujetarse «unos a otros en el temor del Señor». El apóstol Pablo nos exhorta: «No tenga más alto concepto de sí que el que debe tener, sino que piense de sí con cordura, conforme a la medida de fe que Dios repartió a cada uno» (Ro. 12:3).

d) *Los miembros son unidos por amor desinteresado.* El amor que rige entre ellos es ágape, amor sacrificador, el que da libremente de sí mismo. Los miembros se someten voluntariamente el uno al otro, buscan siempre el bien del otro. Se destaca también la humildad; cada miembro se esfuerza para glorificar y exaltar a los otros. Este amor contrasta vívidamente con el énfasis de la sociedad moderna sobre ambición personal, amor a sí mismo, autorrealización, autogratificación y machismo.

A los creyentes, las iglesias y las organizaciones eclesiásticas, les corresponde reflejar las relaciones íntimas de las tres personas de la Trinidad: comunión perfecta, armonía, sumisión del uno al otro, preocupación por el bien de los demás, amor sacrificador, una sola visión y propósito, y cooperación ilimitada para llevarlo a cabo.

3. *El concepto de la Trinidad afecta nuestra adoración.* La Trinidad nos enseña que el Dios que adoramos no es un ser solitario, impersonal y egocéntrico sino una sociedad amorosa, una *koinonía* de personas con la cual podemos establecer relaciones personales. Bloesch observa: «Si Dios fuera simplemente un silencio abismal o una profundidad infinita de ser, no podríamos orar a ese Dios ... Pero si Dios es un Padre celestial que nos adopta en su familia como hijos e hijas y que cuida cariñosamente de sus hijos, podemos conversar con él, sabiendo que él contesta la oración».[57]

¿A quién debemos orar? Jesús nos enseña a orar al Padre en su nombre (véase Jn. 14:12–14). Por regla general, pedimos al Padre en el nombre de Cristo, pues tenemos acceso al Padre por medio de su Hijo, nuestro único mediador. Geoffrey Wainwright nos señala que debemos dirigir nuestras oraciones al Padre a través del Hijo y en el poder del Espíritu.[58] Además, en el Nuevo Testamento encontramos oraciones dirigidas al Señor Jesucristo (Jn. 20:28; Hch. 7:51; 9:5; Ap. 22:20).

¿Debemos orar al Espíritu? No existen ejemplos de esto en el Nuevo Testamento. Sin embargo, si creemos que el Hijo y el Espíritu son plenamente deidad, entonces podemos dirigir nuestras oraciones y prestar culto a cualquiera de las tres personas o aún al «nombre cristiano de Dios» (según Barth): el Padre, el Hijo y el Espíritu Santo.

Los creyentes a menudo piden que Jesucristo perdone sus pecados. Según el Nuevo Testamento, él lo puede hacer (Mr. 2:10), pero las escrituras del mismo Nuevo Testamento nos hacen ver que es el Padre quien perdona porque Cristo, por su sacrificio, hizo propiciación a la santa ira del Padre (Ro. 3:24–26).

I. Conclusión

Hay una riqueza extraordinaria en la doctrina de la Trinidad. Significa que Dios no es un mero *monad* (algo simple e indivisible), sino una comunión eterna de tres personas. Es emocionante darse cuenta de que Dios no existía como un ser solitario desde la eternidad, antes de la creación del mundo y el hombre, sino como una comunidad bendita.

CITAS Y REFERENCIAS

1. G. W Bromiley «Trinity» en *Evangelical Dictionary of Theology*, Walter A. Elwell, editor, Baker Book House, Grand Rapids, MI, 1985, p. 1112.

2. G. L. Bray, «Trinidad» en *Nuevo diccionario de teología*, Sinclair B. Ferguson, David F. Wright, J. I. Packer, editores, Casa Bautista de Publicaciones, El Paso, TX, 1992, p. 1000.

3. Donald G. Bloesch, *God the Almighty*, Intervarsity Press, Downers Grove, IL, 1995, p. 166.

4. Samuel J. Mikolaski, «The triune God» en *Fundamentals of the Faith*, Carl F. H. Henry, editor, Zondervan Publishing House, Grand Rapids, MI, 1969, p. 63.

5. Nota en *Santa Biblia, Reina Valera 1995, Edición de estudio*, s.l., Sociedades Bíblicas Unidas, 1995, p. 237.

6. Citado en Millard J. Erickson, *Christian Theology*, vol. 1, Baker Book House, Grand Rapids, MI, 1986, p. 328.

7. Michael Green, *Creo en el Espíritu Santo*, Editorial Caribe, Miami, FL, 1977, p. 33.
8. J. I. Packer, «Espíritu Santo» en *Nuevo diccionario de teología*, Sinclair B. Ferguson, David F. Wright y J.I. Packer, editores, Casa Bautista de Publicaciones, El Paso, TX, 1992, p. 355.
9. Nota en *Santa Biblia, Reina Valera* 1995, *Edición de estudio, op. cit.*, p. 119.
10. Carl F. H. Henry, *God, Revelation and Authority*, vol. 2, *God who speaks and shows*, Word Books Publishers, Waco, TX, 1983, p. 9.
11. E. Y. Mullins, *La religión cristiana en su expresión doctrinal*, Casa Bautista de Publicaciones, El Paso, TX, 1983, p. 211.
12. W. T. Conner, *Doctrina cristiana*, Casa Bautista de Publicaciones, El Paso, TX, 1962, p. 146.
13. Millard J. Erickson, *God in Three Persons*, Baker Books, Grand Rapids, MI, 1995, p. 43.
14. T. G. Conner, «Apologistas» en *Nuevo diccionario de teología, op. cit.*, p. 84.
15. Erickson, *God in Three Persons, op. cit.*, p. 46.
16. Justo L. González, *Historia del pensamiento cristiano*, tomo I, Editorial Caribe, Miami, FL, 1992, p. 160.
17. Erickson, *God in Three Persons, op. cit.*, p. 51.
18. Kenneth Scott Latourette, *Historia del cristianismo*, tomo 1, Casa Bautista de Publicaciones, El Paso, TX, 1958, p. 190.
19. William M. Kerr, «Patripasianismo» en *Diccionario de teología*, Everett F. Harrison, editor, T.E.L.L., Grand Rapids, MI, 1985, p. 399.
20. Erickson, *Christian Theology*, tomo I, *op. cit.*, p. 335.
21. Latourette, *op. cit.*, pp. 191–192.
22. Tertuliano, *Contra Praxeas* 3,11,12.
23. R. Kearsley, «Tertuliano» en *Nuevo diccionario de teología, op. cit.*, p. 981.
24. Latourette, *op. cit.*, p. 192.
25. E. Ferguson, «Orígenes» en *Nuevo diccionario de teología, op. cit.*, p. 698.
26. Bray, *op. cit.*, p. 999.
27. H. R. Mackintosh, *The Doctrine of the Person of Jesus Christ*, T. y T. Clark, Edinburg, Escocia, 1962, p. 166.
28. Bloesch, *op. cit.*, p. 175.
29. Juan S. Banks, *Manual de doctrina cristiana*, CLIE, Barcelona, 1988, p. 164.
30. Reinhold Seeburg, *Manual de historia de las doctrinas*, tomo I, Casa Bautista de Publicaciones, El Paso, TX, 1963, p. 207.
31. Erickson, *ChristianTheology*, tomo I, *op. cit.*, p. 336.

32. Íbid.

33. Íbid., pp. 336–337.

34. Íbid., p. 337.

35. Bray, *op. cit.*, p. 1000.

36. Íbid.

37. Bloesch, *op. cit.*, p. 178.

38. Íbid., pp. 179–179.

39. Erickson, *God in Three Persons, op. cit.*, p. 245.

40. Walter Kasper, *The God of Jesus Christ*, Crossroad, New York, 1984, p. 288.

41. Wolfhart Pannenberg, *Sistematic Theology*, tomo 1, Eerdmans Publishing House, Grand Rapids, MI, 1991, p. 324.

42. Bloesch, *op. cit.*, p. 182.

43. Íbid., p. 184.

44. Íbid., p. 185.

45. J. I. Packer, «Dios» en *Nuevo diccionario de teología*, Sinclair B. Ferguson, David F. Wright, J.I. Packer, editores, Casa Bautista de Publicaciones, El Paso, TX, 1992, p. 285.

46. Erickson, *God in three persons, op. cit.*, p. 331.

47. Erickson, *Christian Theology, op. cit.*, pp. 337–338.

48. G. H. Lacy, *Introducción a la teología sistemática*, Casa Bautista de Publicaciones, El Paso, TX, 1933, p. 97.

49. Luis Berkhof, *Teología sistemática*, tomo I (Grands Rapids, MI: T.E.L.L., 1972), p. 103.

50. J. M. Pendleton, *Compendio de teología cristiana*, Casa Bautista de Publicaciones, El Paso, TX, 1910, pp. 62–63.

51. Conner, *op. cit.*, pp. 151–152.

52. Erickson, *Christian Theology*, tomo I, p. 338.

53. Íbid.

54. Pendleton, *op. cit.*, p. 67.

55. Berkhof, *op. cit.*, pp. 104–105.

56. K. D. McRoberts, «La Santa Trinidad» en *Teología sistemática*, Stanley M. Horton, editor, Editorial Vida, Miami, FL, 1994, p. 169.

57. Bloesch, *op. cit.*, p. 191.

58. Geoffrey Wainwright, *Doxology, the Praise of God in Worship, Doctrine and Life*, Oxford University Press, New York, 1980, p. 59.

CAPÍTULO 13

LA CREACIÓN

LA BIBLIA EMPIEZA con una afirmación que es fundamental para la comprensión cabal de casi todas las otras doctrinas de las Escrituras: «En el principio creó Dios los cielos y la tierra» (Gn. 1:1). Puesto que los términos «los cielos y la tierra» abarcan la totalidad del universo ordenado y armonioso, la creación comprende el origen de la materia, la energía, los astros, las plantas, los animales y todas las cosas que existen y han existido, incluso tiempo y espacio. Se puede definir la creación como un acto del libre albedrío del Todopoderoso, por el cual originó todo lo que no es Dios.

A. El Testimonio Bíblico

Los hombres, sin la luz de la revelación divina, no pueden descubrir el origen de todas las cosas, ni siquiera a través de la especulación filosófica y científica. «Por la fe comprendemos que el universo fue hecho por la palabra de Dios» (He. 11:3). Al igual que la obra de redención, la creación es un misterio vedado a los ojos del hombre y percibido solo por fe.

La doctrina de la creación del universo, incluyendo el género humano como su culminación, se encuentra explícitamente en Génesis 1:1—2:25, pero también en otros pasajes (véanse Is. 40:28; 42:5; 45:18; Mr. 13:19; Jn. 1:3; Ef. 3:9; Col. 1:16; Ap. 4:11; 10:6). Sin embargo, los escritores inspirados no intentan dar una descripción científica de los orígenes de todas las cosas, sino más bien una exposición teológica. La Biblia no es un tratado de astrofísica, sino que nos comunica principalmente la esencial verdad de la salvación.

1. *El Creador*. La Escritura enfoca nuestra atención no tanto en la creación como en Dios mismo como el Creador. En Génesis 1:1 hasta 2:3, Dios es el sujeto de la mayoría de las frases: Dios creó, Dios dijo, Dios vio, Dios dividió, Dios llamó o nombró, Dios hizo, Dios instituyó o designó, Dios bendijo, Dios descansó, Dios santificó. La creación es obra del Dios trino. En la Biblia, se atribuye generalmente la creación al Padre, pero el Antiguo Testamento menciona también la participación del Espíritu Santo: «La tierra estaba desordenada y vacía ... y el espíritu de Dios se movía sobre la faz de las aguas» (Gn. 1:2). La Biblia de Jerusalén traduce la última frase así: «El espíritu de Dios aleteaba sobre la superficie de las aguas», y una nota explica: «Como el pájaro que vuela sobre el nido en donde están sus polluelos».[1] El libro de Job afirma claramente que el hombre fue hecho por «el espíritu de Dios» (33:4; véanse también Sal. 33:6; Is. 40:52). Además, las Escrituras hablan de Jesucristo como el agente de la creación: «Todas las cosas por medio de él fueron hechas, y sin él nada de lo que ha sido hecho fue hecho» (Jn. 1:3; véase Col. 1:16). Así que concluimos con la afirmación de Erickson: «Aunque la creación procede del Padre, se realiza a través del Hijo y por el Espíritu».[2]

2. *La creación como una actividad libre de Dios*. La creación fue y es un acto libre de Dios. Garrett señala:

> En un sentido estricto, la creación no era necesaria, Dios no creó para completarse a sí mismo. Tampoco creó porque se vio forzado a hacerlo por una compulsión externa ... Esta doctrina nos ayuda a entender la libertad de Dios, «su auto-suficiencia y su carácter único como quien existe eternamente».[3]

3. *El propósito de la creación*. Si Dios no hizo por necesidad todas las cosas, ¿por qué las creó? Pensadores cristianos han señalado por lo menos tres propósitos.

a) Agustín pensaba que Dios creó el universo para dar expresión a su naturaleza o carácter. El salmista David exclama: «Los cielos cuentan la gloria de Dios y el firmamento anuncia la obra de sus manos» (Sal. 19:1). A través de la creación vemos que el Creador tiene poder y sabiduría infinitos y es el autor del orden, progreso y belleza. También Dios se reveló creando al hombre a su imagen. La personalidad, el libre albedrío y conciencia del ser humano indican que su Creador también es personal y moral. Pero mucho más que esto, la creación expresa la bondad y el amor divinos, pues Dios finalmente habrá de conducir «a muchos hijos a la gloria» (Heb. 2:10).

b) La segunda noción identifica el propósito de la creación con el compañerismo de Dios con los seres humanos. Se nota que Dios, al crear la primera pareja, tenía comunión con ellos en el huerto del Edén (Gn. 3:8). Según San Juan, la esencia misma de la vida eterna es conocer a Dios y a su Hijo Jesucristo (Jn. 17:3). E.Y. Mullins cree que «el propósito de Dios era la comunicación de su propia vida y bienaventuranza a seres creados», pero combina esta idea con la de la glorificación de Dios.[4]

c) Los teólogos Strong y Hodges aseveran que el último fin de la creación es para la gloria de Dios.[5] Strong desarrolla este concepto con cuatro afirmaciones.

> Dios cumple su fin (a) en sí mismo; (b) en su propia voluntad y complacencia; (c) en su propia gloria; (d) en dar a conocer su poder, sabiduría, su santo nombre. Todas estas aseveraciones pueden ser combinadas en la siguiente, es decir, que el fin supremo de Dios en la creación, no es algo fuera de sí mismo, sino su propia gloria, en revelación, en y a través de criaturas, de la perfección infinita de su propio ser.[6]

Aunque el propósito final de la creación es la gloria de Dios, su objetivo inmediato es para la humanidad. El hombre y la mujer son la corona de la creación. La Biblia insinúa que antes de crearlos, Dios hizo la tierra para proporcionar un hogar o ambiente perfectamente adaptado para ellos. Luego el Señor los creó para su gloria. Acerca de los hombres, Dios mismo afirma: «Para gloria mía los he creado, los formé y los hice» (Is. 43:7). Otras Escrituras apoyan esta idea: la justicia y bienaventuranzas de los redimidos se consiguen «para gloria suya» (Is. 60:21; 61:3); «Nos predestinó … según el puro afecto de su voluntad, para alabanza de la gloria de su gracia» (Ef. 1:5,6; véanse también Ez. 36:21–22; 39:7; Ro. 9:17; Ef. 3:9–10).

Garrett observa: «Cualesquiera que sean las respuestas que se adopten, el propósito de Dios en la creación debe entenderse en conjunción con su propósito en la redención (Ef. 3:9–11)».[7] Aunque la doctrina de la redención no es la misma que la de la creación, las dos se relacionan estrechamente. «El Dios de Israel es también el Dios que creó de la nada los cielos y la tierra. La redención ocurre dentro de la creación, la cual sirve como su presuposición y trasfondo. El fin de la redención es la creación de los cielos y tierra nueva».[8] Así que es obvio que los propósitos de Dios con respecto a los hombres son inseparables de sus propósitos generales tocantes a la creación. En palabras del Catecismo Breve de Westminster: «La principal razón de ser del hombre es glorificar a Dios, y disfrutarle eternamente».

4. *La creación a partir de la nada.* El hecho de la creación *ex nihilo* o de la nada, o sea sin materiales preexistentes, es una de las enseñanzas más claras de la Biblia. En el relato de la creación que se encuentra en Génesis 1, se usa el verbo hebreo *bará* (crear) para marcar la primera introducción de cada una de las esferas grandes de existencia, el mundo material (1:1), el mundo de la vida animal (1:21) y el mundo espiritual representado por el hombre (1:27).[9] *Bará* es una palabra en el Antiguo Testamento que, «tiene por sujeto únicamente a Dios y se refiere siempre a una acción divina que produce un resultado nuevo e imprevisible» (Is. 48:6–7; Jer. 31:22).[10] No significa necesariamente una creación de la nada, pero en el caso de Génesis 1:1, se lo da a entender claramente.

El autor de la Carta a los Hebreos no deja lugar a dudas sobre el aspecto *ex nihilo* de la creación: «Por la fe comprendemos que el universo fue hecho por la palabra de Dios, de modo que lo que se ve fue hecho de lo que no se veía» (11:3). Esto se hace eco de la afirmación del salmista: «Por la palabra de Jehová fueron hechos los cielos; y todo el ejército de ellos, por el aliento de su boca … él dijo, y fue hecho; él mandó, y existió» (Sal. 33:6, 9). Erickson observa que *bará*, en su sentido teológico, expresa la singularidad del acto creador de Dios que contrasta con la obra de hombres, quienes emplean materiales existentes para hacer sus objetos.[11]

5. ***La creación, es un acto y un proceso.*** Muchos teólogos cristianos piensan que Génesis 1:1: «En el principio creó Dios los cielos y la tierra», se refiere a la creación *ex nihilo* de toda la materia existente en el universo; el resto del capítulo 1 habla acerca de formar los objetos de esa materia. Los escritores del Antiguo Testamento usan dos términos además de *bará* para describir los actos creadores de Dios. Uno es *asá*, palabra que corresponde a «hacer». El segundo es *yatsar* que significa «formar» o «moldear». Isaías usa *yatsar* para describir la obra del alfarero dando forma a un objeto (29:16).

Después del acto creativo inicial de su materia, Dios realizó su obra progresivamente, paso a paso. Primero dio forma a la tierra caótica, sacando orden del desorden; luego hizo brillar luz en las tinieblas, creó el cielo, atmósfera, mares, etc. Las expresiones: «Produzcan las aguas seres vivientes» y «Produzca la tierra seres vivientes» (Gn. 1:20,24), parecen indicar que Dios usó el material existente como matriz, en el cual el acto creador fue realizado. En el caso de la creación del hombre, el relato inspirado dice explícitamente que «Jehová Dios formó al hombre del polvo de la tierra» (Gn. 2:7). Así que se observa que la creación fue tanto un proceso como un acto.

6. ***Dios creó el mundo por medio de su palabra.*** «Y dijo Dios: sea … y fue» (Gn. 1:3); «Él mandó, y existió» (Sal. 33:9); «Por la fe entendemos haber sido constituido el universo por la palabra de Dios» (He. 11:3). ¿A qué se refiere «la palabra de Dios» en este contexto? Es muy improbable que Dios hablara en voz audible. F. F. Bruce señala que la «palabra de Dios» en el Antiguo Testamento quiere decir, «Dios en acción», especialmente la creación, revelación y liberación.[12] Así que, «la palabra de Dios» en el acto creador sería la acción de su voluntad.

Dyrness nota las implicaciones de «la palabra» como el medio divino de la creación:

La creación por la palabra recalca la trascendencia de Dios, el predominio de su voluntad y la facilidad de su trabajo. El trabajo de la creación no incluyó ningún esfuerzo especial por parte de Dios, como lo implican con frecuencia los mitos del Cercano Oriente. La palabra de Dios era en el principio y sigue siendo la base de continuidad entre Dios y su obra. Al mismo tiempo, la imagen del Espíritu (o aliento) de Dios en Génesis 1:2, sugiere lo íntimo de la participación de Dios en la creación: su inherencia. Esto sirve como preludio apropiado para la relación personal que desea tener Dios con la creación.[13]

7. *El estado original de la creación.* Este relato recalca la perfección de lo que Dios crea: «Y vio Dios que era bueno … era bueno en gran manera» (Gn. 1:4,10,12,18,21,25,31). «El adjetivo bueno en el Antiguo Testamento tiene varios significados, que comprenden desde lo moralmente correcto hasta lo bello, agradable y útil».[14] En el pasaje se afirma que todo lo que existe es bueno porque corresponde cabalmente a la intención divina y no contiene ningún vestigio de mal ni desorden. Hasta la oscuridad y la faz del abismo realizan funciones benévolas en el mundo.

El inmediato propósito divino es preparar un ambiente adecuado para el hombre cuya creación es el clímax de la actividad creadora. Por lo tanto, Dios crea un mundo caracterizado por equilibrio y orden, y está «perfectamente adaptado para el desarrollo físico, mental y espiritual del hombre».[15] El Antiguo Testamento no solo afirma que la creación primitiva es buena, sino indica también que está ordenada específicamente para demostrar la gloria de su Creador (Is. 6:3; Sal. 19).

B. El significado teológico de la creación

¿Qué nos enseña el relato bíblico de la creación referente a Dios, el universo, el hombre y las obligaciones humanas? Elaboramos algunas implicaciones.

1. *La narración bíblica de la creación asienta las bases del monoteísmo.* Desde la eternidad existe un Ser divino,

único, personal y trascendente a la materia. Su obra creadora indica claramente que él es un Dios de designio, orden y progreso, y que saca orden del caos primitivo; todos sus pasos son ordenados y progresivos, y el resultado demuestra su designio admirable.

2. ***Dios hizo absolutamente todo lo que existe.*** Por medio del segundo miembro de la Trinidad «fueron creadas todas las cosas, las que hay en los cielos y las que hay en la tierra, visibles e invisibles» (Col. 1:16). Solo Dios es eterno, y todo otro ser u objetivo deriva su existencia de él. Harold Kuhn observa: «En el corazón de la doctrina de la creación se encuentra la afirmación fuerte de que el universo es el producto de la liberación de energías creativas de un Dios infinitamente libre y completamente santo, totalmente autosuficiente en su ser e infinito en su capacidad para realizar lo que su corazón de amor le dicte».[16]

3. ***El acto original de la creación es completamente singular.***[17] Por medio de su voluntad libre, Dios creó el universo *ex nihilo* o sea, a partir de la nada. Los seres espirituales y los objetivos materiales no son el resultado de emanaciones de su ser, ni tampoco fueron hechos de la materia existente. Ningún acto humano o natural se asemeja a la creación *ex nihilo*; es singular en naturaleza, un misterio más allá de toda especulación humana. Solo un Dios infinitamente sabio y poderoso podría realizarlo.

La creación *ex nihilo* tiene implicaciones teológicas muy importantes. Niega que la materia es eterna pues Génesis 1:1 indica que esta tuvo un principio. Este hecho contradice también otras nociones erróneas como (a) el dualismo que afirma la existencia de un poder en el universo, que está fuera del control divino; (b) el panteísmo que considera que todos los objetos de la naturaleza no tienen más realidad que la existencia misma de Dios (todo es Dios); (c) el panenteísmo que cree que Dios es como el alma del mundo, y el mundo como el cuerpo de la divinidad; y (d) el idealismo que conceptúa a Dios como la manifestación del Espíritu absoluto evolucionando desde la eternidad.

4. *Todo lo que Dios creó fue intrínsecamente bueno.* Siendo el Creador absolutamente bueno y a la vez todopoderoso, es imposible que Dios cree algo malo. Si pudiera hacerlo, sería el autor del mal en la tierra. Ya hemos mencionado que el relato de la creación insiste en afirmar que la obra realizada por Dios es «buena» (Gn. 1:4,10,12,18,21,25,31). No hubo nada malo en la creación original. Entonces, ¿de dónde vino el mal que se ve en el mundo? La respuesta se encuentra en la caída del hombre y de los ángeles, un tema que trataremos adelante.

Si todo lo que Dios creó es bueno, entonces, el cuerpo humano también es bueno, Erickson señala el peligro de considerarlo como un impedimento para la espiritualidad.

La doctrina de la creación también nos previene contra el ascetecismo. El creer que la naturaleza física es mala, ha llevado a algunos, inclusive creyentes, a rehusar al cuerpo humano y toda índole de satisfacción física. El espíritu, siendo más divino, es la verdadera esfera de lo bueno y lo santo. Por lo tanto, ellos consideran que la meditación, un régimen austero y toda abstinencia del sexo son condiciones de la espiritualidad. Pero la doctrina de la creación afirma que Dios ha hecho todo lo que hay y lo ha creado bueno. Por lo tanto, es redimible. La salvación y la espiritualidad no se encuentran en huir o evitar lo material, sino en santificarlo.[18]

5. *El universo y sus criaturas dependen de Dios.* Aunque Dios es trascendente al mundo material, él es también inmanente en todas partes. Por esto el universo entero y las criaturas subsisten en Dios (Col. 1:17) y dependen de él para su vida: «En él vivimos, nos movemos y somos» (Hch. 17:28). Dios está activo sosteniendo, gobernando y guiando todo lo que él ha creado. Estudiaremos más acerca de su providencia en el capítulo siguiente.

Las criaturas no son emanaciones de Dios, están separadas de él y, por lo tanto, son seres finitos limitados y dependientes. Nunca pueden ser iguales a Dios y no deben ser adoradas como si fuera Dios. La idolatría consiste en prestar culto a lo que no es Dios.

6. **La creación establece una relación profunda y esencial entre Dios y el hombre.** Si Dios es nuestro Creador, es lógico que sea también nuestro Dueño y Señor al cual le debemos amor, obediencia y adoración. La soberanía es absoluta sobre todo lo que existe y se caracteriza por ser trascendente y a la vez relacional y personal.

Dios no creó la humanidad para luego olvidarse de ella, ni tampoco el hombre fue creado para rebelarse contra su Creador. Por otra parte, Dios le dotó con inteligencia y libertad, las cuales pueden ser usadas para afirmar su relación con él o para negarla. Sobre esta realidad se basan los conceptos del pecado y de la gracia en los cuales el hombre pecaminoso puede elegir entre rechazar su relación con Dios o ser recreado por él a través de Jesucristo (2 Co. 5:17), y entrar en una relación de dependencia y amor.

7. **La creación divina indica que la humanidad es una.** El apóstol Pablo afirma que Dios «de una sangre ha hecho todo el linaje de los hombres» (Hch. 17:26). La Biblia nos enseña que todos nosotros somos descendientes de Adán y Eva, así que todos somos hermanos en este sentido. Las barreras de la raza, cultura, ubicación geográfica, clase económica y social son artificiales. Como miembros de la misma familia, nos corresponde amarnos sin discriminación los unos a los otros, y de ninguna manera explotar ni dañar a nuestro prójimo.

8. **El hombre es responsable por cuidar de la creación.** En el relato de la creación que se encuentra en Génesis, Dios designa al hombre como su representante y mayordomo en la tierra: «Llenad la tierra y sometedla; ejerced potestad sobre los peces del mar, las aves de los cielos y todas las bestias que se mueven sobre la tierra» (1:28).

Muchos han culpado a este versículo por la explotación desmedida de la naturaleza. Esteban Voth refuta esta acusación.

> Es totalmente equivocado sugerir que quienes han abusado de la naturaleza para su propio provecho lo han hecho sobre la base de una enseñanza bíblica ... todo esto y mucho más está ocurriendo a diario, porque el ser humano está rechazando la propuesta divina revelada a

través del Génesis. Como representante de Dios, el ser humano debe ejercer dominio sobre la naturaleza en términos de servicio. Según el ejemplo de Jesucristo, el señorío significa servicio. El que reina es el que sirve. Por lo tanto, la tarea del ser humano creado a la imagen de Dios no es ser un explotador despiadado sino el mayordomo de aquello que le fue confiado.[19]

Además, toda la creación, sean las criaturas o la materia inanimada, es objeto del amor divino. Jesús nos enseña que el Padre celestial ama y cuida de las plantas y animales (Mt. 6:26–30). Por lo tanto, sus representantes, los hombres, tienen la gran responsabilidad ecológica de conservar la naturaleza. Ninguna ruina ecológica es imputable al cristianismo; el Génesis solo habla de trabajar y custodiar.

9. *La creación es la base de la ética.* Se sostiene a menudo que el hombre es meramente un animal desarrollado por el proceso de la evolución, y por lo tanto, la ética no tiene fundamento objetivo. En contraste, los cristianos creen que la obra creadora de Dios constituye la base para todas las leyes morales y espirituales: el asesinato es prohibido porque significa destruir a un ser creado a la imagen de Dios, la idolatría es pecaminosa porque significa prestar culto a lo creado y no al Creador, el adulterio y la promiscuidad son una violación de la ley de Dios porque el Señor creó la humanidad varón y mujer, y los unió en matrimonio monógamo.

Para nosotros los creyentes, los mandamientos de Dios son para nuestro sumo bien porque consisten en leyes de un Creador que nos ama y sabe lo que es mejor para sus hijos. El obedecer es reconocer que «Él nos hizo y no nosotros a nosotros mismos» (Sal. 100:3). Existen normas morales absolutas porque el mundo es un cosmos creado y no algo informe y sin designio.

C. Puntos de vista opuestos a la creación bíblica

Se han propuesto varias teorías que niegan la noción de que Dios dio origen al universo por un acto creador. Presentamos cuatro puntos de vista.

1. ***Panteísmo.*** Esta teoría enseña que «todo es Dios» y «Dios es el mundo». Por regla general, los panteístas sostienen que el universo es una emanación de Dios o consiste meramente en una manifestación del único, eterno, autoexistente ser. Mullins señala las debilidades del panteísmo absoluto.

> Según esta opinión, se quita a Dios su libertad, porque el universo se concibe como el desarrollo necesario de un principio en la naturaleza divina. Ignora las diferencias radicales entre la materia y el espíritu y deja de armonizarlas. Hace que Dios sea el autor del mal, porque el mal queda como una fase esencial del proceso del desarrollo. Destruye la libertad, la personalidad, y la inmortalidad humana, porque el hombre no es sino una fase transitoria de un procedimiento lógico que será superado en el transcurso del tiempo. En breve, la necesidad gobierna en todo el período del proceso y toda idea moral y personal lo destruye. Todo esto es contrario a lo que proclama nuestra propia conciencia moral y a nuestra experiencia cristiana.[20]

2. ***Dualismo.*** Suele tomar dos formas: (a) existen eternamente dos principios, Dios y la materia; (b) hay dos eternos espíritus que son antagónicos, el uno es bueno y el otro es malo.

Según la primera teoría, Dios no creó la materia, sino la usó para sus propósitos. La materia está subordinada a Dios y es un instrumento de la voluntad divina. El dualismo fue ideado para explicar la existencia del mal y evitar el problema de crear la materia a partir de la nada, o sea, a partir de la voluntad divina. En algunas alternativas de esta teoría, la creación ocurre cuando dos principios complementarios se unen en alguna manera para producir una «forma» nueva de la ya existente materia o principios.

La segunda forma del dualismo, el concepto de que existen desde la eternidad dos espíritus antagónicos, el bueno y el malo, opina que la materia es la creación o el instrumento del espíritu malo. Un ejemplo de este punto de vista es el maniqueísmo. Su fundador, el gnóstico Manes (216–276 d.C.), enseñó una mezcla de la doctrina cristiana con el dualismo persa de luz y tinieblas. Según él, Satanás fue el producto de las tinieblas.

Aunque el Cristianismo enseña que existen dos principios en el mundo, el de Dios y el otro de Satanás (dualismo contingente), solo Dios es infinito, eterno y capaz de aplastar a su tiempo las fuerzas opositoras. El problema del mal es difícil pero el dualismo no lo soluciona; un dios finito no puede triunfar sobre el mal. Consideraremos el problema del mal en el capítulo siguiente.

3. *La creación eterna de Dios.* Orígenes creía que un mundo de seres espirituales ha sido creado de manera eterna o atemporal por Dios. Según Mullins, la dificultad de explicar por qué Dios se quedaría ocioso por toda una eternidad antes de empezar a crear, ha conducido a este concepto.[21] Además, tal mundo eterno de espíritus era necesario si Dios había de ser omnipotente y amoroso (tendría que haber otros seres para presenciar su poder y recibir su amor). En la actualidad, los mormones enseñan que toda la humanidad tuvo otrora una vida preexistente como seres espirituales y que Dios había creado la tierra para que estos espíritus tuvieran una morada.

Thiessen refuta la teoría.[22] Señala que la omnipotencia de Dios no requiere el ejercicio de su poder: Él puede crear o desistir de crear y todavía ser omnipotente. Tampoco la manera atemporal de Dios exige que su creación sea liberada de la ley del tiempo. Strong observa: «Más bien, es un hecho de que ninguna creación eterna sea concebible, pues esto involucraría una cifra infinita. El tiempo tuvo que tener un principio, y puesto que el universo y el tiempo coexisten, la creación no podía haber existido desde la eternidad».[23] Tampoco la inmutabilidad de Dios requiere que él siempre haga la misma cosa.

Finalmente se nota que el amor de Dios no requería un externo objeto eterno, pues el Dios trino es una *koinonía* eterna.

En el libro Creación y Pecado (Ediciones Universidad de Navarra, Pamplona, 1992), Joseph Ratzinger observa que sabemos de la temporalidad del cosmos, de su reloj interno y que nos habla de un comienzo y un fin, y que nos permite vislumbrar aquello que la Biblia llama el «principio».

4. *La hipótesis científica y atea.* Esta posición sostiene que «el universo, incluyendo todas las formas de vida, ha surgido sin agencia divina alguna a raíz de un proceso natural de evolución que todavía persiste; pues la materia en sí (o la energía), bajo las condiciones adecuadas, tiene el poder intrínseco de asumir nuevas funciones y de desarrollarse hasta tomar formas orgánicas».[24]

Por más de treinta años, la teoría del «big bang» (un enorme estruendo, una gigantesca explosión) ha sido el paradigma reinante en la cosmología. Según esta noción, el universo se formó hace quince mil a veinte mil millones de años como consecuencia de una gran explosión. Cuando esta sucedió, todo en el universo conocido (el tiempo, el espacio, la energía y la materia) estuvo contenido en un punto de densidad infinita. En una fracción de un segundo, en una esfera de pequeñez infinitesimal, ese punto comenzó a expandirse violentamente en tamaño hasta alcanzar un radio expresado en cifras incomprensiblemente grandes. La energía se convirtió en toda la materia que el universo contendría más tarde: la tierra, los planetas y las innumerables galaxias. Para algunos científicos, esta asume una evolución naturalista del cosmos espacio / tiempo a partir de la nada, otros llegan a distintas conclusiones.

¿Qué evidencia existe para comprobar el «Big-Bang»? Entre 1917 y 1930, Albert Einstein desarrolló un sistema de ecuaciones matemáticas para elaborar su teoría de la relatividad. Sus soluciones demuestran que el universo se extiende, pero simultáneamente se reduce la velocidad de la expansión. ¿Cuál fenómeno físico describe la expansión del universo y a la vez la disminución de la velocidad? Una explosión. También se ha encontrado una radiación fósil. Esta es observable en la forma de un eco que puede interpretarse como un rastro de una gigantesca explosión original.

Sin embargo, la teoría del «Big Bang» no es un triunfo decisivo de los naturalistas. Surgen preguntas inquietantes que la ciencia no puede contestar. ¿El agente creativo fue una de las fuerzas naturales o fue la mano de un ser omnipotente? ¿Quién o qué creó la materia primordial y la energía? ¿Fue creado el universo de la nada o fue hecho de materia preexistente? Si el universo es el resultado del azar, ¿cómo es posible que encontremos una estructura y un orden complejo en el universo?

Si se extiende el universo, entonces debe haber tenido un comienzo y un primer movedor para poner en marcha la explosión. Este Iniciador habría existido antes y aparte del universo tal como la Biblia enseña.

En 1970, tres astrofísicos británicos, George Ellis, Stephen Hawking y Rodger Penrose, llevaron las ecuaciones de Einstein un paso adelante. Su trabajo demuestra que si la relatividad general describe correctamente las dinámicas físicas del universo, no solo la materia y energía tuvieron un principio finito sino que el tiempo y el espacio también tuvieron un comienzo.

Tal descubrimiento ha llevado a profundas ramificaciones tanto para la teología como para la cosmología. La causa del universo queda independiente de la materia, energía, espacio y tiempo. ¿Cómo puede esta verdad ayudarnos a identificar la causa? De todos modos los libros sagrados de la Biblia afirman claramente que el tiempo es finito, que Dios los creó, que Dios es capaz de realizar operaciones causa y efecto aparte de la dimensión de tiempo del universo, y que Dios causó muchos efectos antes de que existiera el componente del tiempo en el universo.

Muchos científicos modernos aceptan la descripción del «big bang» y del desarrollo progresivo de la vida vegetal y animal, pero rechazan la explicación de que todo ocurrió a raíz del azar. Señalan que «si el universo fuera la consecuencia del azar, pudo haber sido caótico pero no lo es. Manifiesta orden desde el comienzo del tiempo, de tal manera que, según algunos físicos, todo ocurre como si el hombre hubiera nacido en un universo «hecho para él».[25] Einstein observa que en la naturaleza, «se revela una razón tan superior, que toda la racionalidad del pensamiento y de las ordenaciones humanas es, a su lado, un reflejo absolutamente insignificante».

Hace cincuenta años, era popular entre los científicos ser ateos, pero según la averiguación de un periodista evangélico, Tim Stafford, varios de ellos ya piensan diferente. El investigador observa que, con los descubrimientos científicos del universo, los físicos han asumido una actitud más humilde. Ahora se dan cuenta de que en vez de tener conocimientos a fondo del universo, solo están en los linderos. Confrontados con el misterio del inmenso universo y por los fenómenos que no tienen explicación aparte de atribuirlo a milagros, muchos científicos modernos tienen poca dificultad en aceptar las complejidades del mundo espiritual.[26]

Algunos científicos admiten que la ciencia es muy limitada referente a los temas más profundos que tratan los teólogos. Por ejemplo, el ganador del premio Nóbel de Física 1963, Eugene Wigner, reconoce: «Hay tantas cosas básicas que nosotros como científicos nò podemos explicar, tales como: ¿Por qué existimos? ¿Por qué sentimos? ¿Por qué somos conscientes? ¿Por qué existe el mundo?»[27]

Eruditos y científicos cristianos señalan que los procesos que los proponentes de la teoría de la evolución espontánea sostienen, contradicen los dos principios fundamentales dentro del sistema por los cuales los procesos naturales tienen que operar. Estos principios básicos se llaman la primera y segunda ley de termodinámica, o sea, las leyes de la conservación y deterioración de la materia.

La primera ley (conservación) afirma que, no obstante que la materia o energía cambia su forma, la cantidad total se conserva; la materia ni es creada ni es destruida. Este principio contradice el punto de vista evolutivo, el cual indicaría que la energía se crea espontáneamente y es la causa del aumento de organización, integración y desarrollo. Ciertos versículos en la Biblia parecen apoyar la ley de conservación (Gn. 2:1–3; Heb. 4:3–4; 2 P. 3:10).

La segunda ley (deterioro) sostiene que todos los sistemas, si no son dirigidos, tienden a ser menos ordenados y útiles. Mientras que la cantidad total de la energía en el universo queda igual, la cantidad disponible para obrar se disminuye (por ejemplo un fósforo se quema solamente una vez). Así que, los procesos disminuyen y las cosas se gastan o llegan a ser desorganizadas. Cualquier aumento temporal en un sistema requiere una entrada de energía desde afuera del sistema mismo. Este principio contradice la noción evolutiva de que hay un perpetuo aumento creciente en la organización y desarrollo en los procesos del universo (véase el Sal. 102:25–26).

En todas partes se observan ilustraciones que apoyan la idea de que el universo se mueve inexorablemente hacia la desorganización. Las tasas de té siempre se enfrían pero nunca se calientan espontáneamente, el hierro se oxida pero nunca vuelve a ser hierro. No obstante esto, los científicos ateos creen que, a través de los eones, el universo se organiza en estrellas, galaxias y planetas. Y por lo menos, de un planeta, la tierra, originan espontáneamente innumerables variedades de vida y organismos que forman ecosistemas, comunidades y sociedades complejas. ¿Cómo sucedió tal cosa? Según estos pensadores, es algo innato en la naturaleza. (El principio de la biogénesis afirma que la vida siempre deriva de la vida.)

Sostenemos que, para creer la teoría de los evolucionistas, se necesita ejercer más fe que la que uno tendría que poseer si cree en un Creador omnipotente e infinitamente sabio. Floyd Barackman comenta referente a la actitud de mucha gente.

> Aunque la teoría de la evolución contradice estas universales leyes fundamentales y se basa sobre el azar absurdo, hombres brillantes del mundo prefieren aceptar esta mejor que la verdad de un Creador personal. El aceptar esto les requeriría admitir que son criaturas y que tendrían que rendir cuenta a su Creador y hacerle honor. Puesto que la gente inconversa se rebela contra

Dios, prefiere (creer) la mentira de Satanás que la verdad de Dios (véase Ro. 1:18–25).[28]

D. Intentos de armonizar la ciencia con la Biblia

El conflicto entre la teología y la ciencia se remonta al siglo diecisiete cuando el Vaticano condenó al astrónomo Galileo por escribir que la tierra gira alrededor del sol. Esto sucedió porque los sacerdotes habían aseverado que el Salmo 96:10, que expresa que «Jehová ... ha afirmado el mundo, y no será conmovido», enseña que la tierra no se mueve. Luego la tensión pasó de la astronomía a la geología (la edad de la tierra). Con la publicación del libro *El Origen de las Especies*, en 1859 por Darwin, la atención se concentró en la antropología, o sea, en la evolución del hombre. Ahora cambia a las ciencias del behaviorismo donde se tratan temas tales como la libertad humana contra el determinismo, y la bondad contra la depravación del hombre. En esta sección nos limitamos a considerar el problema de armonizar el relato bíblico sobre la creación del universo, y la vida vegetal y animal con los descubrimientos científicos.

A los científicos, la descripción de los comienzos cósmicos que se encuentran en Génesis 1 y 2 les parece contradictoria a sus hallazgos y sus siguientes conclusiones. Si uno interpreta literalmente la narración bíblica, el universo y todo lo que contiene, fue creado por Dios en seis días, o sea, un período de ciento cuarenta y cuatro horas. Esto ocurriría hace menos de quince mil años. En contraste, los científicos sostienen que hay evidencia abrumadora de que el universo es antiquísimo y las formas de vida fueron desarrolladas lentamente a través de millones de años. Dividen la historia de la tierra en eras geológicas, es decir, lapsos enormes de millones, incluso miles de millones de años. Además, algunos hombres de ciencia han ideado teorías de los orígenes, las cuales no tienen lugar para Dios.

¿Cómo llegaron los científicos a la conclusión de que la tierra tendría miles de millones de años? Un escritor explica:[29] Hace tiempo, los geólogos vieron grandes capas de roca superpuestas que se habían ido depositando en el fondo del océano y pudieron apreciar los cambios producidos con el paso del tiempo. También analizaron los efectos de los movimientos de la corteza terrestre. Estimaron que las capas de rocas sedimentarias, como la arcilla, la arenisca y las rocas calizas, podían ordenarse en secuencias de tiempo.

La primera norma que se empleaba para establecer una fecha relativa, era asumir que la capa de roca más antigua de la zona era la inferior de la secuencia. Otra norma consistía en que los fósiles encontrados en estas capas podían indicar la edad de las mismas. Según este último método, una pequeña muestra de fósiles puede concretar la edad de unos millones de años. Sin embargo, son técnicas que solo determinan fechas relativas y no precisas.

Las fechas absolutas pueden obtenerse a partir del análisis de rocas cristalizadas con materiales radioactivos en su interior. Se basan en lo que los elementos radioactivos se deterioran o se descomponen a un ritmo constante, que en la actualidad se conoce. Por ejemplo, se necesitaría cuatro mil quinientos diez millones de años para que la mitad de una muestra de uranio 238 se descompusiera, transformándose en plomo 206. Midiendo las proporciones de estos dos elementos en una muestra de roca, los geólogos pueden conocer cuánto tiempo hace que se formaron los cristales que constituyen la roca analizada. Los científicos calculan que la tierra tiene entre cuatro y cinco mil millones de años.

El conflicto entre los teólogos cristianos y los científicos se encuentra también en las versiones aparentemente contradictorias del origen del hombre. Estos «han ideado la teoría de que todas las formas de vida, tanto animal como vegetal, comenzaron cuando las químicas inorgánicas se convirtieron espontáneamente en moléculas orgánicas, constituyendo una criatura de una sola célula. De allí esta materia viva se desarrolló y se diversificó para llegar a tener las variadas formas actuales».[30]

Según estos científicos, el hombre también es el producto del proceso de evolución. Geólogos han encontrado fósiles de seres semejantes al hombre, los cuales se remontan hasta centenares de miles de años. Se supone que son prototipos de la raza humana. Así que se pone en tela de juicio el relato bíblico de la creación del hombre.

¿Cómo puede el cristiano armonizar el relato bíblico con los descubrimientos de la ciencia referente a la edad de la tierra? Se han desarrollado algunas teorías.

1. *La teoría exclusivamente religiosa*. Sus proponentes consideran que la Biblia enseña el origen del universo en términos teológicos y la ciencia natural en términos científicos. El relato del Génesis indica la causa y el porqué de la creación, le compete a la ciencia explicar cómo sucedió. Hay teólogos que creen que el propósito del relato bíblico no es para describir el proceso de la creación, sino para refutar los mitos del politeísmo. Hay un solo Dios y todo lo que existe deriva de él su existencia. Barth afirma que Génesis 1—2 es «saga» (leyenda) la cual no tiene nada que ver con historia. Un solo poder está en el fondo de todas las cosas, y nosotros estamos en sus manos: el Dios vivo. Este es el contenido de la revelación; lo demás son imágenes primitivas.

Estas nociones se ven en conflictos con la doctrina ortodoxa de la inspiración de la Biblia.

2. *La teoría del vacío o del arruinamiento y la recreación*. Según esta noción, hubo una creación perfecta en el pasado distante (Gn. 1:1) seguida de una catástrofe ocurrida entre Génesis 1:1 y 1:2 la cual dejó a la tierra desolada y en caos (Jer. 4:23–26; Is. 24:1 y 45:18). La ruina de la tierra fue el resultado del juicio divino al caer Satanás y sus ángeles (Ez. 28:12–15; Is. 14:9–14; 2 P. 2:4 y Jud. 6). La frase «la tierra estaba desordenada y vacía» (Génesis 1:2) podría traducirse «llegó a ser algo caótico y vacío». El caos mencionado en 1:2 terminaría con un vasto período de tiempo en el cual ocurrieron los hechos prehistóricos. Después de este cataclismo, la tierra fue re-creada en seis días literales.[31]

Esta teoría daría cuenta de la antigüedad de la tierra y permitiría la interpretación literal de los seis días de la creación. Sin embargo, se enfrenta con serias dificultades: ¿Enseña realmente la Biblia que la caída de Satanás provocó una catástrofe universal? ¿Tiene algo que ver las descripciones en Jeremías 4:23–26 e Isaías 24:1 con la época pre-adánica? Parece que estas profecías se refieren a un futuro posterior al momento de pronunciarse. Jeremías se refirió a la invasión babilónica e Isaías al juicio final de las naciones.[32]

Consideremos la frase de Isaías 45:18 respecto de la tierra: «No la creó caótica sino para ser habitada la plasmó» (Biblia de Jerusalén). ¿Se refiere al caos resultante de una catástrofe, o más bien a una etapa en el proceso de la creación primitiva? Sería extraño que el relato bíblico dedicará solo un versículo a la creación y dos capítulos a la re-creación. Además, las referencias en el resto de la Biblia parecen aceptar que los seis días creativos se refieren a la creación original. Así que, esta teoría puede considerarse altamente especulativa, y carente de sólidas evidencias bíblicas.[33]

3. *La teoría de la catástrofe universal causada por el diluvio*.[34] Los que aceptan esta noción interpretan literalmente los días de la creación, pero explican que los grandes cambios geológicos, la estratificación de las rocas y los yacimientos de carbón y de petróleo se pueden atribuir al cataclismo universal del diluvio. Rechazan la tesis del «uniformismo», que considera la formación de rocas sedimentarias como resultado de un proceso uniforme y extremadamente lento de depósito de minerales. Según esta teoría, serían necesarios mil años para acumular 30,5 cm. de roca estratificada. También utilizan las pruebas que miden la descomposición de los elementos radioactivos. Así estos científicos, midiendo la roca sedimentaria, llegan a la conclusión de que la tierra también tiene entre cuatro y cinco mil millones de años.

En cambio, los que atribuyen el depósito de minerales al cataclismo del diluvio, presentan algunos argumentos que son dignos de considerar. Señalan que se han encontrado fósiles de animales intactos en las estratificaciones de las rocas y aún troncos de árboles de tres metros de altura en pie en yacimientos de carbón. Este fenómeno indica que en esos casos, por lo menos, la roca estratificada y los yacimientos de carbón no se formaron paulatinamente, sino de la noche a la mañana, pudriéndose. ¿Cómo se puede explicar este fenómeno? Parece que hubo un cataclismo que los sepultó, depositando minerales en el caso de la roca y residuos de vegetación en el caso de los yacimientos de carbón. ¿No podría ser la consecuencia del diluvio que describe la Biblia?

En Siberia, al norte de Rusia, se han encontrado mamuts en perfecta preservación congelados en el hielo. Murieron tan repentinamente que algunos aún tenían pasto en la boca. ¿Cómo se pueden explicar estos hechos? Los científicos piensan que tal vez hubo un cambio de clima tan drástico y repentino que hizo que los mamuts murieran de frío y se congelaran casi instantáneamente. Luego sus cuerpos fueron cubiertos de hielo y preservados hasta hoy.

Es posible que Dios efectuara el cataclismo del diluvio en parte alterando la posición del eje de la tierra. De esta forma cambiaría de manera abrupta el clima en ciertas áreas; se producirían enormes marejadas que depositarían masas de vegetación en ciertos lugares para formar los yacimientos de carbón y petróleo y se formarían también, con depósitos de sedimentos, las rocas sedimentarias. A la vez, los terremotos producirían grandes cambios en la corteza de la tierra.

Los defensores de la teoría de una tierra joven, afirman que los medios radioactivos de fechado son poco confiables; por lo tanto, sería imposible comprobar ciertas premisas de los científicos. También observan que investigaciones recientes en el campo de la física nuclear parecen echar dudas sobre la eficacia de la dotación del uranio 238 y aseveran que las técnicas de dotación por medio de técnicas radioactivas tienden a dar resultados que difieren entre sí.[35]

Explican lo que parece evidencia de gran antigüedad de las plantas y criaturas cuyos fósiles se encuentran en los estratos:

Los creacionistas ... creen que Dios creó madura toda la esfera biológica: seres humanos, animales, plantas y hasta la tierra rica en material orgánico. Los estratos que contienen fósiles depositados por el diluvio (el cual fue universal) sirven como una advertencia de que Dios juzgará a los malhechores.[36]

Algunos de los problemas de esta teoría son los siguientes.

No existe evidencia geológica alguna de que el diluvio fuera universal. Al contrario, la distribución de animales en diferentes continentes indicaría que fue local. Por ejemplo, se encuentran canguros solamente en la región de Australia y guanacos y llamas en América del sur. Aunque Génesis parece indicar que el diluvio abarcó toda la tierra y murió todo ser viviente (7:23), el término bíblico «en (toda) la tierra» suele significar la tierra conocida por el autor (véanse Gn. 41:57; Dt. 2:25; Ro. 10:18).

Es probable que la descripción del diluvio fuera limitada por lo que Noé y su familia podían observarlo como habitantes de un área pequeña del Medio Oriente. Lo que les parecía ser universal probablemente fuera meramente un fenómeno local.

Los varves, o sea, los estratos delgados de sedimento en lechos de lagos en el hemisferio norte, indican que la tierra es muy antigua. Un varve consiste en un par de capas finas de sedimentos. En general, una capa está relativamente clara y compuesta de arena, polen y esporas; la segunda está oscura y compuesta de partículas pequeñas de arcilla. Estos estratos se forman por las variaciones de las estaciones del año. La capa del sedimento más clara de un varve se forma en el verano cuando los arroyos y ríos traen arena al lago. Las partículas de areniscas se asientan sobre el fondo y las de la arcilla quedan en suspenso en el agua porque el viento agita el lago. Durante el invierno, cuando la superficie del lago se congela y el agua queda tranquila, las partículas arcillosas se asientan lentamente al fondo y forman la capa obscura. Se puede determinar la edad de una formación varve contándolos.

Los depósitos de varves a menudo son muy antiguos. Por ejemplo, las formaciones encontradas en los desfiladeros del estado de Texas, Estados Unidos, denominados Salido, Castile y Bell, contienen doscientos sesenta mil estratos de varves. Así que se consideran que tienen doscientos sesenta mil años. Si se atribuye el origen de estas formaciones al diluvio, el cual duró un año, sería necesario que setecientos veinte varves fueran asentados diariamente en la época del diluvio, algo fantástico e irrealizable absolutamente.

Si el universo fuera muy joven, creado hace unos quince mil años, sería imposible que la luz de galaxias tan distantes tuviera suficiente tiempo de alcanzar la tierra. Los objetos más lejanos que han observado los astrónomos (los brillantísimos núcleos de luz denominados cuásares) se encuentran a unos diez millones de años luz. (Un año luz es la distancia que recorre un rayo de luz en un año a una velocidad de trescientos mil km/s.)

A pesar de estos problemas y muchos más con la teoría diluviana, el movimiento que acepta la noción de una tierra joven, el Instituto para la Investigación de la Creación, sigue creciendo. Entre sus convertidos se halla el paleontólogo Kurt Wise, quien era el recomendado de Stephen Jay Gould, famoso evolucionista de Harvard. Él asevera: «La tierra es joven porque la Biblia dice así». Por otra parte, él admite: «Científicamente falta suficiente evidencia para indicar que la tierra es joven»[37]

El profesor Michael Behles, de la universidad cristiana Lehigh, observa que los creacionistas que creen que la tierra es muy joven son gente muy buena, «pero dan preferencia a sus ideas religiosas basadas en su interpretación literal de las Escrituras, más bien que a la información física». Añade que no obstante que la información científica no indicaría una tierra joven, las teorías científicas son solo obras en progreso que debieran ser ajustadas cuando haya descubrimientos nuevos. «Personas que favorecen la interpretación de la tierra joven, piensan que, cuando se establezca toda la evidencia científica, esta favorecerá su punto de vista».[38]

Parece que los adherentes de la noción de una tierra joven, tienden a rechazar la evidencia científica de la antigüedad del globo terrestre, principalmente porque no armoniza con una interpretación literal y cronológica del relato bíblico.

4. *La evolución teísta.* Dios usó el proceso de evolución para desarrollar gradualmente las formas de vida, incluyendo al

hombre. Este puso la capacidad para desarrollarse en la primera célula y guió el proceso desde adentro. En cierto punto de la evolución se le dio al animal humano un alma y este llegó a ser verdaderamente un hombre. El relato bíblico de la creación debe interpretarse en forma figurada.

Esta idea choca con muchos de los detalles de Génesis 1 y en especial con la doctrina de la caída y la transmisión de la naturaleza pecaminosa. Si Adán era uno de los muchos seres *hominoides*, ¿cómo es que todos fueron contaminados en el mismo momento? Además, el registro de fósiles no demuestra que había conexión entre los distintos ordenes de animales. Fritz Ridenour, apologista evangélico señala:

> *Aparte del enigma de la explosión cámbrica, el evolucionista también debe explicar la falta de formas de transición de fósiles desde la época del período cámbrico hasta el presente. Se han encontrado poquísimas formas de cualquier tipo en el registro fósil que merezcan el nombre de formas de transición, es decir formas que estén a mitad de camino entre un determinado tipo de ser viviente y otro.*[39]

5. *La teoría de la creación progresiva*.[40] Los creacionistas progresistas aceptan muchos de los datos y conceptos de la ciencia moderna incluyendo el de un universo sumamente antiguo. Consideran el primer capítulo de Génesis como «una descripción poética de los pasos sucesivos de la creación»; los días (en hebreo, *yom*) representan eras de tiempo indefinido, o sea, épocas en las cuales Dios llevó a cabo de manera paulatina y progresiva su obra creadora. Señalan que Dios es eterno y «un día delante del Señor es como mil años y mil años como un día» (2 P. 3:8).

Según esta noción, Dios creó los prototipos de todos los géneros de vida orgánica y puso dentro de sus genes la potencia de producir desarrollo y variedad dentro de la familia. Por otra parte, se reconoce que la Biblia indica ciertos límites de la evolución. La expresión repetida en el Génesis de que la hierba y los animales se reproducían «según su género», puede entenderse como que Dios creó las especies vegetales pero estas no evolucionaron en otros géneros. Referente a la humanidad, se sostiene que Dios la creó tal como es ahora, es decir, como seres humanos completamente desarrollados.

¿Admite el vocablo hebreo *yom* (día) ser traducido como «época» o período de tiempo indefinido? Por regla general *yom* significa un día solar o un día de veinticuatro horas. Sin embargo, en Génesis 2:4 se emplea el término para referirse al conjunto de los seis días de Génesis 1, o sea, el período entero de la actividad creadora.[41]

La teoría de la creación progresiva también solucionaría el problema de que Dios tardó hasta el cuarto día para crear el sol y la luna (Gn. 1:14–19). El escritor inspirado describiría los fenómenos de la naturaleza desde el punto de vista de un observador en la tierra. Los cuerpos celestiales fueron creados en la primera etapa de la creación (Gn. 1:1), pero no fueron visibles sino hasta el cuarto día, pues las densas capas de nubes y gases que emanaban de la superficie caliente de la tierra la dejaban en absoluta oscuridad. Al enfriarse la tierra, las masas de nubes habrían comenzado a disiparse y a abrirse de manera que un hombre desde la tierra podría ver los cuerpos celestes.[42]

El escritor de este libro opina que esta noción está de acuerdo con el relato bíblico, o por lo menos, presenta menos dificultades que cualquiera de las otras. Toma en serio los verdaderos descubrimientos de la ciencia pero rechaza sus teorías antisobrenaturales. Es de esperarse que la narración de la creación de Génesis sería escrita en una forma simple y entendible para que la raza humana en sus comienzos la pudiera comprender. Además, es probable que Dios revelara su obra creadora en una serie de visiones, usando imágenes para enseñar las grandes verdades. Si es así, no debemos interpretar literalmente los detalles ni prestar demasiada importancia a los términos.

CITAS Y REFERENCIAS

1. Biblia de Jerusalén, Descleé de Brouwer, Bruselas, 1966, p. 11.
2. Millard J. Erickson, *Christian Theology*, vol. I, Baker Book House, Grand Rapids, MI, 1983, p. 373.

3. «Creación» en *Basic Christian Doctrines*, Carl F. H. Henry, editor, Holt, Rinehart y Winston, Nueva York, p. 56, citado en James L. Garrett, h., *Teología sistemática*, Casa Bautista de Publicaciones, El Paso, TX, 1996, p. 317.

4. E. Y. Mullins, *La religión cristiana en su expresión doctrinal*, Casa Bautista de Publicaciones, s. f., El Paso, TX, p. 320.

5. Augustus, H. Strong, *Systematic Theology*, vol. II, Judson Press, Philadelphia, 1942, p. 397 y Charles Hodge *Systematic Theology*, vol. I, Wm. B. Erdmans Publishing House, Grand Rapids, MI, 1982, p. 567.

6. Strong, *op. cit.*, p. 397.

7. Garrett, *op. cit.*, p. 320.

8. Bernard L. Ramm «Creation, doctrine of» en *Baker Encyclopedia of the Bible*, vol. I, Walter A. Elwell, editor general, Baker Book House, Grand Rapids, MI, 1988, p. 539.

9. Strong citado por Garrett, *op. cit.*, p. 374.

10. Nota sobre Génesis 1:1 en *Santa Biblia Reina Valera 95*, *Edición de estudio*, s. l., Sociedades Bíblicas Unidas, 1995, p. 23.

11. Erickson, *op. cit.*, p. 368.

12. F. F. Bruce, *The gospel of John*, Erdmans Publishing House, Grand Rapids, MI, 1983, p. 29.

13. William Dyrness, *Temas de la teología del Antiguo Testamento*, Editorial Vida, Miami, FL, 1989, p. 49.

14. Nota en Santa Biblia Reina Valera 95, *Edición de estudio*, *op. cit.*, p. 23.

15. Pablo Hoff, *El Pentateuco*, Editorial Vida, Miami, FL, 1978, p. 26.

16. Harold Kuhn, citado en *Readings in Christian Theology*, vol. I, *The Living God*; Millard J. Erickson, editor, Baker Book House, Grand Rapids, MI, 1987, p. 484.

17. Erickson, *Christian Theology*, vol. I, *op. cit.*, p. 374.

18. *Íbid.*, p. 376.

19. Esteban Voth, *Génesis*, en *Comentario Bíblico Hispanoamericano*, tomo I, Justo L. González, editor, Editorial Caribe, Miami, FL, 1992, p. 58.

20. Mullins, *op. cit.*, pp. 250–260.

21. *Íbid.*, p. 260.

22. Henry C. Thiessen, *Introductory Lectures in Systematic Theology*, Wm B. Erdmans Publishing Company, Grand Rapids, MI, 1952, pp. 168–169.

23. Strong, *op. cit.*, p. 387.

24. Strong citado por Garrett, *op. cit.*, p. 327.

25. Pablo Hoff y David Miranda, *Defensa de la fe*, Editorial Mundo Hispano, El Paso, TX, 1997, p. 176.

26. *Íbid.*, p. 172.
27. Tim Stafford, «Cease Fire in the Laboratory» en *Christianity Today*, 3 de abril, 1987, pp. 17–21, citado por Hoff y Miranda, *op. cit.*, p. 173.
28. Floyd H. Barackman, *Practical Christian Theology*, Kregel Publications, Grand Rapids, MI, 1992, p. 93.
29. «Eras geológicas» en *Enciclopedia juvenil Oxford*, Comercial y Editorial Santiago Ltda, Santiago, Chile, 1995, p. 23.
30. Hoff y Miranda, *op. cit.*, p. 182.
31. Pablo Hoff, *El Pentateuco*, Editorial Vida, Miami, FL, 1983), p. 267.
32. *Íbid.*, p. 268.
33. *Íbid.*, p. 270.
34. *Íbid.*,
35. Hoff y Miranda, *op, cit.*, p. 189.
36. *Íbid.*, p. 189.
37. Ken Walker, «Young-Earth Theory Gains Advocates» en la revista *Christianity Today*, April 27, 1998, p. 24
38. *Íbid.*
39. Fritz Ridenour, *¿Quién dice?*, Editorial Vida, Miami, FL, 1978, p. 136.
40. Hoff y Miranda, *op. cit.*, pp. 191–193.
41. *Íbid.*
42. *Íbid.*

CAPÍTULO 14

LA PROVIDENCIA DIVINA

EN MEDIO DE LAS INJUSTICIAS, tragedias y congojas, los creyentes se consuelan diciendo: «A los que aman a Dios, todas las cosas les ayudan a bien». El salmista expresó gráficamente la base de su confianza en la providencia, que es la activa y amorosa presencia de Dios: «Aunque ande en valle de sombra de muerte, no temeré mal alguno, porque tú estarás conmigo; tu vara y tu cayado me infundirán aliento» (Sal. 23:4). Tras la oscuridad y la adversidad, y también a la luz de la prosperidad, el Dios de toda gracia lleva a cabo misteriosamente su propósito benévolo para la humanidad.

A. ¿Qué es la providencia?

La palabra «providencia» no se encuentra en la Biblia aunque el concepto de ella siempre brilla en sus páginas. Se deriva del verbo latino *providiere*: *videre* significa «ver» y *pro* «antes». De modo que quiere decir «ver por adelantado» o «a una distancia», «prever». Dios prevé, y con ello también prepara los pasos necesarios para realizar sus sublimes designios a pesar de todos los obstáculos.

Cuidar es otro significado del término «providencia», y se refiere a la preservación, la protección y el sustento o el mantenimiento divino de la creación. Es la consecuencia y continuación lógica de la actividad creativa. «¿Cuál es el artífice que se desentiende del cuidado de su obra?» Se pregunta Ambrosio, un padre de la iglesia latina. «¿Cómo se podría abandonar y destruir lo que antes se juzgó conveniente crear?» Aunque Dios descansó al terminar su actividad creativa, no dejó de obrar. Cuando Jesús fue perseguido por sanar en el día de reposo, respondió: «Mi Padre hasta ahora trabaja, y yo trabajo» (Jn. 5:17).

La idea de la providencia incluye el concepto del gobierno de Dios. Un dogma cristiano afirma acertadamente que «todo lo que Dios creó, con su providencia lo conserva y gobierna, alcanzando de un confín a otro poderosamente, y disponiéndolo todo suavemente. Porque todo está desnudo y patente ante sus ojos, aún lo que ha de acontecer por la libre acción de las criaturas».[1] Por lo tanto, Erickson define la providencia como «la acción continuada de Dios por la cual él preserva en existencia la creación … y la guía para cumplir los propósitos divinos».[2]

La Providencia tiene mucho que ver con la vida cristiana pues podemos confiar que nuestros tiempos están en la mano de Dios, y él cuida de nosotros. No tenemos que preocuparnos innecesariamente sobre el futuro y sus amenazas. Podemos orar y saber que Dios nos escucha, no estamos solos, siempre tenemos al Ayudador divino a nuestro lado. La providencia, así entendida, es quizás el tema más frecuente y hermoso en las Sagradas Escrituras. Suministra además la clave para comprender la historia de la salvación, y es la roca del fundamento del edificio de nuestra fe en el Padre Celestial.

B. La providencia como preservación o sustento

La preservación se refiere a la actividad divina por la cual Dios mantiene su creación, la protege contra lo dañino y destructivo, y provee todo lo que necesitan los miembros de su hechura. Dyrness explica: «Dios, después de terminar su obra original, siguió cuidando todo lo creado en y por medio de los procesos vitales que incluyó en la creación misma. Estos, aunque funcionan por sí solos, siguen dependiendo del cuidado sostenedor de Dios».[3] La providencia, como preservación o sustento abarca toda la creación, las cosas animadas e inanimadas, las grandes y pequeñas.

1. *El cosmos, la naturaleza y la humanidad.* En el capítulo sobre revelación general, notamos que la materia no se origina por sí misma, no es autoexistente; más bien es contingente, dependiente y cambiante (véase el argumento cosmológico de Santo Tomás). Tampoco conocemos una fuerza que es autoexistente y autorrenovadora. En todas partes, la fuerza implica la existencia de una voluntad personal que la ejerce y sostiene, esa es de Dios. Así es con la preservación del universo y todas sus criaturas. Brunner ha observado acertadamente que, si Dios no ejerciera su voluntad preservativa, en la fracción de un momento el mundo dejaría de existir.[4]

Las Escrituras mencionan cosas especificas que el Señor sostiene: «Tú, Jehová, al hombre y al animal conservas» (Sal. 36:6); «Él provee lluvia y nieve, y alimenta a las bestias y a las aves» (Sal. 147:8,9,16,17). «Todos ellos esperan en ti, para que les des la comida a su tiempo» (Sal. 104:27). Nehemías 9:6 habla de la preservación divina en una manera comprensiva:

Tú solo eres Jehová.
Tu hiciste los cielos,
y los cielos de los cielos, con todo su ejército,
la tierra y todo lo que está en ellos.
Tu vivificas todas estas cosas,
y los ejércitos de los cielos te adoran.

En un sermón a los atenienses, el apóstol Pablo asevera: «El Dios que hizo el mundo y todas las cosas que en él hay … es quien da a todos vida, aliento y todas las cosas … en él vivimos nos movemos y somos» (Hch. 17:24–28). El Nuevo Testamento enseña específicamente que Cristo es tanto el agente en la preservación del universo, como su creador: «Y él es antes que todas las cosas y todas las cosas en él subsisten» (Col. 1:17); «el Hijo es «quien sustenta todas las cosas con la palabra de su poder» (Heb. 1:3).

2. *El pueblo de Dios.* Aunque Dios cuida de toda la humanidad, «hace salir su sol sobre malos y buenos y llover sobre jus-

tos e injustos» (Mt. 5:45), la providencia divina se destaca especialmente en la historia de Israel. Dios está con su pueblo guiándolo, protegiéndolo y proveyéndolo de todo lo que les falta. En ningún relato de la Biblia brilla más la providencia divina que en la historia de José. Dios emplea los designios tergiversados de los hombres y los convierte en medios para efectuar su plan para salvar a su pueblo en un período de hambre (Gn. 50:20).

En el libro de Éxodo se ve cada vez más la mano del Señor: en la liberación de su pueblo, la protección sobre las plagas, y la provisión de agua y alimento en el estéril desierto del Sinaí. El libro de Daniel relata cómo Dios actuó en favor de Sadrac, Mesac y Abed-nego cuando fueron echados dentro del horno de fuego ardiente y cómo protegió al profeta en el foso de los leones.

Solo resta a Jesús describir minuciosamente el cuidado providencial del Padre que está en los cielos. Sus discípulos no han de orar de la misma manera como hacen los gentiles, pues «vuestro Padre sabe de qué cosas tenéis necesidad antes que vosotros le pidáis» (Mt. 6:8). No deben estar angustiados pues «las aves del cielo», los lirios silvestres y la «hierba del campo» son cuidados por el Padre celestial, que conoce las necesidades humanas y proveerá «todas las cosas» (Mt. 6:25–34). Ningún pajarito «cae a tierra sin el permiso del Padre, y aún los cabellos humanos están todos contados» (Mt. 10:29–30). Por lo tanto, Jesús exhorta a sus seguidores: «No temáis; más valéis vosotros que muchos pajarillos» (Mt. 10:31).

Tanto Jesús como Pablo señalan que nada en este mundo puede separar al creyente «del amor de Dios, que es en Cristo Jesús» (Ro. 8:35–38). El Señor nos compara con ovejas que reconocen la voz del Pastor y le siguen: «Yo les doy vida eterna y no perecerán jamás ni nadie las arrebatará de mi mano» (Jn. 10:27–28). Judas se refiere a Dios como «aquel que es poderoso para guardarnos sin caída y presentaros sin mancha delante de su gloria con gran alegría» (Jud. 24). Así que el cristiano no tiene que temer que la adversidad, las pruebas y la persecución puedan destruir su fe. La provisión, protección y liberación divinas aún le capacitan para soportar la peor tentación (1 Co. 10:13).

Por otra parte, la providencia de Dios no siempre le exime al creyente del peligro, las pruebas, los accidentes y la tragedia. El apóstol Pedro fue librado de una muerte decretada por Herodes, pero Jacobo, el hermano de Juan, fue ejecutado por el mismo rey (Hch. 12). Hasta el Hijo de Dios sufrió la muerte a manos de hombres malvados.

¿Cómo se puede explicar este aparentemente contradictorio concepto de la providencia? En la carta a la iglesia de Filadelfia, el Señor promete: «Porque has conservado la palabra, mi paciencia, yo también te guardaré en la hora de la tentación» (prueba), «que está para venir sobre la tierra» (Ap. 3:10, NC). Si varios de los creyentes de esta iglesia fueron martirizados por los romanos, ¿en qué manera fueron guardados por el Hijo de Dios? La respuesta se encuentra en las palabras del Señor a los discípulos la noche de su entrega por Judas: «La hora viene, y ha venido ya, en que seréis esparcidos cada uno por su lado ... Estas cosas os he hablado para que en mí tengáis paz. En el mundo tendréis aflicción, pero confiad, yo he vencido al mundo» (Jn. 16:31–33). La promesa en ambas ocasiones no es que jamás habrá persecución y padecimiento para los creyentes sino que el Señor les guardará en paz durante las pruebas, y así les hará vencedores.

Santiago señala que los padecimientos pueden resultar en formar buen carácter en los cristianos, si los aceptan con fe y serenidad: «Hermanos míos, gozaos profundamente cuando os halléis en diversas pruebas, sabiendo que la prueba de vuestra fe produce paciencia. Pero tenga la paciencia su obra completa, para que seáis perfectos y cabales, sin que os falte cosa alguna» (1:2–4). Por otra parte, Pedro advierte a sus lectores que no se extrañen del fuego de la prueba que están soportando, como si fuera algo insólito. Más bien deben regocijarse porque así en esta vida se identifican con los padecimientos de Cristo, y los que sufran serán glorificados juntamente con él cuando él venga (1 P. 1:6–8; 4:12–13).

3. *La humanidad en general*. El cuidado divino abarca en un sentido a todos los hombres. Dios «hace salir su sol sobre malos y buenos y llover sobre justos e injustos» (Mt. 5:45). Hablando a los paganos en Listra, el apóstol Pablo les señala que el «Dios vivo ... no se dejó a sí mismo sin testimonio, haciendo bien, dándonos lluvias del cielo y tiempos fructíferos, llenando de sustento y de alegría nuestros corazones» (Hch. 14:15–17).

4. *Puntos de vista contrarios al concepto de preservación.*

a) *El deísmo*. Esta doctrina niega la enseñanza bíblica de la activa preservación de Dios en el mundo. Sostiene que Dios creó el universo y lo dispuso para que anduviera perfectamente bien a fin de que todo lo que necesita cada miembro de la creación, sea provisto automáticamente. Luego Dios, al ver que todo andaba bien, le dio la espalda a la creación y se desentendió completamente de ella. Así que el universo es una gran máquina que se sostiene a sí misma.

Es una suposición falsa pues no hay máquina que siempre se sostenga a sí misma; tarde o temprano deja de funcionar y necesita ser reparada. Tampoco hay evidencia que muestre que Dios ha abandonado al mundo; todavía contesta las plegarias de su pueblo, obra milagros de vez en cuando y hace sentir su presencia en el corazón de sus seguidores.

b) *La creación continua*. Según esta noción, Dios vuelve a crear el universo en cada instante de tiempo. Es decir, en cada momento la materia deja de existir y luego es creada nuevamente. La teoría de la creación continua se basa en el concepto de que toda fuerza es la directa voluntad divina; no deja lugar para operar a las leyes naturales y a la voluntad humana. Si fuera así, Dios sería el autor del mal y el hombre un robot. Esta idea puede ser incorporada a las filosofías panteístas y del proceso.

Garrett señala acertadamente la distinción entre la doctrina de preservación o sustento y los puntos contrarios.

El sustento involucra la «concurrencia» divina con las causas secundarias. Así, Dios es inmanente en la operación de los fenómenos naturales según la ley natural, pero nunca tan inmanente como para excluir los milagros. «En el panteísmo las segundas causas se identifican con Dios mientras que en el deísmo la segunda causa se divorcia de la primera, es decir, de Dios».[5]

C. La providencia como el gobierno universal de Dios

Dios no es solamente el Creador y Sustentador del mundo, sino también su Señor soberano; el principado del universo está sobre su hombro; la naturaleza y la historia están bajo su dominio. Se entiende su gobierno como la actividad divina que controla todos lo eventos a fin de que ellos sean medios para llevar a cabo su plan eterno.

El gobierno de Dios no es arbitrario ni caprichoso. Thiessen observa que Dios, como un ser personal y sabio, debe esperarse que actúe racionalmente; como un Dios bondadoso, debe esperarse que se interese por el bien de sus criaturas; y como el Dios omnipotente, se puede confiar que es poderoso para realizar sus propósitos. El cristiano basa su confianza de que la justicia finalmente prevalezca, en su concepto de la naturaleza de Dios.[6]

Consideraremos algunos aspectos del gobierno de Dios.

1. ***Dios es soberano sobre la creación.*** La Biblia enseña que él reina sobre el universo físico. El salmista describe este control absoluto: «Yo sé, ciertamente, que Jehová es grande ... todo lo que Jehová quiere, lo hace, en los cielos y en la tierra, en los mares y en todos los abismos. Hace subir las nubes de los extremos de la tierra; hace los relámpagos para la lluvia; saca de sus depósitos los vientos» (Sal. 135:5–7; véanse Job 9:5–7. 37:10; Sal. 104:14; 147:16–18). Una evidencia dramática de su poder sobre la naturaleza se ven en las plagas de Egipto, la sequía de tres años y medio anunciada por Elías y el milagro de Jesús cuando calmó la tempestad en el mar.

2. ***Dios es soberano sobre los animales.*** Las escrituras afirman que Dios alimenta y dirige los animales: «Los leoncillos ruegan tras la presa y reclaman de Dios su comida ... He allí el grande y ancho mar, en donde se mueven seres innumera-

bles ... todos ellos esperan en ti, para que les des su comida a tiempo. Tú les das y ellos recogen ... Escondes tu rostro, se turban; les quita el hálito, dejan de ser.» (Sal. 104:21-29). En 1 Reyes 17:4, Dios prometió a Elías que le proveería alimento durante la sequía que había de venir: «Yo he mandado a los cuervos que te den allí de comer». Luego, en el versículo 6 del mismo capítulo, leemos: «Los cuervos le traían pan y carne por la mañana y por la tarde». Erickson observa que «los animales, incapaces de elegir conscientemente, obedecen instintivamente el mandato de Dios».[7]

3. *Dios es soberano sobre las naciones.* La historia humana y el destino de las naciones están en las manos de Dios: «Multiplica las naciones y las destruye; las dispersa y las vuelve a reunir» (Job 12:23); «Porque ni de oriente ni de occidente ni del desierto viene el enaltecimiento, pues Dios es el juez; a este humilla, y a aquel enaltece» (Sal. 75:6-7). Jehová usó a Asiria para castigar a Israel, pero aquel desbordó con arrogancia su misión y Dios lo destruyó (Is. 10:5-12).

4. *Dios es soberano sobre todo lo que existe.* El salmista reconoce que Dios es el gran Rey tanto en la tierra como en el cielo: «Jehová estableció en los cielos su trono, y su reino domina sobre todos». Luego denomina a los ángeles, «todos sus ejércitos, ministros suyos», que hacen su voluntad, en «todos los lugares de su señorío» que le bendigan (Sal. 103:19-22).

Cuando a Nabucodonosor le fue devuelta la razón, él bendijo al Altísimo con estas palabras: «Su dominio es sempiterno; su reino, por todas las edades. Considerados como nada son los habitantes de la tierra; él hace según su voluntad en el ejército del cielo y en los habitantes de la tierra; no hay quien detenga su mano y le diga: ¿Qué haces?» (Dn. 4:34-35). Erickson comenta:

> La idea misma del Reino de Dios, la cual juega un rol tan prominente, tanto en el Antiguo Testamento como en las enseñanzas de Jesús, sugiere el poder reinante universal de Dios. Su gobierno es universal tanto en cuanto a tiempo (es eterno), como a extensión, y todos los objetos son totalmente sujetos a ello.[8]

D. El gobierno divino y la libertad y responsabilidad humana

¿Ha predestinado Dios todo lo que ocurre? ¿Hasta qué punto la providencia controla la conducta y el destino humano? ¿Permite Dios que determinemos nuestro propio destino? ¿Es la soberanía de Dios compatible con la libertad y responsabilidad humana? ¿Enseñan las Escrituras que el hombre es verdaderamente libre?

La fe cristiana nos presenta un dilema. Por un lado, la Biblia enseña que Dios es soberano; él controla todo. Por otro; varios pasajes señalan que el hombre tiene libre albedrío y es responsable moralmente.

La soberanía divina se nota en ciertas afirmaciones bíblicas: «Hace todas las cosas según el designio de su voluntad» (Ef. 1:11). Referente al Faraón, el Señor declara: «Yo te he puesto para mostrar en ti mi poder, y para que mi nombre sea anunciado en toda la tierra» (Éx. 9:16). Este mismo control se ejerce sobre toda la creación, incluso sobre los ángeles, tanto buenos como malos (Job 2:1; Fil. 2:10). Hasta Cristo fue «entregado por el determinado consejo y anticipado conocimiento de Dios» (Hch. 2:23).

Por otra parte, el hombre elige libremente y es responsable por sus decisiones y aún por su destino eterno. Cuando Adán y Eva desobedecieron a Dios, este llamó a la pareja y le preguntó: «¿Qué es lo que has hecho?» (Gn. 3:13). Adán confesó: «Yo comí» (v. 12). Luego el Señor le dijo: «Por cuanto obedeciste la voz de tu mujer, y comiste del árbol ... espinas y cardos te producirá ... con el sudor de su rostro comerás el pan hasta que vuelvas a la tierra» (3:17–19).

Jesús declaró que los judíos habían rechazado la misericordia divina: «Jerusalén, Jerusalén ... ¡Cuántas veces quise juntar a tus hijos ... y no quisiste» (Mt. 23:27). El mundo pagano que tenía la luz de la revelación divina por medio de la creación, estaba sin excusa porque «con su maldad obstruyen la verdad» (Ro. 1:18–20, NVI). Aún los pasajes bíblicos que enseñan que Dios endureció el corazón del Faraón, indican también que el monarca egipcio primero endureció su propio corazón (véanse Éx. 7:13–14,22; 8:15,19,32). El endurecimiento del Faraón era un acto judicial de parte de Dios (véase Ro. 1:18–32).

Algunos pasajes enseñan simultáneamente el dominio divino sobre todos los eventos y a la vez la completa responsabilidad del hombre por sus acciones. «A este» (Jesucristo), «entregado por el determinado consejo y anticipado conocimiento de Dios, prendisteis y matasteis por manos de inicuos, crucificándole» (Hch. 2:23). Y las palabras de Jesús: «Todo lo que el Padre me da, vendrá a mí; y al que a mí viene, no le echo fuera» (Jn. 6:37).

Si Dios hubiera predestinado arbitrariamente todo lo que acontece, incluyendo los hechos malos de los hombres, él sería un ser inmoral y los hombres seres amorales y sin responsabilidad. Por otra parte, si el hombre tuviera completa libertad de hacer todo lo que quisiera, parecería que Dios no fuera soberano. ¿Cómo podemos armonizar su soberanía con la libertad del hombre?

E. ¿Qué dicen los teólogos?

El teólogo posconservador, David Basinger afirma que, «por regla general Dios no interfiere en los asuntos de este mundo», y por lo tanto, «la humanidad es primordialmente responsable por lo que ocurra».[9] Este concepto de Dios es diametralmente contrario al punto de vista de los reformadores Calvino y Lutero. Según ellos, Dios está siempre activo en todas las cosas y eventos, guiando todo hacia un fin preordenado. Sin embargo, la posición extrema del calvinismo reduciría la libertad humana a una ilusión. Explica todo en términos de causalidad divina, aunque deja lugar para la operación de causas secundarias en las cuales los hombres desempeñan un papel instrumental.

Bloesch procura armonizar el concepto bíblico de la soberanía divina con la afirmación de las Escrituras de que el hombre es libre y responsable. Señala que Dios tiene el último control sobre la naturaleza y la historia, pero no debemos interpretarlo deterministamente. Todo lo ve y todo se ordena para su gloria. Su presciencia hace posible su preordenación, pues lo que desde antes él había conocido, lo predestinó (véase Ro. 8:29–30). San Pedro asevera que los santos son «elegidos según el previo conocimiento de Dios Padre» (1 P. 1:2). Es decir, el Señor ha elegido para salvación a los que él sabía que tendrían fe; Dios ve la suma de posibilidades. Así que el cristianismo ni es determinismo ni indeterminismo, sino la preordenación divina que respeta la libertad humana y no la anula. Dios realiza su propósito en la relación del pacto con su pueblo. El los guía a un nuevo orden de existencia más bien que imponer sobre ellos un orden ajeno a su ser. Su omnipotencia no amenaza ni destruye la independencia de sus criaturas. Al contrario, su omnipotencia se manifiesta vivamente en la libertad de sus criaturas.[10]

La providencia de Dios es el cuidado misterioso de su creación en la que él realiza su propósito a través, por medio o en contra de sus súbditos humanos. Dios no es el único actor en el drama de la historia; él permite que el hombre tenga cierta autonomía. Dios es la última causa del orden mundial y redención, pero obra por medio del instrumento humano. Aún podemos hablar de causas secundarias no al lado de Dios, sino en él y bajo él.[11] Dios no es la causa directa de todas las cosas, pero todas están bajo su supervisión y poder. Aún las cosas que son cometidas fuera de su voluntad directa, no son realizadas sin su conocimiento (Agustín). El Señor controla todos los eventos; aunque no es el único que actúa. Están en su mano siempre para extraer el bien del mal.[12]

Las Escrituras afirman tanto la realidad inescrutable de la providencia divina por la cual Dios guía indefectiblemente el mundo a su destino, como la realidad de la libertad humana por la cual cooperamos con Dios en realizar el propósito divino. Esta cooperación es posible solamente por la superintendencia y capacitación divinas. El apóstol Pablo admite: «Por la gracia no ha sido en vano para conmigo; antes he trabajado más que todos ellos; aunque no yo, sino la gracia de Dios que está conmigo» (1 Co. 15:10. véanse también Fil. 2:12–13; Col. 1:29).[13]

F. La relación del gobierno divino con los individuos

Dios obra en la historia principalmente por medio de su control sobre las circunstancias de la vida humana y del medio ambiente. Este dominio abarca varios aspectos.

1. ***Dios elige a ciertos hombres para un ministerio o papel para desempeñar.*** El Señor manda al profeta Samuel: «Llena tu cuerno de aceite y ven, te enviaré a Isaí de Belén, porque de entre sus hijos me he elegido rey» (1 S. 16:1). Sin mencionar explícitamente a Dios, Mardoqueo alude que tal vez aquel ha levantado un libertador: «¿Y quien sabe si para esta hora has llegado al reino?» (Est. 4:14).

A veces en la Biblia, Dios aparta personas para un ministerio especial antes de que naciesen. Al informar a Jeremías que sería profeta, el Señor le reveló que le había dado la vida con la expresa finalidad de hacer de él su portavoz: «Antes que te formara en el vientre, te conocí, y antes que nacieras te santifiqué, te di por profeta a las naciones» (Jer. 1:5). El apóstol Pablo también fue elegido por Dios y puesto aparte para el cumplimiento de una misión, y esto desde el vientre de su madre (Gá. 1:15). Dios es soberano referente a elegir a sus siervos y ponerlos en el ministerio: «No me elegisteis a mí, sino que yo os elegí a vosotros» (Jn. 15:16).

2. ***Dios dirige a menudo a través de cosas que aparentemente son accidentales e insignificantes.*** Cuando José fue enviado a Siquem para estar con sus hermanos, no los encontró en aquel lugar. Sin embargo, un hombre los había oído decir que iban a Dotán y se lo informó al joven. No fue por accidente que los hermanos de José se trasladaron allí; Dotán estaba en la ruta de Egipto, un factor clave para que José fuera a aquel país. Esto fue un paso necesario para poner en marcha el plan divino de salvar el pueblo escogido en un período de hambre (Gn. 37).

El gran expositor de la Biblia, Alejandro MacLaren, observa cómo Dios obra a través de acontecimientos aparentemente accidentales en el libro de Ester.

El abandono criminal del rey a la concupiscencia y al lujo, el resentimiento personal de Amán, la belleza de Ester, la desgracia de la favorita, los servicios de Mardoqueo en el pasado, hasta la noche sin sueño del rey, todos son hilos del mismo tejido, y Dios es el Tejedor.[14]

3. *El destino de los hombres está en las manos de Dios.* En el Salmo 73 observamos la perplejidad de Asaf al ver que el justo sufre una desgracia y al mismo tiempo muchas personas malas prosperan y viven felices. Aparentemente recibió una revelación de Dios sobre el destino de los malvados cuando entró en el templo. Dijo: «Comprendí el fin de ellos. Ciertamente, los has puesto en deslizaderos, en asolamientos los harás caer. ¡Cómo han sido asolados de repente! ¡Perecieron, se consumieron de terrores!» (vv. 15–19).

Por otra parte, Dios ha determinado un destino glorioso para los justos, y él los guía en la senda de salvación. «Por Jehová son ordenados los pasos del hombre y él aprueba su camino. Cuando caiga, no quedará postrado, porque Jehová sostiene su mano» (Sal. 37:23–24); «Me has guiado según tu consejo, y después me recibirás en gloria» (Sal. 73:24).

4. *Muchas veces los actos libres de los hombres son guiados por Dios.* Cuando los israelitas pidieron a los egipcios alhajas de plata y de oro, y vestidos, «Jehová hizo que el pueblo se ganara el favor de los egipcios, y estos les dieron cuanto podían» (Éx. 12:35–36). Esdras reconoció que Dios había influenciado la actitud de Artajerjes: «Bendito Jehová, Dios de nuestros padres, que puso tal cosa en el corazón del rey» (Esd. 7:27). El proverbista exclamó: «Del hombre es hacer los planes en el corazón; de Jehová es poner la respuesta en la lengua» (16:1). Referente a los creyentes, el apóstol Pablo asevera: «Dios es el que en vosotros produce así el querer como el hacer, por su buena voluntad» (Fil. 2:13). «Sin tal control providencial, no tendría sentido el orar por los gobernadores y los que juzgan con autoridad, ni tampoco por la salvación de los inconversos».[15]

G. La relación del gobierno de Dios con el pecado y los pecadores

Haremos algunas observaciones:

1. ***Dios permite que el hombre peque.*** Hemos observado que Dios es soberano sobre la naturaleza y la historia. Sin embargo no debemos interpretar la providencia como determinismo o predestinación absoluta. La Biblia enseña claramente que el hombre tiene albedrío y es responsable por sus actos. No todo lo que sucede refleja la voluntad divina. Donald Metz explica:

> Al pasar de la existencia y desarrollo de las formas bajas de la vida, a la de los hombres, se nota un cambio de la actividad de la providencia divina. Aquí la relación de Dios no es causal, sino más bien, el cuidado providencial y el gobierno de Dios son morales. La providencia se ejerce en la forma de motivar más bien que forzar.[16]

La providencia, en efecto, lo gobierna todo «con poder y con suavidad». Señal de soberano poder y de suave delicadeza es respetarle al hombre su albedrío, lo cual implica tolerar el evento de su ejercicio para el mal. Aunque Dios otorga al hombre la libertad, ni el acto malo ni sus consecuencias pueden ser atribuidos a él.

Santiago señala que «Dios no puede ser tentado por el mal ni él tienta a nadie; sino que cada uno es tentado, cuando de su propia pasión es atraído y seducido» (1:13–14). Añadimos las palabras del apóstol Juan: «Nada de lo que hay en el mundo, los deseos de la carne, los deseos de los ojos y la vanagloria de la vida, proviene del Padre, sino del mundo» (1 Jn. 2:16).

Por otra parte, las malas decisiones y acciones, el error y el pecado que son obra de una libertad desorientada, no escapan a la providencia de Dios ni alternan sus planes. Se llevan a cabo misteriosamente los propósitos de Dios en coyuntura con o a través de las acciones humanas, tanto buenas como malas.

2. ***Dios puede prevenir que los hombres pequen.*** A veces el Señor actúa para impedir que el hombre haga mal. Advirtió

en sueños a Abimelec cuando este pensaba añadir a Sara a su harén: «Vas a morir a causa de la mujer que has tomado, la cual es casada y tiene marido» (Gn. 20:3). De igual manera habló a Labán, el sirio aconsejándole: «Cuídate de no hablarle a Jacob descomedidamente» (Gn. 31:24). A través de su profeta Oseas, Dios dijo a su pueblo extraviado: «Cerraré con espinos su camino, la cercaré con seto y no hallará sus caminos» (2:6). David oró: «Preserva también a tu siervo de las soberbias, que no se enseñoreen de mí» (Sal. 19:13).

3. *Dios no siempre previene el pecado, sino que a veces permite que la maldad llegue a su colmo.* Las Escrituras indican que, en algunas ocasiones y por ciertos fines, Dios aleja su mano que impide el desarrollo del pecado. Refiriéndose a Ezequías cuando este recibió amistosamente a los mensajeros de los príncipes de Babilonia, el escritor inspirado dice: «Dios lo dejó, para probarle y conocer todo lo que estaba en su corazón» (2 Cr. 32:31). El Señor abandona a veces a su pueblo rebelde o entrega pecadores a su inmundicia como un castigo: «Mi pueblo no oyó mi voz; Israel no me quiso a mí. Los dejé, por tanto, a la dureza de corazón» (Sal. 81:11–12); los gentiles detenían «con injusticia» la revelación divina en la naturaleza y se daban gustosamente a pecados abominables, por lo tanto, Dios «los entregó a pasiones vergonzosas» (Ro. 1:18–32).

4. *Dios puede determinar los límites del mal y sus efectos.* En la prueba de Job, Jehová dijo a Satanás: «Todo lo que tiene está en tu mano; solamente no pongas tu mano sobre él» (1:12). Esto indica que el maligno «no dispone de poder autónomo, sino que actúa dentro de los límites fijados por el Señor».[17] El salmista testifica: «De no haber estado Jehová por nosotros, cuando se levantaron contra nosotros los hombres, vivos nos habrían tragado entonces, cuando se encendió su furor contra nosotros» (Sal. 124:2–3). Nos animan las palabras de Pablo: «Fiel es Dios, que no os dejará ser probados más de lo que podéis resistir, sino que dará también juntamente con la prueba la salida, para que podáis soportarla» (1 Co. 10:13). Aunque el enemigo nos ataque, Dios le pone límites.

5. **Dios puede cambiar la dirección del pecado.** No obstante que el Señor permite que algunos pecados sean cometidos, a veces los encamina para que sirvan a sus propósitos. Un ejemplo destacado se ve en la maldad de los hermanos de José. Ellos querían matarle, una maldad terrible a la vista de Dios. Sin embargo, Jehová les permitió llevar a cabo su plan excepto por un detalle. Rubén convenció a sus hermanos que les convenía venderlo como esclavo. Al transcurrir muchos años, los hermanos de José llegan a él preocupados de que cobrara venganza, José los tranquiliza diciendo: «No temáis, pues ¿acaso estoy yo en lugar de Dios? Vosotros pensasteis hacerme mal, pero Dios lo encaminó a bien ... para mantener con vida a mucha gente» (Gn. 50:19–20).

Recordemos que la obstinación del Faraón al negarse a permitir que los israelitas salieran de Egipto para sacrificar animales a Jehová, fue usada por Dios para dar impulso al éxodo del pueblo hebreo. Y hasta el pecado por excelencia, la crucifixión de Cristo, dio a Dios ocasión para redimir a la humanidad y revelar la profundidad y latitud del amor divino. Pablo señala que el rechazo de Cristo por parte los judíos ha servido para la reconciliación del mundo (Ro. 11:11–15,25).

H. Los fines del gobierno divino

El designio divino se encuentra en todo lo que Dios hace. Él ve adelante, domina la perspectiva y proyección de los acontecimientos, y con su sabiduría y su voluntad amorosas los ordena infaliblemente hacia el plan que él tiene respecto al mundo en general, y de cada ser en particular.

¿Cuáles son los fines específicos de su providencia? Thiessen presenta cuatro propósitos.[18]

1. **Dios gobierna el mundo para el bien y la felicidad de sus criaturas.** En la tentación de Eva, Satanás insinúa que Dios quiere privar a la primera pareja de algo bueno (Gn. 3:4–5), y el adversario sigue tratando de convencer a los hombres con esta mentira. El apóstol Pablo se contradice aseverando que el Creador «no se dejó a sí mismo sin testimonio, haciendo bien, dándonos lluvias del cielo y tiempos fructíferos, lle-

nando de sustento y de alegría nuestros corazones» (Hch. 14:17). Jesús dice que el Padre celestial «hace salir su sol sobre malos y buenos y llover sobre justos e injustos» (Mt. 5:45). Más particularmente, Dios desea el bien de sus hijos. Por esto, el salmista afirma: «No quitará el bien a los que andan en integridad» (84:11). Sin embargo, la declaración más inclusiva sale de la pluma del apóstol Pablo: «Sabemos que Dios dispone todas las cosas para el bien de quienes lo aman, los que han sido llamados de acuerdo con su propósito» (Ro. 8:28, NVI).

2. *Dios gobierna el mundo con el fin de desarrollar mental y moralmente la razón.* El Señor educa la humanidad paulatinamente. En el Antiguo Testamento, él permite el divorcio, la esclavitud, la ley del talión y muchas otras cosas porque la raza era inmadura y no estaba preparada para la plena luz del Nuevo Testamento. Usó el sistema levítico con el sacrificio de animales a fin de preparar a la humanidad para recibir el verdadero Cordero de Dios que quita el pecado del mundo.

3. *Dios gobierna el mundo pensando en la salvación y preparación de un pueblo para su nombre.* Eligió a Israel a fin de que fuera su exclusiva posesión (Éx. 19:5–6); y ha llamado a la iglesia para el mismo propósito (Tit. 2:14; 1 P. 2:9). La encarnación, la muerte expiatoria de Cristo, la venida del Espíritu Santo, la producción y preservación de las Escrituras y el establecimiento de la Iglesia y su ministerio, todo esto tiene el propósito de preparar un pueblo para Dios (Ef. 3:9–10; 5:25–27).

4. *Dios gobierna el mundo principalmente para manifestar su gloria.* La providencia del Señor revela sus perfecciones, su santidad y justicia, su poder y sabiduría, su verdad y su solicitud para el bien de toda la creación. Thiessen elabora este fin:

> La providencia de Dios se dirige para exhibir estas cualidades de su ser. Su santidad y justicia se manifiestan en su odio y oposición contra el pecado; su poder se da a conocer en su obra de creación, preservación, providencia y redención; su sabiduría, en establecer los fines y medios para llevar a cabo su propósito; su amor, en su

provisión para sus criaturas, especialmente en su provisión de la salvación mediante el don de su Hijo; su verdad, en establecer las leyes de la naturaleza y en su fidelidad a sus promesas.[19]

Las palabras de Dios mismo confirman que el objetivo primordial del gobierno divino es para manifestar su gloria: «Por mí, por amor de mí mismo lo haré, para que no sea profanado mi nombre, y mi honra no la daré a otro» (Is. 48:11).

I. Los medios que Dios usa en el ejercicio de la providencia

Muchos aspectos de la providencia nos son misterios. El autor inspirado exclama: «¡Profundidad de las riquezas, de la sabiduría y del conocimiento de Dios! ¡Cuán insondables son sus juicios e inescrutables sus caminos!» (Ro. 11:33). Sin embargo, las Escrituras señalan algunos de los medios que el Señor emplea para realizar sus propósitos.

1. *Medios para sustentar y preservar.* Son las leyes naturales, los milagros, y el hablar de Dios. Él ha establecido las estaciones del año asegurándonos así que habrá cosechas y alimento (Gn. 8:22), envía el sol y lluvia y hasta emplea el viento para abrir el Mar Rojo y traer codornices (Éx. 14:21; Nm. 11:31). Ha dado a toda criatura el instinto de autopreservación.

A veces el Señor suple las leyes naturales con milagros. Tanto en el Antiguo Testamento como en el Nuevo se perciben como expresión de la misericordiosa providencia de Dios. Por otra parte los racionalistas niegan la posibilidad de milagros principalmente porque son naturalistas. Señalan que serían violaciones de las leyes naturales. J. E. Colwell observa:

> En el contexto de la física newtoniana se considera que el mundo era un sistema cerrado de causa y efecto, un sistema en que el acontecimiento «sobrenatural» tenía que verse como una intrusión injustificada. Tanto la remoción de Dios de una vida natural cerrada por el deísmo y su identificación con él por el panteísmo, implican el abandono de lo sobrenatural, una desmitificación de

las Escrituras y un rechazo de la posibilidad del milagro en la actualidad.[20]

Si conceptuamos al mundo como la creación de Dios, y sus leyes como algo que Dios ha puesto dentro de ella, ¿no tendría el Autor de estas leyes, el derecho de interrumpirlas en ciertas ocasiones para llevar a cabo los sublimes propósitos divinos? Vemos en el Nuevo Testamento que, que por medio de milagros, los enfermos son sanados, los apóstoles injustamente encarcelados son liberados y el evangelio está confirmado por los prodigios sobrenaturales. La resurrección de Jesús es el milagro por excelencia, y si uno lo acepta como realidad, es fácil creer en todos los otros. Y esta maravilla es el mejor acontecimiento atestiguado de la historia antigua.

Otro medio que Dios usa para realizar la obra providencial es hablar su palabra poderosa: «Él dijo y fue hecho; él mandó, y existió» (Sal. 33:9). Cuando él habló en la época de Moisés «vinieron enjambres de moscas y piojos» en todo Egipto (Sal. 105:31; véase el v. 34). El salmista observó que, al arrepentirse los israelitas, Dios «envió su palabra y los sanó; los libró de su ruina» (107:20). Cuando Jesús habló la palabra de autoridad sobre la enfermedad y la muerte, los enfermos se sanaron y los muertos resucitaron (Mt. 8:5–13; 9:19–22; 23–26; Lc. 7:11–17; Jn. 11:1–44), y cuando reprendió la tempestad en el mar, todo quedó tranquilo (Mt. 8:23–27).

2. *Medios para gobernar y guiar.* Para realizar tal actividad divina, Dios usa generalmente su palabra. Sus hijos son exhortados a meditar de día y de noche en ella, obedecerla y encontrar en ella dirección para su vida y ministerio (Jos. 1:7–8; Sal. 119; Col. 3:16). Tanto los reyes como otros siervos de Jehová han de sujetarse a la palabra (Dt. 17:18–20).

También el Espíritu Santo da dirección a la vida de los creyentes. Una gran promesa hecha a David después de su restauración, dice: «Te haré entender y te enseñaré el camino en que debes andar; sobre ti fijaré mis ojos» (Sal. 32:8). El privilegio de una vida divinamente dirigida lo vemos alcanzado por aquellos que se dan cuenta de su incapacidad para dirigirse solo por sí mismos, y que elevan constantemente al Señor esta plegaria: «Enséñame a hacer tu voluntad, porque tú eres mi Dios; tu buen espíritu me guíe a tierra de rectitud» (Sal. 143:10). Es la tercera persona de la Trinidad quien ilumina la palabra y la aplica al corazón del creyente (1 Jn. 2:20,26). A veces él da órdenes aparentemente en voz audible a sus siervos como en el caso de Felipe y el eunuco: «Acércate y júntate a ese carro» (Hch. 8:29). En otras ocasiones les impide actuar. A Pablo y su equipo misionero, «les fue prohibido por el Espíritu Santo hablar la palabra en Asia» (Hch. 16:6). Juan Varetto comenta sobre este episodio.

> ¿De que manera les vino esta prohibición? El texto no lo dice, seguramente porque en la vida de los cristianos de aquella generación era una experiencia común el sentir que el Espíritu Santo los mandaba hacer tal o mas cual cosa, ir a tal o mas cual lugar, o sentir que Dios no se lo permitía. Probablemente fue un profundo sentimiento en el corazón lo que les hizo desaparecer el anhelo de predicar.[21]

Algunas otras formas que el Señor usa para dirigir a su pueblo son las siguientes. Apela a la razón del hombre (Is. 1:18), utiliza a sus siervos a fin de rogar y persuadir a los hombres (Jer. 44:4; 7:13–14; Zac. 7:7) y dirigir por medio de las circunstancias. Un ejemplo de la última manera de guiar, se ve en el caso de Jacob cuando este pasó veinte años en la casa de Labán. Como Dios le había prosperado a expensas de su suegro y sus cuñados, ellos tenían envidia de él. Jacob se dio cuenta de que era tiempo de salir de Padan-aram. También Dios intervino y ordenó a Jacob que volviese a la tierra prometida (Gn. 31:1–3). El Señor abre puertas de oportunidad y las cierra así guiando a los suyos (1 Co. 16:19; Ap. 3:7–8).

En algunas actividades providenciales, Dios se vale de los ángeles, sus agentes especiales. Thiessen compara el ministerio de ellos con él del Espíritu Santo:

> Parece que los ángeles sirven más en la administración externa de su gobierno (2 R. 19:35; Dn. 6:19–23; 10:5–21; 12:1; Mt. 28:2; Hch. 8:26; 12:7–10) y el Espíritu Santo en la parte más interna y espiritual de su domi-

nio (Lc. 4:1; Jn. 16:7–15; Hch. 8:29; 11:19–20; 16:6–7; Ro. 8:14, 26). Por supuesto, los primeros, aunque poderosos, no son omnipotentes; el último siendo Dios, es tanto omnipotente como omnisciente.[22]

J. El papel humano en la providencia

1. *La colaboración humana*. ¿Qué parte juega el hombre en llevar a cabo la providencia? Puesto que Dios es soberano e inexorablemente lleva a cabo el cuidado, mantenimiento y gobierno del universo, ¿debemos preocuparnos y esforzarnos a fin de que se haga su voluntad? Erickson contesta «que, como hemos visto, su providencia incluye acciones humanas. A veces los hombres se dan cuenta de que sus acciones cumplen la intención divina, por ejemplo cuando Jesús dice que él tiene que hacer la voluntad del Padre (Mt. 26:42). En otras ocasiones se realiza inconscientemente el plan de Dios. La certeza de que Dios indefectiblemente efectuará algo, de ninguna manera nos exime de la responsabilidad de esforzarnos para llevarlo a cabo. Dios realiza sus objetivos pero los hace usando medios, incluyendo acciones humanas».[23] En este sentido, «somos colaboradores de Dios» (1 Co. 3:9).

2. *La oración y la fe*. La mayoría de los teólogos señalan que la oración puede tener efecto sobre Dios no obstante que él ya ha decretado todo lo que hará en el tiempo y la eternidad. Los opositores no calvinistas argumentan que, si la oración «cambia las cosas», entonces, él no tiene un plan fijo.

La Biblia nos enseña que el plan de Dios es definitivo, fijo y no alterable. Por otra parte, nos manda orar y promete que «la oración eficaz del justo puede mucho» (Stg. 5:16); «No tenéis lo que deseáis, porque no pedís» (Stg. 4:2). Jesús nos insta: «Pedid, y se os dará; buscad y hallaréis; llamad, y se os abrirá, porque todo aquel que pide, recibe; y el que busca, halla, y al que llama se le abrirá» (Mt. 7:7–8).

Es obvio que la oración es un elemento indispensable en el plan de Dios. Las Escrituras afirman que Dios hace ciertas cosas solo cuando los hombres oran y actúan con fe. En muchos casos Dios obra solamente con la participación de los creyentes. Si el hombre no hace su parte, tampoco Dios obra. Por ejemplo, Jesús no quiso hacer ningún milagro en Nazaret debido a la incredulidad de los aldeanos (Mt. 13:58; Mr. 6:5–6). Era necesario que la gente creyera a fin de que él hiciera milagros.

Por otra parte, cuando Jesús caminaba sobre el mar, Pedro le pidió al Señor que le permitiera ir a él sobre el agua, y fue capacitado para hacerlo (Mt. 14:25–29). Suponemos que Jesús podía haber capacitado a los otros discípulos a hacer lo mismo, pero solo Pedro anduvo sobre el agua, porque solo él pidió ser capacitado para realizarlo. Pedro y el centurión que pidió sanidad para su siervo (Mt. 9:20–23) son ejemplos de personas con fe, cuyas peticiones produjeron milagros.

Erickson extrae enseñanza de estos episodios. Cuando Dios quiere hacer algo como sanar a un enfermo, entonces él también quiere el medio (la petición acompañada de fe). Es decir, Dios quiere la sanidad en parte por querer que los que tienen necesidades le eleven sus plegarias. Así que la oración no cambia lo que Dios ha determinado hacer; es el medio por el cual se logra su fin. Es imprescindible que los hombres oren, porque sin oración el resultado apetecido no sucederá.[24]

Parece que Dios hace ciertas cosas solamente cuando oramos; hace otras cosas por su propia cuenta y no como respuesta a nuestra petición, y hace algunas cosas que son contrarias a nuestras plegarias. No siempre recibimos lo que pedimos. Pablo rogó tres veces al Señor que le quitara una espina en su carne, pero Dios no le concedió su petición, más bien le dio algo que le era mucho más necesario, la gracia de soportar (2 Co. 12:7–10). Dios prevé todo y hace todas las cosas según su plan y propósito eterno. Por lo tanto podemos orar y confiar que Dios es bueno y sabio, que nunca nos dará lo que nos perjudicará, sino lo que es para nuestro sumo bien. «No quitará el bien a los que andan en integridad» (Sal. 84:11).

K. Las teorías opuestas al gobierno divino

Al creyente, la doctrina de la providencia es sobre manera preciosa, pero los incrédulos naturalmente no comparten este punto de vista. Consideramos algunos de sus conceptos.

1. *Naturalismo.* Sus proponentes consideran que la naturaleza forma toda la realidad; no existe nada aparte del mundo material, o si hay un Dios, él está ausente y no tiene nada que ver con los acontecimientos actuales (deísmo). Atribuyen todo lo que sucede a la operación de las leyes naturales. La felicidad y posibilidades de éxito del hombre dependen de su conocimiento de estas leyes y su cooperación con ellas. Aunque las Escrituras reconocen la existencia de las leyes naturales, indican que no operan independientemente de Dios ni son autosostenidas. Dios concurre en la operación de ellas, tanto de las leyes materiales como de las mentales, y a veces actúa independientemente de ellas. Lo último explica los milagros.[25]

2. *Fatalismo o determinismo.* Es la doctrina filosófica de los que pretenden que todos los acontecimientos están irrevocablemente determinados de antemano por una causa única y sobrenatural. Esta noción pagana vuelve a cobrar amplia aceptación de los modernos a través de la astrología popular. Algunas fatalistas hablan del Dios de los decretos quien ha predestinado absolutamente todo lo que ocurre. Es la índole de fatalismo que caracteriza el espíritu del Islam: los musulmanes se consuelan de todas las adversidades con su frase sacramental, «está escrito».

Bloesch describe el carácter y consecuencias de la forma del fatalismo llamado destino:

> El destino (o hado) es una fuerza externa e inexorable que controla todos los sucesos y, por lo tanto, hace sin sentido todo esfuerzo humano. En el destino «el porvenir es independiente de lo que el individuo puede querer o no querer». La acción del destino es «ciega, arbitraria, severa. Se mueve inexorablemente, produciendo las catástrofes más terribles, dándonos un sentido

de consternación impotente, desgarrando nuestro sentido moral».[26]

En contraste al fatalismo clásico y moderno, la fe cristiana sostiene que todos los eventos son controlados por la mano divina, la cual no anula la libertad humana, sino la establece. El creyente sabe que no es el destino ciego e impersonal el que dirige el universo, sino el amoroso Padre Celestial. Puede decir con el salmista: «En tú mano están mis tiempos» (Sal. 31:15).

3. **Azar.** En la antigüedad los griegos lo denominaron *Tyché* y los latinos *Fortuna*. Esta noción difería totalmente de la doctrina de los estoicos los cuales mantenían que todo era determinado por la omnipotencia de Dios (logos universal), y uno tenía que resignarse a su destino. En contraste, los epicúreos negaban la intervención de los dioses en la historia y creían que el futuro estaba abierto al azar. «La casualidad implica que los eventos están inesperados, accidentales e imprevistos. Sugiere la ausencia total de designio o de ser predecible».[27]

La providencia afirma que la historia tiene un propósito y que está dirigido por el Señor. «La mano de Dios» dice Calvino, «está en el timón». Además, Dios no actúa arbitrariamente o irracionalmente, sino siempre de acuerdo con su designio, es decir, con su amor constante y su justicia. El plan de Dios no deja lugar para el azar ni para el fatalismo ciego.

Hemos visto en este capítulo que todo está en las manos de un Dios bueno, sabio y poderoso, el cual tiene interés personal en la vida de cada persona. Para el creyente, todo contratiempo, sufrimiento y otra experiencia cobra significado pues «Dios obra en todo para el beneficio de quienes lo aman» (Ro. 8:28, NVI, versión inglesa). Podemos cantar confiadamente el coro:

Dios cuida de mí; Dios cuida de mí.
En sol y en sombra, Dios cuida de mí.

CITAS Y REFERENCIAS

1. *Providencia*, Concilio Vaticano I, 1870.

2. Millard Erickson, *Christian Theology*, tomo 1, Baker Book House, Grand Rapids, MI, 1983, p. 387.

3. William Dyrness, *Temas de la Teología del Antiguo Testamento*, Editorial Vida, Miami, FL, 1989, p. 58.

4. Emil Brunner, *The Christian Doctrine of Creation and Redemption*, Westminster, Philadelphia, PA, 1952, p. 152.

5. James L. Garrett, *Teología Sistemática*, tomo 1, Casa Bautista de Publicaciones, El Paso, TX, 1996, p. 344.

6. Henry C. Thiessen, *Introductory Lectures in Systematic Theology*, Wm. B. Erdmans Publishing Company, Grand Rapids, MI, 1952, pp. 177–178.

7. Erickson, *op. cit.*, p. 395.

8. Erickson, *op. cit.*, p. 397.

9. Clark Pinnock, Richard Rice, John Sanders, William Hasker and David Basinger, *The Openness of God*, Intervarsity Press, Downers Grove, IL, 1994, p. 173.

10. Donald Bloesch, *God the Almighty*, Intervarsity Press, Downers Grove, IL, 1995, p. 115.

11. *Íbid.*

12. *Íbid.*

13. *Íbid.*, p. 118.

14. Alexander MacLaren, *Expositions of the Holy Scriptures*; 17 tomos, vol. 3, Wm. B. Erdmans, Grand Rapids, MI, 1944, p. 28.

15. Thiessen, *op. cit.*, p. 181.

16. Donald Metz. «Providence» en *Beacon Dictionary of Theology*, Richard S. Taylor, editor, Beacon Hill Press of Kansas City, Kansas City, MO, 1983, p. 428.

17. Nota en *Santa Biblia Reina Valera* 1995, *Edición de estudio*, s. l, Sociedades Bíblicas Unidas, 1995, p. 622.

18. Thiessen, *op. cit.*, pp. 183–184.

19. *Íbid.*

20. J. E. Colwell, «Sobrenatural» en *Nuevo Diccionario de Teología*, Sinclair B. Ferguson, David F. Wright, J. I. Packer, editores, Casa Bautista de Publicaciones, El Paso, TX, 1992, p. 866.

21. Juan C. Varetto, *«Los Hechos de los Apóstoles explicado»*, Editorial Evangélica Bautista, Buenos Aires, 1952, p. 176.

22. Thiessen, *op. cit.*, p. 186.

23. Erickson, *op. cit.*, p. 403.

24. *Íbid.*, pp. 405–406.

25. Thiessen, *op. cit.*, p. 186.

26. Bloesch, *op. cit.*, p. 211–212.

27. *Íbid.*, p. 114.

CAPÍTULO 15

EL PROBLEMA
DEL MAL Y
EL SUFRIMIENTO

A. La naturaleza del problema

La existencia del mal y el padecimiento en el mundo ensombrece la preciosa doctrina de la providencia divina. Surge la pregunta: «Si un Dios benévolo y omnipotente controla todo lo que ocurre, ¿por qué él permite que los inocentes sufran, que haya guerras en que millones de seres humanos mueren o permanecen lisiados y que las enfermedades maten a la gente cuando se hallan en la plenitud de su vida? ¿Por qué hay violaciones a mujeres, homicidios, accidentes trágicos y niños que nacen ciegos o mentalmente retardados? En definitiva, ¿por qué hay tanto mal y sufrimiento en el mundo?

Esto es un problema religioso que pone a prueba la fe de muchos creyentes. La persona atribulada pregunta: «¿Por qué Dios permite que esto me suceda? ¿Me conviene seguir adorando a un Dios que no me libera del mal que me aflige?».

También es un problema filosófico / teológico. «En la historia de la filosofía», asevera Bloesch, «el problema del mal ha sido lo más difícil para resolver».[1] Al escribir acerca de Dios, el agnóstico David Hume elabora el problema. Si Dios está dispuesto a impedir el mal, pero no puede, entonces es impotente. Por otra parte si es capaz de realizarlo pero no lo quiere hacer, entonces él es malévolo. Si es capaz y está dispuesto,

¿por qué existe el mal?[2] Así que el problema del mal es un conflicto entre tres conceptos: el poder de Dios, su bondad y la presencia del mal. Parece que los tres no pueden ser verídicos; por lo tanto, Hume arguye, Dios no existe.

Se denomina «teodicea» (del griego *theos* «Dios», y la raíz *dik*, «justo o justicia») al intento de justificar los caminos de Dios en relación con el dolor y sufrimiento causados por los males en el mundo. El término «teodicea» parece haber sido acuñado por G. W. Leibniz en 1710, quien trató de demostrar que Dios es omnipotente, benévolo y justo a pesar de la existencia del mal. Bloesch describe la teodicea así: «Es el más ambicioso de todos los esfuerzos intelectuales y humanos, y el que parece más destinado a fallar».[3] Probablemente el enigma del mal provoca más a la gente a blasfemar contra Dios y a responsabilizarlo por la injusticia y el dolor del mundo que cualquier otra cosa.

Se clasifica el mal en dos categorías: el mal natural y el mal moral. El primero no tiene que ver con lo que el hombre hace, sino que consiste en el aspecto de la naturaleza que parece obrar contra el bien de la humanidad. Por ejemplo, hay fuerzas destructivas de la naturaleza tales como terremotos, inundaciones, tornados y la erupción de volcanes, los cuales causan tanto la pérdida de vidas como la destrucción de propiedades. También existen muchas enfermedades que resultan en el padecimiento y muerte de muchas personas, accidentes trágicos y anormalidades tanto físicas como mentales.

La segunda categoría del mal se llama «mal moral» pues se debe a la elección y conducta de seres que tienen libre albedrío, gente, que a través de su indiferencia hacia otros o mediante sus hechos malos, perjudican a sus semejantes. Significa que el hombre es culpable: El mal moral incluye engaños, crueldad, robos, crímenes, discriminación racial, esclavitud, explotación de otros, guerras y otras injusticias. Alguien ha observado que la distinción entre los dos males se define así: El mal moral es «lo que el hombre *hace*» y el mal natural es «lo que el hombre *soporta*».[4]

B. Las ideologías no ortodoxas

La historia de la filosofía revela gran diversidad en la manera en que los grandes pensadores de la filosofía procuran explicar la existencia del mal en el universo. Es interesante notar también las enseñanzas sobre el tema formulado, tanto por las grandes religiones como por los teólogos destacados a través de los siglos.

1. *Los filósofos*. Según Platón, Dios no es la causal del mal. «Dios, si es bueno», dice este pensador griego, «no es el autor de todas las cosas, como muchos aseveran, sino es la causal solamente de pocas cosas ... solo lo bueno debe ser atribuido a Dios».[5] Para él, todo mal está en desarmonía con la naturaleza, con el hombre y consigo mismo. El mal natural es meramente una sombra y el mal moral es la consecuencia de la ignorancia humana. Cuando la gente conozca la realidad de la situación, hará lo bueno. El platonismo enseña que el mal resulta cuando la materia caótica resiste forma y estructura. Para Aristóteles, el mal es una forma de conflicto pero ese no se encuentra en Dios mismo. Los estoicos atribuían el padecimiento al destino ciego e impersonal. Le corresponde al hombre aceptar el mal con una sumisión y paciencia carentes de emoción.

Las teodiceas del segundo milenio después de Cristo tendían a considerar que el mal hace posible un bien mayor de lo que se podría alcanzar sin él. El racionalista que acuñó el término «teodicea», Gottfried Leibniz, creía que Dios es bueno y, como un ser bueno, tenía que formar el mejor de los mundos. El mejor de los mundos tiene que contener tanto el mal físico como el bien moral, pues así es más rico que uno que contuviera solamente el bien. El mal es un medio que Dios usa para realizar el bien. De esta manera justifica la existencia del mal en un universo formado por un Dios bueno.

La debilidad de esta solución es que aparentemente hay mal «sordo», irracional, *algo por el cual no proviene bien alguno*. ¿De qué sirve el padecimiento de los bebés o la crueldad de las bestias carnívoras en la jungla? ¿En dónde radica la necesidad de que nazcan niños retardados? Sin duda hay muchos males que llegan a ser útiles, pero también ocurren los que parecen carecer de significado alguno.

Georg Hegel, filósofo idealista, «sostuvo que todo mal aparente es en realidad un bien en proceso de formarse; se ve y se siente mal solo porque su carácter como un bien está todavía incompleto».[6] Los evolucionistas ateos consideran que el mal es meramente un remanente del instinto bruto en un mundo donde el hombre emergente da contenido a las nociones del bien y del mal. Es solo un elemento necesario en el proceso evolutivo. Será posible erradicar el mal moral por medio de la educación y socialización de la humanidad.

Por otra parte, hay filósofos que creen que la solución del problema del mal se encuentra en un Dios bueno pero finito. En su libro, *The Problem of God* [El problema de Dios], Edgar S. Brightman atribuye el mal sordo a un «dado» o sea, un aspecto irracional en la naturaleza de Dios. Este elemento «irracional» no puede ser controlado por Dios sino que le impide hacer el bien en ciertos casos. Puesto que Dios se ve limitado por un elemento incontrolable dentro de su propio ser, existe mal en el universo. Algunos críticos de Brightman señalan que esta teoría es como colocar a Satanás dentro de la deidad misma. Sin embargo, Brightman no considera que el «dado irracional» es malo en sí mismo, sino que consiste en solo una deficiencia o limitación en la naturaleza divina.

Los filósofos que sostienen este punto de vista, arguyen que Dios está en el proceso de superar el elemento irracional en su ser. Sin embargo, esta solución no nos ofrece esperanza alguna de la liberación del mal. Observa Nels F. S. Ferré: «Si Dios en el tiempo infinito, pudiera crecer desde su deficiencia a la perfección, debiera haberlo hecho mucho antes que ahora».[7]

2. *Las religiones mundiales*.

a) Las grandes ideologías del Hinduismo y el Islamismo niegan la bondad y amor de Dios o los pasan por alto. El Budismo es ateo; ignora la existencia de Dios. Tanto el Budismo como el Hinduismo aseveran que el padecimiento es el resultado del Karma, es decir, la persona sufre la retribución por su maldad o se le recompensa por su bondad en su próxima reencarnación. Según Buda, la existencia es un ciclo continúo de la muerte y la reencarnación. La posición y bienestar de cada hombre depende de su conducta en la vida previa. Por ejemplo, los buenos hechos en una vida pueden dar como resultado en que la persona sea un hombre sabio y rico en la reencarnación que sigue. Por otra parte, su mala conducta puede convertirle en un individuo pobre y enfermo en su próximo renacimiento. Al morir y reencarnarse, cada persona cosecha exactamente lo que ha sembrado.

Buda sostuvo que la raíz del padecimiento humano se encuentra en la existencia misma; el sufrimiento y la existencia están inseparablemente unidos. Sufrimos porque deseamos posesiones, gozo y la existencia misma. El Budismo ofrece principios para quitar el deseo. Al eliminar el deseo, se termina el padecimiento. Tenemos que morir y renacer hasta que se quite el deseo. Entonces entramos en «Nirvana», un estado de tranquilidad eterna que trae como resultado la disolución de la personalidad. El Hinduismo afirma que cuando la persona llega a la perfección deja de ser reencarnada y entra en «Mokcha» y nunca regresa.

En contraste a la enseñanza de Buda, Jesús sostiene que la existencia es primordialmente buena. Aunque existe el mal, es posible que seamos liberados de él. Dijo: «Yo he venido para que tengan vida, y para que la tengan en abundancia» (Juan 10:10). Buda nos aconsejaría a reducir la vida a la de un vegetal, a despersonalizar al individuo para eliminar el padecimiento. Así que el remedio es peor que el mal.

La noción del Karma sostenida por los hindúes, perjudicaría los actos de misericordia. Un hindú preguntó: «¿Por qué ayudar a los enfermos en los hospitales? Al hacerlo interferiríamos con la ley del Karma, el cual los hace sufrir por sus hechos previos».

El Islamismo atribuye todo lo que sucede a la voluntad de Dios, tanto el bien como el mal. Los fieles deben someterse a la voluntad divina. Según esta religión Dios es el autor del mal, por lo tanto, muchos países musulmanes hacen poco esfuerzo para remediar las desigualdades y sufrimientos de la sociedad. Consideran que son la voluntad de Dios.

b) El Moniqueísmo y el Zoroastrismo niegan la omnipotencia de Dios. Consisten en un dualismo moral. Según estas religiones, hay dos fuerzas o principios eternos en el universo, uno bueno y el otro malo. O sea, en adición a Dios, está el poder del mal. Hay un conflicto continuo entre los dos, y el uno no puede vencer al otro, así que esto nos dejaría sin esperanza.

La Biblia nos enseña que existe un elemento parecido al dualismo en el mundo: la luz lucha contra las tinieblas, el bien contra el mal, y el Señor contra Satanás y sus huestes de maldad. Estos estorban la obra de Dios, tientan a los hombres y los afligen. Sin embargo, no son seres eternos, sino criaturas controladas por Dios las que serán eventualmente destruidas. Así que el Cristianismo no es un sistema verdaderamente dualista.

c) La Ciencia Cristiana niega la realidad del mal moral (pecado) y aún la existencia de la materia. Según Mary Baker Eddy, la única realidad es Dios, o sea, la «mente infinita». El mal no es una persona, lugar o cosa sino una ilusión; el dolor es un engaño de la imaginación. No se sana la enfermedad recurriendo a la medicina, sino por medio de reconocer que no existe.

Erickson señala las debilidades de la doctrina de la señora Eddy.[8]

(1) La Ciencia Cristiana no ha alejado el mal. Aunque asevera que la enfermedad no existe sino que es meramente una ilusión, la idea falsa de la enfermedad persiste y produce efectivamente la ilusión de dolor. Así que la existencia del mal deja de ser un problema, pero la existencia de la ilusión sigue siéndolo.

(2) Es necesario explicar la existencia de la ilusión del mal. En un mundo en que todo es Dios y la materia es irreal, ¿cómo es posible que aquella ilusión podía surgir y persistir? ¿Cuál es la fuente de semejante error, a menos que haya algo perverso en el universo que lo produce? ¿Por qué Dios no elimina esta idea falsa?

La doctrina de la Ciencia Cristiana no surte efecto pues sus adherentes se enferman y mueren a pesar de sus creencias.

3. *Teologías*. Algunos teólogos ubican el mal, o según ellos el «no ser», en el corazón mismo de Dios. Tillich ve en Dios un movimiento en que «ser» vence continuamente a «no ser». Grace Jantzen observa mal en Dios, pero él no es malo pues no tiene voluntad mala. Sin embargo, Dios contiene dentro de sí todas las cosas, todas las contradicciones, luz y tinieblas. El pensador panenteísta de la Nueva Era, Joseph Campbell, considera que el mal es el lado sombrío del bien y que el diablo es un Dios que todavía no es reconocido. Estos conceptos contradicen obviamente la verdad bíblica de que «Dios es luz, y no hay ningunas tinieblas en él» (1 Juan 1:5).[9]

El teólogo radical, John Hick, afirma que el mal es un escalón para realizar el bien. En su libro, *Evil and the God of Love* [El mal y el Dios de amor], él clasifica las teodiceas como agustiniana e ireneana. La agustiniana considera que el mal es realmente una parte de la creación el cual es necesario para su bien mayor. En contraste, la teodicea ireneana considera el mal como parte del proceso divino para edificar el alma. Hick elige la segunda clase. La intención de Dios referente a la creación del hombre no fue crear una criatura perfecta sino una que necesitaba desarrollarse moralmente.

Hick pregunta: ¿Qué índole de ambiente sería lo más provechoso para edificar el alma? ¿Sería un mundo en que ningún mal jamás le desafiara a desarrollar su carácter venciendo el mal, o sería un mundo donde ella tiene que enfrentar problemas y el mal?[10] Este pensador postula la salvación universal sosteniendo que ninguna otra doctrina puede justificar todo el mal que Dios permite en el mundo con el propósito de edificar el alma.

La debilidad de esta teoría parece patente. Si el propósito de Dios es usar el mal para edificar almas, y finalmente desarrollar su carácter al punto que está preparado para entrar el Reino de Dios, él ha fracasado miserablemente. El mal en el mundo a menudo aleja al hombre de Dios más bien que le anima a crecer; le produce a menudo amargura y conmiseración de sí.

Los teólogos de la teología del proceso sostienen otro punto de vista. A. N. Whitehead concibe un Dios finito que se involucra totalmente en el proceso de evolución de este mundo. Dios no es omnipotente ni omnisciente. Este lucha contra el mal con un amor que impregna todo y se esfuerza para perfeccionar todo. Actúa siempre con la esperanza de dominar el mal algún día. Según la teología del proceso, si Dios fuera omnipotente, los hombres serían privados de su libertad; si Dios controlara todo, él sería el autor de los asesinatos, violaciones de mujeres y terremotos. Este argumento obviamente pasa por alto la responsabilidad humana y su libre albedrío. Además, ¿no es posible que un Dios todopoderoso pueda crear seres capaces de rebelión moral? Al darnos cierta libertad de elegir, Dios no deja de ser omnipotente.

La teología del proceso disminuye la gravedad del pecado reduciéndolo a la simple imperfección o mal ajustamiento; ya no lo conceptúa como algo malvado, o sea, la violación deliberada de la ley de Dios. Tampoco puede un Dios finito ofrece la promesa de quitar el mal que se halla en el mundo.

El más destacado teólogo del siglo veinte, Karl Barth, echa mano del concepto existencialista de «la nada» o «el no ser» para idear un enfoque algo nuevo sobre el mal (sigue las nociones de Platón y Agustín). Según Barth, el mal es la oscuridad que no se considera en la creación (Gn. 1:1-5) pero se permite cierta existencia provisional a fin de preparar el camino para un mundo transfigurado por la luz y la verdad de Jesucristo. El mal no es creado por Dios, sino anulado por él, y por eso asume la semblanza de realidad y poder. En la creación, el mal ya fue vencido porque la luz de la verdad de Dios abarcaba toda la creación.[11]

Según Barth, la conquista del mal fue confirmada en la crucifixión y resurrección de Cristo, las cuales pusieron al descubierto el poder del mal como algo basado en una mentira. En este esquema, los demonios no son ángeles caídos, sino agentes impersonales del desorden. Ellos se ubican en el caos o la nada más bien que en la creación buena de Dios. Los demonios llevan máscaras que espantan al mundo, pero ellos no tienen poder ontológico.[12] El mal no es lo que Dios quiere, sino lo que él expresamente sanciona. Es la antítesis del bien, más que un escalón para el bien. Sin embargo, el mal no tiene futuro y no presenta ningún peligro pues Dios ya ha demostrado su soberanía absoluta sobre las tinieblas.[13]

De acuerdo con este esquema, la oscuridad de Génesis 1 (una metáfora para el mal) parece como un elemento irracional, un sordo no creado que se mete en la creación pero que sirve también en el desarrollo de la creación misma. El teólogo suizo negaba la idea de que el caos proveyó la materia por la cual Dios moldeó el orden creado, pues esto sería una base para el dualismo. El caos no surge de su voluntad positiva, sino de su voluntad negativa.[14]

Intentando ser bíblico, Barth recurre al uso de alegorías para explicar la presencia del mal en el mundo. Su falta de hermenéutica, sin embargo, le permite pasar por alto la enseñanza patente de las Escrituras de que el origen del mal se encuentra en la perversión de la voluntad, tanto humana como angélica. Comete el error de despersonalizar a los demonios e identificar el mal como el caos y las tinieblas.

Bloesch comenta:

> Aunque uno puede hablar de la oscuridad demoníaca, como caos en su propensión destructiva, la referencia no se trata de la materia caótica no creada, sino de una rebelión angélica que hunde en el caos el buen mundo creado ... El diablo no es una figura de sombras que carece de realidad substancial sino un ser divino / contra-divino que fomenta rebelión y discordia en el buen mundo de Dios.[15]

C. Explicaciones evangélicas del problema

Nos parece que ninguna teodicea no ortodoxa explica satisfactoriamente el problema del mal y el sufrimiento, y, en especial el mal natural. Algunos pensadores lo atribuyen a un Dios finito, otros a elementos irracionales en la deidad, y varios creen que el mal hace posible un bien mayor de lo que no se podría alcanzar sin este. La Biblia tampoco resuelve completamente el misterio pero sí arroja suficiente luz sobre ello para aliviar el corazón atormentado del creyente hasta el momento en que este vea a Dios cara a cara. Solo entonces conocerá a Dios y sus caminos tal y como él mismo es conocido (1 Co. 13:12).

1. *La enseñanza bíblica*. La explicación bíblica del origen de todos los males en el mundo es sencilla pero explícita. Detrás de ellos, las Escrituras descubren el problema del pecado. El relato de la caída en Génesis es la historia de la rebelión del hombre contra su estado de criatura y su intento de ser como Dios (últimamente la fuente del mal se encuentra en lo que describe Lutero como la arrogante rebelión del ángel de luz contra su designado rango en la jerarquía de seres y el hechizo que puso sobre todo el orden creado). La rebelión de Adán fue posible por ser creado un ser con libre albedrío y su pecado fue el abuso de tal libertad.

Génesis 3:16–19 parece indicar que el dolor humano(mal moral) y las faenas agotadoras sobre una tierra maldecida (mal natural) son consecuencias del pecado de la primera pareja. También en muchas partes de la Biblia, se atribuye el padecimiento al castigo del pecado cometido por el que sufre. Sin embargo, las Escrituras no siempre relacionan directamente el padecimiento con el pecado. Cuando los discípulos preguntaron a Jesús acerca del hombre ciego de nacimiento: «¿Quién pecó, este o sus padres para que naciera ciego?», Jesús contestó: «No es que este pecó, ni tampoco sus padres» (Jn. 9:2–3). Así el Señor señaló que el sufrimiento no es siempre la consecuencia del pecado del sufriente ni el de otros.

No debemos inculpar a Dios por el mal moral ya que es más bien el hombre el culpable. Cuando un corresponsal agnóstico le preguntó a la Madre Teresa de Calcuta: «¿Dónde está Dios cuando un pequeño muere de hambre en una calle sin salida en Calcuta?», ella replicó: «Dios está allí sufriendo con el bebé. La pregunta relevante es, ¿dónde estás tú?». Sin embargo, no hay respuestas fáciles al enigma del sufrimiento.

El problema de la teodicea se sintetiza en las siguientes preguntas: ¿Fue últimamente culpable del mal Dios al otorgar libre albedrío al hombre cuando supo de antemano que este abusaría de su libertad y traería el mal sobre todo el mundo creado? ¿Qué hay del mal natural como las catástrofes de la naturaleza, enfermedades, etc. que aparentemente no son causadas directamente por el pecado del hombre? ¿Por qué no quita una vez y para siempre Dios todo los malhechores y males del mundo tanto naturales como morales? Teólogos cristianos conceptúan algunas soluciones.

2. ***Dios no pudo crear un ser libre sin darle la posibilidad de que este abuse de su libertad***. Aunque Dios es omnipotente, no es capaz de hacer cosas con elementos contradictorios dentro de sí o algo contrario a su naturaleza. Por ejemplo, es imposible que Dios mienta o se niegue a sí mismo. En el área de lo físico, Dios no puede hacer círculos en forma rectangular. Así que, si Dios quisiera que le sirviéramos libremente, no nos puede haber creado incapaces de pecar. De otro modo, seríamos autómatas o máquinas sin voluntad propia. J.B. Phillips observa: «El mal está inherente en el don arriesgado del libre albedrío». El amor es algo voluntario, de otro modo no es amor, Dios quiere que le amemos libremente, no quiere interferir en la capacidad del hombre para elegir, «sino en producir un consentimiento voluntario para elegir el bien antes que el mal».[16]

3. ***Dios ha decretado o predestinado tanto el bien como el mal***. El sistema agustiniano considera que Dios ha decretado todo lo que suceda en el mundo, sea el bien o el mal. Calvino pensaba que el mal fue incluido en la voluntad de Dios con el fin admirable de servir el propósito final de este (el triunfo de su Reino y la manifestación de su gloria). Para este teólogo, no existen dos aspectos de la voluntad divina, la directa y la permisiva, pues esto implicaría dos voluntades contrarias.

Dios es finalmente responsable por el mal, inclusive del pecado, pero es absuelto de la culpa, porque siempre usa el mal para un propósito bueno. Aunque la voluntad divina es causal fundamental de todo lo que ocurre en el mundo, Dios no es el autor del mal.[17] Él es la causal final del pecado pero no la causal inmediata de él, pues Dios no comete pecado. Son los seres humanos los que pecan.

Sin embargo, Calvino reconoció que no se ve ningún propósito bueno en mucho de lo malo que sucede. Soluciona el problema distinguiendo entre la voluntad secreta de Dios y su voluntad revelada no comprensible. Nos corresponde avanzar confiando que Dios controla nuestro destino y que su designio será realizado en nuestra vida y en el mundo. «La unidad de la voluntad divina se halla en la gloria divina, la cual es servida igualmente en la elección y reprobación»,[18] en lo bueno y en lo malo.

Seguidores de Calvino señalan versículos de la Biblia que aparentemente apoyan la noción de que Dios es la causal final del mal: «Dios hace todas las cosas según el designio de su voluntad» (Ef. 1:11) y «Yo» (Dios) «formo la luz, y creo las tinieblas; hago la paz, y creo el mal» (Is. 45:7, versión inglesa del Rey Jaime). Trataremos la frase tomada de Efesios 1:11 en la sección sobre predestinación, pero ahora consideraremos el significado de la palabra hebrea «*ra*» traducida «mal» en Isaías 45:7 por los eruditos ingleses del siglo diecisiete.

Aunque el vocablo hebreo «*ra*» nunca se traduce como «pecado» en la Biblia, se refiere a veces a la maldad de los hombres (véase Gn. 6:5). También significa en ciertos contextos «mal físico». Referente a Isaías 45:7, las siguientes versiones lo traducen así: «Hago la paz y creo la *adversidad*» (RV); «Traigo bienestar y creo *calamidad*» (NVI) y «Yo hago la dicha y creo la *desgracia*» (BJ, las cursivas son mías y no son parte de las traducciones). Así que, según los traductores de la Biblia, el texto de Isaías 45:7 no enseña de manera definitiva que Dios es el creador del mal moral. El contexto del versículo citado indicaría que, aunque Ciro fue el instrumento de Dios para conquistar las naciones, su poder deviene del Dios soberano Jehová. El mal resultante (*ra*) se refiere más bien a la desgracia física que al mal moral.

En su libro *Christian Theology*, tomo I, páginas 417–419, Millard J. Erickson presenta los argumentos de un metódico copartícipe del punto de vista de Calvino, Gordon C. Clark.[19]

a) Todo lo que hace Dios es justo y correcto simplemente porque es Dios quien lo hace. No hay ley superior a Dios que le prohíbe predestinar actos pecaminosos. El pecado es transgresión de la Ley de Dios o falta de conformidad a tal Ley. Pero Dios es *Ex Lex*, es decir, por encima de la Ley; él mismo es la definición de lo que es justo.

b) Cuando un hombre tienta a otro, se comete pecado, pero el pecado no es de parte de Dios pues la relación «hombre a hombre» es diferente que la existente entre Dios y el hombre. Dios es creador de todas las cosas y tiene derecho absoluto sobre el hombre. Nadie puede castigar a Dios.

c) Las leyes de Dios no se le aplican a él. Dios no puede hurtar pues todo le pertenece a él.

d) La Biblia declara abiertamente que Dios ha causado que profetas mintiesen (véase 2 Cr. 18:20–22). No obstante, tales incidentes no contradicen las enseñanzas bíblicas que aseveran que Dios es santo y justo.

La solución de Clark consiste en redefinir la bondad y justicia de Dios. Es semejante al silogismo siguiente:

Todo lo que sucede es causado por Dios.
Todo lo que es causado por Dios es bueno.
Todo lo que acontece es bueno.[20]

Si Clark tiene razón, entonces la noción de justicia referente al hombre es muy diferente que la que se refiere a Dios. Y a la admonición divina comunicada por Moisés: «Santos seréis, porque santo soy yo Jehová vuestro Dios» (Lv. 11:44–45; 19:2), le faltaría sentido. También parecería que la voluntad de Dios sea arbitraria, algo similar al concepto de William de Occam quien creía que Dios podría haber decidido de otro modo lo que es bueno y lo que es malo. Finalmente, tal noción haría que el concepto divino del bien y del mal sea según la conveniencia de la situación y en lo absoluto fijo y permanente.

El texto de prueba usado por Clark (2 Cr. 18:20–22) no enseña definitivamente que Dios decretó un pecado cuando envió un espíritu de mentira a los profetas falsos de la corte de

Acab. El comentario de Jamieson, Fausset y Brown explica la escena así:

> Los profetas hebreos sacaban sus cuadros simbólicos de escenas terrenales, representando a Dios como rey en su Reino. Y como los príncipes terrenales no hacen nada de importancia sin pedir la opinión de sus consejeros, se representa a Dios como consultando acerca de la suerte de Acab. Este lenguaje profético no hay que interpretarlo literalmente, y el mandato debe considerarse como una concesión al espíritu mentiroso (Ro. 11:34).[21]

Otro comentarista, W. S. La Sor, reconoce que básicamente se atribuye el mensaje del falso profeta a un espíritu de mentira que en última instancia viene de Dios.

> Esto se infiere lógicamente del monoteísmo y solo puede ser suavizado hasta cierto punto mediante la introducción del concepto de Satanás, quien está asimismo sujeto al poder de Yahvéh a pesar de que pueda instigar a los falsos profetas. En esta escena, como en otras, la responsabilidad del ser humano por sus decisiones no es eliminada. Acab tiene ante sí los dos mensajes, el del verdadero y el del falso profeta, y él fatalmente toma la decisión de subir contra Ramot de Galaad.[22]

Así que Dios le envió un espíritu mentiroso no para engañar al rey apóstata, sino para confirmarle en su dureza de corazón. Fue una forma divina de castigar al monarca apóstata.

Para muchos teólogos evangélicos, la idea de que Dios ha decretado tanto el bien como el mal moral resulta inaceptable. Afirman que el libre albedrío humano sería una ilusión y que Dios y no el hombre sería responsable por el pecado en el mundo. J. I. Packer, un calvinista moderado, observa:

> Algunos calvinistas conceptúan a Dios decretando el pecado de manera consentida con el propósito de manifestar a sí mismo el salvar justamente a algunos de su pecado y a condenar justamente a otros por su pecado. Pero nada de esto es bíblicamente cierto. El camino más seguro en la teodicea es dejar como misterio el que Dios permita el pecado y el mal moral.[23]

El teólogo G. C. Berkouwer rechaza llanamente la distinción reformada entre «la voluntad secreta» de Dios y su «voluntad revelada». El sugerir que Dios, en su voluntad secreta, decreta el mal moral, y en su voluntad revelada está en contra de él, es poner en tela de juicio la confiabilidad de la revelación divina. El enfatizar demasiado la voluntad divina, sería eximir al hombre de toda responsabilidad por sus actos.[24]

¿Cuál es la respuesta al problema de que hay mal en un mundo gobernado por un Dios todopoderoso y a la vez absolutamente bueno? Teólogos señalan que Dios se limita a su soberanía con el fin de permitir que el hombre sea libre. Parece que el Señor no ha decretado el pecado, sino que solo lo permite para que se cumplan los propósitos divinos, algunos de los cuales no podemos comprender. Aunque Dios no quiere que los hombres pequen, él, en su providencia, puede sacar el bien del mal (Ro. 8:28) y convertir la maldad humana en un medio de gran beneficio para su pueblo (Gn. 50:19–20).

4. *Las fuerzas demoníacas siembran constantemente el mal y el padecimiento*. El libro de Job y otras Escrituras nos enseñan que muchos de los males, tanto naturales como morales, son obra del maligno y sus seguidores. El adversario «estorba la obra de Dios, tienta a los hombres, emplea a estos para perjudicar a los hijos de Dios y aún es capaz de usar las fuerzas de la naturaleza tales como el relámpago, el viento y la enfermedad para afligir a los santos (1 Ts. 2:18; Gn. 3:1–5; Job 1—2). Sin embargo, lo hace solo con el permiso de Dios» (véanse Job 1:10–12; Lc. 22:31). «El diablo está sujeto al control divino».[25]

También Dios emplea las fuerzas del adversario para llevar a cabo sus propósitos. El hecho de que Jesús fue llevado por el Espíritu al desierto para ser tentado por el diablo, nos enseña que el Padre quería que su Hijo fuera puesto a prueba y el instrumento usado por Dios para realizarlo era Satanás (véase Mt. 4:1). Por último, notamos que los días del enemigo están contados. Será juzgado y echado en el lago de fuego y azufre. Así será quitada permanentemente la fuente del mal en el mundo.[26]

5. ***Dios ha establecido la naturaleza de acuerdo con leyes racionales y confiables***. Se puede atribuir muchos males naturales al mal funcionamiento, o aún normal, de estas leyes (terremotos, tornados e inundaciones). Por regla general Dios obra a través de las leyes que ha establecido en la creación. Él puede actuar de tal manera que las supere (un milagro). Sin embargo, si él las interrumpiera a menudo, el mundo llegaría a ser un caos en el cual la acción moral de parte de los hombres sería imposible. Sin regularidad y orden en la naturaleza, no podríamos hacer planes o tomar pasos para lograr ciertos objetivos.

Puesto que muchos de los propósitos divinos más importantes tienen que ver con nuestro desarrollo moral y espiritual, Dios obra a través de las leyes naturales para llevar a cabo la mayoría de los detalles de la vida del creyente. Para que Dios sea soberano, ¿es necesario que toda acción humana o evento de la naturaleza esté predeterminado? El atribuir a la voluntad directa de Dios casos de deficiencia mental, parece ser blasfemia contra Dios. El Señor «puede suspender las acciones destructivas de la naturaleza, y muchas veces lo hace, pero no siempre. Por razones no claras para los seres humanos, Dios permite que sucedan muchas cosas».[27]

6. ***El concepto nuestro de lo que constituye el mal difiere a veces de la noción bíblica***. Erickson observa que nos conviene reevaluar a la luz de las Escrituras lo que se considera el bien y el mal. Lo que nos parece ser el mal (lo desagradable, doloroso o angustiado), puede ser realmente un bien a la vista del Señor. Este teólogo contemporáneo señala tres verdades, las cuales indican que no debemos identificar el mal con lo desagradable.[28]

a) Según la dimensión divina, el bien no debe ser definido solo en términos de lo que trae en manera directa placer personal al hombre. Antes que esto, el bien tiene que ser relacionado con Dios, es decir, consiste en lo que le glorifica, cumple su voluntad y se conforma a su naturaleza. Por ejemplo, el «bien» de Romanos 8:28 («Dios hace que todas las cosas ayuden para bien a los que le aman») se refiere a lo que les hace ser como Cristo («los predestinó para que fuesen hechos conformes a la imagen de su Hijo; a fin de que él sea primogénito entre muchos hermanos», Ro. 8:29, RVA). Incluirían los contratiempos, las pruebas y aún el mal de los pecadores.

En el Sermón del Monte, Jesús usa el término «dichoso, feliz, bienaventurado», para describir a los creyentes que lloran, se humillan o sufren persecución por causa de él. Esto no quiere decir que la persecución es un bien en sí mismo, sino que puede servir para realizar los propósitos de Dios en la vida de los suyos (Stg. 1:2–4). Consideraremos esta verdad con más detalles en la próxima sección.

b) Las dimensiones del tiempo y duración son factores para determinar si algo es un bien o un mal. Algunos de los males que experimentamos nos molestan por el momento pero a lo largo nos hacen mucho bien. Por ejemplo, una operación quirúrgica nos duele por una semana pero puede ser el medio de sanarnos por largo tiempo. Las Escrituras nos enseñan a evaluar nuestros padecimientos a la luz de la eternidad. El apóstol Pablo dijo: «Considero que en nada se comparan los sufrimientos actuales con la gloria que habrá de revelarse en nosotros» (Ro. 8:18, NVI). Al referirnos a cualquier mal aparente, debemos preguntarnos, ¿qué importancia tendrá en un año, cinco años o un millón de años?[29]

c) Lo que constituye un mal a una persona puede ser un bien a otra. La misma lluvia que echa a perder el muro de adobe fresco es una bendición a los agricultores cuyos campos sufren una sequía. Lo que es un mal a una persona puede ser un gran beneficio para muchas otras. Debemos evaluar un evento empleando una perspectiva amplia y pensando en el mayor bien para la máxima cantidad de personas.

J. S. Feinberg observa que los males naturales (calamidades de la naturaleza, enfermedades, incendios o nevadas) son considerados males por sus consecuencias, y no porque son males en sí mismos.[30] Este punto de vista define el bien como algo que produce consecuencias buenas, en tanto la soberanía de Dios nos indicaría que una acción es buena si es el resultado del ejercicio del plan y la voluntad divina.[31]

7. *Los males y los sufrimientos pueden ser medios de bien*.
Ya hemos observado que Calvino consideraba que el mal resultaría en la gloria de Dios, y Hick pensaba que era un medio
para desarrollar el carácter del hombre. No cabe duda alguna
de que ellos, en un sentido, tienen razón. El mal sirve en innumerables ocasiones para poner en relieve la compasión de
Dios y su poder libertador. La Biblia nos enseña que Dios
echa mano del mal para efectuar sus propósitos. Por ejemplo,
José podía decir a sus hermanos: «Vosotros pensasteis hacerme mal, pero Dios lo encaminó a bien» (Gn. 50:20).

Por otra parte, nos cuesta entender el valor del dolor fuerte y prolongado como el que sufre un enfermo de cáncer. David Miranda comenta:

> Preguntamos, ¿por qué Dios no creó seres incapaces
> de sufrir? La verdad es que sí los creó. Los vemos a diario:
> son los árboles, las flores, las piedras. Pero, ¿a usted le pa-
> rece que ellos son más felices que los hombres? No po-
> seen libertad, ni emociones, tampoco pensamientos, ni
> comunión con Dios. El hombre tal como ha sido creado
> es el clímax de la creación de Dios, es su imagen. Pero
> este ser único debe vivir en un mundo en donde pueda de-
> sarrollar sus máximas virtudes, y ese mundo es este, en el
> cual no está excluida la posibilidad del sufrimiento.[32]

> Además, el dolor físico es una parte indispensable
> para el funcionamiento del cuerpo. El cansancio nos ad-
> vierte que es tiempo para descansar, el hambre es un avi-
> so de que debemos comer, el dolor nos indica que estamos
> enfermos o nuestro cuerpo está herido. La creación origi-
> nal del hombre incluía la capacidad de sufrir físicamente,
> de otro modo no habría dicho Dios a la mujer caída: «Au-
> mentaré mucho tu sufrimiento en el embarazo» ... La
> maldición no inició la capacidad del hombre para sufrir;
> solamente la aumentó.[33]

Presentamos algunas funciones bíblicas del sufrimiento
que pueden resultar en el bien del hombre.

a) El mal es a veces un *correctivo y ejemplo*. Dios acabó la generación de la época de Noé enviando un diluvio pues la tierra
«estaba corrompida» (Gn. 6:12). Aunque fue castigador, este

mal servía también como una advertencia a los que iban a vivir después. De igual manera el Señor destruyó las ciudades de Sodoma y Gomorra «poniéndolas de ejemplo a los que habían de vivir impíamente» (2 P. 2:6). Por otra parte, libró al justo Lot para mostrar que «el Señor sabe librar de tentación a los piadosos» (2 P. 2:9).

b) El padecimiento puede *ser disciplinario* lo que constituye un aspecto de la relación Padre / hijo del creyente con Dios. El proverbista nos amonesta: «No menosprecies, hijo mío, el castigo de Jehová, y no te canses de que él te corrija, porque Jehová al que ama castiga, como el padre al hijo a quien quiere» (2:11–12; véase Heb. 12:5–11).

c) La aflicción puede servir para *hacer volver al pecador a Dios*. El salmista observa: «Antes que fuera yo humillado, descarriado andaba; pero ahora guardo tu palabra» (119:67). En el libro de Jueces, vemos que Dios usó repetidamente el castigo de Israel para traerlo al arrepentimiento y dependencia de él.

d) El dolor puede ser *un medio de mantener humilde a los siervos del Señor*. Dios usó un aguijón en la carne para que el apóstol Pablo no se exaltara (2 Co. 12:7).

e) El sufrimiento puede servir como instrumento para el *desarrollo moral y espiritual*. Logra este fin refinando la fe del creyente (1 P. 1:6–7), educándole en las virtudes tales como constancia y paciencia en las pruebas (Stg. 1:2–4; Ro. 5:3–4). Job afirmó: «Me probará y saldré como oro» (23:10). Su padecimiento refinó su carácter.

f) El padecimiento por la causa de Cristo resultará en una *recompensa grande en el cielo* (Mt. 5:12; 2 Ti. 2:12). El apóstol Pablo afirma que «esta leve tribulación momentánea produce en nosotros un cada vez más excelente y eterno peso de gloria» (2 Co. 4:17; véase también Ro. 8:18).

No obstante los mencionados beneficios del padecimiento, queda el problema: ¿Por qué sufren los justos y prosperan los malos? Parece que los justos a veces reciben más que su parte y los malos quedan indemnes. Los discursos de Job recalcan cada vez más esta aparente injusticia. Aunque Dios no contestó las preguntas de él, le dio una visión de la sabiduría y grandeza divinas la cual quitó todas sus dudas relativas a la justicia de Dios. «El libro de Job nos enseña que la fe que agrada a Dios es la que se mantiene firme aún cuando nos parece que Dios permanece indiferente ante nuestras aflicciones, o cuando no podemos entender por qué él no contesta nuestras súplicas desesperadas».[34]

Por otra parte, la experiencia del salmista Asaf arroja más luz sobre el enigma del porqué padecen los piadosos y prosperan los impíos (Sal. 73). Por poco tropezó espiritualmente teniendo envidia de los últimos hasta que fue al templo. Allí recibió la revelación de que la condición de los malvados en el más allá será el reverso de la medalla de esta vida (vv. 17–22), mientras que el justo tiene su dicha suprema en estar con Dios (vv. 23–28).

El valor del mal en la vida del creyente depende mucho de la actitud del individuo que sufre. Si el hombre lo acepta como algo de la mano de Dios, le beneficiará grandemente, pero si no lo considera así, el mal puede ser un medio para amargarse y alejarse del Señor. Por esto, Santiago nos amonesta: «Hermanos míos, gozaos profundamente cuando os halléis en diversas pruebas» (1:2). Nos conviene tener el mismo espíritu de Job cuando no vio ningún rayo de luz sobre la razón de sus padecimientos: «Aunque él me mate, en él esperaré» (13:15). Confiemos en el Señor siempre.

D. La solución cristiana

La teología bíblica tal vez no aclara perfectamente el misterio del mal en este mundo, pero sí ofrece una solución. No es como el Hinduismo que tienta a la humanidad afligida con la perspectiva de una reencarnación futura como el medio de escape, ni es como el Budismo que proyecta el problema del padecimiento personal y enseña que la extinción de la personalidad en Nirvana es la respuesta. Tampoco es como la teología del proceso que idea un Dios finito que es incapaz de solucionar el problema pero con la ayuda de la humanidad lucha para realizarlo.

Las Escrituras señalan que el mal, tanto moral como natural, es pasajero, y que la bondad de Dios no es incompatible con su omnipotencia. Dios mismo ha triunfado sobre el mal moral en la cruz. La escatología bíblica promete un universo regenerado, liberado de desórdenes naturales y abusos de un hombre contra el otro. Señala que los cielos y el infierno serán los destinos finales respectivamente para los impíos y los justos.

La solución cristiana del problema del mal se elabora en dos aspectos.

1. ***Últimamente es Dios mismo quien llega a ser la víctima del mal y del sufrimiento.*** El apologista británico, C.S. Lewis, observa que la contribución singular de la doctrina cristiana al problema del mal, consiste en el hecho de que Dios cargó sobre sí mismo el pecado y sus consecuencias funestas.[35] El profeta señala acerca del segundo miembro de la Trinidad: «Él fue traspasado por nuestras rebeliones y molido por nuestras iniquidades; sobre él recayó el castigo, precio de nuestra paz, y gracias a sus heridas fuimos sanados» (Is. 53:5, NVI).

La encarnación de Cristo y su sacrificio expiatorio es la única solución satisfactoria del problema. Por medio de la cruz, Dios actuó para anular la obra de las fuerzas de las tinieblas. El hecho de que Cristo resucitó al tercer día, demuestra que las potestades del pecado, la muerte y el diablo mismo, no pueden derrotarle. La cruz es la clave para destruirlos, porque Cristo se levantó de los muertos y triunfó sobre nuestros enemigos.

Erickson expresa admiración por el hecho de que Dios, sabiendo que él mismo sería la víctima mayor del pecado y sus consecuencias trágicas, permitió que sucediese. En Génesis 6:6 se muestra que la pecaminosidad del hombre le duele a Dios, además, otras indicaciones bíblicas señalan que el pecado del hombre le da pena. Relacionado más estrechamente al tema de este capítulo es la encarnación. El Dios trino supo antes de la creación que la segunda persona iría a la tierra y estaría sujeto a varios males: hambre, fatiga, traición, rechazo, padecimiento y muerte. Lo sufrió para anular el pecado y sus consecuencias malignas. Dios es un compañero sufriente con nosotros, y por lo tanto es poderoso para librarnos del mal. ¡Qué medida de amor es esto! Los que quisieran censurar la bondad de Dios porque él permitió el pecado y sus consecuencias, deben darse cuenta de la enseñanza de las Escrituras, que Dios mismo se hizo víctima del mal a fin de que él y nosotros seamos victoriosos sobre el mal.[36]

2. *La solución es escatológica: La resurrección, el tribunal de Cristo, un cielo nuevo y una tierra nueva*. No queda duda alguna de que en esta vida existen grandes injusticias, males y padecimientos aparentemente irracionales. Si esta vida constituyera toda la realidad y no hubiera vida de ultratumba, Dios sería culpable del mal en el universo y nosotros los creyentes seríamos los más dignos de lástima de todos los hombres. Pero podemos decir con Job quien, en los momentos más oscuros de su vida, exclamó: «Yo sé que mi Redentor vive, y que al fin se levantará sobre el polvo, y después de deshecha esta mi piel, en mi carne he de ver a Dios» (19:25–26; véanse estos versículos en la NVI).

La respuesta divina al problema del mal y el padecimiento se encuentra en la Segunda Venida de Cristo, la resurrección de la humanidad, el juicio de los injustos y la recompensa a los fieles. Los malhechores, los perseguidos y los impíos serán echados al lago de fuego, y «entonces los justos resplandecerán como el sol en el reino de su Padre» (Mt. 13:43).

El vidente de Patmos describe el estado bendito de los últimos: «Por eso están delante del trono de Dios y lo sirven día y noche en su templo. El que está sentado sobre el trono extenderá su tienda junto a ellos. Ya no tendrán hambre ni sed, y el sol no caerá más sobre ellos, ni calor alguno, porque el Cordero que está en medio del trono los pastoreará y los guiará a fuentes de aguas vivas. Y Dios enjugará toda lágrima de ellos» (Ap. 7:15–17). Cristo establecerá un nuevo orden en la tierra en el cual todo mal será expulsado, Juan dice: «Vi un cielo nuevo y una tierra nueva … la santa ciudad… no entrará en ella ninguna cosa impura o que haga abominación» (Ap. 21:1,2,27).

Al considerar la solución bíblica del problema hipotético formulado fríamente por los filósofos, ¿cómo pueden ser armonizados los males del mundo con un Dios soberano y bondadoso? Lo sustituimos con una pregunta mucho más profunda y amplia: ¿Qué haremos para ser salvos?[37]

CITAS Y REFERENCIAS

1. Donald Bloesch, *God the Almighty*, Intervarsity Press, Downers Grove, IL, 1995, p. 128.
2. David Hume, *Dialogues Concerning Natural Religion*, part 10, citado en Millard Erickson, *Christian Theology*, vol. 1, Baker Book House, Grand Rapids, MI, 1983, p. 412.
3. Bloesch, *Ibid*.
4. Andrew Martin Fairbairn, *The Philosophy of the Christian Religion*, 5th. Edición, Holder and Straughton, London, 1907. p. 134, citado en James L. Garrett, *Teología Sistemática*, Casa Bautista de Publicaciones, El Paso, TX, 1996, p. 351.
5. Platón, *The republic*, libro II, 379.
6. J. I. Packer, «Teodicea» en *Nuevo Diccionario de Teología*, Sinclair B. Ferguson, David F. Wright, J. I. Packer, editores, Casa Bautista de Publicaciones, El Paso, TX, 1992, p. 888.
7. Nels F. S. Ferré, *The Christian Understanding of God*, Harper and Brothers, New York, 1951, p. 26, citado en Carl F. H. Henry, *God, Revelation and Authority*, vol. VI, *God Who Stands and Stays*, Word Books, Waco, TX, 1983, p. 285.
8. Erickson, *op. cit.*, pp. 420–421.
9. Bloesch, *op. cit.*, p. 130.
10. J. S. Feinberg, «Theodicy» en *Evangelical Dictionary of Theology*, Walter A. Elwell, editor, Baker Book House, Grand Rapids, MI, 1984, p. 1085.
11. Bloesch, *op. cit.*, pp. 130-131.
12. *Íbid*.
13. *Íbid*.
14. *Íbid*.
15. *Íbid*, p. 132.
16. J. B. Phillips, *God Our Contemporary*, Macmillan, New York, 1960, p. 89 citado en Pablo Hoff y David Miranda, *Defensa de la fe*, Editorial Mundo Hispano, El Paso, TX, 1997, p. 159.
17. John Calvin, *Concerning the Eternal Predestination of God*, traducción por J. K. S. Reid, James Clark, London, 1961, p. 169, citado por Bloesch, *op. cit.*, p. 132.

18. Bloesch, *op. cit.*, p. 133.
19. Gordon C. Clark, *Religion, Reason and Revelation*, Presbyterian and Reformed, Philadelphia, PA, 1961, p. 221.
20. Erickson, *op. cit.*, p. 418.
21. Roberto Jameson, A. R. Fausset y David Brown, *Comentario Exegético y Explicativo de la Biblia*, tomo 1, El Antiguo Testamento, Casa Bautista de Publicaciones, El Paso, TX, 1981, p. 290.
22. W. S. Lasor, «1 y 2 Reyes» en *Nuevo Comentario Bíblico*, D. Guthrie y J. A. Motyer, editores, Casa Bautista de Publicaciones, El Paso, TX, 1970, p. 269.
23. J. I. Packer, *op. cit.*, p. 889.
24. Louis Smedes, «G. C. Berkouwer» en *Creative Minds in Contemporary Theology*, Phillips Edgecumbe Hughs, editor, Wm B. Eerdmans, Grand Rapids, MI, 1966, pp. 73–74.
25. Pablo Hoff y David Miranda, *Defensa de la fe*, Editorial Mundo Hispano, El Paso, TX, 1997, p. 161.
26. *Íbid.*, pp. 161–162.
27. *Íbid.*, p. 163.
28. Erickson, *íbid.*, pp. 425–427.
29. *Íbid.*, p. 427.
30. J. S. Feinberg, *Theologies and Evil*, University Press of America, Washington, DC, 1979, p. 51.
31. Erickson, *op. cit.*, p. 427.
32. Pablo Hoff y David Miranda, *op. cit.*, p. 165.
33. *Íbid.*
34. Pablo Hoff, *Libros Poéticos*, Editorial Vida, Miami, FL, 1998, p. 63.
35. C. S. Lewis, *Problem of Pain*, pp. 119–120, citado en Erickson, *op. cit.*, p. 432.
36. Erickson, *op. cit.*, p. 432.
37. Henry, *op. cit.*, p. 300.

CAPÍTULO 16

LOS ÁNGELES, MINISTROS INVISIBLES DE DIOS

A. Introducción

1. *La incredulidad de los teólogos modernos.* La omisión del tema de los ángeles en casi todos los libros sobre filosofía de la religión, revela una brecha entre la mentalidad moderna y la revelación bíblica. Varios teólogos contemporáneos aún niegan la realidad de estos seres espirituales. Por ejemplo, Tillich afirma que los ángeles son «símbolos concreto-poéticos de estructuras o poderes de ser».[1] Hasta Barth considera que el tópico de ángeles es «el más extraordinario y difícil de todos».[2] No obstante que reconoce que los ángeles son embajadores cuya presencia y actividad son indirectamente la presencia y acción de Dios, este teólogo neoortodoxo describe al diablo como una sombría figura a la que le falta realidad substancial. Admite que algunos textos bíblicos hablan de los demonios, pero él los priva de todo significado marginándolos a la periferia del testimonio bíblico.[3]

¿Por qué muchos pensadores religiosos pasan por alto la existencia y rol de los seres angélicos? ¿Cuáles factores contribuyen a esta actitud? Primero existía la oposición neotestamentaria al culto gnóstico a los ángeles (Col. 2:18); entonces, las especulaciones absurdas del Escolasticismo pusieron en ridículo el tema; y actualmente la mentalidad antisobrenatural que prevalece en el ámbito liberal no deja lugar para tales seres. Algunos teólogos justifican su rechazo señalando que la doctrina de los ángeles no es un elemento indispensable para formular la visión cósmica de la teología. Emplean el «afeitador de Occam», teólogo de la Edad Media, quien afirmó que no se debía incluir más principios en las explicaciones que los absolutamente necesarios.

Si la creencia en ángeles, no es indispensable para la fe cristiana, aquella tiene por lo menos su debido lugar en ella. Tal doctrina no es irracional ni extraña. ¿Por qué no puede haber un orden de seres angélicos si ello ocurre por la voluntad divina? Para el cristiano todo depende de la enseñanza bíblica. Se encuentran aproximadamente trescientas referencias a los ángeles en la Biblia. Por lo tanto, podemos considerar el repudio moderno a la realidad de los ángeles y especialmente de Satanás y los demonios, como un aspecto de la rebelión espiritual de los hombres no regenerados. Pasar por alto la doctrina de los ángeles no solamente trae como resultado las distorsiones y el malentendido del mundo espiritual, sino que también afecta las fuerzas que obran en la vida del hombre y en el cosmos. Sin la doctrina de los ángeles, es imposible explicar adecuadamente la esfera de ciertas relaciones y conflictos espirituales.

2. *El público cree en ángeles*. Por otra parte, el tema de «seres celestiales» ha fascinado al público en los Estados Unidos durante la última década del siglo veinte. Una cultura otrora acostumbrada a descartar lo sobrenatural como superstición, ahora se abre a la creencia de que mensajeros y guardianes celestiales intervienen en su diario vivir. Esto constituye el asunto de muchas películas. La venta de libros publicados sobre ángeles por la prensa secular, es un negocio espectacularmente próspero. La famosa Encuesta Gallup revela que en 1992, setenta y seis por ciento de los adolescentes de los Estados Unidos creían en ángeles. En Santiago de Chile, un profesor de religión que trabaja en colegios secundarios, Eugenio Ramírez, observa que es muy popular entre la juventud de la clase media tener comunión con duendes.

¿Por qué hay tanto interés en este tema? Muchos observadores piensan que la falta de fe en un Dios sobrenatural ha creado un vacío espiritual, el cual se llena con la doctrina de los ángeles u otros seres extraterrestres. Indudablemente, la influencia de la Nueva Era ha sido otro factor importante. Existe siempre el deseo humano de tener la seguridad de que haya fuerzas espirituales que nos guíen y protejan. Parece que mucha gente, sin embargo, prefiere confiar en ángeles que acudir a Dios, tal vez porque el relacionarse con el Señor involucra arrepentimiento y entrega moral.

3. ***Evidencias externas de la existencia de ángeles***. La realidad de los seres celestiales se testifica por muchas personas que afirman haber visto a ángeles o haber sido ayudados sobrenaturalmente por ellos. Billy Graham cuenta que durante su ministerio, él ha oído o leído miles de testimonios acerca de tales experiencias. Él pregunta: «¿Puede ser que todas estas eran alucinaciones, accidentes, fortuna o suerte? ¿O eran ángeles verdaderos enviados por Dios para llevar a cabo ciertas misiones?»[4]

La popular revista norteamericana «Readers Digest» (la versión en castellano es *Selecciones*) cuenta la experiencia de un distinguido médico neurólogo de Philadelphia.[5] Él se había acostado después de terminar un día de mucho trabajo. Repentinamente fue despertado por alguien que llamó a la puerta. Al abrirla, encontró una niña pequeña, mal vestida y muy angustiada. Ella le contó que su madre estaba muy enferma y le rogó que él le acompañara a su casa. Era una noche muy fría y caía nieve. Aunque el médico estaba fatigado, se vistió y acompañó a la niña. Encontró que la madre estaba enferma con pulmonía aguda. Después de atenderla, el médico le felicitó sobre la inteligencia y persistencia de su hija pequeña. La mujer le miró de una manera extraña y dijo: «Hace un mes mi hija murió». Luego añadió: «Sus zapatos y abrigo están en aquel ropero». El médico abrió la puerta del ropero y encontró el mismo abrigo que había llevado la niña. Estaba seco, evidencia de que no fue usado aquella noche.

Los relatos de tales experiencias no son pocos. Además hay personas que aseguran que han visto a los ángeles. Por ejemplo, el pastor de una iglesia evangélica en Santiago, Chile, Hilario Gárate Romero, ha relatado al autor de este libro cómo un ángel apareció en un momento de gran peligro cuando construía su templo.

Respecto de este tipo de apariciones, no todas ellas tienen consecuencias benéficas; las hay también malignas. El vudú del Caribe, el resurgimiento del ocultismo en el Occidente y Oriente, y los muchos casos de endemoniados señalan la actividad actual de las fuerzas de las tinieblas. Stephen Neill asevera: «No es probable que alguien que ha vivido cerca de la gente en un país no cristiano, dudara de la realidad terrible de un poder invisible y activo del mal».[6]

En países del occidente, algunos cristianos muestran interés renovado en la demonología, y particularmente en la posesión demoníaca y las enfermedades causadas por la influencia de los demonios.[7]

4. ***Las dos divisiones de los seres celestiales***. Erickson nota la dificultad en elaborar una doctrina de los ángeles. Aunque hay abundantes referencias en la Biblia sobre ellos, estas no son útiles para desarrollar un entendimiento cabal de los ángeles. Cada referencia a estos seres es incidental a otro tópico y no se trata principalmente de los seres angélicos. Cuando la Biblia los menciona, nunca es para informarnos acerca de su naturaleza, sino para enseñarnos más sobre Dios, lo que él hace y como lo realiza. Puesto que los detalles acerca de los ángeles no son importantes para tal propósito, se tiende a omitirlos.[8]

La Escritura habla tanto acerca de «los santos ángeles» (Mt. 25:31; Mr. 8:38; Hch. 10:22; Ap. 14:10), como de los «ángeles caídos o malvados» (Jn. 8:44; Mt. 25:41; 1 Jn. 3:8–10). Los últimos consisten en el diablo y los demonios. En este capítulo nos limitaremos a los ángeles buenos.

B. La definición de los ángeles buenos

1. *La definición de ángeles*. Los vocablos del hebreo *mal'ak y del* griego *ángelos* que se traducen como ángel, significan sencillamente «mensajero». Aunque estos términos suelen referirse en la Biblia a mensajeros humanos tales como profetas o sacerdotes, se puede distinguir a los ángeles de Dios cuando se estudia el contexto.

Otros términos usados para referirse a los ángeles son *hijos de Dios* (Job 1:6; 2:1); *hijos de los poderosos o seres celestiales* (Sal. 29:1; 89:6); *los santos* (Sal. 89:5,7; Dn. 4:13); *espíritus* (Heb. 1:14); *vigilante*, término arameo usado por Nabucodonosor (Dn. 4:13,17,23). El término *arcángel* aparece dos veces (1 Ts. 4:16; Jud. 9). Colectivamente son llamados *las huestes celestiales* (Lc. 2:13); *los ejércitos* como en la frase *Jehová de los ejércitos* (1 S. 1:11); y *ángeles de los cielos* (Mt. 24:36). A veces las fuerzas espirituales de maldad son mencionadas en combinaciones: *principados, potestades, gobernadores* de las tinieblas de este siglo, *huestes espirituales* de maldad (Ef. 6:12) y *tronos y dominios* (Col. 1:16; 1 Co. 15:24).

Los ángeles, por lo tanto, no son meramente personificaciones abstractas del bien y el mal. Más bien son espíritus, seres sobrenaturales y celestiales, mensajeros divinamente comisionados. El autor de Hebreos pregunta: «¿No son todos espíritus ministradores, enviados para servir a favor de los que serán herederos de la salvación?» (1:14). Son seres majestuosos los cuales Dios creó para llevar a cabo su voluntad (Sal. 148:2–5; Col. 1:16). Puesto que tienen una relación cara a cara con el Señor son seres superiores a los hombres.

2. *El origen de los ángeles*. Aunque las Escrituras no describen la creación de los seres angélicos, sí afirman que no son eternos, sino que fueron creados. «Tú» (Jehová) «hiciste los cielos, y los cielos de los cielos, con todo su ejército» (Neh. 9:6; véase también Sal. 148:2,5); «Porque en él» (Cristo) «fueron creadas todas las cosas, las que hay en los cielos y las que hay en la tierra, visibles e invisibles; sean tronos, sean dominios, sean principados, sean potestades; todo fue creado por medio de él y para él» (Col. 1:16).

La Biblia parece insinuar que los ángeles fueran creados antes de la fundación de la tierra. Dios pregunta a Job: «¿Dónde estabas tú cuando yo fundaba la tierra? … ¿O quién puso su piedra angular, cuando alababan todas las estrellas del alba y se regocijaban todos los hijos de Dios» (38:4–7). Es probable que Dios creara todos los ángeles simultáneamente pues son asexuales e incapaces de reproducirse (Mt. 22:30). Además, las Escrituras no hablan de nuevas creaciones directas después que Dios completó la creación original (Gn. 2:2–3). Aunque la Biblia no da cifras definidas sobre la cantidad de los seres celestiales, indica que hay «millares y millares» de ellos (Jud. 14, NVI; véase Heb. 12:22). En Getsemaní Jesús dijo: «¿Acaso piensas que no puedo ahora orar a mi Padre, y que él no me dará más de doce legiones de ángeles» (Mt. 26:53). En el ejército romano, una legión se componía de un máximo de seis mil soldados.

3. *La naturaleza y características de los ángeles*. ¿Cómo son los ángeles? Los numerosos episodios en que ángeles actúan en la Biblia nos dan un cuadro detallado.

a) Son seres puramente espirituales, es decir, espíritus o seres incorpóreos y por lo tanto invisibles (Mt. 12:45; Lc. 7:21; 8:2; Ef. 6:12). Puesto que a veces los ángeles aparecen en forma humana, algunos expositores se han imaginado que ellos posesionan cuerpos especiales compuesto de alguna sustancia intangible o impalpable. Sin embargo, los pasajes que se usan para apoyar esta noción (Sal. 104:4; Mt. 22:30; 1 Cor. 11:10), no requieren necesariamente esta interpretación.

b) Son seres inmortales; no están sujetos a la muerte natural: «Los que fueron tenidos por dignos de alcanzar aquel siglo y la resurrección … no pueden ya más morir, pues son iguales a los ángeles» (Lc. 20:35–36).

c) Son seres personales pues poseen inteligencia y voluntad (2 S. 14:20; Ap. 22:9).

d) Son seres que saben cosas más allá de los conocimientos humanos. En Mateo 24:36, Jesús insinúa que los ángeles tienen grandes conocimientos: «Pero del día y la hora (de su venida) nadie sabe, ni aún los ángeles del cielo». Sin embargo, se indica que no son omniscientes, «solo mi Padre» (sabe).

e) Son seres poderosos y a veces se describen como el ejército del Señor (Sal. 103:20–21; Col. 1:16; Ef. 1:21; 3:10). Pueden rodear la tierra y pasar de la esfera espiritual a la esfera material sin impedimentos físicos (Hch. 12:7). Los ángeles incluso son capaces de obrar milagros (Jue. 13:19–20; Hch. 12:9–11; Mt. 24:24; 2 Ts. 2:9–11), pero no son omnipotentes (Sal. 89:6-8). No tienen existencia ni poder aparte de Dios. Funcionan en el orden creado solo de acuerdo con la voluntad de Dios y su propósito. Dependen de él para poder realizar su ministerio. Por ejemplo, Satanás no pudo (y ni siquiera los ángeles por su propio antojo pueden dañar a los creyentes) tocar a Job sin recibir permiso de Dios (Job 1:8–12; véase también Lc. 22:31).

f) Son seres que aparecen en muchos lugares pero no son omnipresentes. Se manifiestan definitivamente en un lugar en el mundo y a la vez no ocupan espacio. Por ejemplo, se encontraba una «legión» de espíritus inmundos en el endemoniado ganadero (Lc. 8:30). Da la impresión de que Satanás está omnipresente, pero no es así. A. A. Hodge sostiene que seres finitos pueden estar solamente en un lugar a la vez. Explica la ubicación aparente de Satanás al hecho de que cualquier cosa que hagan sus agentes se atribuye a él.[9]

g) Son seres sumamente morales y buenos. Probablemente la expresión: «Has sido tan bueno como un ángel de Dios», era muy común en el Israel antiguo (1 S. 29:9). Estas criaturas celestiales se llaman «santos ángeles» (Mt. 25:31; Hch. 10:22). Su sumo gozo es hacer la voluntad de Dios. Jesús nos enseña a orar al Padre con la petición: «Hágase tu voluntad, como en el cielo» (como obedecen los ángeles), «así también en la tierra» (Mt. 6:10).

No queda duda alguna de que Dios los creó santos porque él, al terminar la actividad creativa, vio «todo cuanto había hecho y era bueno en gran manera» (Gn. 1:31). Al igual que los hombres, los seres celestiales tenían libertad para escoger entre el bien y el mal durante un período de prueba (Jud. 6).

Algunos eligieron servir y prestar culto a Dios, y otros se rebelaron, formando las dos divisiones de ángeles.

h) Son seres asexuales; no son varones ni mujeres. Jesús refutó el argumento de los saduceos los cuáles preguntaron sobre quién sería en el cielo la esposa de un hombre que se casó con siete mujeres. Les contestó: «En la resurrección ni se casarán ni se darán en casamiento, sino serán como los ángeles en el cielo» (Mt. 22:30).

Surge un problema con la interpretación de Jesús referente a la cuestión asexual de los ángeles. En Génesis 6:1–4 leemos que los «hijos de Dios» se casaron con las hijas de los hombres y sus hijos eran gigantes. ¿Quiénes fueron los «hijos de Dios»? Ciertos pasajes del Antiguo Testamento usan esta expresión para referirse a los ángeles (Job 1:6; 2:1; 38:7; Sal. 29:1; 89:7). Según algunos rabinos, los «hijos de Dios» en Génesis 6:1–5, se refieren a los ángeles caídos, y los críticos suponen que la mención de esos en Judas y 2 Pedro apoya la teoría judía.[10]

Sin embargo, eruditos conservadores señalan que este término probablemente se refiere a los descendientes de Set, el hijo piadoso de la primera pareja humana. «Según esta explicación, el linaje de la mujer (Gn. 3:15) se corrompió casándose con «las hijas de los hombres», es decir, con los descendientes de Caín».[11] Esta teoría armonizaría bien con la enseñanza del Señor sobre el aspecto asexual de los seres celestiales y explicaría mejor el contexto del pasaje en cuestión.

i) Son seres que toman forma visible en varias maneras. Por lo general aparecen como hombres corrientes pero nunca como mujeres, niños, animales o aves. Excepto por los querubines y serafines, no se encuentran ángeles con alas aunque Daniel 9:21 y Apocalipsis 14:6 hablan de ángeles que vuelan. Sin embargo, los tres seres celestiales que conversaban con Abraham en el encinar de Mamre (Gn. 18), parecen ser nada más que viajeros humanos. Refiriéndose a este incidente, el escritor a los Hebreos nos exhorta: «No os olvidéis de la hospitalidad, porque por ella algunos, sin saberlo, hospedaron ángeles» (Heb. 13:2).

Por otra parte, los ángeles se manifiestan a veces con rostros y ropas radiantes. Manoa describe la apariencia de uno así: «Un varón de Dios vino a mí, cuyo aspecto era muy temible como el de un ángel de Dios» (Jue. 13:6). Las mujeres que visitaron la tumba de Jesús encontraron que se pararon juntos a ellas «dos varones con vestiduras resplandecientes» (Lc. 24:4). Mientras que los discípulos de Jesús observaron su ascensión, «se pusieron junto a ellos dos varones con vestiduras blancas» (Hch. 1:10).

j) Son seres que comparten algo de la gloria divina. Los ángeles estarán presentes en el tribunal de Cristo y las Escrituras mencionan la gloria de ellos. Jesús advierte a sus seguidores: «El que se avergüence de mí y de mis palabras, de este se avergonzará el Hijo del Hombre cuando venga en su gloria, y en la del Padre *y de los santos ángeles*» (Lc. 9:26; las cursivas son mías). En un tono similar, el Señor declara: «Todo aquel que me confiese delante de los hombres, también el Hijo del hombre lo confesará delante de los ángeles de Dios; pero el que me niegue delante de los hombres, será negado delante de los ángeles de Dios» (Lc. 12:8–9).

k) Son seres superiores a los hombres. Dios ha creado al hombre «un poco menor que los ángeles» (Heb. 2:7), pero al unirse con Cristo por medio de la fe, el cristiano es exaltado sobre ellos (Heb. 1—2). Los ángeles le sirven (Heb. 1:14).

También el creyente los excede en conocimiento espiritual pues es un partícipe de la redención provista por Cristo cuyo contenido y experiencia son cosas que no conocen los ángeles (1 P. 1:10–12). Según el apóstol Pablo, los creyentes disfrutarán una posición superior a los ángeles en el porvenir. «¿No sabéis que los santos han de juzgar al mundo? ... ¿No sabéis que hemos de juzgar a ángeles?» (1 Co. 6:2–3). Los cristianos compartirán con Cristo el gobierno de un mundo renovado y con él juzgarán a los ángeles caídos, un honor desconocido por los otros seres celestiales.

Aunque los ángeles son superiores a los hombres en cuanto a inteligencia, poder y acceso a Dios (contemplan siempre el rostro del Padre en el cielo, Mateo 18:10), no son objeto de veneración ni de culto. La Biblia prohíbe que se les rinda adoración. El apóstol Pablo nos advierte rigurosamente: «Que nadie os prive de vuestro premio haciendo alarde de humildad y de dar culto a los ángeles» (Col. 2:18).

Los ángeles mismos dirigen los pensamientos de sus oyentes siempre hacia sus mensajes y no a sí mismos. Al vidente de Patmos que quiere postrarse y rendir culto a un ángel, este lo rechaza colocándose al nivel de los siervos de Dios, igual que el profeta: «¡Mira, no lo hagas! Yo soy consiervo tuyo y de tus hermanos que mantienen el testimonio de Jesús. ¡Adora a Dios!» (Ap. 19:10, véase 22:8–9).

4. *La clasificación y organización de los ángeles*. Ya hemos dividido los ángeles en dos categorías, los buenos y los malos. Podemos añadir a la lista el ángel de Jehová y el orden de los seres celestiales que alaban continuamente a Dios alrededor de su trono: los querubines y serafines.

a) El ángel de Jehová. En el Antiguo Testamento se encuentran numerosas referencias al ángel de Jehová o el ángel de Dios (Gn. 16:7–14; 18; 22:11,14–15; 24:7,40; 32:24–30; 48:15–16; Éx. 3:2; 14:19; 23:20–23; 32:34–33; 33:17; Jue. 2:1,4; 5:23; 6:11–24; 13:3, etcétera). ¿Es este meramente un ángel? Si es más que un ángel, ¿quién es? En varios pasajes se identifica con Dios. «No es un ser distinto de Dios, sino el mismo Señor que se manifiesta y hace sentir su presencia de manera sensible»[12] Al hablar a Agar, el ángel de Jehová prometió: «Multiplicaré tanto tu descendencia que por ser tanta no podrá ser contada» (Gn. 16:10). Jacob luchó con el ángel del Señor y dijo: «Vi a Jehová cara a cara» (Gn. 32:30). Fue «el ángel de Jehová» quien apareció a Moisés y se identificó: «Yo soy el Dios de tu padre, el Dios de Abraham, el Dios de Isaac y el Dios de Jacob» (Éx. 3:6).

Por otra parte, el ángel de Jehová habla en tercera persona, es decir, se distingue de Dios. Dice a Agar: «Jehová ha oído tu aflicción» (Gn. 16:11). Dios promete a Moisés: «Yo envié mi ángel delante de ti, para que te guarde en el camino y te introduzcas en el lugar que yo he preparado» (Éx. 23:20). Erickson explica el problema:

Hay tres interpretaciones principales del «ángel del Señor»: (1) es meramente un ángel con una comisión especial; (2) es Dios mismo temporalmente visible en forma humana; (3) es el Logos, una visita reencarnada y provisional de la segunda persona de la Trinidad. Aunque ninguna de estas interpretaciones es completamente satisfactoria, a la luz de las afirmaciones claras de la identidad, la segunda parece más adecuada. Donde hay distinciones aparentes entre Dios y el ángel del Señor, Dios se refiere a sí mismo en la manera de tercera persona.[13]

Concluimos por lo tanto, que las apariciones del ángel del Señor son teofanías.

b) La organización angélica y la clasificación de los seres celestiales. El título «Jehová de los ejércitos» insinúa que el Señor es el comandante en jefe de un ejército de ángeles. Según el apóstol Pablo, existe también organización de las huestes angélicas y una jerarquía de autoridad. Se clasifica con las siguientes designaciones: «principados» (*argai*), «autoridades» o «potestades» (*exousiai*), «tronos» (*thronoi*), «dominios» (*kuriótetes*) y «poderes» (*dunámeis*). Chafer observa: «Aunque parezca que haya semejanza entre estas denominaciones se puede asumir que por todo medio se hace referencia a una dignidad incomprensible y a varios grados de importancia».[14]

La jerarquía en la organización angélica aparentemente se aplica tanto a los ángeles buenos como a los malos, pues se lee en Colosenses 1:16 que los tronos, poderes, principados o autoridades fueron creados por Cristo. Efesios 1:21 parece referirse también a los ángeles buenos. Sin embargo, estos términos usados en otros pasajes se refieren solamente a los ángeles malignos (Ef. 6:12; Ro. 8:38; Col. 2:15; 1 Co. 15:24).

Aunque la Biblia da poca información acerca de la organización de las huestes angélicas, menciona los arcángeles (1 Ts. 4:16; Jud. 9). Se identifica solo uno, Miguel, «el gran príncipe que está de parte de los hijos de tu pueblo» (Dn. 12:1; Jud. 9). El significado de su nombre es muy llamativo, pues quiere decir, *¿quién es Dios?* Otro ángel de alto rango se llama

Gabriel, nombre cuyo significado es *el poderoso*. En las Escrituras él aparece solo cuatro veces y siempre como mensajero del propósito divino (Dn. 8:15–27; 9:20–27; Lc. 1:19,26).

Las Escrituras señalan que hay otros dos órdenes de seres celestiales que no se denominan específicamente ángeles. Son los querubines y serafines, los cuales «siempre están asociados con la santidad de Dios y la adoración que inspira su presencia inmediata»[15] (Éx. 25:20; Sal. 80:1; 99:1; Is. 6:1–3, etcétera).

Los querubines (hebreo: *kerubin*, vocablo relacionado con un verbo acadio que significa «alabar, bendecir, adorar») se mencionan en Génesis 3:24; 2 Reyes 19:15; Ezequiel 10:1–20; 28:14–16. Se cree que los «seres vivientes» de Ezequiel 1 y Apocalipsis 4:6-9 pertenecen a este orden angelical. El Antiguo Testamento atribuye distintas funciones a los querubines: con una espada encendida custodiaban el árbol de la vida en el Edén (Gn. 3:24); eran portadores del carro-trono en el cual Dios manifestaba su gloria (Ez. 1; 10; véanse 2 S. 22:11; Sal. 18:10); eran ejecutores del juicio divino esparciendo carbones encendidos sobre Jerusalén (Ez. 10:2,7).

Representaciones doradas de dos querubines con alas extendidas, cubrían el propiciatorio en el Arca del Pacto (Éx. 25:18; Heb. 9:5). Las figuras de los querubines también estaban bordadas en el velo o cortina que separaba el lugar santísimo del lugar santo (Éx. 26:31). El templo de Salomón estaba decorado con grandes figuras de estos seres, labradas en madera de olivo y recubiertos de oro (1 R. 6:23–28).

Los cuadros bíblicos de los querubines difieren entre sí. En el primer capítulo de su libro el profeta Ezequiel los describe como «seres vivientes» con cuatro caras (de hombre, león, buey y águila) y cuatro alas. Las figuras de los querubines en el templo ideal de Ezequiel 41:18, tenían solamente dos rostros, el humano y el de un león. En el Salmo 99:1, los querubines se encuentran bajo el trono de Dios, pero en la escena del cielo de Apocalipsis 4, están alrededor del trono alabando al Señor. Estas diferencias producen sospechas acerca de la realidad de los seres vivientes.

¿Son seres verdaderos o meramente representaciones de verdades espirituales? Strong piensa que no debemos considerarlos como seres reales con rango superior al de los hombres sino como «apariencias» que representan la humanidad redimida y convertida en la morada de Dios.[16] Por otra parte, algunos expositores contemporáneos interpretan los cuatro querubines de Ezequiel 1 y 10 y los de Apocalipsis 4 como la personificación de cuatro atributos de Dios. Nos parece que la última noción está más de acuerdo con los detalles de la figura.

Se ven algunos atributos de Dios en la imaginaria de los seres vivientes: «Lleno de ojos por delante y atrás», *omnisciencia*; gran movilidad, *omnipresencia*; obediencia absoluta de los cuatro seres vivientes con rostros que representan toda la creación tanto humana como animal. La cifra cuatro significa a menudo entereza: las cuatro direcciones, Gn. 13:14; los cuatro confines de la tierra, Is. 11:12, *soberanía universal*. En el contexto de la profecía de Ezequiel (la pronta caída de Jerusalén y el destierro de los judíos) fue necesario que el remanente fiel entendiera que Dios vio todo, que su presencia no se limitaba a la tierra santa ni que el Señor fuera impotente para no intervenir a favor de su pueblo. En breve, el simbolismo de los seres vivientes enseñaría que Dios todavía está cerca, que sabe todo lo que ocurre y que tiene las riendas del universo en su mano.

Víctor P. Hamilton, un comentarista de la Biblia, asevera que los querubines del Antiguo Testamento funcionan como símbolos de la presencia de Dios. Por ejemplo, se encuentra la morada de Dios por encima del Arca del Pacto y entre los querubines en el lugar santísimo. Era apropiado que Ezequiel tuviera una visión de algo que simbolizaba la presencia del Señor viviente. Pronto Jerusalén sería destruida y el templo sería demolido.[17]

Hamilton explica:

Cada uno (querubín) tiene cuatro caras y cuatro alas. Los cuatro rostros son los de un hombre, un león, un buey y un águila. El león es el rey de las bestias y simboliza la valentía. El buey es el rey de los animales domesticados y simboliza la fuerza. El águila es el rey de las aves y simboliza la rapidez. El hombre es el rey del mundo y simboliza la inteligencia. Las más nobles criaturas son, sin embargo, meramente portadoras del Señor de los señores.[18]

A la luz del carácter altamente simbólico de las visiones de Ezequiel y del Apocalipsis, las representaciones de los querubines probablemente sean simbólicas. Sin embargo, no existe razón alguna para dudar de la realidad de los querubines que guardaban el camino del árbol de la vida. Tomarían la forma de un ángel con alas como la figura sobre el Arca del Pacto.

Los serafines aparecen una sola vez en la Biblia, en la visión inaugural del profeta Isaías (6:1–6). Se llaman serafines (del hebreo *safar*, «quemar») probablemente porque son tan radiantes con la gloria de Dios que parecen arder. Son un poco diferentes de los querubines pues sus funciones se limitan a la adoración y la proclamación de la santidad de Dios; no son ejecutores de juicio ni portadores del trono de Dios. Con humildad profunda, dirigen el culto a Dios en el cielo; en la tierra purifican a los hombres para que la adoración y culto de estos sea aceptable.

C. La actividad de los ángeles

El escritor a los hebreos hace hincapié en el papel de los ángeles como siervos de Dios. Observa que Dios «hace a sus ángeles vientos, y a sus servidores llamas de fuego» (Heb. 1:7, NVI; véase Sal. 104:4). «¿No son todos los ángeles espíritus dedicados al servicio divino, enviados para ayudar a los que han de heredar la salvación?» (Heb. 1:14, NVI).

Los ángeles tienen una parte importante en la vida y ministerio de Jesucristo. Predicen su primera venida (Lc. 1:26–33) y anuncian su nacimiento (Lc. 2:10–13): le protegen en su infancia (Mt. 2:13); le fortalecen en la tentación (Mt. 26:53); le confortan en Getsemaní (Lc. 22:43); remueven la piedra del sepulcro (Mt. 28:2); anuncian la resurrección (Mt. 28:6); predicen su retorno (Hch. 1:10–11); le acompañarán cuando él vuelva (Mt. 16:27) y participarán en el juicio final (Mt. 25:31).

Sus actividades en general son las siguientes:

1. *Los ángeles continuamente alaban y glorifican a Dios*. El trono de Jehová está rodeado de incontables legiones de ángeles majestuosos, los cuales le alaban de día y de noche (Sal. 103:20; 148:2; Ap. 5:11–12; 7:11; 8:1–4); son particularmente los serafines los que dicen el uno a otro: «Santo, santo, santo es el Señor Todopoderoso; toda la tierra esta llena de su gloria» (Is. 6:3, NVI). Es posible que algunos ángeles canten siempre mientras otros son los mensajeros que van y vienen en sus misiones.

¿Les obliga Dios a cantarle glorias solo porque a él le gusta oírlas? Donald Turner contesta: «¡De ninguna manera! Los que están más cerca de Dios son los que cantan sus alabanzas porque ven con más claridad su santidad, majestad y bondad».[19] La descripción de la corte celestial es uno de los medios más impresionantes para representar el poder, la gloria, la majestad y la santidad del Señor.

2. *Los ángeles comunican el mensaje de Dios a los hombres*. Así su actividad coincide con el significado de su nombre (el vocablo ángel quiere decir «mensajero»). Dios envió a sus siervos celestiales para anunciar y advertir a los hombres. Un ángel anunció a Abraham y a Sara que tendrían un hijo (Gn. 18:9–10); de igual manera a Manoa y a su esposa un ángel les predijo el nacimiento de Sansón (Jue. 13:2–24). Gabriel anunció el nacimiento de Juan el Bautista a Zacarías y el de Jesús a María.

Por otro lado, los justos son prevenidos por los ángeles cuando hay un inminente peligro o un desastre amenazante. Por ejemplo, Abraham y Lot fueron advertidos sobre la destrucción de Sodoma y Gomorra (Gn. 18:16—19:29). José el marido de María, fue advertido por un ángel referente al peligro en Belén (Mt. 2:13). Al profeta Daniel, Gabriel le reveló los eventos futuros con respecto a los juicios de Dios (Dn. 8:19). De modo igual, un ángel dio visiones a Juan en Patmos las cuales revelaron escenas escatológicas, incluso la resurrección general, el juicio final y la Nueva Jerusalén.

3. **Los ángeles sirven como mediadores de la revelación divina.** En su defensa ante el Sanedrín, Esteban les señala: «vosotros ... recibisteis la ley por disposición de ángeles» (Hch. 7:53) véanse Gá. 3:19; Heb. 2:7). En el Antiguo Testamento no se encuentra un texto que enseña claramente la doctrina de que los ángeles eran mediadores de la Ley. Es probable que los escritores inspirados del Nuevo Testamento obtuvieran esta idea de Deuteronomio 33:2: «Jehová vino de Sinaí ... avanzó entre diez millones de santos, con la ley de fuego en su mano».

R. Kearsley observa que esta actividad angélica es la «más problemática» entre sus papeles.

> Es que en virtud de la infinita separación que existe entre el Creador y la humanidad creada, el conocimiento de Dios siempre tiene que ser presentado al hombre por «intermediación». El problema más obvio con este concepto es que los mismos ángeles son creados y en todo caso, cualquier sugerencia de un ser intermediario ha tenido tradicionalmente la tendencia de menoscabar la trascendencia divina. Mas habiendo dicho esto, es verdad que los ángeles desempeñan un papel importante en la mediación de la revelación.[20]

4. **Los ángeles ministran al pueblo de Dios.** Sirven a los herederos de la salvación en varias maneras.

a) Los guían y protegen. Durante el peregrinaje nómada de los patriarcas, parece que los ángeles siempre estaban cerca de ellos. Abraham conversó a menudo con dos seres celestiales. Cuando él envió su siervo a Mesopotamia a fin de buscar esposa para Isaac, le dice: «Jehová enviará su ángel delante de ti» (Gn. 24:7). Cuando Moisés lleva a los israelitas fuera de Egipto, el «ángel de Dios» anduvo delante del campamento (Éx. 14:19).

Muchas veces los ángeles guían a los creyentes dándoles instrucciones. Un ángel orienta a la esposa de Manoa sobre como cuidarse durante su período de embarazo y como criar a Sansón (Jue. 13:3–5). Un ángel le da instrucciones a Felipe para que deje Samaria y vaya a un lugar desértico para enterarse acerca de su misión (Hch. 8:26–28). El apóstol Pablo recibe instrucciones divinas siete veces por medio de ángeles. Por ejemplo en medio de una tempestad furiosa en alta mar, un ángel de Dios le asegura: «Pablo no temas; es necesario que comparezcas ante César; además Dios te ha concedido todos los que navegan contigo» (Hch. 27:24).

Guardianes invisibles con frecuencia protegen y defienden a los elegidos del Señor. El salmista lo expresa así: «El ángel de Jehová acampa alrededor de los que le temen y los defiende» (34:7). Un ángel guarda a Jacob durante su estadía de veinte años en Harán y le trae de nuevo salvo y sano a su tierra (Gn. 32:24–26). En el libro de Daniel, un ángel guardián cierra la boca de los leones cuando el profeta es echado en el foso donde estaban encerrados (6:21); protege de la muerte a los tres jóvenes hebreos que son echados al horno de fuego (Dn. 3:19–28). Son también seres angélicos los que sacan los apóstoles de la cárcel, incluso a Pedro en las vísperas de su ejecución (Hch. 5:19–20; 12:6–11).

Jesús señala que a los niños se les da el privilegio de tener como protectores a ángeles guardianes: «Mirad que no menospreciéis a uno de esta pequeños; porque os digo, que sus ángeles en los cielos ven siempre el rostro de mi Padre» (Mt. 18:10). La protección angélica no se limita a los niños, sino que incluye a los creyentes en general (Sal. 37:7; 91:11). Sin embargo, John A. Broadus nos advierte que no hay fundamento suficiente para la noción de que haya *un* ángel asignado a cada individuo, de que *un* ángel tenga cuidado especial de un creyente.[21]

El profeta Daniel habla del ángel de un país en particular, como el ángel de Persia y el de Grecia (10:13—11:1). Se identifica claramente a Miguel como «el gran príncipe» (ángel protector) del pueblo de Dios (Dn. 12:1) ¿Enseña el libro de Daniel que cada nación y ciudad tiene su ángel guardián particular? Al contrario, los «príncipes» de Persia y Grecia son demonios que ejercen influencia sobre los mencionados reinos, y esto por los intereses de Satanás. Miguel, tiene que luchar contra ellos (10:20—11:1). El Apocalipsis le presenta como enemigo y vencedor de Satanás. No existe evidencia en las Escrituras para comprobar la idea popular de que los ángeles de Dios están organizados, con arcángeles como jefes, y una compañía de ángeles para ser encargados del cuidado de cada nación en el mundo.

b) Los ángeles ministran a las necesidades de los hijos de Dios. Todo servicio angelical a los hombres es motivado por amor a Dios y buena voluntad para los hombres. Cuando Elías, muy asustado, desanimado y físicamente agotado, duerme debajo del enebro, un ser celestial le despierta y le sirve un panecillo y un jarro de agua, los cuales le dan fuerza para su largo viaje al Sinaí (1 R. 19:5–8). Después que Jesús pasó cuarenta días en el desierto ayunando y siendo tentado por el diablo, los ángeles le sirvieron (Mr. 1:13). En su angustia, soledad y congoja en el Getsemaní, «se le apareció un ángel del cielo para fortalecerlo» (Lc. 22:43).

Sin embargo, el ministerio mayor de los ángeles es espiritual. Se interesan mucho en la conversión de los hombres. Jesús asevera que «hay gozo delante de los ángeles de Dios por un pecador que se arrepiente» (Lc. 15:10). Los ministros invisibles observan la vida de los cristianos (1 Co. 4:9; 1 Ti. 5:21), y están presentes en los cultos de la iglesia (1 Co. 11:10). Al morir los hijos del Señor, son llevados por los ángeles a la presencia divina (Lc. 16:22).

5. *Los ángeles a veces castigan a los malhechores y enemigos de Dios*. El ángel del Señor dio muerte a ciento ochenta y cinco mil asirios en una sola noche (2 R. 19:35). Lucas cuenta que un ángel hirió a Herodes, «por cuanto no dio la gloria a Dios; y expiró comido de gusanos» (Hch. 12:23). En el libro de Apocalipsis, se relatan muchos episodios en que los seres celestiales traen juicio sobre la humanidad malvada y las fuerzas de maldad. Es un ángel quien atará a Satanás y lo arrojará al abismo (Ap. 20:1–3).

6. *Los ángeles estarán involucrados en la segunda venida*. Acompañarán al Señor en su retorno (Mt. 25:31). Entonces el Hijo del hombre «enviará sus ángeles con gran voz de trompeta y juntarán a sus escogidos de los cuatro vientos, desde un

extremo del cielo a otro» (Mt. 24:31). Luego los enviados recogerán la cizaña y la atarán en manojos para quemarla (Mt. 13:30, 41). Finalmente estarán presentes ante el trono de Dios en el juicio de los creyentes (Lc. 12:8–9).

D. Las relaciones entre los hombres de hoy y los ángeles

1. *Las relativamente raras apariciones de los ángeles*. ¿Por qué no se manifiestan con más frecuencia los ángeles a los creyentes en nuestra época? Terry Law contesta: «Es importante saber que los ángeles raramente nos son visibles por causa de la propensión humana de adorarlos».[22] La fe cristiana gira alrededor de Cristo y no de los seres creados. Vemos la tendencia idólatra de ciertas divisiones del cristianismo las cuales enfatizan el papel intercesor de los santos. Como consecuencia, sus feligreses a menudo prestan más atención a ellos que al Señor. Por otro lado, notamos que los ángeles nunca llaman la atención a sí mismos, sino que son humildes y modestos. Actúan a fin de servir a Dios y no para desviar la atención sobre ellos mismos. Rechazan el homenaje de los hombres (Ap. 19:10).

Los teólogos Walter Hearn y Howard Vos añaden otra explicación:

> Desde el período neotestamentario, muchas de las obras previamente encargadas por Dios a los ángeles ya son parte de la función del Espíritu Santo en la vida de los creyentes en Cristo. En su orientación, iluminación, protección y capacitación de cristianos, el Espíritu, no obstante, puede continuar usando a los ángeles.[23]

2. *Los ángeles tienen mucho interés en los seres humanos*. Al considerar que los ministros espirituales de Dios son superiores a nosotros en su conocimiento, sabiduría y poder, nos sorprende que ellos se preocupen de nosotros.

♦ Ellos quieren entender la redención (1 P. 1:12).
♦ Ellos observan nuestra conducta y culto (1 Co. 4:9; 11:10; 1 Ti. 5:21).

- Ellos obtienen un entendimiento más cabal de la multiforme sabiduría de Dios observando la iglesia en acción (Ef. 3:9–10).

- Ellos saben cuando un pecador se arrepiente y se alegran (Lc. 15:10).

- Ellos se ocupan ministrando en varias maneras a los elegidos, pero a los creyentes no les toca hacer nada a favor de los ángeles.[24]

3. *Activando a los ángeles*. El evangelista Kenneth Hagin asevera que los ángeles del Señor esperan que la Iglesia les dé órdenes conforme a la Palabra de Dios y bajo la dirección del Espíritu Santo. Según este predicador, el ministerio de los ángeles incluye ayuda para recaudar finanzas. Él dio tres pasos para activar la ayuda divinamente angélica:

a) Reclamar lo que uno necesita.

b) Mandar al diablo que quite sus manos de su dinero o recursos.

c) Mandar a los ángeles que salgan y traigan lo que se necesita.[25]

El gran problema de esta doctrina es que carece absolutamente de base bíblica. En ninguna parte de la Biblia se encuentra un episodio en el que un ser humano manda a los mensajeros celestiales. Estos son servidores de Dios y le obedecen y sirven. Tienen oídos para escuchar solamente sus órdenes. El creyente no debe ponerse en contacto con los ángeles ni orar a ellos. Le corresponde dirigir sus peticiones solo a Dios y este puede contestar enviándole a veces sus ministros invisibles para ayudarlo. Ni siquiera Jesús en su encarnación dio órdenes a los ángeles sino dijo: «¿Acaso piensas que no puedo ahora *orar* a mi Padre, y que él no me daría más de doce legiones de ángeles?» (Mt. 26:53, las cursivas son mías).

E. El valor del estudio de los ángeles buenos

Aunque la doctrina de los ángeles no se enseña directamente en la Biblia, el estudio de ellos puede resultarnos provechoso en algunos aspectos.

Nos provee criterio para discernir entre los erróneos conceptos populares y los bíblicos; entre la obra de ángeles auténticos y la actividad de los seres asociados con el espiritismo o ideas acerca de los extraterrestres.

Nos enseña el papel de los ángeles en el plan de Dios y en la vida del creyente.

El ejemplo de los ángeles referente a su pronta obediencia al Señor, servicio fiel y adoración ante el trono de él, nos inspira a imitarlos.

Sobre todo, nos consuela y anima saber que hay invisibles y poderosos servidores de Dios que están disponibles para ayudarnos en momentos de peligro o de necesidad.

CITAS Y REFERENCIAS

1. Paul Tillich, *Systematic Theology*, vol. I, University of Chicago Press, Chicago, IL, 1951, p. 260.
2. Karl Barth, *Church Dogmatics*, vol. III, sección 3, T. and T. Clark, Edinburgh, 1961, p. 369.
3. *Íbid.*
4. Billy Graham, *Angels*, Word Publishing, Dallas, TX, 1995, p. 9.
5. Citado por Graham, *op. cit.*, p. 6–7.
6. *Eerdmans Handbook to Christian Belief*, Robin Keely, editor, Wm. B. Eerdmans Publishing Co., Grand Rapids, MI, 1982, p. 208.
7. Millard J. Erickson, *Christian theology*, vol. I (Grand Rapids, MI: Baker Book house, 1983), p. 437.
8. *Íbid.*, p. 434.
9. A. A. Hodge, *Outlines of Theology*, Robert Carter and Brothers, New York, 1978, p. 225.
10. Pablo Hoff y David Miranda, *Defensa de la fe*, Editorial Mundo Hispano, El Paso, TX, 1997, p. 88.
11. *Íbid.* pp, 88–89.
12. Nota sobre Génesis 16:7 en *Santa Biblia, Reina Valera*, 1995, *Edición de Estudio*, s. l., Sociedades Bíblicas Unidas, 1995, p. 42.
13. Erickson, *op. cit.*, p. 443.
14. Lewis Sperry Chafer, *Teología Sistemática*, tomo I, Publicaciones Españolas, Dalton, GA, 1974, p. 437.
15. Carolyn Denise Baker, Frank Macchia, «Los espíritus creados» en *Teología Sistemática*, Stanley M. Horton, editor, Editorial Vida, Deerfield, FL, 1996, p. 191.
16. Austustus H. Strong, *Systematic Theology*, Revell, Westwood, NJ, 1907, p. 449.

17. Víctor P. Hamilton, «Ezequiel» en *Evangelical Commentary on the Bible*, Walter A. Elwell, editor, Baker Book House, Grand Rapids, MI, 1989, p. 563.
18. *Íbid.*
19. Donaldo D. Turner, *Doctrina II*, *La doctrina de los ángeles y del hombre*, Editorial Barra, Quito, Ecuador, 1958, p. 6–13.
20. R. Kearsley, «Angeles» en *Nuevo Diccionario de Teología*, David F. Wright, J. J. Packer, editores, Casa Bautista de Publicaciones, El Paso, TX, 1992, p. 61.
21. John A. Broadus, *Comentario sobre el Evangelio según Mateo*, Casa Bautista de Publicaciones, S. F., El Paso, TX, pp. 490–491.
22. Terry Law, *The Truth About Angels*, Creation House, Orlando, FL, 1996, p 12
23. Walter Hearn y Howard Vos, «Angel» en *Baker Encyclopedia of the Bible*, vol. 2, J–Z, Walter A. Elwell, editor general, Baker Book House, Grand Rapids, MI, 1989, p. 89.
24. Law, *op. cit.* p. 109.
25. *Íbid.*, pp. 206–207.

CAPÍTULO 17

LOS ESPÍRITUS MALIGNOS: SATANÁS Y LOS ÁNGELES CAÍDOS

LA BIBLIA NOS DICE QUE detrás del hombre y muchos de los acontecimientos de su vida se encuentra no solamente su Creador y Soberano, sino también la actividad de un espíritu maligno llamado Satanás. Es una criatura caída de extraordinaria inteligencia que se introduce dramáticamente en los eventos y el destino humano. En forma de serpiente, él confundió el entendimiento de Adán referente a la semejanza ideal de Dios. Como resultado, se puso en marcha la desastrosa rebelión espiritual de la humanidad[1] y se originó el mal en el universo.

A. Satanás, los demonios y la mente moderna

El atribuir el mal moral a una sobrenatural y maligna personalidad, Satanás, parece extraño y no aceptable a una generación de hombres cuyos conceptos de la realidad son influenciados decisivamente por la ciencia moderna. Se señala que la existencia de un diablo personal y de demonios no puede ser probada científicamente.

Los teólogos contemporáneos que no toman en serio la inspiración divina de la Biblia, tampoco aceptan aquella explicación. Presentan tres alternativas. La primera que consideraremos tiene que ver con las ideas de Rudolph Bultmann, quien procura desmitificar los Evangelios. Él asevera que los demonios son meramente nociones mitológicas de la cultura de aquel entonces. Enseña que el cuadro bíblico de la demonología refleja la influencia de la mitología dualística de la Persia antigua.

Esta tesis es superficial ya que la doctrina bíblica de Satanás no es dualística pues el imperio del maligno tuvo un principio y tendrá un fin. El diablo es el gran adversario de Dios en la esfera cósmica, pero es creación del Señor, existe por la voluntad divina y su poder es limitado. Así que el concepto de Bultmann y otros liberales dista mucho de ser cierto.

La segunda opción consiste en despersonalizar a los demonios. Aunque no se puede negar la realidad del mal, hay teólogos como Tillich que piensan que es impersonal, meramente una parte de la estructura de la realidad social. «El término demoníaco es considerado como la caracterización de poderosas fuerzas sociales y estructuras más bien que seres personales».[2]

Ya hemos mencionado la tercera alternativa en el capítulo anterior, es decir, el concepto del teólogo neoortodoxo, Karl Barth. Aunque él acepta la descripción bíblica de los ángeles buenos, niega que los demonios son seres creados por Dios. Admite que son una parte de la amenaza a su creación pero les falta realidad substancial. Llevan máscaras que llenan el mundo con temor, pero les falta poder ontológico (la ontología es la parte de la filosofía que estudia el ser). Se encuentra su origen y naturaleza en la nada, el caos, la oscuridad de la reacción prístina, pero consisten en la nada en su dinámica.[3] «El problema básico de esta posición», según Erickson, «es que niega la existencia concreta del mal y las cosas malas».[4] También es difícil entender como la muerte de Cristo triunfaría sobre la nada (Col. 2:15).

El punto de vista que atribuye el mal moral solo a la pecaminosidad del hombre conduce a un concepto superficial de la realidad del pecado en el mundo; no puede explicar adecuadamente la profundidad de la iniquidad. Una evaluación profunda de la realidad del pecado revela que este es formidablemente ordenado, planificado, dirigido sutilmente y llevado a cabo con destreza, para que sea algo impersonal. La depravación moral del hombre en sí misma, no puede brindar organización y coordinación a las fuerzas malignas en el mundo. La astucia malvada, la estratagema y la persistencia del pecado señalan que hay una mente magistral detrás de él.

Aunque algunos teólogos contemporáneos, que sostienen la doctrina conservadora, rechazan claramente la interpretación de Barth. Varios de ellos tienden a tratar muy brevemente el tema de Satanás y los demonios. Tal vez son influenciados por la actitud de este teólogo alemán cuando dijo que solo le daría un «vistazo» rápido y tajante al aspecto de la demonología, no fuera a ser que le diera más peso y atención a lo demoníaco, que lo absolutamente necesario.[5] Otra explicación similar se encuentra en las palabras del poeta Howard Nemerov: «Debo ser muy cauteloso al hablar del diablo, no sea que piensen que lo estoy invocando».[6]

Por otra parte parece que ciertos ministros de guerra espiritual y de «liberación» centran demasiado su atención en el ámbito de lo demoníaco. Tienden a conceder al diablo una importancia que a él no le corresponde y simultáneamente descuidan otros aspectos del evangelio como hacer morir las obras de la carne. Para algunos, el camino a la santidad es solo por medio de la liberación del poder del enemigo. Confunden a veces problemas emocionales, debilidades morales y ciertas enfermedades con la posesión demoníaca.

Los teólogos pentecostales Baker y Macchia observan:

> Se elevan los complejos males humano y sociales a la espera del conflicto con los demonios, mientras que descuidan la dimensión humana de dichos problemas y los nobles medios humanos para alcanzar la liberación y

la sanidad. Se ve a Cristo solamente como un instrumento de Dios para derrotar al diablo.[7]

No obstante el descuido del tema acerca del diablo y los demonios de parte de varios teólogos modernos y la distorsión del mismo por ciertos siervos del Señor, la demonología es una doctrina importante para nosotros. Se encuentran abundantes referencias a Satanás y sus ángeles en la Escritura, especialmente en los Evangelios sinópticos, en Hechos y Apocalipsis. Los apóstoles, inspirados por el Espíritu Santo, escriben a los creyentes a fin de que estos sepan los ardides del adversario y que no sean engañados y cautivados por él. Puesto que las fuerzas de la maldad siempre procuran perjudicar la obra de Dios y destruir a sus hijos, es necesario que estudiemos detalladamente lo que la Biblia dice acerca de ellas y aprender como vencerlas.

B. El príncipe de los demonios: Satanás

El relato de la tentación de Cristo no deja duda alguna acerca de la existencia, la personalidad, la influencia y el poder de Satanás (Mt. 4:1–11; Lc. 4:1–13). En otra ocasión, el Señor Jesucristo reconoce ante los fariseos el dominio del maligno sobre los hombres y su naturaleza asesina: «Vuestro padre el diablo … ha sido homicida desde el principio». (Jn. 8:44). El Nuevo Testamento identifica a Satanás como el *poneros*, el «malo» o «maligno» (Mt. 13:19; 1 Jn. 2:13; 5:18), un término para describir uno que es la antítesis absoluta de Dios. Se reconoce como el príncipe de las fuerzas de la oscuridad y el enemigo acérrimo de Dios y de la humanidad.

Consideraremos lo que la Biblia enseña acerca de él.

1. *Las referencias a Satanás en el Antiguo Testamento.* Aunque se refiere pocas veces a Satanás, el Antiguo Testamento contiene la materia prima para desarrollar más tarde la doctrina del maligno. Aparece en Edén como la serpiente que tienta a la primera pareja (Gn. 3:1-5). Luego el libro de Job le presenta como un ser celestial que integra la corte del Señor y dialoga familiarmente con él. Es un espíritu escéptico respecto del hombre, deseoso de encontrar defectos en él y de

poder acusarle ante Dios. Es un ser malvado, ansioso de desatar sobre los hombres toda suerte de males, incluyendo el motivarles a blasfemar a su Creador (caps. 1—2).

En una visión, el profeta Zacarías ve la purificación e investidura del sumo sacerdote Josué (3:1–5). Junto a este, aparece *«El Satán»* acusando al siervo de Jehová. Se cumple su papel como el *ángel acusador* quien es el antagonista del *ángel del Señor*. El cronista le presenta como el que incita a David censar al pueblo de Israel, un mal que fue castigado por Dios (1 Cr. 21:1).

2. *Los nombres del príncipe de los demonios*. Los dos nombres principales son Satanás (hebreo: *Satán*) «adversario» o «uno que asecha», y el diablo (griego: *diabolos*) «acusador», «calumniador». Así que él es el adversario por excelencia que se opone a la causa de Dios y su pueblo. El término Satanás aparece 34 veces en la Biblia, y el vocablo diablo 33 veces.

Las Escrituras emplean muchos términos y nombres para el diablo que sirven para revelar la exaltación en el mundo espiritual, el carácter y las actividades de él.

Entre ellos figuran:

- «Rey» de los demonios (Ap. 9:11).
- «Ángel del abismo que se llama *Abadón*, y en el griego *Apolión*» (destructor), Ap. 9:11).
- «El acusador de nuestros hermanos» (Ap. 12:10).
- «Beelzebú, príncipe de los demonios» (Mt. 12:24). Es un juego de palabras despectivas que transforma el título de una divinidad cananea «Baal el príncipe» en «Baal el Señor de las moscas».
- «Belial» (2 Co. 6:15). Este nombre derivado de un vocablo hebreo que significa «inútil», «ruin». En aquel tiempo se aplicaba al diablo.[8]
- «Engañador» el cual engaña al mundo entero (Ap. 12:9, véase 20:10).
- «El gran dragón». (Ap. 12:9).
- «La serpiente antigua» (Ap. 12:9). Probablemente es una alusión a la serpiente en el Edén (Gn. 3:1–7).
- «Un enemigo» (Mt. 13:28,39).

- «El malo», «el maligno» (Mt. 13:19,38).

- «Mentiroso y padre de mentira» (Jn. 8:44).

- «El dios de este mundo» (2 Co. 4:4).

- «Homicida» (Jn. 8:44).

- «Príncipe de la potestad del aire» (Ef. 2:2). No es limitado a la tierra sino dirige en los lugares celestiales.

- «El espíritu que ahora opera en los hijos de desobediencia». (Ef. 2:2).

- «El príncipe de este mundo» (Jn. 12:31; 14:30; 16:11).

- «El tentador» (Mt. 4:3; 1 Ts. 3:5).

3. **El alto rango de Satanás.**[9] Él ocupa una posición de gran poder y dignidad en el mundo espiritual. El libro de Job le presenta como uno de los «hijos de Dios» (seres angélicos) que tienen acceso a la presencia de Dios (1:2). Su exaltación es tan grande que «ni siquiera el arcángel Miguel, cuando argumentaba con el diablo disputándole el cuerpo de Moisés, se atrevió a pronunciar contra él un juicio de maldición, sino que dijo: «¡Qué el Señor te reprenda!» (Jud. 9, NVI).

El maligno no actúa aisladamente, sino como el gobernador de un reino bien organizado en el cual sus subalternos ejercen responsabilidad bajo la dirección de él (Mt. 12:26). Es el rey de esta organización inmensa de seres espirituales, los demonios, o sea, sus ángeles (Mt. 25:41; Ap. 9:11; 12:7). Como «príncipe del imperio del aire» (Ef. 2:2, BJ), él dirige hábilmente sus bien organizadas huestes de espíritus malos en la esfera celestial (Ef. 6:12). Los ángeles caídos que le obedecen, retienen su rango, dignidad y títulos, los cuales originalmente fueron concedidos por Dios.

Jesús le describe como «el príncipe de este mundo» (Jn. 12:31). El «mundo» (griego: *cosmos*) sobre el cual gobierna, se refiere al sistema actual del mundo, organizado y dirigido según los principios, métodos y objetivos de Satanás (2 Co. 4:3–4; Ef. 2:2; Col. 1:13). Este «ejerce su poder en los que viven en la desobediencia» (Ef. 2:2, NVI), y «el mundo entero está bajo su control» (Jn. 5:19, NVI).

4. *Las actividades del enemigo.* Satanás mismo describe su actividad como andar «recorriendo la tierra de un lado al otro» (Job. 1:7, DHH). ¿Por qué pasa su tiempo así? El apóstol Pedro le compara a un «león rugiente» que «anda alrededor buscando a quién devorar» (1 P. 5:8). Se ocupa en provocar conflicto en el mundo y persistente oposición contra Dios y su pueblo. En particular, los creyentes siempre son objetos de su odio implacable. La iglesia de Esmirna fue advertida de que sería atacada despiadadamente por el diablo (Ap. 2:10). Jesús le dijo a Pedro que Satanás pidió zarandear a los discípulos «como a trigo» (Lc. 22:31). Por eso, las Escrituras identifican al diablo como «el enemigo» de Dios y la verdad (Mt. 13:28,39; 2 Ts. 2:9–12). Sus acciones suelen tener que ver con la oscuridad moral (Hch. 26:18).[10]

El adversario intenta perjudicar la obra del Señor, estorbando a los siervos de este (1 Ts. 2:18), acusando delante de Dios a los hermanos en la fe «día y noche» (Ap. 12:10) y controlando a las personas malas que resisten el evangelio (Ap. 2:9,13).

También el diablo usa a veces a los hijos de Dios para sus fines malvados. Cuando Jesús anuncia su muerte, Pedro se convierte en partidario de Satanás, tratando de persuadir a Cristo para que no vaya a la cruz (Mt. 16:21–23). Al concluir el pasaje de Romanos 16:17–20, con la afirmación de que «el Dios de paz aplastará muy pronto a Satanás bajo vuestros pies», el escritor inspirado aparentemente indica que la división y las discordias en la iglesia son en parte la obra del adversario. La táctica de este sería dividir y vencer. Por lo tanto, hay que estar «solícitos en guardar la unidad del Espíritu en el vínculo de la paz» (Ef. 4:3).

Refiriéndose a Satanás, el apóstol Pablo observa: «No ignoramos sus artimañas» (2 Co. 2:11, NVI), ¿Cuál es la estrategia de él? ¿Cuáles son las tácticas que emplea el maligno para estorbar la obra de Dios y destruir a su pueblo? Consideremos algunas.

a) Se esfuerza en tentar a los creyentes a fin de que pequen, se desanimen y dejen de servir al Señor. Por esto, se llama el «tentador» (Mt. 4:3; 1 Ts. 3:5). Es muy astuto y piensa bien la manera más eficaz para hacer pecar al creyente. Emplea el argumento de que el fin justifica los medios. Por ejemplo, el diablo apela a la ambición y vanagloria de Eva, diciéndole que comer el fruto del árbol le haría sabia como Dios. Niega a la vez que habrá malas consecuencias (Gn. 3:1–7). En ello pone en tela de juicio la palabra de Dios.

b) Pone lazos para engañar y entrampar en lo malo a los fieles. Pablo exhorta a Timoteo: «Es necesario que tenga buen testimonio de los de afuera, para que no caiga en descrédito y en lazo del diablo» (1 Ti. 3:7). Algunas otras trampas mencionadas por el apóstol son el envanecimiento de un siervo de Dios (1 Ti. 3:6) y la obstinación de personas que no quieren arrepentirse de sostener opiniones contrarias a la verdad (2 Ti. 2:25–26).

c) Aprovecha las debilidades y limitaciones de los hombres para tentarlos a pecar. Por ejemplo, las Escrituras aconsejan a los matrimonios: «No os neguéis el uno al otro, a no ser por algún tiempo de mutuo consentimiento, para ocuparse sosegadamente en la oración; y volved a juntaros en uno, para no que no os tiente Satanás a causa de vuestra continencia» (1 Co. 7:5). El adversario tentó a Jesús instándole a usar su poder sobrenatural para satisfacer su hambre (Mt. 4:3).

d) Se opone a la obra de Dios falsificando la verdad o disimulándola. En una parábola de Jesús, el enemigo siembra la mala hierba en el campo de trigo, es decir, planta los «hijos del maligno» entre los «hijos del reino» (Mt. 13:24–30; 37–39). Los creyentes falsos forman sinagogas de Satanás (Ap. 2:9). Con frecuencia el adversario se disfraza como un «ángel de luz» presentando a sus mensajeros falsos como si fueran ministros de justicia (2 Co. 11:13–15).[11]

e) Estorba la evangelización de los incrédulos y sustituye las buenas nuevas con doctrinas falsas. El dios de este mundo ciega el entendimiento de los perdidos a fin de que no crean el evangelio (2 Co. 4:4), arrebata lo que se sembró en su corazón (Mt. 13:19) y les persuade a creer en la mentira (2 Ts. 2:9–12).[12]

El Espíritu Santo nos advierte que «en los postreros tiempos algunos apostarán de la fe, escuchando a espíritus engañadores y a doctrinas de demonios» (1 Ti. 4:1). Donald Turner indica que esto explica la proliferación de las religiones falsas en «el mundo cristiano» hoy en día. «Con un poquito de verdad y mucho de error, las sectas se multiplican».[13] Es interesante notar que ciertos fundadores de religiones o de sectas falsas aseveran que tenían visiones en las cuales apariciones de espíritus o ángeles les comunicaron sus doctrinas. Estos son mensajeros de Satanás.

f) **Emplea abiertamente la violencia para impedir la obra de Dios.** La traición de Jesús por Judas fue instigada por Satanás (Lc. 22:3; Jn. 13:2,27). Pedro advierte a los creyentes que el diablo ronda como león rugiente, buscando a quién devorar (1 P. 5:8). Los ataques violentos del enemigo se manifiestan en persecuciones de los santos (2 Ti. 3:11–13; Ap. 12:13–17).[14]

Por otra parte, Dios emplea a veces a Satanás para llevar a cabo sus sublimes propósitos. Lutero se refiere al adversario como «el diablo de Dios», o sea, su instrumento. El ejemplo por excelencia se encuentra en el papel del diablo referente a la crucifixión de Jesús. Juan dice que en la noche de la traición de Cristo, Satanás «entró» en Judas Iscariote (Jn. 13:27). En vez de destruir el «Príncipe de gloria» por medio de la cruz, el adversario y sus fuerzas fueron despojados públicamente (Col. 2:5). Se cumple el dicho popular: «Al dar al diablo mucha soga, él solito se ahorca».

Otro ejemplo de cómo Dios usa a Satanás se ve en la tentación del Señor. «Jesús fue llevado por el Espíritu al desierto para ser tentado por «el diablo» (Mt. 4:1). «Aunque Dios nunca nos tienta a pecar (Stg. 1:13), nos permite ser tentados a fin de que se realice su propósito en nuestra vida.

El maligno también sirve de azote para la disciplina de los creyentes que deliberadamente se comportan mal (1 Co. 5:3–5; véase 1 Ti. 1:20). De vez en cuando, Dios permite que el diablo haga mal al cristiano pero eso lo usa para su bien como en el caso del aguijón en la carne de Pablo. Refiriéndose a los casos mencionados, Turner explica:

Dios pone límites a las intervenciones de Satanás, de manera que el creyente sea disciplinado para su bendición, y que también pueda ser para fines espirituales en la mente de Dios, como el libro de Job explica (Heb. 12:5–11). De manera que, el hijo de Dios, debe ejercitar su conciencia y orar a Dios para saber si es por castigo o corrección o para desarrollar en él alguna virtud como la paciencia.[15]

5. *Las limitaciones de Satanás.* Aunque el diablo es poderoso, no dispone de poder autónomo, sino que actúa dentro de los límites fijados por Dios. El libro de Job nos enseña que no puede tentar al hombre sin recibir permiso de Dios (2:6). Tampoco puede dañar a los hijos de Dios sin que Dios le deje, pues Satanás mismo testifica referente a Job: «¿No le has rodeado de tu protección a él y su casa y todo lo que tiene» (1:10). Al igual que en el caso de Job, Satanás tuvo que pedir permiso del Padre para zarandear a los discípulos como trigo en la noche de la entrega de Cristo en las manos de sus enemigos (Lc. 22:31).

También, el creyente puede resistir al tentador y este huirá de él (Stg. 4:7); no debe dar lugar al diablo (Ef. 4:27). Sin embargo no puede vencerlo mediante su propia fuerza sino solo por el poder del Espíritu Santo (Ro. 8:3–14). Antes de ser tentado, Jesús fue lleno del Espíritu. El cristiano debe acatar la admonición paulina: «Tomad toda la armadura de Dios, para que podáis resistir el día malo y, habiendo acabado todo, estar firmes» (Ef. 6:13). «Orad en todo tiempo con toda oración y súplica en el Espíritu, y velad en ello con toda perseverancia» (Ef. 6:18): Añadimos la exhortación de Jesús cuando él se acerca a su terrible prueba: «Velad y orad para que no entréis en tentación; el espíritu a la verdad está dispuesto, pero la carne es débil» (Mt. 26:41).

6. *La caída de Satanás.* El adversario no es eterno o autoexistente pues es un ser creado por Dios y sujeto a él. Siendo originalmente un ángel, fue creado bueno pero cayó. Jesús confirma el hecho de su caída y de su resultante carácter apóstata: «No ha permanecido en la verdad» (Jn. 8:44). En 1 Ti-

moteo 3:6, Pablo insinúa que Satanás fue condenado por causa de su orgullo: «Que» (el obispo) «no sea neófito, no sea que envaneciéndose caiga en la condenación del diablo».

¿Existe adicional evidencia bíblica de que el orgullo del diablo fue la causa de su caída? Orígenes y Agustín igualaban a Lucero (Is. 14:12–15) con Satanás quien, con potencias, se rebeló y cayó del cielo por causa de su orgullo. Además varios teólogos contemporáneos, particularmente los dispensacionalistas, creen que ciertas expresiones de la burla a los reyes de Babilonia y de Tiro se aplican a la caída del maligno (Is. 14:12–17; Ez. 28:12–19). Por ejemplo, Donaldo Turner asevera que los versículos 12–15 del capítulo 14 de Isaías, dejan de hablar del rey humano de Babilonia a fin de referirse al ser espiritual (Satanás) el cual le inspiró en su maldad.[16] Según este pasaje, el «lucero de la mañana» cayó por su orgullo y ambición de hacerse igual a Dios.

Harold Lindsell observa:

> Es una mofa dirigida por los habitantes del Seol al rey de Babilonia (v. 4), pero la desmesurada ambición del desafiante de Dios, expresada en los vv. 13 y 14, supera a cuanto pudiera ponerse en boca de un ser humano, aun hiperbólicamente. Jamás rey humano alguno aparece en la literatura semita antigua, ni hebrea ni pagana, haciendo alarde de establecer su trono sobre las alturas de las nubes como el Dios Altísimo. Por lo tanto, en este pasaje es posible ver al humano rey de Babilonia como instrumento en la mano del mismo diablo, quien le ha dado poder y lo ha dirigido en su oposición al pueblo y a la causa de Dios.[17]

Por otra parte, muchos expositores de las Escrituras discrepan con este punto de vista. Una nota en la Biblia de Estudio Reina Valera 1995, pone en tela de juicio la explicación de Lindsell.

> En Isaías 14:12–15 se compara al rey de Babilonia con el «lucero, hijo de la mañana», astro que los cananeos tenían por un dios que había querido ponerse a la cabeza de los demás dioses (v. 13) ... Con esta imagen el

autor ridiculiza el orgullo y la arrogancia del rey de Babilonia.[18]

En Ezequiel 25:12–19, hay otra referencia similar a la de Isaías 14. Según la interpretación de algunos estudiosos de la Biblia, los primeros versículos hablan del príncipe de Tiro, pero después el profeta se refiere a Satanás. La enseñanza será:

a) Fue creado vv. 13,15.

b) Fue perfecto en todos sus caminos, hermoso y sabio, vv. 12,15,17.

c) Estaba en el Edén, el huerto de Dios, donde era «querubín grande, protector» vv. 13-14.

d) Pecó por su orgullo y fue arrojado a la tierra, vv. 15–18.

Nuevamente hay «descripciones que no pueden ser aplicadas a ningún ser humano sin incurrir en exageración e hipérbole en alto grado, cosa no común en las Sagradas Escrituras».[19] Las expresiones «querubín», «Edén de Dios», «perfecto eras en tu camino», «se enalteció tu corazón» parecen indicar que Ezequiel habla acerca de la caída de Satanás. Sin embargo, ninguna referencia neotestamentaria apoya la identificación del rey de Tiro con el diablo. Como consecuencia, varios expositores de la Escritura rechazan esa noción. Garrett sostiene el punto de vista hermenéutico:

> Sobre la base de nuestra indagación de … Isaías 14:12–20 y Ezequiel 28:11–19, debería ser evidente que la elaboración de la doctrina bíblica acerca de Satanás debe basarse sobre los pasajes bíblicos que clara y evidentemente se refieren a Satanás, no sobre los textos en disputa.[20]

Dejamos al lector la interpretación de estos pasajes.

7. *El motivo de Satanás.* La pasión del adversario para usurpar el lugar de Dios y ser adorado como si fuera deidad, se revela en la tentación de Jesús (Mt. 4:8-9; Lc. 4:5–6). Este deseo intenso del enemigo será gratificado temporalmente a través de capacitar al «hombre de pecado» para que se siente «en el templo de Dios, haciéndose pasar por Dios» (2 Ts. 2:1–11; Ap. 13:4). La

idolatría que desvía el culto al Dios verdadero, es motivada por las fuerzas demoníacas (1 Co. 10:20; Sal. 106:34–38).

8. *La derrota de Satanás.* La batalla crucial entre el Reino de Dios y el imperio de las tinieblas fue realizada en el conflicto entre Cristo y el maligno. Uno de los objetivos principales de la primera venida del Señor fue deshacer las obras del diablo (1 Jn. 3:8), o sea, entrar en la casa del hombre fuerte, atarle y saquear sus bienes (Mr. 3:27). Esta figura significa que el ministerio de Jesús es un proceso de ir atando al «hombre fuerte» (Satanás) y despojándole de «sus bienes», es decir, de los cuerpos y las almas de sus cautivos. Jesús ató a Satanás, en parte mediante la expulsión de demonios.

La derrota decisiva de Satanás fue realizada en la cruz del Calvario. En vísperas de su crucifixión Jesús dijo: «Ahora es el juicio de este mundo, ahora el príncipe de este mundo será echado fuera» (Jn. 12:31; véase 16:11). Allí el adversario fue juzgado como usurpador y despojado de su autoridad sobre el mundo. Por medio de la cruz y su resurrección, Cristo rompió el poder del enemigo sobre la humanidad. «El también compartió esa naturaleza humana para anular, mediante la muerte, al que tiene el dominio de la muerte, es decir, al diablo, y librar a todos los que por temor a la muerte estaban sometidos a esclavitud durante toda la vida» (Heb. 2:14, NVI). Así liberó potencialmente toda alma del poder de Satanás. Los que aceptan las buenas nuevas por fe son liberados del imperio de las tinieblas y trasladados al Reino del Hijo amado de Dios (Col. 1:13).

Aunque el maligno ya ha sido juzgado, se le permite actuar como usurpador hasta que sea encadenado y arrojado al lago de fuego y azufre (1 P. 5:8; 1 Jn. 5:19; Ap. 20:1–3,10). Todavía tiene poder para perseguir a los santos, pero sus días están contados. Jesús asevera que el «fuego eterno» está preparado «para el diablo y sus ángeles» (Mt. 25:41).

C. Los secuaces de Satanás: los demonios

La incredulidad referente a la existencia de demonios es una de las características que distinguen a los liberales de los evangélicos conservadores. Esos señalan que la ciencia moderna demuestra que muchas de las enfermedades atribuidas a la posesión demoníaca por los antiguos, son nada más que problemas sicológicos y mentales. Explican que los exorcismos realizados por Jesús consistían en su acomodación a las supersticiones de aquel entonces. Bultmann resume el concepto modernista: «Es imposible hacer uso de la luz eléctrica y el teléfono y aprovecharnos de los descubrimientos médicos y quirúrgicos modernos, y al mismo tiempo creer en el mundo neotestamentario de demonios y espíritus».[21]

Por otra parte, ya hemos mencionado la evidencia abrumadora de que existe la posesión demoníaca en culturas no cristianas, y operan los poderes sobrenaturales de los brujos de la religión vudú. En su libro *The Christian Universe* [El universo cristiano], Londres, 1966, E. L. Mascall «representa una minoría importante de teólogos quienes creen que hay, en nuestra situación y experiencia humanas, señales y dimensiones del mal y de la enfermedad que se explican mejor al aceptar la existencia de cierta clase de agente maligno caracterizada legítimamente por "diablo" y "demonios"».[22]

Sobre todo, el Señor Jesucristo puso de manifiesto la existencia de demonios, su carácter malo y sus actividades destructoras. Los Evangelios presentan a Jesús en permanente conflicto con los espíritus malos. En el caso del gadareno endemoniado, Cristo habló directamente con estos seres malignos y ellos le contestaron (Lc. 8:27–33). Así reconoció la existencia de ellos como seres espirituales con personalidad.

1. *¿Quiénes son los demonios?* Aunque el Antiguo Testamento no formula una doctrina sobre los seres demoníacos o los espíritus inmundos, existen algunas referencias a ellos. Los Evangelios tampoco se interesan mucho en ellos, más bien su enfoque está en la persona de Jesús, en los oprimidos del diablo y en las liberaciones maravillosas. Sin embargo, se ve en el Nuevo Testamento un cuadro claro de los servidores invisibles de Satanás.

a) Términos. En el Veterotestamento, parece que los demonios tomaran a veces forma de animal, «chivos» o «demonios peludos» (el hebreo), y los israelitas les ofrecían sacrificio (Lev. 17:7). Lo que probablemente sucedió es que los adoradores habían aceptado la idolatría egipcia, la de prestar culto a los animales. Detrás de los objetos de culto, los animales, había demonios. Es decir, que los chivos no eran demonios sino objetos del culto pagano. Se encuentra el pensamiento de que las deidades a las que de tiempo en tiempo servía Israel, no eran dioses verdaderos, sino demonios.

También en el Antiguo Testamento se creía que los espíritus malignos estaban bajo el control de Jehová (1 S. 16:14-23).

El Nuevo Testamento, en contraste, hace muchas referencias a los demonios. Emplea varios términos para describirlos. La designación más común, «demonio», se deriva del griego *daimonion*, diminutivo de *daimon* (un dios o poder divino). Para los apóstoles, cualquier deidad que no sea el único Dios verdadero es un dios falso o demonio (1 Co. 10:20). No se usa la palabra «diablo» (griego: *diabolos*) para referirse a los demonios porque solo se aplica este nombre al príncipe de ellos.

La Biblia emplea a menudo el término «espíritu» junto con una frase descriptiva que lo identifica como un demonio. Por ejemplo, «espíritu malo» (Hch. 19:12), «espíritu inmundo» (Mt. 10:1; Mr. 1:23,26; Hch. 5:16), «espíritu de enfermedad» (Lc. 13:11), «espíritu mudo y sordo» (Mr. 9:25) y «espíritu de adivinación» (Hch. 16:16).

b) Origen y caída. Puesto que todo lo que creó Dios en el principio era bueno, es obvio que los demonios son criaturas caídas. Pero, ¿cómo es que cayeron? La Biblia no nos lo cuenta. Sin embargo, hay dos teorías principales que intentan explicar el origen del mal carácter de estos seres.

La primera teoría especula que los demonios son el resultado de la cría de la unión antinatural de ángeles («hijos de Dios») con mujeres antidiluvianas (Gn. 6:2; Jud. 6). De estos seres (hebreo: *nefilim* «gigantes» o «valientes») salieron espíritus malos cuando esos fueron muertos en batalla o en el diluvio. La obra judía-apócrifa, 1 Enoc, es la fuente principal de esa noción. Ya hemos señalado la imposibilidad

de que seres espirituales puedan reproducirse pues son asexuales (Mt. 22:30).

Otra teoría sostiene que una multitud de ángeles cayeron
cuando Satanás se rebeló contra Dios. Orígenes desarrolló el
concepto de una rebelión pre-cósmica contra Dios en aquel
entonces, pues Dios les había dado libre albedrío.[23] Esta idea
ha prevalecido entre los cristianos.

En dos pasajes, el Nuevo Testamento habla de la rebelión
de ciertos ángeles. Pedro dice: «Dios no perdonó a los ángeles
que pecaron, sino que los arrojó al infierno y los entregó a prisiones de oscuridad, donde están reservados para el juicio»
(2 P. 2:4). Judas elabora: «Y a los ángeles que no guardaron su
dignidad, sino que abandonaron su propio hogar, los ha guardado bajo oscuridad, en prisiones eternas, para el juicio del
gran día» (Jud. 6). La Escritura no menciona la ocasión de la
rebelión, solo que ocurrió.

Puesto que no todos los ángeles caídos están en el infierno, concluimos que: el pecado mencionado por los escritores
inspirados no se refiere a la rebelión inicial de los seres celestiales o solamente algunos de los demonios fueron entregados
al infierno, posiblemente por la gravedad especial de su pecado. De todos modos, los espíritus rebeldes son divididos en
dos categorías por los teólogos: los demonios en prisiones de
oscuridad y los libres quienes procuran estorbar a los seres
humanos.

c) Características. Los demonios son espíritus creados, inmortales, inicuos e incapaces de reconciliarse con Dios. Son conde-
nados irremisiblemente (Mt. 8:29; Lc. 8:31; Mt. 25:41). Siendo ángeles caídos, son mucho más poderosos que los hombres,
pero muy inferiores a Dios en poder (Mt. 9:32–33; 12:22; Lc.
8:26–36). Jesús, sin embargo, ha prometido a los creyentes autoridad sobre ellos (Mr. 16:17).

Los ángeles caídos tienen personalidad e inteligencia. Saben mucho referente al mundo espiritual y son capaces de hablar y oír (Mr. 1:23–24); aparentemente tienen nombres (Mr.
5:9); experimentan emociones pues mostraron temor y tem-
blor en Lucas 8:28 y Santiago 2:19. Como súbditos del reino

del diablo, son enemigos de Dios y de los hombres (Mt. 12:43–45). Forman un ejército organizado, «huestes espirituales», con la jerarquía de principados, potestades y gobernadores de las tinieblas de este siglo a fin de guerrear contra la iglesia de Jesucristo (Ef. 6:12). Los demonios son impulsados por tres objetivos: perjudicar la obra de Dios, extender el poder de Satanás y promover el culto al maligno.

2. *Las actividades de los demonios.* Los ángeles fueron creados para adorar a Dios, servirle y ser sus mensajeros (Heb. 1:14). La contraparte de ellos, los ángeles caídos, tiene una función similar pero un señor diferente. Son leales al diablo, a quien le sirven. Quieren trabajar con seres humanos pero su objetivo es llevar a cabo los designios de Satanás y oponerse a Dios. Tientan y engañan a la humanidad a fin de que sea condenada eternamente. En el proceso de destruir el Reino del Señor, atacan, oprimen, perjudican y acusan al pueblo de Dios.[24]

Puesto que Satanás no es omnipresente, él usa sus huestes demoníacas para realizar su voluntad. Sus secuaces tienen el mismo poder y emplean los mismos métodos de su rey. Causan enfermedades físicas en el cuerpo humano (Mt. 9:32-33; 12:22; 17:14–18), sin embargo, no todas las enfermedades y dolencias son resultado de los malos espíritus (Mt. 4:24; Lc. 5:12–13). Los espíritus malos influyen en los pensamientos, las emociones y las acciones de los creyentes que no siguen la dirección del Espíritu (2 Co. 11:13–15). Ya que espíritus malignos a menudo atacan la mente y las emociones, muchos síntomas de la enfermedad mental pueden ser atribuidas a su actividad.

¿Cómo funcionan los demonios en la esfera moral? El ejemplo de la estrategia de Satanás cuando tienta a Eva y también las doctrinas de sectas falsas nos dan un patrón. (1) Niegan la verdad de la Palabra de Dios y ponen en tela de juicio sus afirmaciones: «¿Es verdad que Dios les dijo…?» (Gn. 3:1, NVI); (2) Niegan que la desobediencia produzca consecuencias funestas o, sea, el castigo divino: «No van a morir» (Gn. 3:4, NVI; también algunas sectas sustituyen la reencarnación

por la muerte); (3) Apelan a la vanidad y orgullo humano aseverando que el hombre puede ser semejante a Dios o aún ser
un dios (Gn. 3:5). La Nueva Era y el Satanismo presentan los
mismos argumentos.

En el Antiguo Testamento, las prácticas de la idolatría, la
magia y la hechicería se relacionan con las fuerzas demoníacas (Dt. 32:17; Sal. 96:5). Los demonios con frecuencia obran
por medio de libros de magia (Hch. 19:19), fetiches y amule-
tos. Es bien conocido que mediante el poder demoníaco, los
brujos y hechiceros ponen encantamientos y maldiciones sobre otras personas.

Los pasajes bíblicos que se refieren a espíritus hechiceros,
la adivinación y la necromancia, hablan de métodos que usan
los demonios para esclavizar a los seres humanos. Los que
participan en semejantes cosas deben saber que tratan con los
espíritus malos, y eso puede conducir a la posesión demoníaca (véanse Hch. 13:8–10; 19:19; Gá. 5:20; Ap. 9:20).

El espiritismo es un engaño cruel de los demonios. Según
la parábola del rico y Lázaro es imposible que los difuntos se
comuniquen con los vivos pues estos están confinados a su
lugar y no pueden salir (Lc. 16:23–26). En el caso excepcional
de la aparición del difunto Samuel (1 S. 28:7–20), Dios probablemente le envío a Saúl para entregarle un mensaje de juicio.
Los supuestos espíritus de difuntos que se comunican con los
vivos en las sesiones del espiritismo, son realmente demonios disfrazados como los espíritus de los muertos. Tampoco
se encuentran en la Biblia casos de reencarnación de individuos. Tales nociones son doctrinas de demonios.

El apóstol Pablo señala que la idolatría consiste en adorar
a los demonios. Asevera que el ídolo o dios pagano no es real
en el sentido como lo reconocen los idólatras (1 Co.
10:20–21; véase Ap. 9:20). Tanto este apóstol como el autor
del Apocalipsis, predicen que habrá un aumento de la actividad demoníaca en los postreros días y «algunos apostarán de
la fe, escuchando a espíritus engañadores y doctrinas de demonios» (1 Ti. 4:1; véase Ap. 16:13–14).

La actividad más terrible de los demonios es tomar posesión de personas. Consideraremos este fenómeno en la sección siguiente.

3. *Posesión demoníaca.* En los Evangelios sinópticos y en el libro de los Hechos, se hallan muchos relatos de la liberación de personas endemoniadas, o sea, individuos inválidos que son controlados por espíritus malos. La expresión técnica griega para la posesión demoníaca, *daimonizomai* (demonizado), no se encuentra en las Escrituras pero el término *daimonion echein* (tener un demonio) aparece a menudo en los Evangelios. También se usan a veces las expresiones «espíritus inmundos» (Hch. 8:7) y «espíritus malos» (Hch. 19:12).

En los Evangelios sinópticos se hallan muchas referencias de personas poseídas por espíritus malignos, dando como resultado una variedad de efectos, tales como fuerza extraordinaria (Mr. 5:2–4), conducta extraña como no usar ropa y vivir entre los sepulcros (Lc. 8:27), mudez (Lc. 11:14), epilepsia (Mr. 9:17–18), manía (Mr. 5:2–5) y actividades autodestructivas (Mr. 5:5; Mt. 17:15).

Erickson observa:

> Hay evidentemente grados de aflicción (por los espíritus) ya que Jesús habla de un espíritu maligno que «va y toma, consigo otros siete espíritus peores que él» (Mt. 12:45). En todos estos casos hay un elemento común, la destrucción de la persona involucrada, sea física, emocional o espiritual.[25]

Conviene observar nuevamente que las Escrituras no atribuyen toda enfermedad a la posesión demoníaca. Hacen una distinción entre sanar a los enfermos y librar a los endemoniados. Por ejemplo Mateo cuenta que Jesús «con la palabra echó fuera a los demonios, y sanó a todos los enfermos» (Mt. 8:16; véase Mr. 1:34; 6:13; Lc. 13:32; 4:40–41).

Los Evangelios mencionan personas poseídas por varios demonios. Por ejemplo, Jesús expulsa a siete demonios de María Magdalena (Lc. 8:2); el espíritu inmundo que habita en el maníaco de Gadara dice que le llaman Legión «porque somos muchos» (Mr. 5:9). En la época de César Augusto, una legión romana consistía de seis mil soldados.

Los demonios son capaces de entrar en animales como en el caso de la manada de cerdos en la región de los gadarenos (Mr. 5:13). Parece que se sienten más cómodos en los animales que en lugares desérticos; encuentran reposo cuando se posesionan de los hombres (Mt. 12:43–45).

4. *Exorcismo de demonios.* El echar fuera demonios es una actividad frecuente en el ministerio de Jesucristo. A sus discípulos les da autoridad para expulsar espíritus malignos (Mt. 10:1; 8; Mr. 16:17). Mateo 10:8 emplea el término *ekballó* que se usa muchas veces en el Nuevo Testamento y quiere decir: echar fuera, enviar, expulsar, despedir y sacar.

Se desprenden los principios de expulsar a los demonios y librar a los endemoniados, considerando la práctica de Jesús, de los apóstoles y las enseñanzas de las Escrituras.

a) Jesús reprendió a los demonios y les mandó que salieran fuera (Mr. 1:25; 9:25); los expulsó «con la palabra» (Mt. 8:16). También imponía las manos sobre los endemoniados y los espíritus salían espontáneamente (Lc. 13:10–16). A sus seguidores, les dio autoridad de usar su nombre para echarlos fuera (Mr. 16:17). Su nombre, sin embargo, no es una fórmula mágica: la eficacia de él depende de la relación que tiene con el Señor el que lo usa. El fracaso de los hijos de Esceva constituye un ejemplo que ilustra este principio (Hch. 19:11–16).

b) Jesús echó fuera demonios por el Espíritu Santo (Mt. 12:28; Hch. 10:38).

c) La oración y la fe son armas imprescindibles y poderosas en realizar estas obras de liberación. En el caso del endemoniado lunático (Mr. 9:14–29, DHH), Jesús reprende a sus discípulos y la multitud por su incredulidad: «¡Gente sin fe! ¿Hasta cuándo tendré que estar con ustedes?» (v. 19). A la petición del padre de un muchacho: «Si puedes hacer algo, ten compasión de nosotros y ayúdanos», el Señor contesta: «¿Cómo que si puedes? ¡Todo es posible para el que cree!» (v. 23). Así el Señor le hace ver que la cuestión no es si Jesús puede expulsar el demonio, sino si la persona que se acerca a él lo hace con fe. Después de librar al joven, Cristo observa: «A esta clase de demonios solamente se le puede expulsar por medio de la oración» (v. 29). Ciertos manuscritos antiguos añaden y con «ayuno», probablemente porque los cristianos primitivos asociaban el ayuno con la oración.

d) Apocalipsis 12:11 habla del poder de la «sangre del cordero», o sea, la muerte de Cristo, para vencer al diablo. La sangre de Jesús se refiere al triunfo de Cristo en la cruz sobre los principados y las potestades de las tinieblas (Col. 2:15).

La ilustración de la liberación de un endemoniado que dejó limpia y adornada pero desocupada su casa y luego el demonio acompañado de siete espíritus más malos que él volvió, nos enseña que es fútil expulsar demonios de personas que no quieren arrepentirse y llenar su vida con la presencia de Dios (Mt. 12:43–45; Lc. 11:24–26). La renovación externa no basta. Aún después de la conversión se corre el peligro de que el enemigo vuelva para afligir al liberado. Una nota en una Biblia de estudio sobre este pasaje comenta:

> Hay seguridad y protección del pecado y de Satanás solo por una completa consagración a Cristo y el uso de todos los medios de gracia puestos a disposición del creyente por medio de Cristo ... Los creyentes que han sido liberados de lo demoníaco pero no han renunciado totalmente al pecado ni han abierto su vida al Espíritu Santo están invitando a los espíritus malos a regresar con renovado poder para poseerlos.[26]

Conviene que la persona que es liberada de un espíritu malo se vista de toda la armadura de Dios para que pueda resistir en el día malo, esté firme y ore en el Espíritu (Ef. 6:10–18). Así saldrá más que vencedor. (Para saber más sobre la demonología de la actualidad, lea el artículo sobre este tema en el apéndice).

D. El valor práctico de la demonología

¿No es este capítulo un estudio demasiado prolijo sobre un tema de poca importancia teológica? Algunos teólogos modernos dirían «sí». Sin embargo, el asunto tiene gran valor práctico para el creyente.

1. Según el apóstol Pablo: «Nuestra lucha no es contra seres humanos, sino contra ... fuerzas espirituales malignas en las regiones celestiales» (Ef. 6:12, NVI). Es necesario conocer acerca del diablo, sus secuaces y su estratagema. Turner comenta: «El ejército que no reconoce a su enemigo no puede pelear, pero no solo hay que distinguir al adversario, sino también estudiar su posición, fuerza, armas y táctica».[27]

2. El creyente debe saber distinguir entre la enfermedad física, natural y los ataques de los demonios, entre las obras de la naturaleza pecaminosa y las tentaciones del maligno.

3. Nos conviene conocer las armas espirituales que son eficaces para defendernos de las «flechas encendidas del enemigo» (Ef. 6:16) y para derrotarlo.

4. Nos anima y fortalece saber que el adversario no es omnipotente sino que está sujeto a Dios, que no puede tocarnos sin permiso divino, que es un enemigo decisivamente derrotado en la cruz y que sus días de libertad están contados.

CITAS Y REFERENCIAS

1. Carl F. H. Henry, *God, Revelation and Authority, vol. VI, God Who Stands and Stays*, part 2, Word Books, Publisher, Waco, TX, 1983, p. 229.
2. Millard J. Erickson, *Christian Theology*, vol. I, Baker Bookhouse, Grand Rapids, MI, 1983, p. 446.
3. Karl Barth, *Church Dogmatics*, vol. 3, sección 3, p. 523.
4. Erickson, *op. cit.*, p. 447.
5. Barth, *op. cit.*, pp. 519-521.
6. D. G. Kehl, «The Cosmocrats: The Diabloism in Modern Literature» en *Demon Possession: A Medical, Historical, Anthropological and Theological Symposium*, J. W. Montgomery, editor, Bethany Fellowship, Inc, Minneapolis, MN, 1976, p. 111.
7. Carolyn Denise Baker, Frank Macchia, «Los espíritus creados» en *Teología Sistemática*, Stanley M. Horton, editor, Editorial Vida, Deerfield, FL, 1996, p. 207.
8. Nota sobre 2 Corintios 6:15 en *Santa Biblia, Reina Valera 1995*, Edición de Estudio, s. l., Sociedades Bíblicas Unidas, 1995, p. 1563.

9. Muchos de los pensamientos de esta sección son de D. E. Hierbert, «Satan» en *The Zondervan Pictoral Encyclopedia of the Bible*, vol. 5 Q-Z, Merrill C. Tenney, editor, Zondervan Publishing House, Grand Rapids, MI, 1977, pp 283–285.

10. *Íbid*.

11. *Íbid*.

12. *Íbid*.

13. Donaldo Turner, *Doctrina II; La doctrina de los Ángeles y del Hombre*, Academia Cristiana del Aire de la HCJB, Quito, Ecuador, 1958 p. A6–19.

14. Hierbert, *op. cit*., p. 284.

15. Turner, *op. cit*. p. A6–20.

16. *Íbid*, p. A6–18.

17. Harold Lindsell, *Santa Biblia con notas, concordancia y mapas; traducción de The Harper Study Bible*, Editorial Caribe, San José, Costa Rica; Miami, FL, 1980, p. 737.

18. Nota en *Santa Biblia, Reina Valera 1995, Edición de Estudio*, *op. cit*., p. 856.

19. Turner, *op. cit*., p. A6–18.

20. James L. Garrett, *Teología Sistemática*, Casa Bautista de Publicaciones, El Paso, TX, 1996, p. 395.

21. Rodolph Bultmann, *The New Testament and Theology*, H. W. Bartsch, editor, vol. 1, Harper and Row, Nueva York, 1961, p. 5.

22. G. H. Twelftree, «Diablo y demonios» en *Nuevo Diccionario de Teología*, Sinclair B. Feguson, David F. Wright, G. I. Packer, editores, Casa Bautista de Publicaciones, El Paso, TX, 1992, pp. 281–282.

23. Orígenes, *De principis* 2. 6. 9.

24. Carl E. De Vries, «Demon, demon possession» en *Baker Encyclopedia of the Bible*, vol. 1, Walter A. Elwell, editor, Baker Book House, Grand Rapids, MI, 1988, p. 611.

25. Erickson, *op. cit*., p. 449.

26. *Biblia de Estudio Pentecostal, NVI, Nuevo Testamento*, Donald C. Stamps, redactor, Editorial Vida, Miami, FL, 1991 p. 143.

27. Turner, *op. cit*., p. A6–28.

APÉNDICE

Endemoniados en la actualidad

¿Realmente hay personas poseídas de demonios en el segundo milenio después de Jesucristo? Grandes teólogos, eruditos y aun hombres corrientes en los países sofisticados del Occidente, responden con una sonrisa incrédula y atribuyen «semejante idea» a la mentalidad medieval. Para ellos, es pura superstición anticuada. Por otra parte, algunas revistas de gran prestigio, como la *National Geographic*, publican artículos en que antropólogos mencionan este fenómeno y muestran fotos de endemoniados entre los adeptos del vudú en culturas semi-primitivas.[1]

El médico misionero, Hugo W. White, de la China, en su obra *Demonism Verified and Analyzed* publicada en Shanghai en el año 1922, alega haber registrado más de cuatrocientos casos auténticos de endemoniados, con el testimonio de muchas personas serias y fidedignas. Terminan por asegurar a todo el mundo que es una verdad bien evidenciada que los espíritus malignos toman posesión de individuos. El Dr. Nevius y el evangelista misionero a China y Corea, Jonathan Goforth, han escrito de la misma manera.[2]

Es necesario reconocer que en los «países cristianos» el diablo y sus secuaces operan de una manera muy distinta de lo que hacen entre los «paganos» o tribus selváticas. En las culturas no afectadas por el cristianismo, se encuentran las actividades demoníacas en forma más directa y desenfrenadas. Sin embargo, también hay endemoniados en los países altamente civilizados, pero los demonios tienden a esconderse detrás de las enfermedades mentales.

La popularidad de la Nueva Era, la proliferación de las sectas esotéricas y otras formas del espiritismo, el surgimiento del satanismo y la prevaleciente drogadicción (todos estos), abren la puerta a los espíritus malos para poseer a la gente. Hay miles de personas poseídas por demonios en Argentina y Brasil. Parte de la labor de los pastores y evangelistas allí es expulsarlos. El exorcismo es una actividad prominente del ministerio del famoso evangelista argentino, Carlos Annacondia.

Se puede clasificar la obra demoníaca en tres aspectos: opresión, obsesión y posesión. Los demonios oprimen a los hombres sembrando pensamientos nocivos en su mente. Los obsesionan controlando su mente. Por ejemplo, la persona que alberga amargura o rencor contra otras, escucha continuamente acusaciones contra la persona que le ha ofendido. Para ella, es imposible perdonar y su corazón se llena de odio. Los espíritus malos, cuando posesionan al hombre, moran en la persona y le controlan completamente.

¿Cómo es que los espíritus malignos entran en los seres humanos? En el vudú y la idolatría cruda, la gente presta culto a los demonios. Brujos y hechiceros se abren a los espíritus a fin de recibir poder. La superstición es otra puerta. También los espíritus malos echan leña sobre el fuego de los deseos de la naturaleza pecaminosa. Al darse al desenfreno, la persona se abre a veces a la posesión demoníaca. El caso de la avaricia de Judas es un ejemplo. Su caída era un proceso más bien que un acto. Es probable que personas sumamente ambiciosas como los grandes conquistadores de naciones y edificadores de imperios son controlados por demonios (véase Dn. 10:13,20). La gente que deliberadamente desobedece a Dios, o no frena su temor, superstición, rencor y odio, son vulnerables a los espíritus inmundos (véase el ejemplo de Saúl del Antiguo Testamento).

Parece que los demonios se deleitan en la publicidad y atención del público. Al darles atención y pensar en ellos, las personas abren la puerta para ser poseídos, como les ocurrió a algunos espectadores de la película «El Exorcista». Por lo tanto, ministros que tienen mucha experiencia con endemoniados nos aconsejan a no dar mucha publicidad a los espíritus malignos. Debemos recordar que Jesús no les prestó mucha atención.

Hay personas que consienten voluntariamente en ser esclavizados por los espíritus. Obedecen sus demandas de ser adorados, queman incienso y sacrifican animales y aun seres humanos. Algunos maestros cristianos enseñan que la posesión demoníaca es hereditaria cuando citan Éxodo 20:5: «Soy Jehová, tu Dios, fuerte, celoso, que visito la maldad de los padres sobre los hijos hasta la tercera y cuarta generación de los que me aborrecen». Sin embargo, otros pasajes bíblicos indican que cada persona sufre por su propio pecado. Por ejemplo, Ezequiel afirma: «El alma que pecare, esa morirá»; «el hijo no llevará el pecado de su padre, ni el padre llevará el pecado del hijo» (18:20). En cambio, la maldad pasa de generación a generación por la influencia de los padres.

Turner comenta:

> No es hereditaria la posesión por demonios, pero a veces el espíritu maligno deja a un miembro de la familia y pasa a otro, sea por la muerte del primero, por su conversión al cristianismo, o por el mero capricho del ángel de Satanás. Puede dejar una suegra para poseer a la nuera o a uno de la familia del esposo.[3]

¿Pueden los demonios poseer y dominar a los creyentes que sean desobedientes? Los teólogos pentecostales, Carolyn Baker y Frank Macchia, piensan que no. Argumentan:

> Para armonizar este supuesto con la clara enseñanza bíblica de que los cristianos le pertenecen a Cristo y son dirigidos en la vida primordialmente por el Espíritu de Dios (Romanos 8:9–17), realizan una dicotomía ajena a la Biblia entre cuerpo y alma, permitiendo que Dios posea el alma, mientras que los demonios controlan al cuerpo. Sin embargo, la Biblia enseña que es imposible una lealtad dividida tan radicalmente para la persona

que tiene una fe auténtica (Mateo 7:15–20; 1 Corintios 10:21; Santiago 3:11–12; 1 Juan 4:19–20).[4]

Sin embargo, el autor de este libro ha presenciado algunos casos de creyentes endemoniados. En el ejemplo descrito al fin de este apéndice, la muchacha endemoniada, María Rosa, recibió a Cristo dos días antes de ser liberada, algo que parece indicar que el espíritu malo y Cristo estuvieron simultáneamente en la misma persona. Una alumna en mi clase del Instituto Bíblico de Santiago de Chile, fue posesionada cuando albergaba celo y odio contra otras señoritas, las cuales aparentemente intentaron conquistar a su pretendiente.

Por otra parte, los demonios no pueden posesionarse de un creyente que está en comunión con el Señor; está «en Cristo» y no puede ser tocado por el maligno salvo por permiso divino (Job 1:10–12; Lc. 22:31). En sesiones para expulsar a los demonios, el autor de esta obra ha observado que el espíritu malo a través del endemoniado no puede lastimar a los que le echan fuera. El hombre fuerte ha sido atado por Cristo y este dijo a los setenta discípulos: «Os doy potestad de pisotear serpientes y escorpiones, y sobre toda fuerza del enemigo, y nada os dañará» (Lc. 10:19). Existe peligro, sin embargo, si el creyente alberga pecado o incredulidad en su corazón. Observamos en el libro de Hechos que la mejor preparación para librar a los poseídos, consiste en estar lleno del Espíritu Santo y de fe. Necesitamos ser «revestidos del poder de lo alto» (Lc. 24:49).

En la siguiente sección reproducimos «Liberado de Posesión Demoníaca», un artículo escrito por el autor de este libro. Él relata la liberación de una muchacha en Buenos Aires, Argentina. Puesto que el demonio era locuaz (algo inusual), se puede aprender mucho acerca de la naturaleza y tácticas de los ángeles caídos leyendo el episodio.

«Demonio, sal fuera de ella en el nombre de Jesucristo», ordenó el pastor con voz firme. Una voz masculina hablando a través de la muchacha contestó desafiante: «Nunca saldré de ella. La mataré. Llevaré su alma al infierno».

La batalla con el demonio comenzó después que recibimos una llamada telefónica de una vecina. Ella conocía a mi esposa por las conversaciones en la peluquería y estaba enterada de nuestra doctrina de liberación divina. «La amiga de mi hija tiene ataques. ¿La ayudarían ustedes?». Con mi esposa Betty y dos estudiantes del Instituto Bíblico visitamos a la señorita. Fuimos guiados por el angustiado padre a la habitación semi-oscura de María Rosa, de 16 años de edad. Su cabeza estaba sostenida por cojines.

Al principio nos observó pasivamente. Entonces súbitamente se transformó en otra persona. Con sus ojos tremendamente abiertos y sus pupilas dilatadas, dio un extraño grito como el llanto de un animal y se aferraba a su garganta en un esfuerzo por estrangularse a sí misma. Tomamos sus muñecas afirmándolas. Poniendo mi mano en su frente, reprendí al demonio. Ella echó su cabeza hacia delante con su boca entre abierta como una bestia atacante.

Sus ojos ardían con odio y furor. Volví a mirar fijo al demonio y continué ordenándole que saliera. Me pregunté a mí mismo: «¿Es esto realmente una posesión demoníaca, o esta joven está loca?». Entonces el demonio habló a través de ella. Se acabó la duda.

María Rosa alternaba su estado normal con los ataques. Ella hablaba racionalmente por 3 ó 4 minutos, luego actuaba poseída. Durante los ataques estaba inconsciente de lo que hacía o decía. Hizo reiterados intentos de matarse. Las violentas sacudidas y el intenso desgaste durante los ataques la dejaron exhausta. Cuando sufría los ataques, su fuerza era inusualmente grande para una chica de 16 años y su voz fuerte y grave; pero en sus momentos lúcidos su voz era suave y femenina y sus movimientos lánguidos.

Mi esposa Betty trajo al pastor vecino, Emilio Figueroa y su evangelista Juan Soto, para ayudarnos. Nosotros teníamos poca experiencia en echar fuera demonios y sentimos nuestra incapacidad ante este desafiante espíritu malo. Estos valientes ministros chilenos usaron la

Palabra de Dios para confundir al enemigo. Ellos guiaron a la chica en oración para salvación y trataron con los otros miembros de la familia respecto a sus almas. Cuando la muchacha repetía: «La sangre de Jesucristo me limpia de todos mis pecados», el demonio atacaba. Las palabras «La sangre de Jesús» lo enfurecían y él redoblaba sus esfuerzos de soltar las muñecas de la joven de nuestras manos para atacar a la propia garganta de ella o desgarrar su cara y sus ojos. «Ella es mía, ella es mía», gritaba.

El evangelista Soto hizo que María Rosa repitiera las palabras acerca de la sangre de Jesús una y otra vez y el demonio mantenía sus ataques. Reaccionó más violentamente cuando dirigimos a la joven a alabar a Dios, o cuando cantamos «Hay poder en la sangre de Jesús». Cuando tratamos de insultar al demonio con apelativos tales como «mentiroso», «espíritu inmundo» y «asesino», se quedaba muy complacido y nos agradecía. Se jactaba de haber morado en Adolfo Hitler y Charles Manson.

Me di cuenta que estábamos en presencia de un ser que no tenía ni el más mínimo índice de bueno. Por norma, incluso el más degenerado de los hombres todavía desea ser tenido en cuenta por algún valor rescatable, pero este demonio se regocijaba en su maldad y se sintió halagado por nuestros insultos.

El demonio sabía algunos detalles de nuestras vidas. Me dijo: «Tú enseñas doctrina y predicas. ¿Por qué lo haces?». Refiriéndose a María Rosa dijo: «Ella es tan pura. La convertiré en una … (palabra obscena para una mujer pública)». Le mandamos que se callara y pusimos nuestras manos sobre la boca de la joven para cortar sus palabras. Por dos días y medio el demonio resistió, mientras que diferentes pastores y gente de la iglesia tomaban turnos para reprenderle.

A veces la señorita se retorcía de dolor o era violentamente sacudida y el espíritu maligno se ensañó verbalmente en su crueldad, pero fue debilitándose visiblemente. Varias veces trató de engañarnos haciéndonos creer que se había ido, pero cuando nos retirábamos de escena renovaba sus ataques.

Finalmente, María Rosa fue liberada. Ella y su familia asisten a la iglesia del pastor Figueroa en Lomas de Zamora, Buenos Aires. En el segundo servicio a que asistió, María Rosa recibió un hermoso bautismo espiritual. Mi esposa y yo visitamos a la madre y a la hija que nos había solicitado ayudar a María Rosa. Ellas oraron con nosotros pidiendo a Dios que les salvara.

El libro de Apocalipsis nos indica que antes que Cristo venga otra vez, habrá un incremento de la actividad diabólica en la tierra (9:1–11).

¿Qué podemos hacer al respecto? ¿Qué lecciones podemos aprender de la liberación de María Rosa?

No debemos exponernos a invasiones satánicas ni a jugar con lo oculto. El demonio entró en María Rosa cuando ella y sus amigas del colegio jugaban a las «tazas» y entraban en contacto con el mundo de los espíritus mediante un tipo de tablero ouija. ¡Ellas pensaron que era inofensivo e interesante! Prudente es el cristiano que huye de todo espiritismo, verse la suerte, astrología y horóscopo.

No debemos tener temor de confrontarnos con los poderes de las tinieblas. Ellos no pueden dañar al creyente que tiene fe en Cristo y camina en el Espíritu. El demonio a través de la señorita trató de golpearme, pero los puñetazos perdían todo su poder cuando alcanzaban mi cuerpo. Trataba de mordernos cuando cerrábamos con nuestras manos la boca de la niña, pero no podía. Era como si estuviéramos protegidos por un escudo invisible.

El demonio deseaba entrar en nosotros, pero no lo podía hacer contra nuestros deseos. «Dejaré a la chica si me dejan entrar en ustedes», decía. La posesión diabólica está estrechamente relacionada con la voluntad. La Biblia dice: «Resistid al diablo y él huirá de vosotros» (Stg. 4:7).

Deberíamos darnos cuenta de que el poder de Satanás está roto. Cristo «despojó» a los principados y potestades, triunfando sobre ellos abiertamente en la cruz (Col. 2:15). El demonio en María Rosa admitió de mala gana que Satanás fue derrotado en el Calvario. No tratemos a los espíritus malos como dueños de los hombres, sino como intrusos; no como conquistadores, sino como conquistados.

Debemos persistir en combatir al enemigo. Si nos hubiéramos rendido el primer día de batalla, María Ros estaría hoy día atada a una silla en un manicomio, pero perseveramos en la batalla. Nosotros ayunamos, la iglesia oró y ayunó, y seguimos reprendiendo al espíritu; el demonio tenía que salir. Cuando un demonio dice que no va a salir fuera, recuerde que está fanfarroneando. Debemos redoblar nuestros esfuerzos para reprender al demonio, en el nombre de Jesús.

El pastor José Moreno, varón de Dios, quien ha tenido marcado éxito orando por los enfermos y por los poseídos por el diablo, observó: «A veces el demonio puede ser expelido en un momento, a veces en un día, y a veces después de cuatro días. Pero una cosa es cierta, tendrá que salir fuera».

En Cristo, somos más que vencedores.[5]

CITAS Y REFERENCIAS

1. Carol Beckwith y Angela Fisher, «The African Roots of Voodoo» en *National Geographic*, vol. 188, no. 2, agosto 1995, pp. 102–113.
2. Donaldo Turner, *Doctrina II, La Doctrina de los Ángeles y del Hombre*, HCJB, Quito, Ecuador, 1958, p. A6–26.
3. *Íbíd.*
4. Carolyn Denise Baker, Frank Macchia, «Los espíritus creados» en *Teología Sistemática*, Stanley M. Horton, ed., Editorial Vida, Deerfield, FL, 1996, p. 207.
5. Paul B. Hoff, «Delivered From Demon Possession» en la revista *Pentecostal Evangel*, 18 de enero, 1976.

BIBLIOGRAFÍA

A. LIBROS DE TEOLOGÍA

Banks, John S. *Manual de Doctrina Cristiana*, CLIE, Barcelona, 1988.

Barackman, Floyd H. *Practical Christian Theology*, Kregel Publications, Grand Rapids, MI, 1992.

Barth, Karl. *Church Dogmatics*, vol. 1, T. and T. Clark, Edinburgh, 1975; vol. 2, T. and T. Clark, Londres, 1961.

Basic Christian Doctrine, Henry, Carl F.H. Editor, Holt, Rinehart and Winston, Nueva York, 1985.

Bavink, Herman. *The Doctrine of God*, Wm. B. Eerdmans, Grand Rapids, MI, 1951.

Berkhof, Luis. *Teología Sistemática*, tomo 1. TELL, Grand Rapids, MI, 1981.

Bloesch, Donald. *God the Almighty*, Intervarsity Press, Downers Grove, IL, 1994.

Bloesch, Donald. *Essentials of Evangelical Theology*, vol. I., Harper and Row, San Francisco, CA, 1978.

Brunner, Emil. *Revelation and Reason*, Harper and Row, San Francisco, 1981.

_____. *The Christian Doctrine of Creation and Redemption*, Westminster Press, Philadelphia, PA, 1952.

_____. *The Christian Doctrine of God, Dogmatics*, vol. 1, Westminster Press, Philadelphia, PA, s.f.

Bultmann, Rodolph. *The New Testament and Theology*, H. W. Bartsch, editor, vol. 1. Harper and Row, New York, 1961.

Calvin, John. *Concerning Eternal Predestination of God*, James Clark, London, 1961.

_____. *Instituciones I.*

Clark, Gordon C. *Predestination*, Phillipsberg, Presbyterian and Reformed Publishing House, N.J, 1987.

_____. *Religion, Reason and Revelation*, Presbyterian and Reformed, Philadelphia, PA, 1961.

Coleman, Richard J. *Issues of Theological Conflict Evangelicals and Liberals*, Wm. B. Eerdmans, Grand Rapids, MI, 1980.

Conn, Harvie M. *Teología Contemporánea en el Mundo*, s.l. La Subcomisión de Literatura Cristiana de la Iglesia Reformada, s.f.

Conner, W. T. *Doctrina Cristiana*, Casa Bautista de Publicaciones, El Paso, TX, 1962.

Chafer, Lewis Sperry. *Teología Sistemática*, tomo 1, Publicaciones Españolas, Dalton, GA, 1974.

Creative Minds in Contempory Theology, Phillip E. Hughs, editor, Wm. B. Erdmans, Grand Rapids, MI, 1966.

Daane, James. *The Freedom of God*, Wm. B. Eerdmans Publishing Company, Grand Rapids, MI, 1973.

Dyrness, William. *Temas de la Teología del Antiguo Testamento*. Editorial Vida, Miami, FL, 1989.

Erickson, Millard. *Christian Theology*, vol. 1, Baker Book House, Grand Rapids, MI, 1983.

_____. *God in Three Persons*, Baker Books, Grand Rapids, MI, 1995.

Feinberg, J. S. *Theologies and Evil*, University Press of America, Washington, DC, 1979.

Ferré, Nels F. S. *The Christian Understanding of God*, Harpers and Brothers, New York, 1951.

Fundamentals of the Faith, Carl F. H. Henry, editor, Zondervan Publishing House, Grand Rapids, MI, 1969.

Garrett, James L. *Teología Sistemática*, Casa Bautista de Publicaciones, El Paso, TX, 1996.

Green, Michael. *Creo en el Espíritu Santo*, Editorial Caribe, Miami, FL, 1977.

Handbook of Evangelical Theologians, Walter Elwell, ed., Baker Book House, Grand Rapids, MI, 1993.

Henry, Carl F. H. *Revelation and Authority, God Who Speaks and Shows*, vol. II, Word Books Publishers, Waco, TX, 1976.

_____. *Revelation and Authority, God Who Stands and Stays*, vol. VI, Word Book Publishers, Waco, TX, 1976.

_____. *Revelation and Authority*, vol. II y IV, Word Books, Waco, TX, 1983.

Hodge, A. A. *Outlines of Theology*, Robert Carter Brothers, New York, 1978.

Hodge, Charles. *Systematic Theology*, Wm. B. Eerdmans Publishing House, Grand Rapids, MI, 1982.

Jiménez, Carlos. *Crisis en la Teología Contemporánea*, edición revisada, Editorial Vida, Miami, FL, 1994.

Kasper, Walter. *The God of Jesus Christ*, Crossroad, New York, 1984.

Lacy, G. H. *Introducción a la Teología Sistemática*, Casa Bautista de Publicaciones, El Paso, TX, 1933.

Machen, J. Gresham. *The Christian Faith in the Modern World*, Wm B. Eerdmans Publishing House, Gran Rapids, MI, 1936.

Mackintosh, H. R. *The Doctrine of the Person of Jesus Christ*, Edinburgh, T. and T. Clark, Escocia, 1962.

Moltmann, Jürgan. *Religion, Revolution and the Future*, Charles Scribners Sons, New York, 1969.

_____. *The Trinity and the Kingdom*, Harper and Row, San Francisco, CA, 1981.

Morris, León. *Creo en la Revelación*, Editorial Caribe, Miami, FL, 1979.

Mullins, E. Y. *La Religión Cristiana en su Expresión Doctrinal*, Casa Bautista de Publicaciones, El Paso, TX, s.f.

Pache, René. *The Inspiration and Authority of Scripture*, Moody Press, Chicago, IL, 1969.

Packer, J. I. *Hacia el Conocimiento de Dios*, Logoi, Inc., Miami, FL, 1979.

Pannenberg, Wolfhart. *Sistematic Theology*, vol. 1, Eerdmans Publishing House, Grand Rapids, MI, 1991.

Pendleton, J. M. *Compendio de Teología Cristiana*, Casa Bautista de Publicaciones, El Paso, TX, 1910.

Phillips, J. B. *God Our Contemporary*, Macmillan, New York, 1960.

Pinnock, Clark; Rice, Richard; Sanders, John; Hasker, William; Basinger, David. *The Openness of God*, Intervarsity Press, Downers Grove, IL, 1994.

Readings in Christian Theology, vol. I, *The Living God*, Millard Erickson, Baker Book House, Grand Rapids, MI, 1987.

Revelation and the Bible. Carl F.H. Henry, ed., Baker Book House, Gran Rapids, MI, 1958.

Savage, Pedro; Escobar, Samuel; Arana, Pedro; Amaya, Ismael E.; Padilla, C. René; Kirk, Andrés. *El debate contemporáneo sobre la Biblia*, Ediciones Evangélicas Europeas, Barcelona, 1972.

Seeburg, Reinhold. *Manual de Historia de las Doctrinas*, tomo I. Casa Bautista de Publicaciones, El Paso, TX, 1963.

Strong, Agustus H. *Systematic Theology*, Revell, Westwood, NJ, 1907.

Teología Sistemática, una perspectiva pentecostal, Stanley M. Horton, editor, Editorial Vida, Miami, FL, 1996.

Thiessen, Henry C. *Introductory Lectures in Systematic Theology*, Wm. B. Erdmans Publishing Company, Grand Rapids, MI, 1952.

Tillich, Paul. *Systematic Theology*, vol. I, University of Chicago Press, Chicago, 1951.

Turner, Donaldo. *Doctrina II: La Doctrina de los Ángeles y del Hombre*, Academia Cristiana del Aire de la HCJB, Quito, Ecuador, 1958.

Vos, Geerhardus. *Biblical Theology: Old and New Testaments*, Wm. B. Eerdmans Publishing House, Grand Rapids, MI, 1948.

Warfield, B. B. *The Inspiration and Authority of the Bible*, Philadelphia Publishing House, Filadelfia, PA, 1948.

Wiley, Orton y Culbertson, Paul T. *Introducción a la Teología Cristiana*, Casa Nazarena de Publicaciones, Kansas City, KS, 1986.

B. COMENTARIOS Y LIBROS RELIGIOSOS

Albright, William F. *From the Stone Age to Christianity*, 2.º edition paperback. Doubleday and Company, Inc., Garden City, N.Y, 1957.

_____. *The Archeology of Palestine*, Penguin Books Ltd. Harmondsworth, Middlesex, Inglaterra, 1956.

Archer, Gleason L. *Reseña crítica en una introducción al Antiguo Testamento*, Publicaciones Portavoz Evangélica, Grand Rapids, MI, 1981.

Barclay, William. *El Nuevo Testamento Comentado por William Barclay*, tomo I, Mateo I, La Aurora, Buenos Aires, 1973.

Berkhof, Luis. *Principios de Interpretación Bíblica*, T.E.L.L., Gran Rapids, MI, s.f.

Broadus, John A. *Comentario Sobre el Evangelio Según Mateo.* Casa Bautista de Publicaciones, El Paso, TX, s.f.

Bruce, F. F. *The Gospel of John*, Erdmans Publishing House, Grand Rapids, MI, 1983.

Buber, Martin. *Moses: The Revelation and the Covenants*, Harper and Row, New York, 1967.

Dodd, C. H. *The Epistle of Paul to the Romans* en *Moffatt's New Testament Commentary*, Holder and Stroughton, London, 1954.

Evangelical Commentary on the Bible, Walter A. Elwell, editor, Baker Book House, Grand Rapids, MI, 1989.

Fairbairn, Andrew Martin. *The Philosophy of the Christian Religion*, 5th Edition, Holder and Stroughton, London, 1907.

González, Justo L. *Historia del Pensamiento Cristiano*, tomo 1, Editorial Caribe Miami, FL, 1992.

Graham, Billy. *Angels*, Word Publishing, Dallas, TX, 1995.

Harrison, Everett F. *Introducción al Nuevo Testamento*, T.E.L.L., Grand Rapids, MI, 1980.

Hodges, A. A. *Comentario de la Confesión de Fe de Westminster*, Libros CLIE, Tarrasa, Barcelona, s.f.

Hoff, Paul; Miranda, David. *Defensa de la Fe*, Editorial Mundo Hispano, El Paso, TX, 1997.

Hoff, Paul. *Libros Poéticos*, Editorial Vida, Miami, FL, 1998.

_____. *El Pentateuco*, Editorial Vida, Miami, FL, 1978.

Hovey, Alvah. *Comentario sobre el Evangelio de Juan*, Casa Bautista de Publicaciones, El Paso, TX, s. f.

Jamieson, Roberto; Fausset, A. R; Brown, David. *Comentario Exegético y Explicativo de la Biblia*, tomos 1 y 2, Casa Bautista de Publicaciones, El Paso, TX, 1981.

Jeremías, Joachim. *The Central Message in the New Testament*, Charles Scribners Sons, New York, 1965.

Kerygma and Myth, vol. I, Hans Bartsch, ed., Harper and Row, Nueva York, 1961.

Ladd, George E. *The New Testament and Criticism*, Wm. B. Eerdmans Publishing House, Grand Rapids, MI, 1967.

Latourrette, Kenneth Scott. *Historia del Cristianismo*, tomo 1, Casa Bautista de Publicaciones, El Paso, TX, 1958.

Law, Terry. *The Truth About Angels*, Creation House, Orlando, FL, 1996.

Lewis, C. S. *The Problem of Pain*, The Macmillan Company, New York, 1962.

MacLaren, Alexander. *Expositions of the Holy Scripture*, vol. 3, Wm. B. Erdmans, Grand Rapids, MI, 1944.

Packer, J. I. *Fundamentalism and the Word of God*, Wm, B. Eerdmans Publishing Co, Gran Rapids, MI, 1985.

Ramm, Bernard. *Protestant Christian Evidences*, Moody Press, Chicago, IL, 1967.

_____. *La Revelación Especial y la Palabra de Dios*, La Aurora, Buenos Aires, 1967.

Revelation as History, Wolfhart Pannenberg, ed., The Macmillan Company, Nueva York, 1968.

Ridderbos, H. Bultmann, Presbyterian and Reformed Publishing House, Nutley, NJ, 1960.

Robertson, A.T. *Word Pictures in the New Testament*, vol. 4, The Epistles of Paul, Broadman Press, Nashville, TN, 1931.

Stevenson, Herbert F. *Titles of the Triune God*. s.l., Fleming H. Revell Company, 1956.

Tenney, Merrill C. *Nuestro Nuevo Testamento*, Moody Press, Chicago, 1973.

Thiessen, Henry C. *Introduction to the New Testament*, Wm. B. Eerdmans Publishing House, Grand Rapids, MI, 1955.

Trueblood, D. Elton. *Philosophy of Religions*, Harper and Row, Nueva York, 1957.

Unger, Merrill F. *Introductory Guide to the Old Testament*, Zondervan Publishing House, Grand Rapids, MI, 1952.

Viertel, Welden. *Vida y Ministerio de Cristo*, Casa Bautista de Publicaciones, El Paso, TX, 1988.

Von Campenhuasen, Hans. *The Formation of the Christian Bible*, E.T., London, 1972.

Varetto, Juan C. *Los Hechos de los Apóstoles Explicado*, Editorial Evangélica Bautista, Buenos Aires, 1952.

Voth, Esteban. *Génesis* en *Comentario Bíblico Hispanoamericano*, Justo González, editor, Editorial Caribe, Miami, FL, 1992.

Wainwright, Geoffrey. *Doxology, the Praise of God in Worship, Doctrine and Life*, Oxford University Press, New York, 1980.

Wellham, Sam. *The Great Evangelist Billy Graham*, Barbour and Company, Urichsville, OH, 1995.

Young, Edward J. *An Introduction to the Old Testament*, Wm. B. Eerdmans Publishing Company, Grand Rapids, MI, 1949.

C. COMPENDIOS, DICCIONARIOS Y ENCICLOPEDIAS

Baker Encyclopedia of the Bible, 2 tomos. Walter A. Elwell, editor, Baker Book House, Grand Rapids, MI, 1989.

Beacon Dictionary of Theology. Richard Taylor, editor, Beacon Hill Press of Kansas City, Kansas City, MO, 1983.

Diccionario de Teología, Everett F. Harrison, ed., T.E.L.L., Grand Rapids, MI, 1985.

Diccionario Ilustrado de la Biblia, Wilton M. Nelson, ed., Editorial Caribe, Miami, FL, 1977.

Eerdmans Handbook to Christian Belief. Robert Keely, editor, Wm. B. Erdmans Publishing Company, Grand Rapids, MI, 1982.

Evangelical Dictionary of Theology, Walter A. Elwell, editor, Baker Book House, Grand Rapids, MI, 1984.

Manual Bíblico Ilustrado. David Alexander, Pat Alexander, editores, Editorial Caribe, Miami, FL, 1976.

Nuevo Auxiliar Bíblico, Manley, G.T.; Robinson, G.C.; y Stibbs, A.M.; eds., Casa Bautista de Publicaciones, El Paso, TX, 1958.

Nuevo Diccionario Bíblico, Douglas, J.D. y Hillyer, N., eds., Ediciones Certeza, Buenos Aires, Barcelona, Downers Grove, IL, 1991.

Nuevo Diccionario de Teología. Sinclair B. Ferguson, David F. Wright, J. I. Packer, editores, Casa Bautista de Publicaciones, El Paso, TX, 1992.

Ramm, Bernard. *Diccionario de Teología Contemporánea en el Mundo*. s.l., Subcomisión de Literatura Cristiana de la Iglesia Cristiana Reformada, s.f.

The Catholic Encyclopedia, revisada y actualizada, Robert Broderick, ed., Thomas Nelson Publishers, Nashville, TN; Camden, Nueva York, NJ, 1987.

The International Standard Bible Encyclopedia, vol. I, James Orr, ed. gen., Wm. B. Eerdmans Publishing House, Grand Rapids, MI, 1949.

The Zondervan Pictoral Encyclopedia of the Bible, 5 tomos, vol. 5 Q-Z. Merrill C.Tenney, editor, Zondervan Publishing House, Grand Rapids, MI, 1977.

Vila, Samuel y Santa María, Darío A. *Enciclopedia Ilustrada de la Historia de la Iglesia*, Editorial CLIE, Tarrasa, Barcelona, 1979.

Vine, W.E. *Diccionario Expositivo de Palabras del Nuevo Testamento*, vol. E - M., Editorial CLIE, Tarrasa, Barcelona, 1984.

D. BIBLIAS ANOTADAS

Biblia de Estudio Pentecostal, Nueva Versión Internacional, Nuevo Testamento. Donald C. Stamps, redactor de notas, Editorial Vida, Deerfield, FL, 1991.

Biblia de Jerusalén. Descleé de Brouwer, Bruselas, 1996.

La Biblia de Estudio, Dios Habla Hoy, Edición de Estudio s.l., Sociedades Bíblicas Unidas, 1994.

Sagrada Biblia 2ª. Edición, Eloino Nacar Fuster y Alberto Colunga, traductores, Editorial Católica, S.A., Madrid, 1969.

Santa Biblia, Reina Valera 1960 con las notas Harper Caribe. J. Mervin Breneman, editor, s.l. Editorial Caribe, 1980.

Santa Biblia, Reina Valera 1995, Edición de estudio. S.l., Sociedades Bíblicas Unidas, 1995.